城市轨道线路养护与维修技术

主　编　马莉骍　何　欢
副主编　磨巧梅　李永贵
主　审　曲玉福

人民交通出版社股份有限公司
北　京

内 容 提 要

本书为"十四五"职业教育国家规划教材。全书按照工学结合、任务驱动的模式编写，分为专业基础知识和职业技能手册。其中，专业基础知识包括9个学习情境，下设20个工作项目，分解为63个任务，内容包括：城市轨道交通线路设备概述、城市轨道交通线路设备修理、城市轨道交通线路设备检查、养路机械、城市轨道交通线路设备病害防治、城市轨道交通线路维护作业、曲线轨道养护维修及病害防治、道岔养护维修及病害防治、无缝线路养护维修及病害防治；职业技能手册包括10个城轨线路检查作业指导书和37个城轨线路维护作业指导书。

本书为城市轨道交通工程技术专业核心课程教材，可供职业院校城市轨道交通专业及相关专业教学使用，亦可供城市轨道交通行业培训使用。

本书配有多媒体教学课件，任课教师可加入职教轨道教学研讨群（教师专用QQ群号：129327355）获取。

图书在版编目（CIP）数据

城市轨道线路养护与维修技术/马莉骍，何欢主编
.—北京：人民交通出版社股份有限公司，2021.8（2025.1重印）
ISBN 978-7-114-16950-2

Ⅰ.①城… Ⅱ.①马…②何… Ⅲ.①城市铁路—铁路线路—铁路养护—高等职业教育—教材②城市铁路—铁路线路—维修—高等职业教育—教材 Ⅳ.①U239.5

中国版本图书馆CIP数据核字（2020）第227174号

"十四五"职业教育国家规划教材
Chengshi Guidao Xianlu Yanghu yu Weixiu Jishu

书　　名：城市轨道线路养护与维修技术
著 作 者：马莉骍　何　欢
责任编辑：司昌静
责任校对：席少楠
责任印制：刘高彤
出版发行：人民交通出版社股份有限公司
地　　址：（100011）北京市朝阳区安定门外外馆斜街3号
网　　址：http://www.ccpcl.com.cn
销售电话：（010）85285911
总 经 销：人民交通出版社股份有限公司发行部
经　　销：各地新华书店
印　　刷：北京市密东印刷有限公司
开　　本：787×1092　1/16
印　　张：20.75
字　　数：380千
版　　次：2021年8月　第1版
印　　次：2025年1月　第5次印刷
书　　号：ISBN 978-7-114-16950-2
定　　价：58.00元

前　言

【编写背景】

为适应城市轨道交通行业的快速发展，贯彻落实《国家职业教育改革实施方案》(国发〔2019〕4号)文件精神，进一步办好新时代职业教育，实现职业教育现代化，同时基于国家级城市轨道交通专业教学资源库子项目城市轨道交通轨道线路检修课程的建设，我们组织相关职业院校具有丰富经验的专业教师及城市轨道交通运营企业技术骨干编写了本教材。通过此教材配合国家教学资源库的使用，可以提高教师教学和学生学习的效率与效果。

【课程定位】

教材的编写采取了校企合作的方式，得到了武汉、深圳、北京、广州、合肥等城市轨道交通运营企业的大力支持，力求教材的通用性和适用性。本教材可作为高等职业教育城市轨道交通工程技术专业的核心课程教材，也可为城市轨道交通工务岗位培训提供参考。

【特色创新】

1. 书证融通。

教材对接最新职业标准、行业标准和岗位规范，紧贴岗位实际工作过程。其中城市轨道交通轨道结构、线路设备检查修理、线路设备病害防治、线路维护作业、曲线轨道养护维修、道岔养护维修、无缝线路养护维修等内容都对标本专业线路工职业技能等级证书考核方案中相应考核要点，贯彻落实了书证融通。

2. 岗位任务衔接有序。

教材遵循学生认知规律和职业成长规律，教学内容由浅入深、循序渐进，分为专业知识篇和职业技能篇。专业知识篇主要内容包括城市轨道交通线路设备概述、城市轨道交通设备检查、城市轨道交通设备维修、养路机械、城市轨道交通线路设备病害防治、城市轨道交通线路维护作业、曲线轨道养护维修及病害防治、道岔养护维修及病害防治、无缝线路养护维修及病害防治9个学习情境；职业技能篇包括10个城轨线路检查作业指导书和37个城轨线路维护作业指导书；每个学习情境分解为若干基于岗位的教学任务，每个教学任务设计了任务导入、任务目标、多方位的职业能力训练方案和相应的工作任务综合评价，突出过程性考核，考核评价指标科学有据。同时，教材在吸取广大教材使用的教师与专家提出的意见和建议、职业教育教学校企联合和“三教”改革和体现“工学结合、理实一体化”等教改思路，理论教学内容中穿插了“二维码教学视频及动画”激发学习兴趣；教材辅以教学课件、参考课程标准和参考教学教案等教学辅助材料，帮助教师学习、备课和提高教育教学质量。

【配套资源】

● 教学课件

本教材配套多媒体课件，以供相关任课老师教学参考。

● 国家级城市轨道交通专业教学资源库子项目——“轨道线路检修”

该资源库子项目由武汉铁路职业技术学院主持完成，主要面向城市轨道交通专业方向的院校和师生，以及社会学习者。该资源库包含“城市轨道交通线路养护与维修技术”关键知识点的数字化教学资源，包括动画、视频、教案、课件、课程标准、习题库、案例库等。

【编写分工】

本教材由武汉铁路职业技术学院马莉骍编写专业知识篇项目1、项目5、项目7以及职业技能篇项目2任务1-5并任第一主编；武汉铁路职业技术学院何欢编写专业知识篇项目8、项目9以及职业技能篇项目2任务24-29并任第二主编。广西交通职业技术学院磨巧梅编写专业知识篇项目2、项目3、项目4以及职业技能篇项目2任务18-23和项目30-37并任第一副主编；武汉铁路职业技术学院李永贵编写专业知识篇项目6及职业技能篇项目1任务1-6并担任第二副主编。武汉铁路职业技术学院唐皓编写职业技能篇项目2任务12-17；武汉铁路职业技术学院刘祥基编写职业技能篇项目1任务7-10；武汉铁路职业技术学院王帅编写职业技能篇项目2任务6-11。由中国铁路武汉局集团有限公司曲玉福主审。

【致　　谢】

本书参考引用了城市轨道交通工程技术专业专家、学者的著作和成果，对编写教材和开展教学具有重要的价值，在此向著作者表示衷心的感谢。虽然编写团队在教材编写过程中进行了精心的设计和凝练，但限于水平有限，书中难免存在不足和疏漏之处，敬请读者批评指正，以便修订完善。

作　者

2021年5月

◆◆目　　录◆◆

Part Ⅰ　专业基础知识

Part Ⅱ　职业技能手册

本书配套数字资源索引

Part Ⅰ　专业基础知识

学习情境1　城市轨道交通线路设备概述

主要内容

本学习情境主要内容包括轨道的结构、城市轨道交通线路其他相关设施、城市轨道交通线路养护维修准备。

通过本学习情境的学习，学生应掌握城市轨道交通线路的轨道结构，了解城市轨道交通线路的信号标志、电缆、声屏障等相关设施，熟悉城市轨道交通线路养护维修工作流程、施工作业安全防护。

教学重点

城市轨道交通线路的轨道结构，城市轨道交通线路养护维修工作流程、施工作业安全防护。

教学难点

城市轨道交通不同形式的轨道结构。

项目1　城市轨道交通线路轨道结构

城市轨道交通(简称城轨)正随着城市的繁荣而快速发展，详见资源1-1-1。线路的结构以及线路维护技术和方法，都在随之不断完善和更新。

资源1-1-1

城市轨道交通简介

轨道是线路的重要组成部分。轨道结构的作用是引导机车车辆的运行，直接承受来自列车的荷载，并将荷载传至路基或者桥隧结构物。轨道应具有足够的强度、稳定性和耐久性，并具有固定的几何形位，保证列车安全、平稳、不间断地运行。因此，轨道的结构性质和状况决定了列车的运行品质，也决定了旅客乘坐的舒适性。

轨道由钢轨、轨枕、连接零件、道床、道岔等组成，不同的轨道部件，其功用和受力条件也不一样。目前世界上铁路基本都采用工字形截面钢轨，只是单位长度重量有所不同。轨枕主要有木枕、混凝土枕和钢枕，基本上都是横向轨枕。城轨也多采用整体道床的无砟轨道结构形式。

城轨由于接近人口密集的市区，需要运营安全平稳、舒适性好，且对振动与噪声控制的要

求大大高于普速铁路和高速铁路。此外，由于城轨的行车密度大，维修天窗时间短，因而，需要轨道具有较好的耐磨性，养护维修工作量小。城轨对轨道的基本要求如下：

(1)结构简单、整体性强，具有坚固性、稳定性、均衡性等特点。确保行车安全、平稳舒适。

(2)具有足够的强度、刚度，便于施工，易于管理，可靠性高，使用寿命长，可以减少维修或者避免维修，并利于日常的清洁养护，降低运营成本。

(3)对于扣件要求强度高、韧性好。

(4)采用成熟的新工艺、新技术、新材料，满足绝缘、减振降噪和减轻轨道结构自重等需求，尽可能符合城市环境景观等要求。

由于城轨线路的结构设计与铁路结构设计相比有了新的突破，从事线路养护维修的专业人员都必须适应新时期、新设备的特点。

就城轨线路结构形式而言，主要分为地面线路、地下线路和高架线路三大类型。

任务1　轨道部件简介

任务导入

轨道是城轨线路的重要组成部分，那么轨道由哪些部件构成呢？本任务主要学习轨道部件基本知识，见资源1-1-2。

轨道的组成

任务目标

掌握城轨轨道结构的组成，熟悉轨道结构各组成部件的类型、特点等。

一、钢轨

不管城轨采用何种形式的轨道结构，钢轨都是轨道结构的主要部件。钢轨与机车车辆的车轮直接接触，钢轨的质量直接影响行车的安全性和平稳性。

1.钢轨的作用

钢轨的作用

为保证列车按设计速度运行，钢轨必须发挥以下3个方面的作用，见资源1-1-3。

(1)为车轮提供连续平顺和阻力最小的滚动面，引导机车车辆前进。车辆要求钢轨表面光滑，以减小轮轨阻力；而机车车辆要求轮轨之间有较大的摩擦力，以发挥机车的牵引力。

(2)承受来自车轮的巨大垂向压力，并以分散的形式传给轨枕；轨面要承受极大的接触应力。即除垂向压力外，钢轨还要承受横向力和纵向力。在这些力的作用下，钢轨会产生弯曲、扭转、爬行等变形，轨头的钢材还会产生塑性流动、磨损等。因此，要求钢轨有足够的强度、韧

性及耐磨性。

(3)兼作轨道电路,为轨道电路提供导体。

2. 钢轨的横截面形状

钢轨的横截面为工字形,可分为轨头、轨腰和轨底三部分,如图1-1-1、图1-1-2所示,见资源1-1-4。

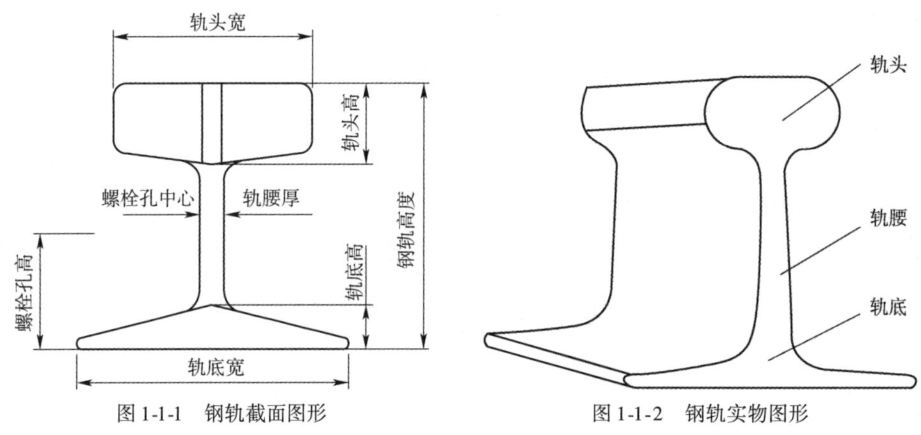

图1-1-1 钢轨截面图形

图1-1-2 钢轨实物图形

3. 钢轨的类型

钢轨可按每米质量分类,也可按单根钢轨的长度分类,见资源1-1-5。

(1)按每米质量分类。钢轨的类型通常用每米长度大概质量数表示,如60轨表示60kg/m。

我国钢轨的类型主要有75kg/m、60kg/m、50kg/m、43kg/m等,分别记为P75、P60、P50、P43等,其中60kg/m及以上的为重型钢轨,50kg/m及以下的为轻型钢轨。

我国线路正线采用60kg/m,车场线路除试车线、出入场线采用60kg/m外,其余均采用50kg/m。

(2)按单根钢轨的长度分类。我国钢轨的标准长度有12.5m和25.0m两种,见资源1-1-6。

曲线缩短轨长度有比12.5m标准轨短40mm、80mm、120mm的三种,有比25.0m标准轨短40mm、80mm、160mm的三种。

二、轨枕

轨枕承受来自钢轨传下的竖向垂直力、横向和纵向的水平力,并弹性地传布于道床,有效

地保持轨道钢轨方向、轨距和位置等几何形位，见资源 1-1-7。因此，轨枕应具有一定的坚固性、弹性和耐久性，见资源 1-1-8。轨枕的规格尺寸应便于固定钢轨，有抵抗线路纵向、横向位移的能力。轨枕长度及数量见资源 1-1-9。同时，轨枕还要造价便宜，制作简单，铺设及养护方便。

轨枕的种类有木枕、混凝土枕两大类，如图 1-1-3、图 1-1-4 所示。木枕的优缺点见资源 1-1-10，使用木枕的规定见资源 1-1-11；混凝土枕的优缺点见资源 1-1-12，特殊混凝土枕的相关知识见资源 1-1-13。

图 1-1-3　木枕

图 1-1-4　混凝土枕

三、连接零件

连接零件用于连接钢轨。钢轨接头类型见资源 1-1-14。连接零件分为接头连接零件和中间连接零件（简称扣件）两类，见资源 1-1-15。

1. 接头连接零件

接头连接零件包括夹板、螺栓、螺母、垫圈等，如图 1-1-5 所示。它的主要作用是保持两根钢轨的连续性，使钢轨接头前后与完整的钢轨一样，并传递和承受钢轨的挠曲力、横向力，同时满足钢轨热胀冷缩的要求，见资源 1-1-16。

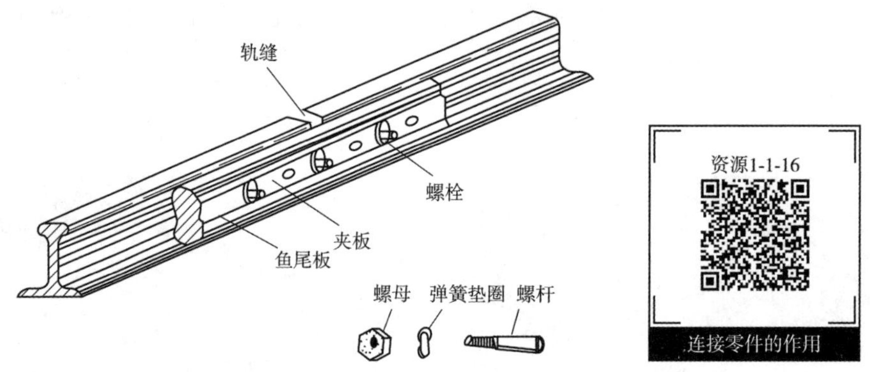

图 1-1-5　接头连接零件

1）夹板

夹板的作用是夹紧钢轨，使钢轨轨端不能横向及上下单独移动。每个钢轨接头有左、右两块夹板，通过拧紧螺栓夹紧两端钢轨，因此要求它有足够的强度和抗冲击能力，并便于拆装和维修。

夹板的形式很多，我国主要采用斜坡支承双头对称型夹板（简称双头式夹板）。

表 1-1-1 为常用夹板及其尺寸。

夹板尺寸　　表 1-1-1

钢轨类型/（kg/m）	夹板全长/mm	两中间孔距离/mm	第一孔至第二孔距离/mm	第二孔至第三孔距离/mm	第三孔至端部距离/mm	圆孔直径/mm
60	820	160	140	140	50	26
50	820	140	150	140	50	26
43	790	120	110	160	65	24

除双头式夹板以外，还有平形夹板、角形夹板、鱼尾形夹板、裙边式夹板及异形夹板等。

2）螺栓

夹板与钢轨通过螺栓夹紧。高强度螺栓在螺母上铸有“○”的标记，遵照国际标准按抗拉

强度可分为 10.9 级和 8.8 级两种。10.9 级有纹部分直径为 24mm,8.8 级有纹部分直径分为 24mm 和 22mm 两种。螺母采用 10.9 级高强度螺母。

3)垫圈

为防止螺栓松动,需要安装垫圈。垫圈类型应根据所确定的轨道类型按表 1-1-2 选用。

垫圈类型选用表　　　表 1-1-2

轨道类型	特重型、重型		次重型		中型、轻型
	无缝线路	25m 轨	无缝线路	25m 轨	
接头螺栓等级	10.9 级	10.9 级	10.9 级	10.9 级/8.8 级	8.8 级
垫圈类型	高强度平垫圈	高强度平垫圈	高强度平垫圈	高强度平垫圈/单层弹簧垫圈	单层弹簧垫圈

2. 扣件

扣件是连接钢轨与轨枕的零件,要求具有足够的强度、耐久性和一定的弹性,能长期有效地保持钢轨与轨枕的可靠连接,阻止钢轨相对轨枕而移动。此外,还要构造简单,便于安装及拆卸。扣件的组成见资源 1-1-17,扣件的类型见资源 1-1-18。

扣件组成

扣件类型

城轨所采用的各类轨道扣件大致可以归纳为五大系列,第一为传统系列,第二为地铁(DT)系列,第三为无挡肩(WJ)系列,第四为弹簧系列,第五为减振系列。

(1)传统系列为国家铁路尚未提速前的系列扣件,主要有木枕扣件和混凝土扣件。城轨线路在局部范围内,如地面线和站场线等,仍然可以参照国家铁路的设计,继续使用传统系列的扣件。

(2)DT 系列的扣件有 DTⅠ、DTⅡ、DTⅢ、DTⅣ至 DTⅦ等型号,这些扣件在北京、上海、广州、深圳、南京、武汉等地的轨道设计中得到应用,并一直受到专业人员的广泛关注。

(3)WJ 系列扣件有 WJ-1、WJ-2、WJ-3、WJ-4、WJ-5 等形式。其中 WJ-2 应用于上海及武汉城轨的高架线路。

(4)弹簧系列,有单趾弹簧扣件和双趾弹簧扣件两种,目前应用于广州地铁。

(5)减振系列,该系列扣件是为减少城轨振动对周边建筑的影响而专门设计的。由于城轨的正线穿越市区中心,运行所产生的振动和噪声常常给周边的建筑群带来一定的影响,为使这种影响降到最低程度,必须在特殊的地段进行特殊的设计,加设减振设备。

1)木枕扣件

木枕扣件通常应用于站场 P50 轨木枕线路,木枕扣件包括道钉、扣板、垫板及弹性垫层,扣件方式主要有分开式和混合式两种。

(1)分开式扣件。

所谓分开式就是分开分别扣紧,即将钢轨与扣板、垫板与木枕分别单独扣紧。分开式扣件零配件包括垫板、螺纹道钉、轨卡(接头与中间)、轨卡螺栓、螺母、轨下垫板、弹簧、弹簧垫圈、平垫圈等。分开式扣件如图 1-1-6 所示。

图 1-1-6　分开式扣件

其中,用螺纹道钉将铁垫板和木枕扣紧,用轨卡、螺栓、弹簧、垫圈等将钢轨、轨下弹性垫板和铁垫板扣紧。由于分开式扣件零件多,更换钢轨非常麻烦。

(2)混合式扣件。

混合式扣件是使用最广泛的一种扣件,用道钉将钢轨、垫板与木枕一起扣紧。混合式扣件如图 1-1-7 所示。

(3)DTⅣ-1 型扣件。

由于木枕的传统型扣件存在扣压力不足、防爬能力低等缺点,现在新设计的木枕线路已开始采用 DTⅣ-1 型扣件,如图 1-1-8 所示。

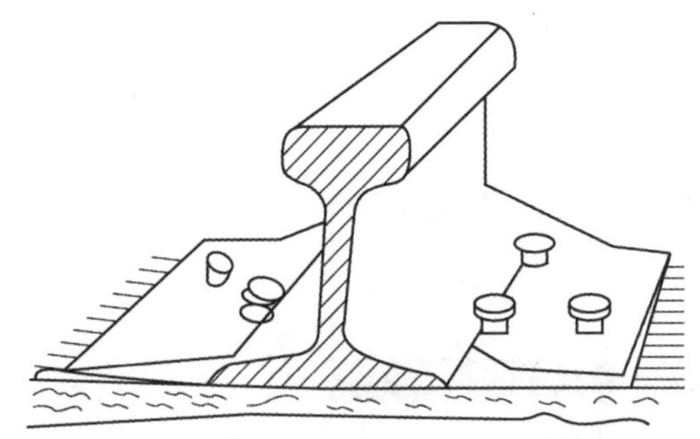
图 1-1-7　混合式扣件

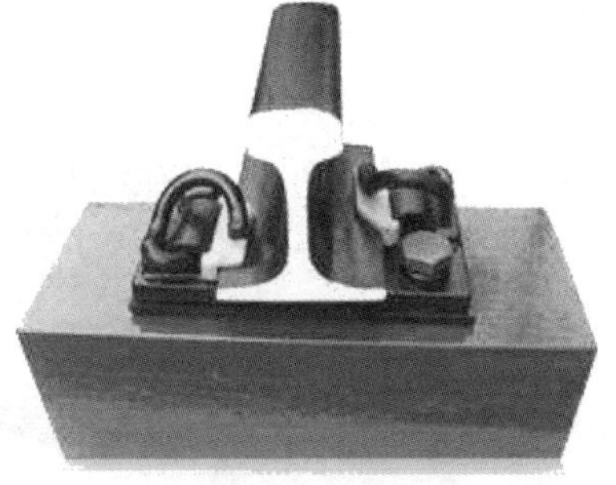
图 1-1-8　DTⅣ-1 型扣件

DTⅣ-1 型扣件为分开式扣件,钢轨、垫板、木枕三者之间分开扣紧。铁垫板与木枕之间的联结设置为螺旋式道钉,铁垫板与钢轨之间的联结设置为弹条式扣件。这样,克服了普通木枕道钉的缺点,提高了扣件的扣压力,增强了线路的强度。

2)地面正线混凝土枕扣件

(1)扣板式扣件。

扣板式扣件在城轨的站场混凝土轨枕线路上使用较多。扣板式扣件的主要特点是扣板既能扣压钢轨,又能调整轨距。

(2)弹片式扣件。

弹片式扣件与扣板式扣件相比更具有弹性,但由于弹片比较单薄,在使用一段时间后,其刚度衰减极快,对钢轨的扣压力不足,所以,很快被淘汰,城轨现已很少采用。

(3)弹条式扣件。

无论是城轨正线还是基地的停车场线路,无论是碎石道床线路,还是整体道床线路,都是以弹条式扣件为基础进行研制和开发的。实际上所有的扣件都使用了弹条,只不过弹条在形式以及与其他零部件的组合方式上都进行了不断的改良和创新。

常规所指的弹条式扣件,为最原始的传统的弹条式扣件。其应用最广的是弹条Ⅰ型扣件。

弹条Ⅰ型扣件主要由ω弹条、螺旋道钉、轨距挡板、挡板座及弹性垫板等组成。

轨枕在制作时预留有道钉锚固孔,组装或铺设前先进行硫黄锚固,将螺旋道钉与轨枕固定。

钢轨通过ω弹条扣压固定,螺栓扭矩必须达到80~120N·m才能使线路稳定,阻止钢轨在轨枕上纵向爬行,同时,弹条还能提供一定程度的弹性。

轨距通过轨距挡板及挡板座加以控制和调整。挡板座也称尼龙挡肩,在新型线路扣件设计中,当不设置轨距挡板时,以不同规格的尼龙挡肩来调整轨距,故其新名称为轨距垫。

轨底与轨枕承轨台之间加设10mm厚度的橡胶垫,以提高弹性。当左右两股钢轨的水平发生变化时,可以于轨底和橡胶之间增加薄型竹木垫层来调整。

根据扣件安装在钢轨上的部位来区分,有中间扣件和接头扣件两种。普通线路,钢轨通过夹板连接,该位置的扣件受夹板的影响,必须将其几何尺寸进行修改,设计成接头扣件,钢轨的其余部位,均为中间扣件。

3)地下线路混凝土枕扣件

(1)DTⅢ型扣件。该扣件由设计科研部门在DT Ⅰ型扣件的基础上改制而成。扣件组装如图1-1-9所示。

本扣件为全弹性分开式,适用于采用60kg/m钢轨、减振要求一般地段的轨枕式点支撑整体道床。

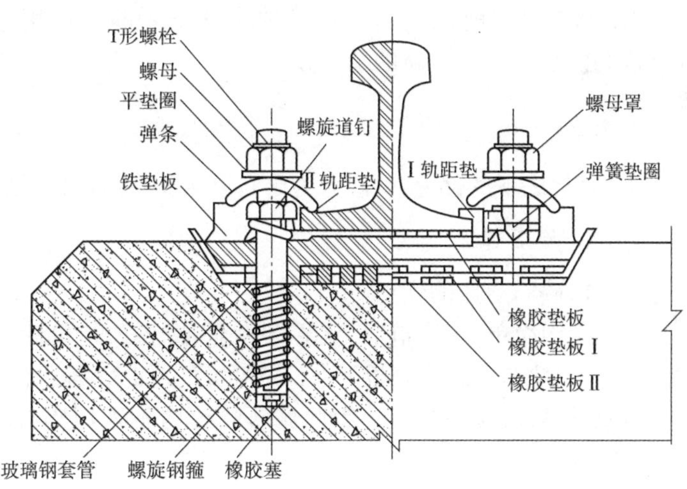

图1-1-9　DTⅢ型扣件

(2)DTⅢ-2型扣件。DTⅢ-2型扣件是在DTⅢ型扣件的基础上改进的,因此,基本上要优于DTⅢ型扣件。也是今后地下线路最常用扣件之一。

该扣件为无挡肩弹性分开式,适用于采用60kg/m钢轨、隧道内一般减振地段的枕式点支撑混凝土整体道床。

4)高架线路扣件

(1)WJ-2型扣件。

WJ-2型扣件由以下两个部分组成:

第一部分：铁垫板、板下缓冲胶垫、板下调高胶垫、锚固螺栓、弹簧垫圈、平垫块、绝缘套管；

第二部分：T 形螺栓、螺母、平垫圈、弹条、轨下胶垫、轨下调高胶垫。

城轨线路曲线段超高的设置值常常会出现与运行速度不相匹配的情况，使轨面的轮轨光带偏离。因此，有必要设计几种不同规格的楔形垫板，对轨底坡重新进行一次微调，以求得磨合良好的轮轨关系。

WJ-2 型扣件的结构特点如下：

①采用铁垫板分开式弹性扣件，由预埋于混凝土支承块的绝缘套管和锚固螺栓配合紧固铁垫板。

②扣压件采用弹条形式，弹条尾部弯成竖向平直段，使螺栓作用点后移，不仅在同样扣压力时增大了弹条弹程，而且可保证扣件按设计要求拧紧时有足够大的螺母扭矩，不易松动，减少维护工作量。

③轨下使用复合胶垫，降低扣件阻力，以减小桥梁与焊接长钢轨的相互作用力。

④具有较大的调高能力，扣件通过在铁垫板下和轨下垫入调高垫板实现钢轨调高。

⑤具有较大的调整轨向和轨距的能力，轨距调整通过移动带有长圆孔的铁垫板来实现，为无级差调节。

⑥无砟无枕，混凝土承轨台不设挡肩，无轨底坡。铁垫板上设置 1:40 轨底坡。

⑦铁垫板上布设肋台，钢轨调高时，轨下调高垫板不易窜出。

(2) WJ-1 型扣件。

该扣件研制于 WJ-2 型扣件之前，由于尚存在各种缺陷，没有推广应用。在城轨线路设计过程中，WJ-2 型扣件成为适合于高架线路的新型扣件。

四、道床

道床是指路基之上、轨枕之下的部分，一般分为碎石道床和整体道床，见资源 1-1-19。

1. 碎石道床

1) 碎石道床的优点

结构简单，容易施工，减振、减噪性能较好，造价低。但其轨道建筑高度大，由此造成结构底板下降，隧道的净空加大，排水设施复杂，养护工作频繁，更换轨枕困难等。因此城轨隧道内不采用碎石道床，而采用整体道床。

2) 碎石道床的功用

(1) 将列车荷载均匀分布于路基面上，起保护路基的作用。

(2) 提供抵抗轨排纵横向位移的阻力，保持轨道的几何形位。

(3) 提供良好的排水性能。

(4) 提供一定的弹性。

(5) 通过起道、拨道等手段，便于调整轨道的几何尺寸。

2. 整体道床

整体道床是无砟轨道的一种结构形式，它不设传统的道砟层，而是在坚实的基础之上用混

凝土或钢筋混凝土浇筑形成整体道床，如图 1-1-10 所示。

1）整体道床的优点

整体性好，坚固、稳定、耐久；轨道建筑高度小，由此减少隧道净空占用，节省投资；轨道维修量小，满足城轨运营时间长、维修时间短的要求。

2）整体道床的类型

整体道床分为以下五种类型：

（1）带枕浇筑式整体道床。其轨枕分为混凝土长枕、短枕和短木枕三种情况。长枕浇筑式整体道床为我国城轨建设初期所采用，主要应用于隧道内的线路。短枕浇筑式整体道床有短混凝土枕和短木枕两种，短枕基本上都为预制，大部分应用于停车库内检查坑道的线路，其中短混凝土枕也开始为隧道内和高架线路的正线所采用。武汉轨道交通 2 号线正线大部分采用钢筋混凝土短轨枕式整体道床，如图 1-1-11 所示。

图 1-1-10　整体道床

图 1-1-11　短轨枕式整体道床

（2）承轨台式整体道床，如图 1-1-12 所示。这是目前比较新颖的一种道床类型，尤其适用于高架线路。武汉轨道交通 1 号线正线采用此道床。

（3）平过道式（地坪式）整体道床，如图 1-1-13 所示。此形式道床多为检修库内不需要修建检查坑的整体地坪式的线路所采用。

图 1-1-12　承轨台式整体道床

图 1-1-13　平过道式整体道床

（4）坑道式及立柱式整体道床，如图 1-1-14、图 1-1-15 所示。此类道床是为了满足车辆检修库内检修工作的需要，轨下结构设计为坑道式及立柱式的检查坑。

图 1-1-14　坑道式整体道床

图 1-1-15　立柱式整体道床

(5)弹性(浮置板式)整体道床。浮置板式整体道床由于造价极高，而且修理困难，所以通常很少采用。在特殊地段，由于减振的需要，可设计少量的浮置板式道床。武汉轨道交通2号线在高等减振地段采用钢弹簧浮置板式道床，如图 1-1-16、图 1-1-17 所示。

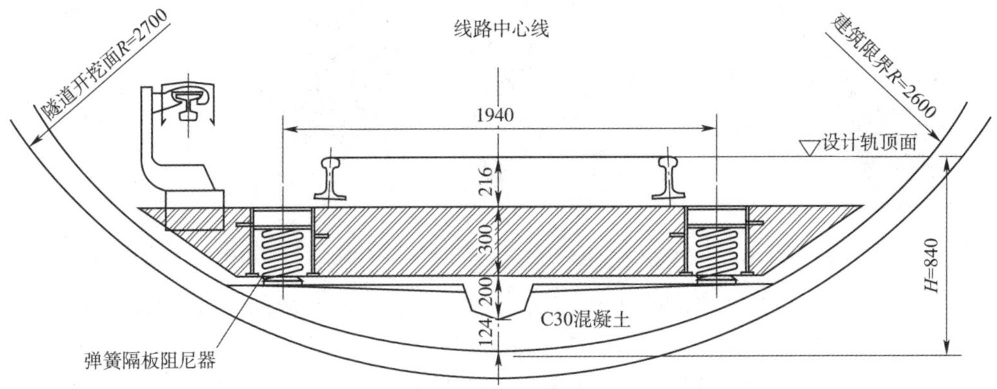

图 1-1-16　钢弹簧浮置板式道床示意图

图 1-1-17　钢弹簧浮置板式道床实景

任务2　地下线路结构

任务导入

城轨线路虽有多种结构形式,但一般情况下以地下线路为主,那么地下线路结构的优势是什么呢?本任务主要学习城轨地下线路结构。

任务目标

掌握城轨地下线路的结构,熟悉城轨地下线路的铺设形式及特点。

地下线路铺设于隧道内,轨下基础为带枕浇筑式整体道床。常见的形式如图1-1-18所示。地下线路一般选在城市中心繁华区,对城市环境影响最小。地下线路的埋置深度,应根据地质情况和地下构筑物情况确定。在城市中,一般以浅埋为好。

a)

b)

图1-1-18　地下线路

1.地下线路的铺设形式

地下线路一般由钢轨、轨枕(长枕、短枕或支承块)、扣件、整体道床、混凝土垫层、侧沟、隧道管片等部分组成。地下线路铺设于隧道内,隧道有圆形隧道和矩形隧道两种类型。通常,车站前后为矩形隧道,区间为圆形隧道。

隧道内铺设线路,其道床可以为碎石道床,也可以为整体道床。国外地铁始终保留着这两种形式。我国城市地铁基本上采取了整体道床一种形式。

当隧道管片安装结束后,在隧道的底部浇筑混凝土垫层。在地面基地,利用工具轨组装轨排,通过小型龙门吊装运至隧道内,先浇筑支承块,再布置纵横向钢筋,然后浇筑整体道床和侧沟。

当普通线路施工完毕后,再将焊接长轨条运至隧道内,通过换轨作业的方法铺设无缝线路。

近年来，地下线路的施工技术又有了新的提高，不采用由普通线路向无缝线路过渡的两步施工方法，而是采用先进的焊接设备，在隧道内将无缝线路一次焊接成型。圆形隧道内的线路断面如图 1-1-19 所示。矩形隧道内的线路断面如图 1-1-20 所示。

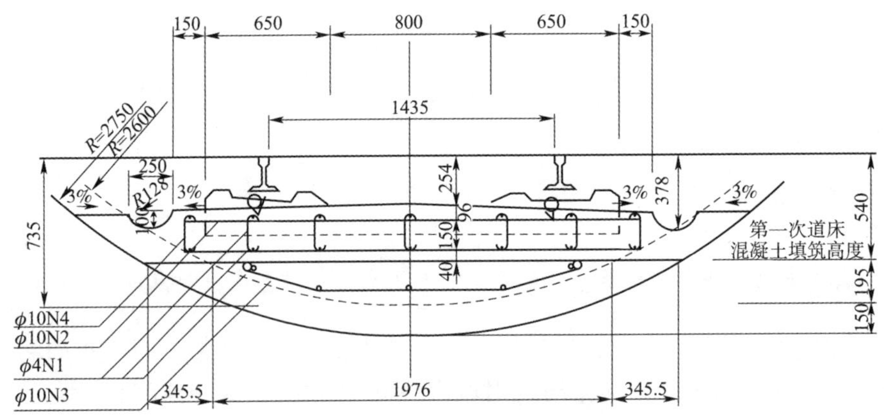

图 1-1-19　圆形隧道内的线路断面(尺寸单位:mm)

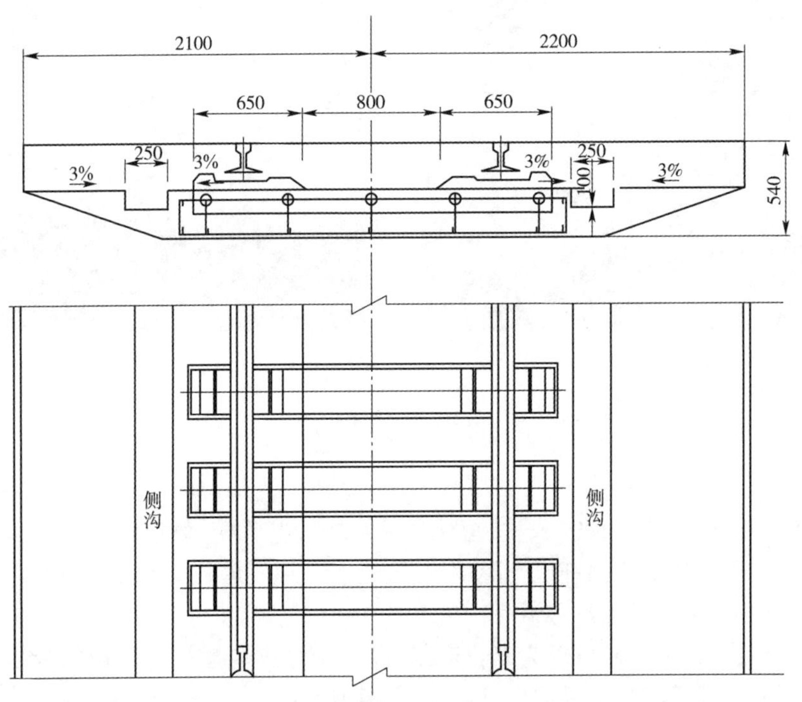

图 1-1-20　矩形隧道内的线路断面(尺寸单位:mm)

2. 地下线路的特点

地下线路的优点是坚固稳定，外观整洁，维修工作量小，从而降低维修成本。缺点是道床弹性差，并且建设期的造价昂贵。当整体道床一旦发生沉降开裂或其他病害，整治非常困难。

任务 3　地面线路结构

任务导入

随着经济的发展,城轨线路越来越多地铺设在郊区野外,采用地下和地面相结合的铺设方法,能够大大降低建造成本。那么,城轨线路地面轨道结构是什么样的呢?本任务主要学习城轨地面线路结构。

任务目标

主要掌握地面线路轨道的结构组成,熟悉各结构部分的特点。

一、地面线路结构概述

地面线路,其上部结构保留了铁路线路的特点,轨下基础也基本保留了传统的碎石道床,如图 1-1-21 所示。地面线路是造价最低的一种方式,一般铺设在有条件的城区或郊区野外。为保证车辆快速运行,一般为专用道形式,与城市道路相交时,一般设置为立交。穿越市中心的城轨线路一般很少设置地面线(市区用地紧张,道路交叉口多,干扰大)。中心城与卫星城间或城市边缘地带,应尽可能设地面线路以降低造价。

a)

b)

图 1-1-21　地面线路

地面线路的结构如图 1-1-22 所示,分为上部结构和下部结构。通常把路基面以上的部分称为上部结构,路基面以下的部分称为下部结构。

地面线路的上部结构,由钢轨、接头连接零件、轨枕、扣件、道床组成;下部结构由路基和侧沟组成,如图 1-1-23 所示。

二、地面线路的特点

钢轨引导机车车辆行驶,将承受的荷载通过轨枕传布于道床及路基。地面线路碎石道床的优点是弹性好、成本低,并且容易矫正轨道的平面和纵断面。但反过来,由于碎石道床的不稳定性，在列车碾压和冲击下，几何尺寸较易变形，必须进行经常性的养护和矫正。

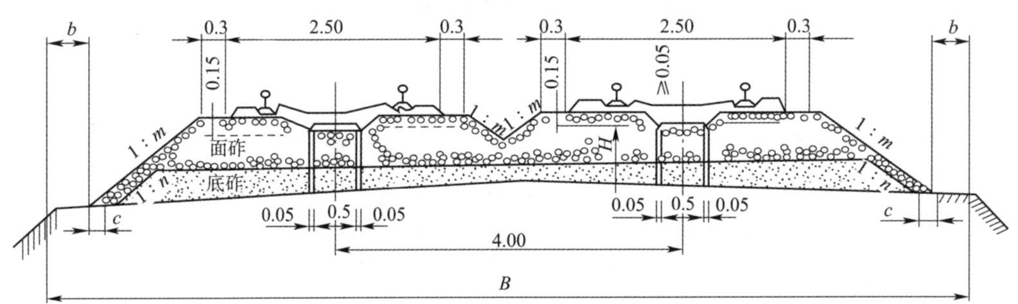

图 1-1-22　地面线路结构(尺寸单位:m)

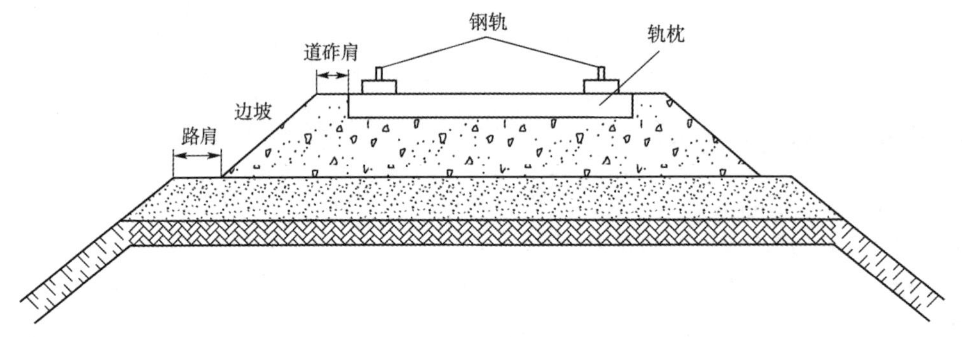

图 1-1-23　地面线路的上部结构

任务 4　高架线路结构

任务导入

随着城轨的迅猛发展，为了优化线路设计、避免拥堵、保证安全，现代城轨线路由地下、地上发展到空中，在高架桥梁上铺设轨道。本任务主要学习城轨高架线路结构。

任务目标

掌握城轨高架线路的结构及特点，了解国内外对高架线路的争议焦点。

高架线路铺设于高架桥面，轨下基础为支承块式的整体道床，如图 1-1-24、图 1-1-25 所示。高架线路是一种重要的线路铺设方式，既保持专用道的形式，又占地少，对城市交通干扰较小。高架区段中的高架桥是永久性的城市建筑，结构寿命要求按 50 年以上考虑。

目前，国内外对穿越城区的轨道交通甚至道路设置高架线存在一些争议，问题的焦点在于三方面：一是高架线路对市区(一般是旧城区)景观有些影响，可能破坏城市市容；二是高架系统产生的噪声、振动等对线路周围环境有不良影响；三是高架线路对沿线居民的隐私权有所侵犯，易引起某些纠纷。一般认为：城市道路红线宽度在 40m 以上时，可考虑设置高架线。如果工程处理得当，它也能够满足城市环境的要求。

图 1-1-24　高架线路

图 1-1-25　高架线路整体道床

一、高架线路结构的定义

高架线路铺设于高架桥面,其组成部分包括钢轨、扣件、钢筋混凝土支承块、整体道床、桥梁边侧挡墙和侧沟。

二、高架线路的特点

高架线路的轨型与地面线路和地下线路完全相同,也采用 60kg/m 的钢轨。轨下基础采用整体道床结构,但为减少桥梁上部的自重,没有采取带枕浇筑的形式,而是设置均匀支承块式结构。在线路扣件的设计上,比地下线路有了新的改变,不设置轨距垫,调整轨距和线路方向,通过横向拨移轨下铁垫板来实现(拨道和改道),设计立意新颖。尽管操作不是很方便,但此种方案对线路结构几何尺寸的调整有利。

项目 2　城市轨道交通线路其他相关设施

任务 1　标志及信号

任务导入

标志及信号对城市轨道交通车辆行进起指示作用。本任务主要学习城市轨道交通线路上的标志及信号。

任务目标

掌握城市轨道交通标志、信号种类及相关规定。

一、标志种类

地铁线路上设置的线路及信号标志有:公里标、百米标、坡度标、曲线要素标、圆曲线和曲线始终点标、竖曲线始终点标和水准基点标等；信号标志有：停车位置标、进站预告标（分别设于距站界 100m、200m、300m 位置）、警冲标、联锁分界标等。其中，信号标志和百米标为反光标志。

地面线的标志埋设于线路路肩以外，隧道的标志安装于隧道的侧墙，高架桥面的标志安装于桥面的整体道床，但不管哪种标志的安装，都必须严格执行限界的规定，并要安装牢固。

线路标志及信号标志的式样，应符合标准图的规定，并经常保持完整、位置正确、标志鲜明。

二、线路、信号标志设置的位置

（1）线路标志在单线上顺计算里程方向设于线路左侧，在双线上各设于本线列车运行方向左侧，部分标志如图 1-1-26 所示。

（2）信号标志顺列车运行方向设于线路左侧，部分标志如图 1-1-27 所示。

图 1-1-26　坡度标

图 1-1-27　信号标志

（3）各种标志（警冲标除外）应设在钢轨头部外侧不小于 2m 处。不超过钢轨顶面的标志，可设在距钢轨头部外侧不小于 1.35m 处。

（4）警冲标设在会合线路两线间距为 4m 的起点处中间，有曲线时按限界加宽办法加宽；两线间距不足 4m 时，应设在两线最大间距的起点处中间，如图 1-1-28 所示。

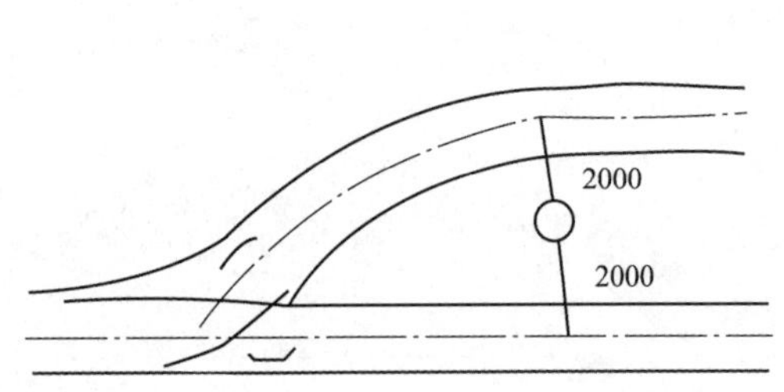

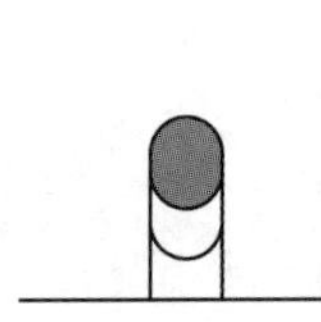

a)

b)

图 1-1-28　警冲标（尺寸单位：mm）

任务 2　电缆设施

任务导入

城市地铁列车是一种用电力牵引的快速大运量城市轨道交通，在轨道线路特殊地段敷设有电缆设施。本任务主要了解电缆设施。

任务目标

掌握供电电缆的敷设方式及信号电缆的设置。

基地不敷设供电电缆的普通线路，轨端要安装跳线，如图 1-1-29 所示，使钢轨连接作为信号电路。

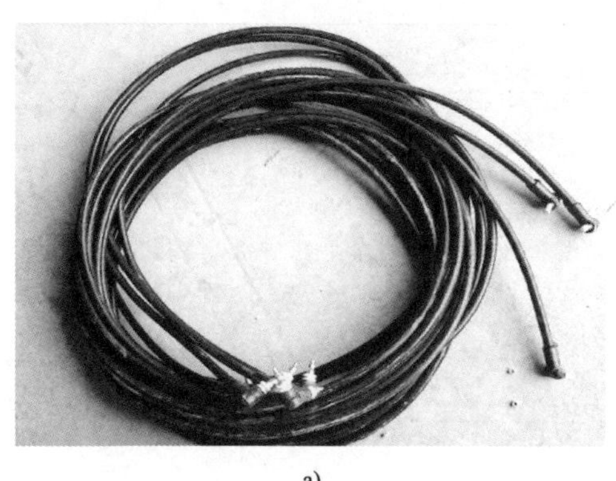

a)

b)

图 1-1-29　轨端跳线

城市地铁列车基本采取电力驱动。供电电缆的敷设方式有两种，图 1-1-30a）为第三轨式，图 1-1-30b）为接触网式。

a)第三轨式

b)接触网式

图 1-1-30　供电电缆的敷设方式

凡敷设供电电缆的线路，轨端用电缆焊接，既作为信号电缆线，又作为供电回路的回流线，如图 1-1-31 所示。

图 1-1-31　回流线

沿线信号电缆，有的设置在轨旁，有的设置于道心。

任务 3　隔声屏设施

任务导入

隔声屏是隔声设施。为了遮挡声源和接收者之间的直达声，在声源和接收者之间插入隔声屏，使声波传播有显著的附加衰减，从而减弱接收者所在的一定区域内的噪声影响。本任务主要学习隔声屏设施。

任务目标

掌握隔声屏的概念，熟悉常见的隔声屏设施类型。

声屏障是控制滚动噪声最有效的措施，该措施节约土地，降噪效果明显，其上可附吸声材料以提高降噪效果。声屏障是采用吸声材料和隔声材料制造出特殊结构，设置在噪声源与接收点之间，阻止噪声直接传播到接收点的降噪设施。声波在空气中传播，碰到声屏障时将产生反射、透射和衍射等现象。声屏障的作用是阻止直达声传播，隔离透射声，并使衍射声有足够的衰减。屏障后面将形成“声影区”，在声影区内噪声有明显的下降，最终达到降低噪声的目的。一般 3 ~ 6m 高的声屏障，其声影区内降噪效果在 5 ~ 12dB 之间。隔声屏障的设计已较为充分地考虑了高架高速道路、城市轻轨、地铁的风载、交通车辆的撞击安全和全天候的露天防腐问题。它外形美观大方，制作精致，运输、安装方便，造价低，使用寿命长，特别适合高架高速道路和城市轻轨、地铁防噪声使用，是现代化城市最理想的隔声降噪设施，如图 1-1-32 所示。

在声屏障的轨道侧涂上吸声材料可提高声屏障的降噪效果，并消除声音反射。对于整体道床轨道结构，吸音屏的效果最为明显。在装置吸音屏时，一种方式是吸音屏离轨道较远。另一种方式是离轨道较近。如果吸音屏较远，只能降噪 2 ~ 3dB；如果较近，则由于噪声在吸音屏与车体之间来回反射，降低了降噪效果。在吸音屏上涂吸声材料可减少噪声的多次反射。这

种吸音屏特别适合于桥梁及高架桥,因为这些地段一般为无砟轨道,且吸音屏的重量受到限制。

a)

b)

图1-1-32　隔声屏障

有些地段对降噪有较高的要求,特别是线路旁有高层建筑,一般的声屏障难以发挥效果,则可采用全封闭声屏障,香港西铁即采用全封闭的吸声屏障。为了降低车站站台的噪声,改善乘客的乘车环境,在站台下侧壁粘贴吸音屏体,在道间安装1mm高的矮声屏障,并在两侧粘贴吸声体,可降低站台噪声2~3dB。

深路堑对降噪的效果类似于与路堑高度相同的声屏障。如在路堑顶部安装声屏障,则效果更好。

对于车站降噪措施,可在站台下面、天花板上和车站围墙上涂吸声材料。站台下的吸声材料可用喷射混凝土,车站围墙和天花板可用吸声板。

复习思考题

一、填空题

1. 就城轨线路结构形式而言,主要分为__________线路、__________线路和__________线路三大类型。
2. 地面线路的结构分为__________和__________。
3. 隔声屏障主要由__________和__________两部分组成。
4. 地下线路铺设于隧道内,隧道有__________隧道和__________隧道两种类型。
5. 线路标志、信号标志设在距钢轨头部外侧不少于__________处(警冲标除外)。
6. 电缆设施分为__________电缆和__________电缆。
7. 供电电缆分为__________和__________。

二、简答题

1. 简述钢轨的轨型及轨距标准。

2. 简述地面线路的特点。
3. 简述地下线路的特点。
4. 高架线路的争议点有哪些?
5. 简述高架线路的特点。
6. 标志安装在什么位置?
7. 简述声屏障的作用。

学习情境2　城市轨道交通线路设备修理

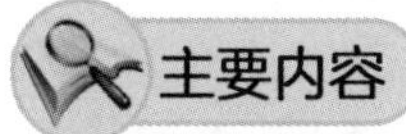

主要内容

本学习情境主要内容包括线路设备修理工作内容、线路设备修理标准。通过本学习情境的学习,学生应掌握线路设备修理的要求,熟悉线路设备修理周期,掌握线路静态几何尺寸容许偏差管理值。

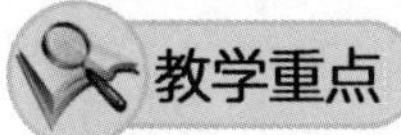

教学重点

线路大修的工作内容,线路维修的原则,线路维修的分类,线路静态几何尺寸容许偏差管理值。

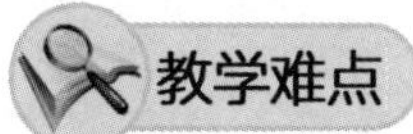

教学难点

线路静态几何尺寸容许偏差管理值。

项目1　线路设备修理工作内容

国家铁路的轨道修理分为大修、中修和维修三大层次。线路维修又分为综合维修、经常保养和临时补修,如图1-2-1所示。

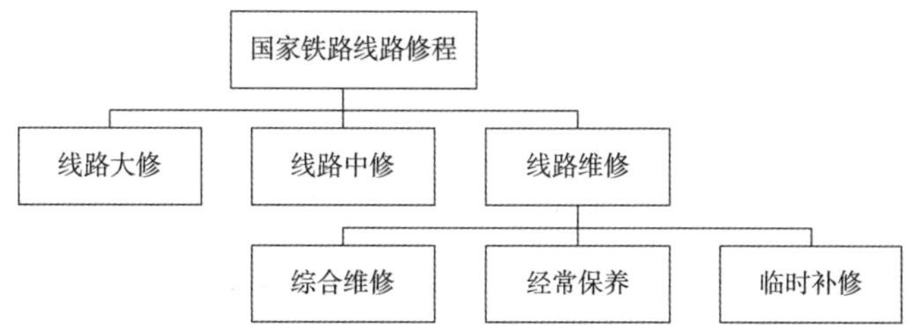

图1-2-1　国家铁路线路修程

由于城市轨道的设备不同于国家铁路,其线路修程应根据城市轨道的特点而变化,目前所采取的修程如图1-2-2所示。

二者相比,虽然变化并不算太大,但城市轨道交通正在积极探索更符合自己特点的修程,以适应国际化大都市轨道交通发展的需要。

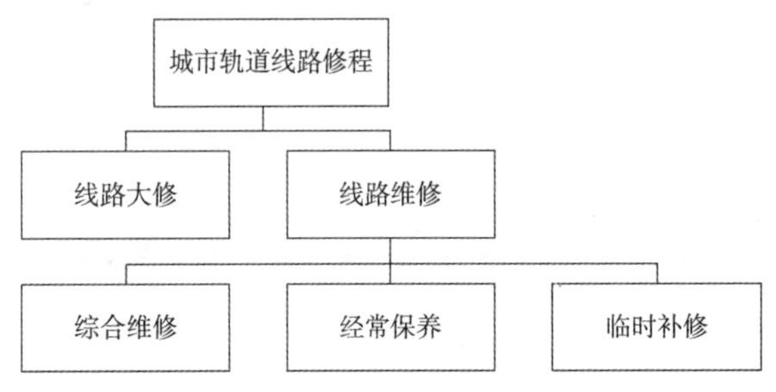

图 1-2-2　城市轨道线路修程

任务1　线路大修

任务导入

铁路线路设备在使用过程中有损耗,根据运输需要及线路设备损耗规律,对损耗部分进行更新和修理,使线路质量恢复到原有标准或达到更高标准。本任务主要学习线路大修的工作内容。

任务目标

掌握线路大修的基本任务、目的,了解线路大修的原则,熟悉线路大修的工作条件以及工作内容。

一、线路大修工作范围

地铁线路由于列车运行和自然力的作用,不仅发生弹性变形,而且产生永久变形。例如:钢轨因磨耗轨头断面减小,钢轨常年承载列车运行导致疲劳损伤,强度减弱,有时甚至折断;钢轨受电腐蚀、锈蚀严重;轨枕(木枕)因自然侵蚀和在列车的作用下的机械磨损而失效,隧道内混凝土轨枕块成段松动等,这些设备损坏到一定限度就会危及行车安全,必须进行整修和更新。这部分设备的整修和更新工作量大,技术复杂,必须进行大修作业。

二、线路大修内容

在安排大修工作时,要全面规划,突出重点,有步骤地解决线路设备的薄弱环节,适应运营需要。线路接触轨大修(以 100m 计)分为换轨大修、综合大修和单项大修,其主要内容如下:

(1)按设计校正,改善线路纵断面和平面。

(2)全面更换新钢轨或再用轨及其连接零件,以及更换不合规定的桥上护轮轨。

(3)全面更换连接零件或成段(一个信号区段)连接零件、轨下垫层。

(4)更换当年失效的轨枕并修理线路伤损轨枕,按规定补足轨枕的配置根数。

(5)清筛道床,补充道砟,全起全捣,改善道床断面,原铺砂子或天然级配砾石道床,根据要求更新为碎石道床,如图 1-2-3 所示。

(6)加强半径为800m及800m以下的曲线。

(7)线路上成段焊接钢轨接头,焊补钢轨和整修波浪形磨耗。

(8)整组更换道岔、岔枕,或进行道岔结构改造,如图1-2-4所示。

(9)成段整修整体道床或轨枕块。

(10)车场设备改善。

图1-2-3　道床清筛作业

图1-2-4　道岔大修

(11)成段更换接触轨、防护板和瓷瓶、托架,喷涂防腐防火漆。

(12)补充、修理及更换线路、信号标志,设置常备材料。

(13)整修路基及其排水和防护加固设备,加宽路基,整治翻浆冒泥及路基下沉。

(14)改造或安装防爬设备。

由于进行线路设备大修而影响其他设备变动时,由地铁运营公司协调有关单位统一安排,其费用列在线路设备大修的有关计划内。

其中,单项大修主要内容如下:

(1)成段更换新钢轨和再用轨,成段焊接、敷设无缝线路。

(2)成段更换混凝土轨枕或宽轨枕。

(3)更换道口及其两端设备。

(4)工务机具(包括养路机械、各种有关车辆、车床等)进行拆卸修理,更换或增加部件。

任务2　线路维修

任务导入

列车在日常运行中要能以规定速度安全、平稳和不间断地运行,就需要保持线路设备的完整和质量均衡。本任务主要学习线路维修的任务、原则、内容。

任务目标

掌握线路维修的任务与原则,熟悉综合维修、经常保养、临时补修的作业范围。

一、线路维修的任务与原则

轨道受车辆运行的动力荷载作用及各种自然条件的影响，发生着各种各样的形变，包括弹性形变与塑性形变，其中塑性形变是轨道发生残余变形的主要因素。这种残余变形积累到一定程度，将大大降低轨道结构的强度和稳定性，威胁行车安全。

由于线路在运营过程中不断发生着一系列动态变化，所以必须组织进行线路维修工作。

1. 维修的任务

轨道的养护维修就是针对轨道受外界影响所发生的各种变化所组织的系列维护工作。它不同于营造工程，而是在运营条件下所组织的设施维护，具有边运营边维护而又受运营条件限制的工作特点。

线路设备维修的基本任务是经常保持线路设备完整和质量均衡，使列车能以规定速度安全、平稳和不间断地运行，并尽量延长设备使用寿命。

2. 维修的原则

线路设备维修工作必须掌握线路设备技术状态变化规律，应贯彻“预防为主，防治结合，修养并重”的原则。在线路维修工作中，应按线路设备技术状态变化规律和程度，相应地进行综合维修、经常保养和临时补修，有效地预防和整治线路病害，有计划地补偿线路设备损耗，以取得较好的技术经济效益。

线路设备维修应实行天窗修制度，并实行检、养、修分开的管理体制。

线路设备修理工作要实行科学管理，开展标准化作业，改善检测手段，建立和健全责任制，严格执行检查验收制度。要采用新技术、新设备、新材料、新工艺和先进的施工作业方法，优化劳动组织，提高劳动生产率和施工作业质量，降低成本；改进检测方法，推行信息化技术，健全并严格执行安全管理和检查验收制度。

二、线路维修分类

城市轨道交通线路维修分为综合维修、经常保养和临时补修。

1. 综合维修

综合维修是指根据线路变化规律和特点，以全面改善轨道弹性、调整轨道几何尺寸和更换、整修失效零部件为重点，按周期、有计划地对线路进行的综合修理，以恢复线路完好技术状态。作业范围大致如下：

(1)调整轨道几何尺寸，达到维修作业验收标准。

(2)钢轨打磨，钢轨焊补。

(3)更换和修理轨枕、岔枕和支承块。

(4)更换伤损钢轨、道岔部件和失效连接零件，断轨焊复。

(5)T 形扣件螺栓清洁。

(6)根据线路状态适当起道，木枕地段应全面捣固；混凝土枕地段应撤除调高垫板，全面或重点捣固；整体道床地段，应更换压溃胶垫。

(7)改道,拨道,调整线路、道岔各部尺寸,全面拨正曲线。

(8)清筛枕盒不洁道床和边坡土垄,处理道床翻浆冒泥,均匀道砟和整理道床。

(9)更换、方正和修理轨枕、岔枕和支承块。

(10)调整轨缝,整修、更换和补充轨道加强设备,整治线路爬行,锁定线路道岔。

(11)矫直钢轨硬弯,综合整治接头病害。

(12)整修、更换和补充连接零件,进行涂油。

(13)整修路肩,疏通排水设备,清除道床、路肩杂草和整体道床保洁。

(14)整修道口和排水沟,修理、补充和刷新标志,回收沿线旧料。

(15)修补立柱道床的立柱。

(16)其他需要预防和整治的工作。

2. 经常保养

经常保养是指根据线路变化情况,在全年度和线路全长范围内进行的有计划、有重点的养护,以保持线路质量经常处于均衡状态。作业范围大致如下:

(1)整修轨道几何尺寸超过经常保养管理值的线路。

(2)整修道床翻浆冒泥,均匀道砟和整理道床。

(3)单根更换失效轨枕、岔枕,个别更换失效扣件。

(4)调整轨缝,锁定线路。

(5)整修轨道加强设备。

(6)整治接头病害。

(7)钢轨肥边打磨。

(8)成段整修扣件,进行扣件和接头螺栓涂油。

(9)刷新线路钢轨标记,加固线路标志。

(10)地面线整修路肩,疏通排水设备。

(11)清除地面线道床、路肩杂草、垃圾及影响线路外观的物品。

(12)整体道床保洁。

(13)季节性工作,周期短于纠正性维修的单项工作。

3. 临时补修

临时补修是指及时整修超过临时补修容许偏差管理值及其他不良处所的临时性修理,以保证行车平稳和安全。做到消灭临时补修容许偏差管理值的处所的时间不过夜。作业范围大致如下:

(1)整治轨道几何尺寸达到或超过临时补修容许偏差管理值的处所。

(2)更换重伤钢轨。

(3)更换达到伤损标准的夹板,更换折断的接头螺栓和护轨螺栓。

(4)调整严重不良轨缝。

(5)进行无缝线路地段钢轨折断、重伤和重伤焊缝的处理。

(6)整修严重冲刷的路肩和道床(有砟道床)。

(7)其他需要临时补修的工作。

以上三种维修具有不同的特点,对设备质量和行车安全都具有互补性。综合维修是根据轨道各部件老化的规律和使用寿命所进行的周期性工作,周期的长短主要取决于运量、部件的技术指标和质量指标。同时,还取决于日常养护维修的工作质量,当日常养护工作的质量高时,完全可以延长维修周期。

经常保养是及时减缓或消灭线路所发生的经常性变化,阻止线路超限的发展或线路病害的积累,是确保全线质量均衡的措施。

临时补修具有突发性和不可预见性,及时发现和处理突发性病害是养护工作的重中之重。目前,各城市地铁所采取的维修形式是不一致的,有的基本按照国家铁路线路修程运行,结合本企业的特点进行一些改革;有的完全实行状态修,或称故障修。

项目2　线路设备修理标准

任务1　线路设备修理周期

任务导入

城市轨道交通线路都需要定期维修和保养。本任务主要学习综合维修、经常保养周期。

任务目标

掌握线路维修周期的基本内容,熟悉道岔维修周期的基本内容,了解临时补修周期的基本原则。

一、综合维修、经常保养周期

1. 线路维修周期

城轨线路分为正线线路和站场线路(车辆段线路和车场线路)。

(1)正线线路:综合维修每4自然年1次,经常保养每1自然年1次(每自然年进行1/4总量的综合维修,其余3/4总量进行经常保养,每年年度计划以此类推)。

(2)车辆段线路:综合维修每4自然年1次,经常保养每1自然年1次(每自然年进行1/4总量的综合维修,其余3/4总量进行经常保养,每年年度计划以此类推)。

(3)车场线路:综合维修每4自然年1次,经常保养每1自然年2次(每自然年进行1/4总量的综合维修,其余3/4总量1年内完成2遍经常保养,每年年度计划以此类推)。

2. 道岔维修周期

道岔分为Ⅰ类道岔(折返道岔)、Ⅱ类道岔(走行道岔)、Ⅲ类道岔(待避线、联络线道岔)

及站场道岔。

(1)道岔静态检查周期。

①Ⅰ类道岔:每自然月应全面检查 1 次。

②Ⅱ、Ⅲ类道岔:每季度应全面检查 2 次。

③站场道岔:每自然月应全面检查 1 次。

(2)道岔维修周期。

①Ⅰ类道岔:综合维修每 1 自然年 1 次。

②Ⅱ类道岔:综合维修每 2 自然年 1 次,经常保养每 1 自然年 1 次(每自然年进行 1/2 总量的综合维修,其余 1/2 总量进行经常保养,每年年度计划以此类推)。

③Ⅲ类道岔:综合维修每 3 自然年 1 次,经常保养每 1 自然年 1 次(每自然年进行 1/3 总量的综合维修,其余 2/3 总量进行经常保养,每年年度计划以此类推)。

④站场道岔:综合维修每 3 自然年 1 次,经常保养每 1 自然年 1 次(每自然年进行 1/3 总量的综合维修,其余 2/3 总量进行经常保养,每年年度计划以此类推)。

(3)温度调节器综合维修周期 2 年,保养周期 2 年。

(4)防脱护轨综合维修周期 2 年。

(5)车场线路综合维修周期 4 年,保养周期 6 个月。

(6)车辆段线路综合维修周期 4 年,保养周期 1 年。

二、临时补修周期

无固定周期,以线路病害发现后按超限分级控制原则开展。

任务 2　线路静态几何尺寸容许偏差管理值

任务导入

轨道线路需要保持良好的技术状态,具有一定的平顺性,而轨道几何尺寸处于不断变化之中,养护维修又有一定的周期,因此需要相对应的质量检查标准和控制标准。本任务主要学习线路静态几何尺寸容许偏差管理值。

任务目标

掌握轨道线路静态几何尺寸容许偏差管理值及线路综合维修验收评分标准,熟悉道岔维修标准以及道岔综合维修验收评分标准。

一、线路静态几何尺寸容许偏差管理值概述

线路维修工作的特点是边运营、边维修。一方面轨道几何尺寸处于不断地变化之中,另一方面养护维修作业又有一定的周期。故规定:作业验收管理值不仅为综合维修验收标准,也是经常保养和临时补修作业质量的检查标准。这个标准要求,凡是进行有关轨道几何尺寸的养

护维修作业，在检查和验收时均按作业验收标准办理。

经常保养管理值为轨道应经常保持的质量管理标准。这个标准规定，在综合维修及其他有关作业以后，在轨道几何尺寸不断变化的条件之下，日常应保持的基本状态。这个标准的管理目标是：使轨道保持较好的技术状态，具有一定的平顺性，并减少轨道几何尺寸变化至需要临时补修的程度。

临时补修管理值为应及时进行轨道整修的质量控制标准。这个标准的管理目标是：控制轨道几何尺寸误差的变化，在少量超过临时补修允许误差时，就及时地进行整修，使其与危及行车安全程度保持一定距离，防止误差量发展变化过大而接近危及行车安全的程度。日常对超过临时补修允许误差 2 ~ 3mm 者，应在一周时间内整修好；对超过允许误差较大者，应根据具体情况尽早地进行整修。

(1)线路轨道静态几何尺寸允许偏差管理值见表 1-2-1。

线路轨道静态几何尺寸容许偏差管理值 表 1-2-1

项目		作业验收/mm		经常保养/mm		临时补修/mm	
		正线	段场线	正线	段场线	正线	段场线
轨距		+6，-2	+6，-2	+8，-4	+9，-4	+9，-4	+10，-4
水平		4	5	6	8	10	11
高低		4	5	6	8	10	11
轨(直线)		4	5	6	8	10	11
正矢	缓和曲线	4	5	6	7	7	8
	直线和圆曲线	4	5	6	8	9	10

注：①轨距偏差不含曲线上按规定设置的轨距加宽，但最大轨距(含加宽值和偏差)不得超过 1435mm。

②轨向偏差和高低偏差为 10m 弦测量的最大矢度值。

③三角坑偏差不含曲线超高顺坡造成的扭曲量，检查三角坑时基长为 6.25m，但在延长 18m 的距离内无超过表列的三角坑。

④专用线按其他站线办理。

(2)线路综合维修标准。

线路综合维修标准见表 1-2-2 的规定。

线路综合维修标准 表 1-2-2

项目	内容	编号	标准		要求	说明
			正线及试车线	段场线		
轨道几何尺寸	轨距、水平、三角坑	1	符合综合维修标准允许偏差	符合综合维修标准允许偏差	全面检测	
		2	轨距变化率 ≤2%(不含规定的递减率)	轨距变化率 ≤3%(不含规定的递减率)	连续 100m	
	轨向、高低	3	符合综合维修标准允许偏差	符合综合维修标准允许偏差	全面检测	

续上表

项目	内容	编号	标准		要求	说明
			正线及试车线	段场线		
钢轨	接头错牙	4	轨面及内侧错牙≤1mm	轨面及内侧错牙≤2mm	同上	
	轨缝	5	没有连续瞎缝或大于构造轨缝，普通绝缘接头轨缝<6mm	同左	同上	
		6	轨段肥边<2mm	同左	同上	
路基	路肩	7	平整、无大草（试车线）	平整	全面查看	单侧计算
	排水	8	中心排水沟无积水	侧沟畅通	同上	
轨枕	位置	9	位置、间距偏差或偏斜<50mm（试车线）	位置、间距偏差或偏斜<60mm	全面检测	枕上或枕下离缝2mm者为吊板，枕下暗吊板不明显者，可冒起道钉或松开扣件查看
	失效	10	接头或焊缝处不得失效	同左	同上	
	吊板率	11	<8%（试车线）	<12%	连续50头	
轨道加强设备	轨距杆、轨撑	12	无缺损或松动	同左	全面查看	区间正线无观测桩或观测桩不起作用，按爬行超限计算，站内线路爬行检查道岔及绝缘接头前后
	防爬设备	13	防爬器无缺损、松动，离缝≤2mm（试车线木枕）	同左	同上	
			支撑无缺损、尺寸符合标准（试车线木枕）	同左	同上	
	线路爬行	14	普通线路爬行量<20mm	同左	全面检测	
标志标记	标志	15	完好无歪斜、字迹清晰	同左	全面查看	
	标记	16	钢轨上各种标记齐全，位置正确，字迹清晰	同左	同上	

续上表

项目	内容	编号	标准		要求	说明
			正线及试车线	段场线		
连接零件	接头螺栓	17	齐全、紧固或力矩符合规定	同左	全面检测	一组扣件的零件不全,按缺少一个计算
	铁垫板、胶垫	18	铁垫板和橡胶垫板、橡胶垫片齐全,胶垫板或胶垫片失效<8%	铁垫板和橡胶垫板、橡胶垫片齐全,胶垫板或胶垫片失效<16%	连续100头	
	道钉、扣件	19	扣件齐全	同左	全面查看	
		20	扣板(轨距挡板)前、后离缝<2mm(试车线)	同左	同上	
		21	扣件扭力矩在规定范围内	同左		
道床	脏污	22	试车线枕盒或边坡清筛深度足够,清筛部分无混砟	同左	全面查看	
	外观	23	试车线饱满、均匀整齐、无杂草	同左	同上	

二、道岔维修标准

(1)道岔轨道静态几何尺寸容许偏差管理值见表1-2-3的规定。

道岔轨道静态几何尺寸容许偏差管理值　　表1-2-3

项目		作业验收/mm		经常保养/mm		临时补修/mm	
		正线	段场线	正线	段场线	正线	段场线
轨距		+3,-2	+3,-2	+5,-3	+5,-3	+6,-3	+10,-4
水平		4	6	6	8	9	10
高低		4	6	6	8	9	10
正矢	缓和曲线	4	6	6	8	9	10
	直线和圆曲线	2	2	3	3	4	4

(2)道岔综合维修标准。

道岔综合维修标准见表1-2-4的规定。

道岔综合维修标准　　表1-2-4

项目	内容	编号	标准		要求	说明
			正线道岔	段场道岔		
轨道几何尺寸	轨距、水平、支距	1	符合综合维修标准	同左	全面检测	
		2	符合综合维修标准	同左		
	轨向、高低	3	符合综合维修标准	同左		
		4	符合综合维修标准	同左		
	查照间隔	5	≥1391mm	同左		
	护背距离	6	≤1348mm	同左		
钢轨	钢轨错牙	7	轨面或内侧错牙≤1mm	同左		
	尖轨	8	尖轨尖端至第一牵引点与基本轨密贴≤0.5mm；其余部分≤1mm（困难情况下2mm）	尖轨尖端至第一牵引点与基本轨密贴≤0.5mm；其余部分≤1mm（困难情况下2mm）		
	轨缝	9	没有连续瞎缝或大于构造轨缝，绝缘接头轨缝不得<6mm	同左		
转枕	位置	10	间距偏差不得>40mm	间距偏差不得>50mm		枕上或枕下离缝大于2mm者为吊板，枕下暗吊板可根据道床与岔枕间状态判断，不明显者可扒开道床查看
	失效	11	无接头处失效，其他处无连续失效	无接头处失效，其他处无连续三根及以上连续失效		
	空吊率	12	≤8%	≤12%	连续50头	
轨道加强设备	防爬设备	13		防爬器缺损、松动或离缝≤2mm，支撑无缺损、失效，尺寸符合标准		
	爬行	14	两尖轨尖端相错量≤20mm	同左		
	轨撑、轨距杆	15	在转辙或辙叉部分轨撑离缝≤2mm，在其他部分轨撑或轨距杆不得缺损、松动	同左		轨撑离缝是指轨头下颏或轨撑与垫板挡肩之间的间隙
道床	外观	16		均匀、整齐、无杂草		

续上表

项目	内容	编号	标准		要求	说明
			正线道岔	段场道岔		
标志标记	标志	17	警冲标道岔编号完好、无破损	警冲标完好、无破损		
	标记	18	钢轨上各项标记完好，位置正确，字迹清晰	同左		
连接零件	道钉扣件	23	弹条中部前端下颚离缝≤1mm	同左		
	滑床板	24	尖轨与滑床板缝隙<2mm	同左		
	螺栓	25	连杆、顶铁、间隔铁及护轨螺栓无缺失、松动	同左		
		26	接头螺栓无缺少、松动，力矩符合规定	同左		
		27	其他各种螺栓无缺少、松动	同左		
	铁垫板	28	铁垫板或胶垫板、胶垫片完好	同左		

复习思考题

一、填空题

1. 国家铁路把轨道的修理分为__________、__________和__________三大层次。
2. 城市轨道交通线路修理分为__________和__________。
3. 地铁线路由于列车运行和自然力的作用，不仅发生__________变形，而且产生__________变形。
4. 线路设备维修工作必须掌握线路设备技术状态变化规律，应贯彻“__________，__________，修养并重”的原则。
5. 城市轨道交通线路维修分为__________、__________和__________。
6. 城市轨道交通线路分为__________和__________。
7. 城市轨道交通线路正线线路综合维修每__________自然年1次。

8. 线路维修工作的特点是____________。

二、简答题

1. 城市轨道交通线路单项大修的主要内容有哪些?
2. 城市轨道交通线路经常保养管理值有什么作用?
3. 城市轨道交通线路临时补修管理值有什么作用?

学习情境3　城市轨道交通线路设备检查

主要内容

本学习情境主要内容包括检查制度、检查项目、质量评定。通过本学习情境的学习，学生应掌握检查的制度，学会轨道几何尺寸的检查，熟悉轨道部件状态检测以及线路设备状态评定，了解线路设备保养质量的评定。

教学重点

日检、周检、季检、年检。

教学难点

轨道几何尺寸检查、轨道部件状态检测。

线路设备检查是养路工作“检查、计划、作业、验收”四个环节中最基本、最重要的环节，它是制订线路维修计划和研究分析病害的依据。

为掌握设备状态，提高设备质量，确保行车安全，必须对线路进行经常性的检查。

线路设备的检查，能够科学地维护管理轨道，同时也为轨道结构设计、病害原因分析及维护标准制订等提供试验依据。线路设备检查从检查形式上可分为静态检查和动态检查。

项目1　静 态 检 查

静态检查是指线路处于静止状态，其各部分已经发生的永久变形和内部伤损，通过仪器、工具及目测等检查方法确定其变形程度或伤损状况。静态检查项目比较全面，检查的条件也较充分，它是线路经常检查中最主要的一种。除添乘列车检查线路质量和轨道综合检测车检查线路质量外，其他检查项目均为静态检查项目。

任务1　线路检查制度

任务导入

线路设备在使用过程中，会出现磨耗或者损坏，如果发现不及时，可能会对行车安全造成重大危害，因此必须建立健全线路检查制度。本任务主要学习线路检查制度。

任务目标

掌握日检的检查内容、方法、登记手续及信息传递，熟悉周检的检查重点，了解月检、季检及年检的检查项目。

为掌握线路设备状态，提高线路设备质量，确保行车安全，必须建立健全对线路设备的经常性、系统性检查制度。

一、日检

日检是指对设备按日所进行的检查，或称巡道。新接管线路，全线在建设期遗留下来的问题尚未完全处理完毕，施工单位尚未完全撤离，运营线路还没有进入封闭或半封闭状态，为确保行车安全，必须坚持巡道制度。每天对全线检查一遍，并记录检查情况。

1. 检查内容

线路异常及侵入限界影响行车安全的一切料具或障碍物。

2. 检查办法

以工班为单元，对所辖范围分段巡查，由工务车间绘制巡道路线图，交工班安排巡道人员执行。

3. 登记手续

巡道人员进入封闭区域前必须办理登记手续，在规定的时间内完成巡道任务；巡道结束，必须办理注销手续。

4. 信息传递

无论线路正常还是非正常，都必须按规定进行信息传递。巡道人员发现线路异常或障碍物影响行车安全时应立即处理，不能处理时应立即汇报有关部门安排处理，未处理完毕，不得放行列车。

二、周检

当试运营期结束，如确认巡道再无必要时，根据实际情况，车间提出，部门、运营公司批准，取消日检，实行周检制，或称巡检。

周检，每周检查1遍，关键部位及重要岔区，需重点检查。周检同样要规定巡查人员、巡查路线、巡查内容、巡查时间等，并定期由工班对巡检人员进行业务培训，建立相应的巡检制度。周检的重点如下：

(1)侵入限界的施工料具和一切其他障碍物并进行搬除。

(2)线路轨面与方向的异常变化。

(3)夹板(含急救器)变形、裂纹、折断和轨缝检查，接头螺栓、扣件螺栓及垫圈的松动和缺损。

(4)尖轨裂纹掉块、密贴、空吊,连接杆、辙叉、护轨及连接零件。

(5)整体道床的开裂情况。

巡检人员根据现场情况进行小补修,对线路、道岔松动和缺损的零配件进行复紧、安装、更换和涂油。巡检出设备病害时,能消除的,应立即消除;消除不了的,应及时汇报工班处理。若故障危及行车安全,应积极采取措施,进行处理;不能马上处理的,应立即汇报工班长、车间主任、维修调度,说明危险程度、预估需处理时间。

三、月检

月检,每月进行一次,又称"三全检查"(即全员、全线、全面),月检在周检的基础上增加以下项目:

(1)全面测量线路及道岔的几何尺寸。

(2)抽查紧固件扭矩。

(3)观察钢轨爬行情况。

(4)检查道床与排水设施。

(5)其他与线路相关的附属设施。

月检由设备所属班组负责实施,并应做好检查和整改情况记录。病害及整改情况,由上一级部门负责汇总并报线路主管部门备案。检查整改记录由班组留存备查。

四、季检

季检就是设备的季度检查,每季度进行一次,由车间组织利用轨检仪进行检查。季检除覆盖周检的项目以外,还必须增加以下项目:

(1)抽查螺栓扭矩。

(2)测量曲线正矢和小半径曲线侧磨(按季)。

(3)观察钢轨伤损情况。

(4)检查道床及与其他线路相关的附属设施。

季检结束后,应及时完成全线质量检查资料的汇总。检查所发现的质量问题,应根据轻重缓急程度,编入下月的线路保养计划,以此逐月推进,保持全线质量处于均衡状态。

五、年检

为全面掌握线路状态,如实评定管内线路质量和养护维修工作质量,同时也为切实编制次年养护维修工作计划和费用计划提供依据,每年于秋季(9月份)组织一次全面性、综合性的设备大检查。

年检可以与当月的季检以及节前大检查结合进行。检查人员可以分为轨距水平组、道岔组、轨面方向组、综合组等几个专业小组,检查内容应包括所有项目。

六、季节性检查

季节性检查包括高温季节的检查和寒冬季节的检查。

高温检查的项目有防胀、防台风,防寒检查的项目有防断、防冻。要建立防胀、防台风等各

种相关的防范措施。凡检查所发现的隐患应及时整改，努力减少乃至消灭恶劣气候给轨道带来的影响。

任务2　检查项目及检查设备

任务导入

为保证线路设备的完好，需要按规章制度的要求对线路进行检查，检查的项目有线路几何尺寸量测、道岔几何尺寸量测、轨道部件状态检查等。本任务主要学习检查项目及检查设备。

任务目标

了解检查机具材料和备品，熟悉检查项目，掌握检查标准。

一、检查机具材料和备品

检查所需的主要机具、材料、备品（满足1个小组），如表1-3-1所示，见资源1-3-1。

主要工具　　表1-3-1

序号	名称	数量	单位	规格	备注
1	轨距尺（道尺）	1	把		经校核
2	钢卷尺	1	把	2m	
3	钢直尺	1	把		
4	弦线	1	副	40m	
5	滑石笔	2	根		
6	线路检查记录本	1	本		
7	曲线正矢记录本	1	本		

部分检查工具如图1-3-1～图1-3-4所示，其使用方法见资源1-3-2～资源1-3-5。

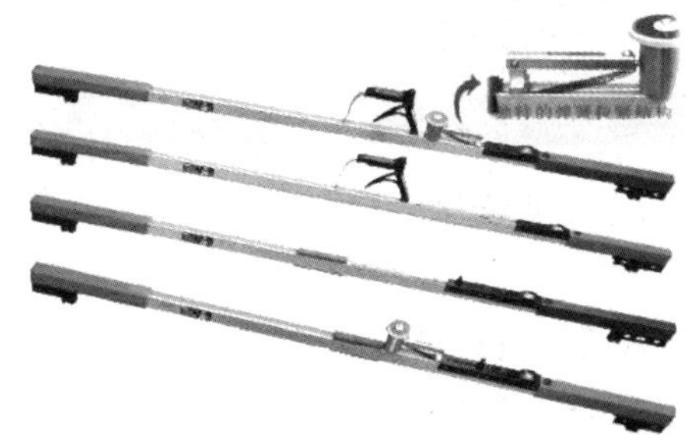

图1-3-1　普通轨距尺

图1-3-2　电子轨距尺

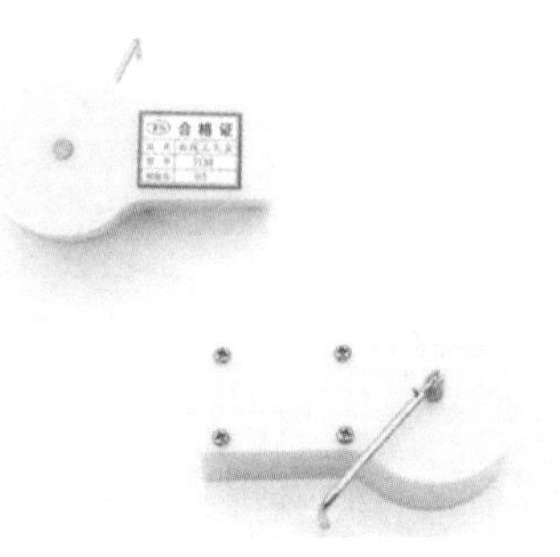

图 1-3-3　弦线

图 1-3-4　钢直尺

二、检查项目

按检查的对象划分，线路静态检查的项目分为线路几何尺寸量测、道岔几何尺寸量测、轨道部件状态检查等。

1. 线路几何尺寸量测

线路几何尺寸是指轨道的几何形状、相对位置和基本尺寸。线路几何尺寸正确与否，与行车安全、平稳及设备使用寿命有直接关系。同时，也直接影响养护维修的工作量。线路几何尺寸量测内容一般包括轨距、水平、高低、方向及曲线正矢。见资源 1-3-6 ~ 资源 1-3-9。

（1）轨距检查。线路轨距，在钢轨头部顶面下 16mm 处测量。目前测量轨距采用的量具，主要是轨距尺。

（2）水平检查。线路水平同样采用轨距尺或辅以其他量具进行测量。

（3）高低检查。线路或道岔应保持轨面平顺，存在高低误差会引起车辆垂直颠簸。检查此项目时，先俯身钢轨上，双掌支撑住上身重心后保持视线与轨头下颚平行，目视判断不良处，然后

在该处两端轨面上，使用 10m 弦线按在轨面上，两端拉紧弦线，测量人拨动弦线待弦线紧绷稳定后使用钢板尺量取数据减去弦线底盒长度 20mm 即为高低误差值，用滑石笔标记并记录。

(4)方向检查。按照车辆的平稳和安全要求，直线笔直，曲线圆顺。在无缝线路地段，若轨道方向不良，可能在高温天气下引发胀轨跑道病害，即轨道发生非常明显的不规则横向位移，威胁行车安全。

检查直线地段方向用 10m 弦线配备 5m 钢卷尺、钢板尺等工具。首先跨基准股目视钢轨判断出 40m 范围内方向不良位置，在该处前后将 10m 弦线紧贴钢轨头部内侧，两端拉紧弦线，测量人拨动弦线待弦线紧绷稳定后使用钢板尺量取矢距数据减去弦线底盒长度 20mm 即为方向误差值。如出现钢轨反弯情况，也可测量钢轨头部外侧。

(5)曲线正矢检查。曲线正矢检查一般使用 20m 弦线紧贴钢轨内侧踏面下 16mm 处测量。缓和曲线正矢则按照计划正矢点检查，圆曲线正矢可按正矢点逐点检查，也可破点抽查。

2. 道岔几何尺寸量测

道岔几何尺寸量测的项目如下：

(1)道岔直股与曲股各检测点的轨距、水平。

(2)道岔轨面高低。

(3)直股与曲股的方向。

(4)尖轨的动程与密贴。

(5)道岔支距。

(6)辙叉的查照间隔、护背距离等。

3. 钢轨状态检查

1)钢轨损伤的状态

钢轨状态分为钢轨轻伤、钢轨重伤和钢轨折断。

(1)钢轨轻伤标准。

①钢轨头部的磨耗超过表 1-3-2 所示限度之一者。

钢轨头部磨耗轻伤标准表　　　　表 1-3-2

钢轨/(kg/m)	总磨耗/mm		垂直磨耗/mm		侧面磨耗/mm	
	正线、试车线	车厂线	正线、试车线	车厂线	正线、试车线	车厂线
60 ~ <75	14	16	9	10	14	16
50 ~ <60	12	14	8	9	12	14
43 ~ <50	10	12	7	8	10	12

注：①总磨耗 = 垂直磨耗 + 1/2 侧面磨耗。

②垂直磨耗在钢轨面宽 1/3 处(距标准工作边)测量。

③侧面磨耗在钢轨踏面(按标准断面)下 16mm 处测量。

②轨头下颚透锈长度不超过 30mm。

③钢轨低头(包括轨端踏面压伤和磨耗在内)超过 3mm(用 1m 直尺测量最低处矢度)。

④轨端或轨顶面剥落掉块，其长度超过 15mm，深度超过 4mm。

⑤钢轨顶面擦伤深度达到1～2mm,波浪形磨耗谷深超过0.5mm。

⑥钢轨探伤人员认为有伤损的钢轨。

(2)钢轨重伤标准。

①钢轨头部磨耗超过表1-3-3所示限度之一者。钢轨磨耗测量作业见资源1-3-10。

钢轨头部磨耗重伤标准表 表1-3-3

钢轨/(kg/m)	垂直磨耗/mm	侧面磨耗/mm
60～<75	11	19
50～<60	10	17
43～<50	9	15

②钢轨在任何部位有裂纹。

③轨头下颚透锈长度超过30mm。

资源1-3-10
钢轨磨耗测量作业

④轨端或轨顶面剥落掉块,其长度超过30mm,深度超过8mm。

⑤钢轨在任何部位变形(轨头扩大、轨腰扭曲或鼓包等),经判断确认内部有暗裂。

⑥钢轨锈蚀,除锈后轨底边缘处厚度不足5mm或轨腰厚度不足8mm。

⑦钢轨顶面擦伤深度超过2mm。

⑧钢轨探伤人员或线路工务班长认为有影响行车安全的其他缺陷(含黑核、白核)。

(3)钢轨折断标准。

钢轨折断是指发生下列情况之一者:

①钢轨全截面至少断成两部分。

②裂纹已经贯通整个轨头截面。

③裂纹已经贯通整个轨底截面。

④钢轨顶面上有长大于50mm、深大于10mm的掉块。

普通线路(道岔)和无缝线路缓冲区重伤钢轨和折断钢轨应及时更换,换下后应画下明显的"X"标记,防止再铺用。无缝线路伸缩区、固定区钢轨重伤和折断,应按规定处理。隧道内的轻伤钢轨,应有计划地处理、更换。

资源1-3-11
钢轨手工检查方法

2)钢轨检查方法

检查钢轨必须按规定周期进行,着重检查钢轨有无伤损、已标记的伤损有无变化。

(1)手工检查。

手工检查钢轨较为落后,在探伤仪缺少的情况下,对次要站和轻型杂轨地段,可辅以手工检查。但是,手工检查不能代替探伤仪对正线的检查,见资源1-3-11。

(2)钢轨静态探伤检查。

对钢轨的静态探伤检查主要是仪器探伤,仪器探伤就是对钢轨进行非破坏性检测和分析,以发现钢轨组织中的不连续即裂纹、夹杂物、气孔等宏观缺陷,亦称为无损探伤,见资源1-3-12、资源1-3-13。

无损探伤,主要有超声波探伤、射线探伤、磁粉探伤、渗透探伤和涡流探伤等多种仪器探伤。目前广泛应用的是超声波探伤。钢轨超声波探伤是采用超声波探伤仪对钢轨、焊缝和部分道岔设备进行无损检查的一种轨道线路设备状态检查方法。

钢轨超声波检查周期,每季度1次对正线运营钢轨进行常规超声波检查,每年1次对无缝线路焊缝进行超声波检查,每6个月1次对站场线(包括试车线)钢轨进行常规超声波检查,道岔部分设备超声波检查随同区段钢轨。

钢轨超声波检查发现伤损时,操作人员应根据伤损程度进行等级判定,并给出处理意见,做好记录和标识,见表1-3-4。对轻伤及以上应按管理要求出具伤损通知书并做好月报表。对发现危及行车安全的伤损应立即通知车间、汇报维修调度,采取措施及时处理。

钢轨伤损标记　　　　表1-3-4

伤损种类	伤损范围及标记		说　明
	连续伤损	一点伤损	
轻伤	|←△→|	↑△	用白油漆标记
轻伤有发展	|←△△→|	↑△△	同上
重伤	|←△△△→|	↑△△△	同上

4. 轨枕状态检查

轨枕状态检查的内容包括:轨枕顶面螺栓孔附近或两螺栓孔间的纵向裂纹、轨枕顶面螺栓孔附近横向裂纹、轨枕中部顶面横向和侧向垂直裂纹、轨枕挡肩处水平裂纹及挡肩损坏、空吊枕等。轨枕裂纹一旦形成环状,或残余裂纹达到一定宽度,将影响轨枕承载能力或加速预应力钢筋锈蚀,造成轨枕失效。轨枕常见病害如图1-3-5所示。

a)

b)

图　1-3-5

c) d) e) f) g)

图 1-3-5　轨枕常见病害

a) 混凝土枕纵向开裂；b) 混凝土枕底部掉块；c) 混凝土枕钢筋外露；d) 混凝土枕承轨槽处折断；e) 混凝土枕空吊；f) 木枕开裂；g) 木枕中部折断

(1) 混凝土轨枕(含短轨枕)失效标准。

①明显折断；

②横断面裂缝(或斜裂)接近环状裂纹(裂缝宽度超过 0.5mm 或长度超过 2/3 枕高)；

③承轨台面压溃，挡肩严重破损(破损长度超过挡肩长度的 1/2)；

④纵向水平裂缝基本贯通(缝宽大于 0.5mm)；

⑤承轨台两钉孔间裂缝宽度超过 0.5mm，并延伸至轨枕端部或轨枕中部；

⑥纵向通裂，挡肩顶角处缝宽大于 1.5mm；

⑦严重掉块。

(2)混凝土轨枕严重伤损标准。

①横裂裂缝长度为枕高的1/2～2/3;

②两螺栓孔间纵裂,挡肩顶角处缝宽不大于1.5mm;

③纵向水平裂缝基本贯通,缝宽不大于0.5mm;

④挡肩破损长度为挡肩长度的1/3～1/2;

⑤严重网状龟裂和掉块;

⑥承轨槽压溃,深度超过2mm;

⑦钢筋或钢丝外露,钢筋未锈蚀,长度超过100mm;

⑧斜裂长度为枕高的1/2～2/3。

(3)木枕(含木岔枕)失效标准。

①腐朽失去承压能力,钉孔腐朽无处改孔,不能持钉;

②折断或拼接的接合部分分离,不能保持轨距;

③机械磨损,经过削平或除腐朽木质后,厚度不足100mm;

④劈裂或其他伤损,不能承压、持钉。

5.道床状态检查

道床状态包括道床尺寸、道床脏污和板结程度等,道床常见病害如图1-3-6所示。道床尺寸的检查方法较为简单,而道床的脏污程度和板结程度则需要用仪器测试。

a)　　b)　　c)　　d)

图1-3-6　道床常见病害

a)长满杂草;b)缺少道砟;c)翻浆冒泥;d)垃圾过多

道床脏污程度用道床内脏污物(粒径小于20mm)或道床孔隙率衡量。道床脏污物测量一般采用筛分法,即在线路上随机抽取一定数量的枕跨,进行道床破底开挖。将挖出的道砟及脏污物一起过筛后,称量粒径小于20mm的脏污物质量。较为先进的测试方法是进行道床孔隙率或密度测量。测量孔隙率的常用仪器是同位素道床密实度测量仪。清洁碎石道床稳定后的孔隙率一般为31%~37%,当孔隙率显著降低时,就容易发生板结、翻浆冒泥等致使道床失去弹性的病害,此时应当及时清筛。

翻浆冒泥是翻浆和冒泥两类病害的总称,是线路上的常见病害。翻浆可分为道床翻浆与基床翻浆两类,翻浆较严重时,道床翻浆和基床翻浆一起出现。道床翻浆的根源在于道床不洁与排水不良,其发生地段与下部路基无关,通常不侵入路基。道床中翻出的泥浆比路基土的颜色要深,雨季时道床翻浆较严重,雨季过后不再发生或明显轻微发生。道床因石砟被泥浆固结成干硬整块,逐渐板结并失去弹性。碎石道床厚度应符合表1-3-5的规定。

碎石道床厚度 表1-3-5

<table>
<tr><th rowspan="2">路基类型</th><th colspan="3">道床厚度/mm</th></tr>
<tr><th colspan="2">正线、试车线</th><th>车厂线</th></tr>
<tr><td rowspan="2">非渗水土路基</td><td rowspan="2">双层</td><td>道砟250</td><td rowspan="3">单层250</td></tr>
<tr><td>底砟200</td></tr>
<tr><td>岩石、渗水土路基</td><td colspan="2">单层道砟300</td></tr>
</table>

6. 连接零件状态检查(资源1-3-14)

资源1-3-14

连接零件检查

(1)接头夹板伤损的标准。

接头夹板伤损达到下列标准时,应及时更换:

①折断,如图1-3-7所示;

②中央裂纹(中间两螺栓孔范围内);

图1-3-7 接头夹板折断

③正线有裂纹,其他线平直及异形夹板超过5mm,双头鱼尾夹板超过15mm;

④其他部位裂纹发展到螺栓孔。

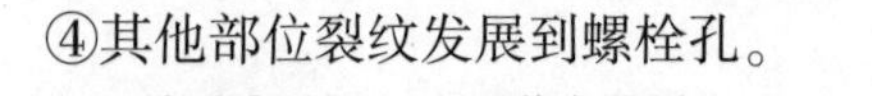

(2)接头螺栓及垫圈伤损的标准。

接头螺栓及垫圈伤损达到下列标准时,应及时更换:

①螺栓折断,严重锈蚀,丝扣损坏或杆径磨耗超过3mm不能保持规定的力矩;
②弹簧垫圈折断或失去弹性。
(3)扣件伤损的标准。
扣件伤损达到下列标准时,应有计划地修理或更换:
①道钉折断、浮起,螺栓或螺杆丝扣损坏,严重锈蚀;
②垫圈损坏或作用不良;
③弹条、扣板(弹片)损坏或不能保持应有的扣压力;
④扣板、轨距挡板严重磨损,与轨底边离缝超过2mm;
⑤挡板座、铁座损坏或作用不良;
⑥橡胶垫板压溃或变形(两侧压宽合计:厚度为7mm的胶垫超过15mm,厚度为10mm的胶垫超过20mm)而丧失作用,胶垫片损坏。
(4)轨道加强设备伤损标准。
轨道加强设备伤损达到下列标准时,应有计划地修理或更换:
①轨距杆折断或丝扣损坏,螺母、垫圈、铁卡损坏或作用不良;
②轨撑损坏或作用不良;
③防爬器折损,穿销不紧或作用不良;
④防爬支撑断面小于110cm^2,损坏、腐朽或作用不良。

项目2　动 态 检 查

线路动态检查是在列车动荷载作用下,检查线路的轨距、水平、方向、高低等轨道几何尺寸,以反映动态情况下的线路状态,分析线路病害。线路主管部门应定期使用专用动态检查仪器和轨道综合检测车,对线路状态进行动态检查。

任务1　添 乘 检 查

添乘检查是保证铁路安全的重要措施。本任务主要学习添乘检查。

任务目标

掌握添乘检查项目,熟悉添乘检查周期。

一、添乘检查的项目

添乘检查的项目主要有行车晃动、轮轨接触和异常响声。
添乘检查发现的行车异常晃动、轮轨接触不良和异常响声,均应通知工班进行实测复量予以确定。

二、添乘检查周期

(1)轨道工务班长每周至少对所管辖设备添乘一次。
(2)轨道工程师每月至少对所管辖设备添乘一次。
(3)车间主任或副主任每季度至少对所管辖设备添乘一次。

任务2　轨道综合检测车检查

任务导入

通过轨道综合检测车可以检查城市轨道交通动态质量,检查结果对于掌握病害规律及特点,指导养护维修工作,提高线路质量有重要意义。本任务主要学习轨道综合检测车检查。

任务目标

了解轨道综合检测车的基本情况,掌握轨道综合检测车的检查周期。

一、轨道综合检测车简介

轨道综合检测车(图1-3-8),是城市轨道交通轨道动态质量检查的主要手段。该车针对城市轨道交通线路运行站间距短、低速段多、曲线半径小的特点,采用高精度惯性器件和大视野、高分辨率的激光摄像组件,利用惯性测量原理以及机器视觉检测和数字滤波技术,实现了准确、高效的非接触等速检测,能检测到水平、高低、三角坑、轨距、轨向、水平加速度、垂直加速度等数据。通过分析计算机采集的现场检测资料(既有数据资料,也有图形资料),掌握病害规律及特点,指导养护维修工作,提高线路质量,同时它也是考核轨道工班工作质量的基本指标。

a)

b)

图1-3-8　轨道综合检测车

二、轨道综合检测车检查周期

轨道综合检测车检查周期:正线整体道床,每季度检查一次;碎石道床,每月检查一次。

车间可根据上级要求和轨道线路设备具体情况对检查周期进行调整。检查评定各级偏差管理值，见表1-3-6。

轨道动态几何尺寸容许偏差管理值　　表1-3-6

项　　目	v≤100km/h			
	Ⅰ级	Ⅱ级	Ⅲ级	Ⅳ级
高低/mm	12	16	22	26
轨向/mm	10	14	20	23
轨距/mm	12	16	24	28
	-6	-8	-10	-12
水平/mm	12	16	22	25
三角坑(基长2.4m)/mm	10	12	16	18
车体垂向加速度 g/(m/s^2)	0.1	0.15	0.2	0.25
车体横向加速度 g/(m/s^2)	0.06	0.1	0.15	0.2

注：①不平顺各种偏差限值为实际幅值的半峰值。

②高低、轨向不平顺按实际值评定。

③水平限值不含曲线上按规定设置的超高值及超高顺坡量。

④三角坑限值包含缓和曲线超高顺坡造成的扭曲量。

⑤固定型辙叉的有害空间部分不检查轨距、轨向，其他检查项目及检查标准与线路相同。

复习思考题

一、填空题

1. 线路检查从检查形式上可分为__________检查和__________检查。

2. 线路检查制度包括：日检、__________、月检、__________、__________、__________。

3. 按检查的对象划分，线路静态检查的项目分为__________、__________、__________等。

4. 线路几何尺寸量测内容一般包括：__________、__________、__________、方向及曲线正矢。

5. 钢轨损伤又分为__________、__________和__________三种。

6. 轨道部件状态检查方法分为__________和__________。

7. 钢轨静态探伤检查中，目前广泛应用的无损探伤方法是__________。

8. 道床状态包括__________、__________、__________等。

二、简答题

1. 什么是线路检查中的静态检查?
2. 线路检查用到的主要机具材料有哪些?
3. 轨枕状态检查的内容有哪些?
4. 简述添乘检查周期及检查项目。
5. 简述轨道综合检测车检查周期。

学习情境4　养路机械

主要内容

本学习情境主要内容包括小型手工机具、常用小型液压养路机械、小型内燃养路机械、其他小型养路机械、城市轨道交通综合检测列车、SF02T-FS型钢轨铣磨车、CMC-20钢轨打磨车。通过本学习情境的学习，学生应掌握小型手工机具的使用，熟悉常用小型液压养路机械、小型内燃养路机械、其他小型养路机械的工作原理，了解城市轨道交通综合检测列车、SF02T-FS型钢轨铣磨车、CMC-20钢轨打磨车的参数及使用。

教学重点

小型手工机具、常用小型液压养路机械、小型内燃养路机械的使用。

教学难点

城市轨道交通综合检测列车、SF02T-FS型钢轨铣磨车、CMC-20钢轨打磨车的使用。

项目1　小型养路机械

任务1　小型手工机具

任务导入

线路检测和维护作业中，常常会用到一些小型手工机具，因此需要掌握它们的使用方法。本任务主要学习小型手工机具。

任务目标

掌握捣镐、撬棍的使用方法，熟悉齿条起道机、耙镐、道砟耙的作业要求。

进行线路检查和维护作业时，主要的手工机具有捣镐、撬棍、齿条起道机、耙镐、道砟耙、道钉锤等。

一、捣镐

捣镐主要用于有砟轨道道床的人工捣固作业,如图 1-4-1 所示。根据起道量,确定打镐镐数。捣固时要求由钢轨中心向两侧,再由两侧向轨底顺序排铺。

图 1-4-1　捣镐

二、撬棍

撬棍可用于木枕地段起出道钉,钉孔中按改道要求塞入钉孔木片,再以道钉锤重新打入道钉进行改道,如图 1-4-2 所示。

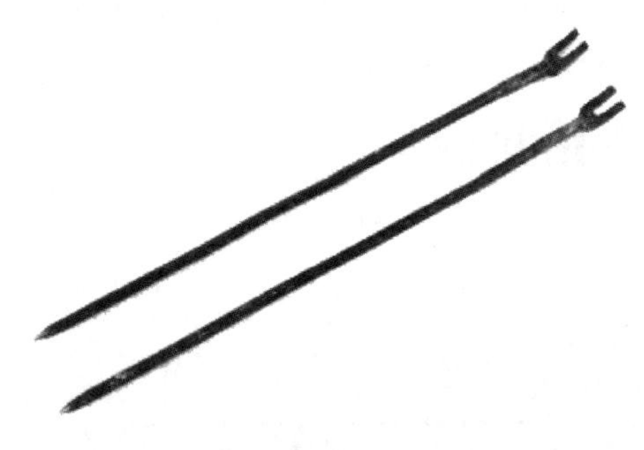

图 1-4-2　撬棍

混凝土枕地段,采用加三角垫片、翻转或更换扣板等方法改道。拨道即用撬棍等进行拨正线路方向的作业。拨道时要求撬棍插稳,用力一致,严禁骑跨撬棍拨道。在轨道电路区段,严禁使用没有装绝缘套的撬棍。

三、齿条起道机

齿条起道机主要用于起拨道,如图 1-4-3 所示。齿条起道机用于调整轨面水平、高低的作业。齿条起道机借助于杠杆传动提升齿条,速度快,起道量大。齿条起道机应使用专用压棒操作,不得用耙镐或其他工具代替。齿条起道机必须有速降装置,以确保运营安全。

图1-4-3　齿条起道机

四、耙镐、道砟耙

耙镐(图1-4-4)或道砟耙(图1-4-5)可以配合进行扒开道砟的作业。用捣镐或耙镐尖刨松道砟,用道砟耙或耙镐齿扒开道砟,并窜出钢轨底部道砟。根据作业项目不同的需要,确定扒开道砟的范围和深度。

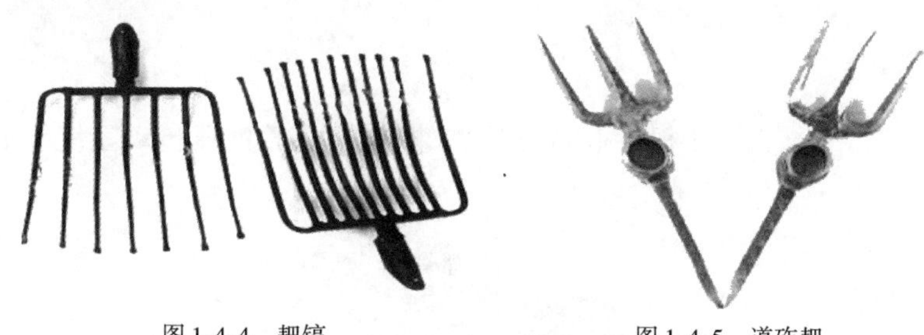

图1-4-4　耙镐　　　　图1-4-5　道砟耙

道砟耙主要用于回填道砟,即用道砟耙或耙镐把散落在路肩及地面上的道砟回填到轨枕盒内。

五、其他

除以上工具外,进行混凝土轨枕的扣件作业,有长短扳手、小摇臂扳手;进行木枕线路的作业,有道钉锤;进行钢轨作业,有抬轨钳等。各种工具应经常保持良好,镐把、道钉锤把均要安装牢固,无节疤、毛刺,使用前应检查,如有损坏,必须经修理后方能使用。

任务2　常用小型液压养路机械

任务导入

铁路工务部门线路综合维修及中修,需要用到小型液压养路机械。本任务主要学习常用小型液压养路机械。

任务目标

了解液压拨道器、液压起道器、液压直轨器、液压轨缝调整器的结构原理,熟悉机械设备的工作原理以及使用方法。

一、液压拨道器

液压拨道器由底盘、底盘两端销轴、拨杆、起道轮、液压传动系统组成,如图 1-4-6 所示。(可参考资源 1-4-1)

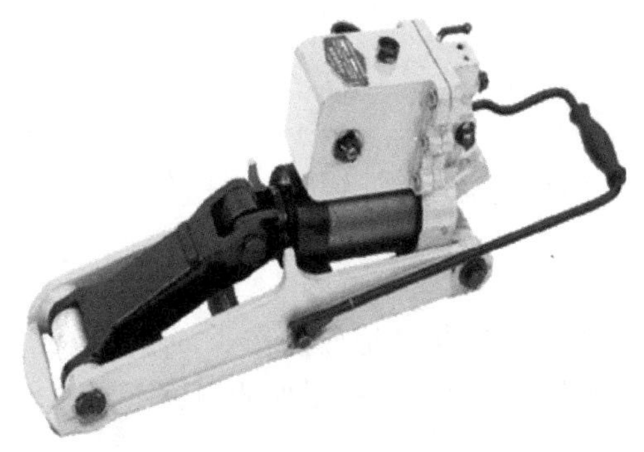

资源1-4-1
YQB-200型液压拨道机
结构介绍

图 1-4-6　液压拨道器

二、液压起道器

液压起道器由底盘、连杆(2 根)、起道杠杆(2 根)、起道轮液压传动系统组成,如图 1-4-7 所示。

图 1-4-7　液压起道器

进行起道作业时,将液压起道器置于轨下,使铰接顶轮深入轨底,并顶紧在轨底内侧,上下扳动操纵手柄,当工作缸活塞伸出时,顶轮与钢轨一起产生垂直位移,从而达到起道的目的。

三、液压直轨器

液压直轨器是调直钢轨硬弯的机具,如图 1-4-8 所示。液压直轨器主体放入钢轨后,转动偏心轮使其夹紧钢轨,旋紧回油阀,往复扳动操纵手柄,当活塞顶头伸出时,进行直轨作业。

作业完毕,必须首先旋松回油阀,待活塞自动复位后,再转动偏心轮使主体松脱,并及时从钢轨上抬下,置于限界之外。

四、液压轨缝调整器

液压轨缝调整器由走行轮(2 个)、斜铁式夹轨器(2 套)、左机体、右机体、回位弹簧、控制夹轨器装置的手把(2 个)、液压传动系统组成,如图 1-4-9 所示。

五、液压方枕器

液压方枕器主要用于轨枕间距的调整和角度方正作业，如图 1-4-10 所示。

图 1-4-8　液压直轨器

图 1-4-9　液压轨缝调整器

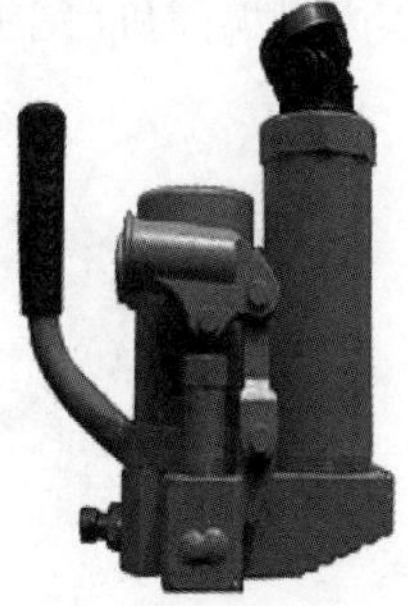

图 1-4-10　液压方枕器

六、液压捣固机

液压捣固机（图 1-4-11）以内燃发动机或电动机为动力，带动高速旋转振动轴上的偏心块产生振动，并利用液压传动使捣固杆升降和张合，通过镐板的振动和夹紧动作进行捣固作业。（可参考资源 1-4-2、资源 1-4-3）

图 1-4-11　液压捣固机

资源1-4-3

XYD-2N型小型液压捣固机整体构成

任务3　小型内燃养路机械

任务导入

养路机械有很多种类，能够满足日常铁路线路养护的需求。本任务主要学习小型内燃养路机械。

任务目标

了解不同内燃捣固机的型号，掌握内燃螺栓扳手的使用。

一、内燃捣固机

常用的内燃捣固机，有内燃威客冲击镐（图1-4-12）、内燃眼镜蛇冲击镐（图1-4-13）、NDG-4000内燃捣固机（图1-4-14）、内燃软轴捣固机（图1-4-15）（可参考资源1-4-4）。

图1-4-12　内燃威客冲击镐　　图1-4-13　内燃眼镜蛇冲击镐　　图1-4-14　NDG-4000内燃捣固机

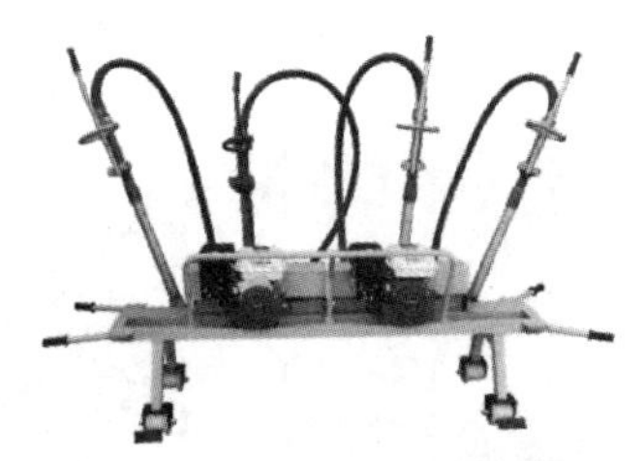

图1-4-15　内燃软轴捣固机

二、内燃螺栓扳手

内燃螺栓扳手是适用于铁道线路日常保养和维修的专用工具，它具有轻便机动、高效快捷、结构简单、操作方便及使用安全可靠等优点，是理想的作业工具，如图1-4-16所示（可参考资源1-4-5）。

图1-4-16　内燃螺栓扳手

任务4 其他机械

线路维修养护使用到的机械设备除了小型手工机具、常用小型液压养路机械、小型内燃养路机械以外，还有很多种类。本任务主要学习其他机械设备。

任务目标

掌握钢轨钻孔机的结构及使用，熟悉钢轨切割机的结构及使用。

一、钢轨钻孔机

钢轨钻孔机如图1-4-17所示(见资源1-4-6、资源1-4-7)。

图1-4-17 钢轨钻孔机

1. 钢轨钻孔机的结构

(1)动力：可以采用电动机，也可以采用小型汽油机。
(2)卡具：卡具是钻孔机的定位装置，通过卡具将钻孔机固定在钢轨上。
(3)钻孔部分：钻头及驱动钻头转动的转轴、转轴支座导杆、手动进给装置。

2. 钢轨钻孔机的使用

(1)将钻头刃部打磨锋利。
(2)确定准确的钻孔位置。
(3)手动进给应缓慢、均匀。
(4)钻孔时应不间断供给冷却液。

二、钢轨切割机

钢轨切割机如图1-4-18所示(见资源1-4-8、资源1-4-9)。

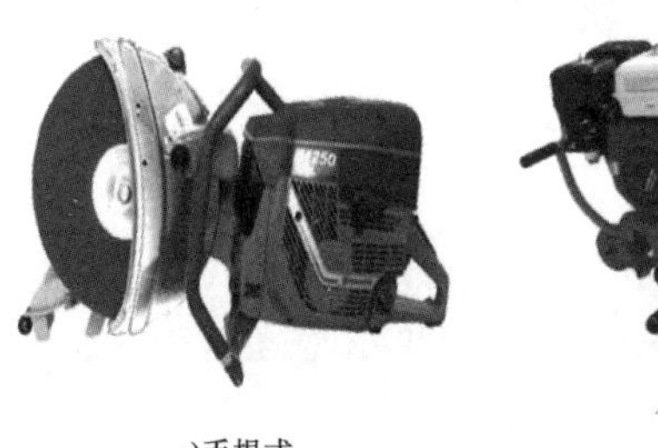
a)手提式

b)架立式

图 1-4-18　钢轨切割机

1. 钢轨切割机的结构

(1)动力:小型汽油机。

(2)卡具:卡具是锯轨机的定位装置,能限制锯轨机沿钢轨方向错位,防止损坏锯片。

(3)切割部分:砂轮锯片。

2. 钢轨切割机的使用

(1)保证卡具牢固地卡住钢轨。

(2)砂轮锯片切割钢轨时应均匀、缓慢用力,快锯断时应减轻锯片对钢轨的压力。

(3)根据实际情况及时更换砂轮锯片。

项目 2　大型养路机械

任务 1　城市轨道交通综合检测列车

任务导入

随着城市轨道交通线路规模的扩大以及科技的高速发展,需要采用智能化、信息化的检测方式更好地指导养护维修。本任务主要学习城市轨道交通综合检测列车。

任务目标

掌握城市轨道交通综合检测列车的功能,熟悉城市轨道交通综合检测列车的创新技术并了解其未来的发展趋势。

随着城市轨道交通线路规模的扩大,以及国内部分城市已实现多条线路的互联互通,为提高检测效率和检测数据综合分析水平,更好地指导养护维修,基础设施检测必然向联网运营、综合检测发展。

依托国家发展和改革委员会“轨道交通系统测试国家工程实验室”项目，由中国铁道科学研究院（简称铁科院）牵头，在充分调研城市轨道交通检测需求和特点的基础上，成功研制了集轨道、供电、通信等基础设施专业检测系统于一身的城市轨道交通综合检测列车（简称城轨综检车），如图1-4-19所示。

图1-4-19　城轨综检车

城轨综检车以地铁B型电客车为载体，采用2动1拖3节编组设计，集成了轨道几何、钢轨廓形、轨道巡检、接触网、车辆动力学响应、通信、信号等专业检测系统和综合系统，可对轨道、弓网、通信等基础设施状态和车辆动力学进行同步检测，最高设计速度为120km/h。

一、城轨综检车创新技术

1. 时空同步和车载综合数据处理

城轨综检车安装有多种检测设备，包括时空同步、数据网络与集中监控、数据综合处理三大模块，用户能通过里程或时间对各检测设备的数据进行精确、综合分析。综合系统就是为满足这个需求而设计的。

综合系统采用工业级千兆二层、三层主干以太网交换机和二层接入交换机，应用光纤传输、差分信号、冗余环网、多重备份等技术，将光电编码器、全球导航卫星系统（GNSS）、射频标签（RFID）等多种定位信息源进行融合处理，通过网络将编码器脉冲信息、定位信息及时钟传送到全车的各检测系统，实现各检测系统时间同步、里程同步。

各专业检测系统通过数据网络进行各节点或设备的高清高帧视频、大容量检测数据和文件的交互。数据综合处理系统会对这些数据和信息进行综合分析和处理，并实现基于精确里程位置的多专业检测波形数据同步显示和多次历史数据对比，还可通过人工或无线数据传输系统将这些数据传输至地面数据综合处理中心。

2. 数字式轨道几何检测技术

城轨综检车轨道几何检测系统针对城市轨道交通线路运行站间距短、低速段多、曲线半径小的特点，采用高精度惯性器件和大视野、高分辨率的激光摄像组件，利用惯性测量原理以及机器视觉检测和数字滤波技术，实现了准确、高效的非接触等速检测，检测系统结构如图1-4-20

所示。QNX 实时操作系统的主机根据精确里程定位装置发送的编码器脉冲信号对图像位移信号和惯性测量信号进行实时等间距采集,再通过数字滤波和计算实时合成轨道几何参数,并将超限数据和波形数据发送至服务器进行波形浏览、超限编辑及报表统计。

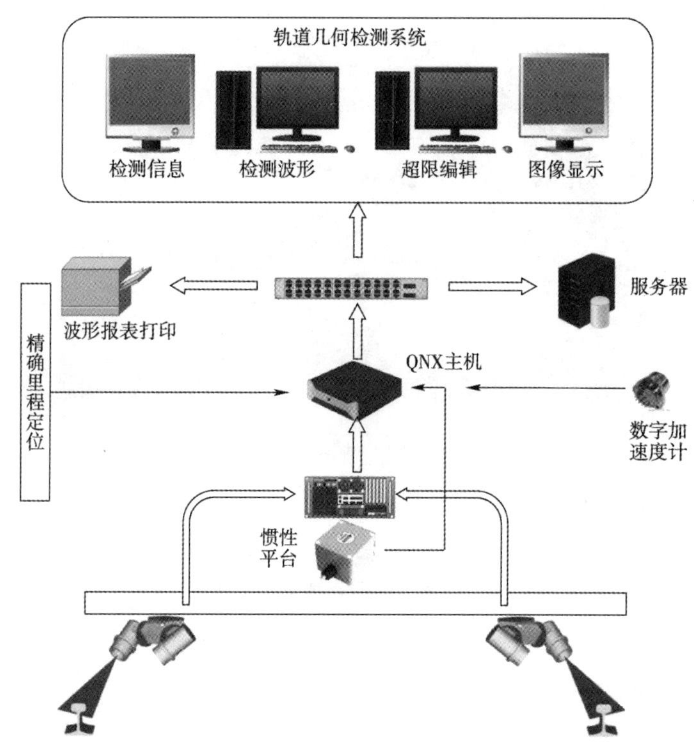

图 1-4-20　轨道几何检测系统结构

该系统采用数字式传感器和数字信号传输方式,数字信号传输稳定,数据精度高,不易受到电磁干扰,能够提高低速检测下的检测精度。采用数字滤波器可使数字系统中的增益和相位参数不随时间增加而变化,减少了系统标定的工作量。通过对滤波器进行优化设计,大幅提升了其在小半径曲线直缓、缓圆等曲线特征点上的水平和轨向识别精度,改善了针对城市轨道交通小半径曲线的检测能力和效果。

3. 动态钢轨廓形检测技术

针对城市轨道交通曲线多、车体晃动幅值大、钢轨轨腰易污损等特点,城轨综检车钢轨轮廓检测系统应用测量范围大、分辨率高的激光摄像组件,采用现场可编程门阵列(FPGA)进行图像采集和预处理,设计了基于深度学习的钢轨廓形激光条纹前景分割算法、图像区域划分方法、灰度重心法和亚像素算法等快速、准确的廓形匹配和测量算法,有效降低了动态行车环境下车体晃动及轨腰噪声对磨耗测量造成的影响,大大提高了系统的检测精度。多次实验结果表明,钢轨廓形动态磨耗检测精度可达 0.2mm。钢轨廓形动态测量流程如图 1-4-21 所示。

4. 智能轨道巡检技术

城轨综检车搭载的轨道状态巡检系统采用机器视觉技术对轨道设备的外观状态进行车载式动态检查,包含对钢轨表面擦伤和扣件异常的自动识别。该巡检系统采用一体化线扫描组

件设计,高度集成红外激光光源模块与高清线性扫描摄像模块,可在高速运行状态下对轨道进行高清成像。通过对获取的数据进行智能分析,可实现钢轨表面缺陷、轨道扣件异常的自动识别。

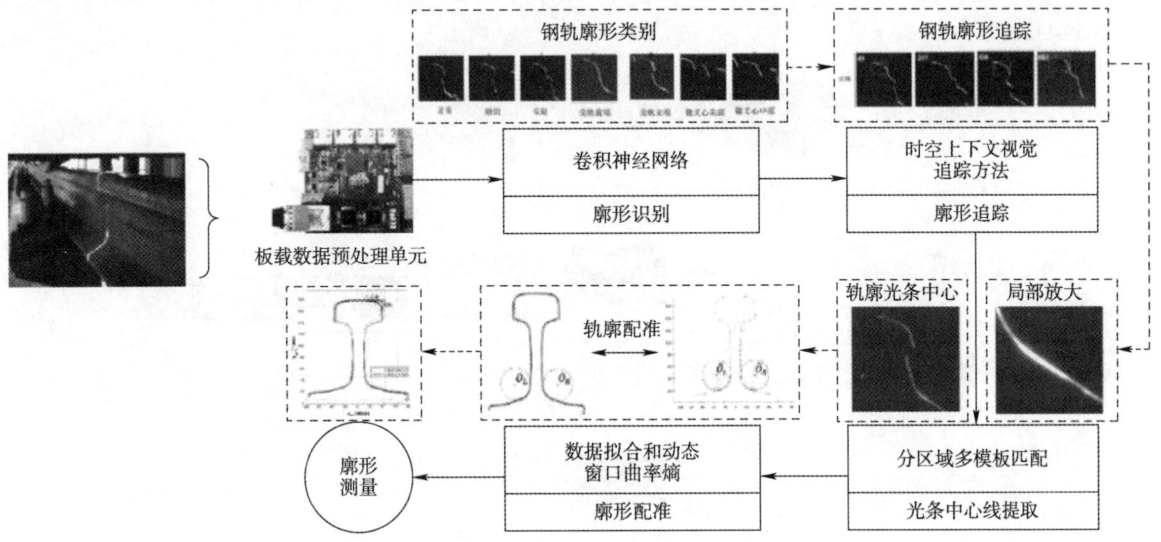

图1-4-21 钢轨廓形动态测量流程

1)基于深度学习的扣件异常智能识别技术

城轨综检车巡检系统在识别扣件时采用深度学习方法。首先通过图像匹配算法对图像进行精确定位,并运用扣件定位算法从巡检轨道图像中自动提取大量现场轨道的扣件子图,建立扣件数据集。再针对扣件图像的复杂情况,对扣件子图进行分类整理,将所有扣件子图分为4个子类,每类分别包含约10万个样本,建立用于开展缺陷识别研究的数据集。然后根据卷积神经网络设计原理,通过构建10层的深度学习网络从积累的扣件数据中获取机器学习特征。迭代训练过程如图1-4-22所示,扣件异常检出率可达90%以上。

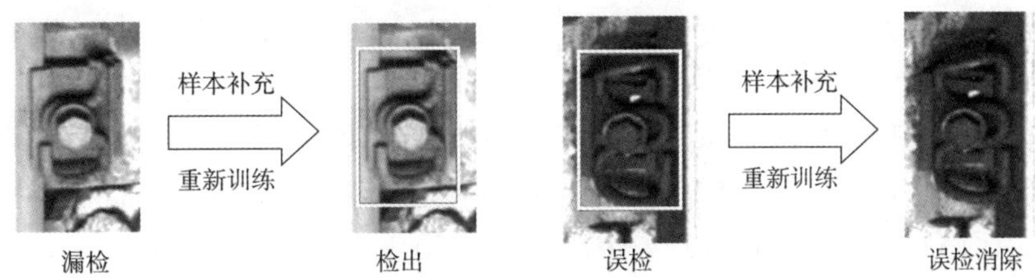

图1-4-22 迭代训练过程

2)基于快速特征提取的钢轨表面缺陷检测和分类

城轨综检车巡检系统根据对表面缺陷及污迹、打磨噪声干扰等的特征分析,提出了基于缺陷几何形状特征和缺陷灰度统计分布特征的钢轨表面缺陷特征快速提取方法,并在钢轨缺陷分类中采用粗糙集理论,从不同类别的缺陷样本数据中抽取分类规则,快速有效地实现了钢轨表面伤损的智能识别,有效排除了轨缝、噪声、污迹等干扰信息。钢轨表面伤损有效识别率达80%以上。

5. 高精度接触网几何参数检测和补偿技术

考虑地铁线路低净空的特性,城轨综检车采用小体积、高精度、高速激光相位扫描仪,实现对接触线高度、拉出值以及多支接触线相互位置等接触网几何参数的测量。系统结构如图 1-4-23所示。

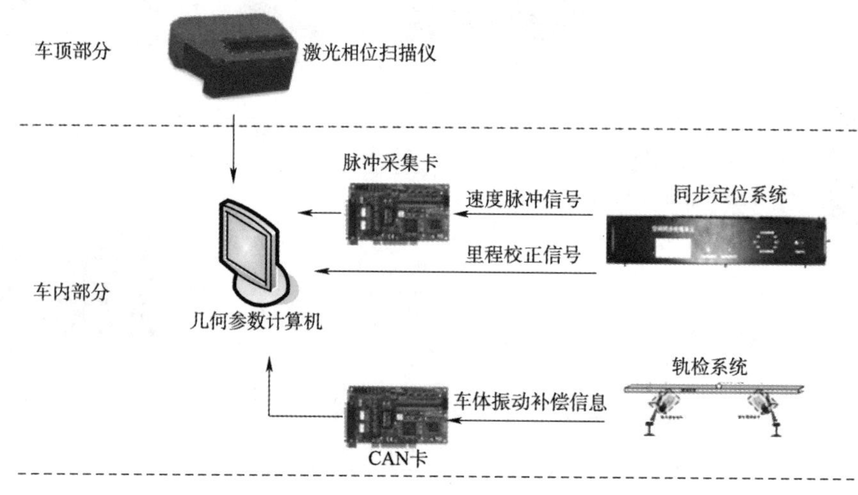

图 1-4-23　接触网几何参数检测系统结构图

高速激光相位扫描仪安装在检测车车顶,通过高频扇形扫描,实时接收传感器返回的角度及距离信息,同时结合轨道几何检测系统提供的车体振动补偿信息,完成接触网几何参数的测量。

该系统结合建立在线性代数和隐马尔可夫模型上的卡尔曼滤波器,设计了接触线跟踪预测模型。该模型可在各种复杂干扰的情况下对接触线进行准确定位,并采用自适应和优化算法,以适应城市轨道交通中常用的刚性悬挂与柔性悬挂接触网的不同检测需求。

6. 地面数据中心

城市轨道交通基础设施地面数据中心由检测数据集成管理系统、检测数据集成分析平台和综合可视化展示与发布平台组成,如图 1-4-24 所示。

1)检测数据集成管理系统

检测数据集成管理系统从时间、里程和设备 3 个维度对各种检测数据进行整合,建立城市轨道交通基础设施数据仓库。数据仓库可全面融合基础设施台账、检测、监测、检查等数据,同时还包括维修、计划、人员、材料、机具等生产数据。

2)检测数据集成分析平台

检测数据集成分析平台可自动进行检测里程校正、无效识别标记等数据处理,为各专业检测分析系统提供能够客观反映设备状态的准确数据源。同时,各专业检测分析系统还可以利用检测数据集成分析平台提供的计算服务和数据服务,实现分析评估。

3)综合可视化展示与发布平台

综合可视化展示与发布平台除了进行可视化展示与发布分析报表之外,还可以利用地理信息系统(GIS)技术综合展示诸如设备服役状态、设备故障问题等信息的时空变化,为城市轨道交通的养护维修和决策提供全面、准确的数据。

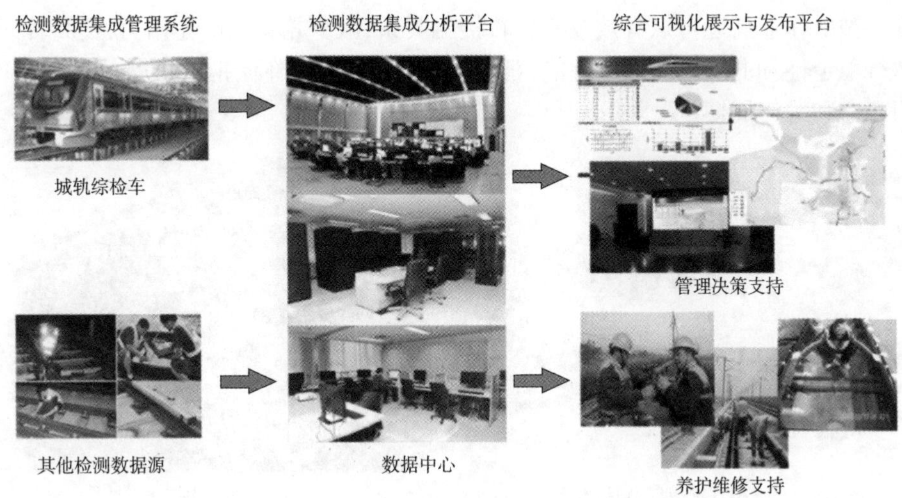

图1-4-24 地面数据中心

二、城轨综检车发展方向

城轨综检车和地面数据中心的推广应用必然会提升城市轨道交通基础设施的检测和数据应用水平,促进城轨基础设施养修模式向“检、养、修”分开的模式转变,从而提高城市轨道交通基础设施养修的专业化水平,更好地保障城市轨道交通的安全运营。

任务2 SF02T-FS型钢轨铣磨车

任务导入

钢轨铣磨车主要用于钢轨的铣磨作业,可以达到消除钢轨表面的磨损、变形和其他缺陷,修复钢轨廓形,延长钢轨使用寿命的目的。本任务学习SF02T-FS型钢轨铣磨车。

任务目标

了解SF02T-FS型钢轨铣磨车的总体参数,掌握SF02T-FS型钢轨铣磨车的结构功能与使用。

SF02T-FS型钢轨铣磨车为特种用途车(图1-4-25),具有稳定性好、造型美观、操作轻便灵活、维护方便、司乘条件好、安全防护设施齐全等特点。全车由动力车和作业车组成;主要用于铁路工务部门进行除道岔以外的钢轨铣磨作业,适用于在线对轨头表面纵向和横向廓形进行整修,无须事先拆除常用轨旁设备,目的是消除钢轨表面的磨损、变形和其他缺陷,修复钢轨廓形,延长钢轨使用寿命。

钢轨铣磨是合理延长钢轨使用寿命的重要环节之一(图1-4-26),主要是通过若干组铣刀盘采用成型铣削的方式去除钢轨表面缺陷,修复钢轨廓形,效率高、精度高、效果好、限制少,钢轨表面平整、光洁,不仅能够提升列车运行的平稳性和安全性,还能够降低轮轨噪声,提升乘客的舒适度。铣磨作业后还可以有效改善轮轨接触关系,减少轮轨间的作用力,提高转向架在直线地段运行稳定性和曲线地段通过性能,延缓钢轨伤损发展,降低钢轨折断的风险,延长轨道设备使用寿命和维修周期。

图 1-4-25 SF02T-FS 型钢轨铣磨车

图 1-4-26 铣磨单元

一、总体参数

轴式:BB2;
最大轴重:14t;
满载铁屑仓总重:最大 69t;
最大长度:24.01m;
转向架中心距:8.0 ~9.1m;
高度:3.5m(UIC 标准);
新轮直径:700mm;
最小轮径:680mm;
最大车速:60km/h;
作业速度:6 ~17m/min。

二、系统面板

钢轨铣磨车驾驶室操作面板如图 1-4-27 所示。

a)驾驶室左侧操作面板

b)驾驶室右侧操作面板

图 1-4-27 驾驶室操作面板

三、操作系统

钢轨铣磨车铣磨作业操作系统主界面如图 1-4-28 所示。

图 1-4-28 钢轨铣磨车铣磨作业操作系统主界面

四、铣削单元

钢轨铣磨车的铣削单元如图 1-4-29 所示。

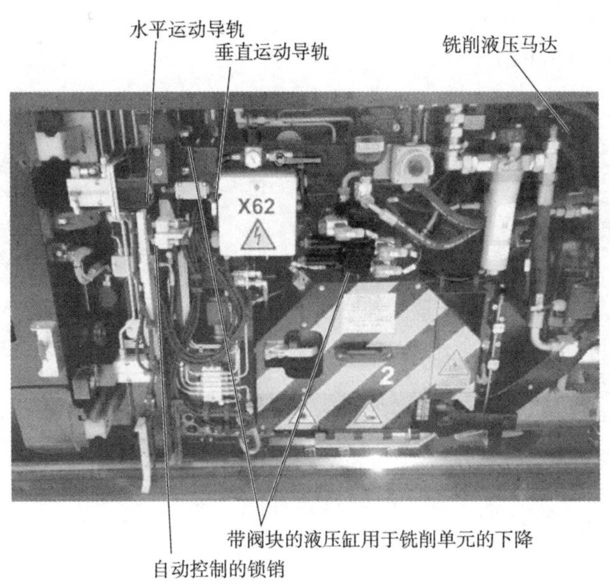

图 1-4-29 钢轨铣磨车的铣削单元

任务3　CMC-20 钢轨打磨车

任务导入

为了改善线路质量,确保列车的安全运行,用钢轨打磨车对在线钢轨进行打磨维修与维护是必要的。本任务主要学习 CMC-20 钢轨打磨车。

任务目标

了解 CMC-20 钢轨打磨车的车辆参数,掌握 CMC-20 钢轨打磨车的打磨装置。

CMC-20 钢轨打磨车适用于 50kg/m、60kg/m、75kg/m 钢轨,可在钢轨内侧 75°至外侧 45°范围内打磨,打磨作业过程自动控制双向行驶。可进行预防性打磨,去除表面锈蚀和氧化皮;也可进行修复性打磨,去除波浪磨耗和表面缺陷。CMC-20 钢轨打磨车如图 1-4-30 所示。

一、车辆参数

车身尺寸:13500mm × 2650mm × 3760mm;

连挂长度:26480mm;

单车质量:46t;

最小行走半径:150m;

最大通过坡度:45‰;

最高平直线行走速度: >60km/h;

打磨速度范围:2 ~ 16km/h。

a)打磨车工作照片

b)打磨车运行照片

图 1-4-30　CMC-20 钢轨打磨车

二、打磨装置

钢轨打磨车打磨装置总成技术条件见表 1-4-1。

打磨装置总成技术条件　　表1-4-1

序　号	参　数		打磨头	
1	砂轮类型		碟形	杯形
2	打磨头数量		2	8
3	砂轮直径/mm		280	152
4	打磨头参数	驱动方式	液压	
5		转速/(r/min)	3600	5800
6		额定驱动功率/kW	17	
7		驱动压力/MPa	23	
8	打磨进给回路压力/MPa		10	
9	打磨控制回路压力/MPa		10	
10	偏转角度/(°)		-75 ~ +45	
11	打磨头角度调整精度/(°)		±0.5	
12	打磨头最大横移量/mm		112	
13	导向轮直径/mm		127	
14	外形尺寸(长×宽×高)/mm		4370×2430×1050	
15	质量/t		6	

复习思考题

一、单项选择题

1. 用于有砟轨道道床人工捣固作业的小型手工工具是(　　)。
   A. 捣镐　B. 撬棍　C. 耙镐　D. 道砟耙
2. 用以调直钢轨硬弯的机具是(　　)。
   A. 液压方枕器　B. 液压轨缝调整器　C. 液压直轨器
3. 用于轨枕间距的调整和方正作业的机具是(　　)。
   A. 液压方枕器　B. 液压轨缝调整器　C. 液压直轨器

二、简答题

1. 城轨综检车创新技术有哪些?
2. 常用小型液压养路机械有哪些?
3. 常用小型手工机具有哪些?

学习情境5　城市轨道交通线路设备病害防治

本学习情境主要内容包括轨道部件病害防治、其他典型病害及防治。通过本学习情境的学习，学生应掌握钢轨、连接零件、轨枕、道床、轨道加强设备的常见病害及防治，线路坑洼、爬行、方向不良的防治。

教学重点

钢轨、连接零件、轨枕、道床、轨道加强设备的常见病害及防治。

教学难点

线路坑洼、爬行、方向不良的防治。

项目1　轨道部件病害防治

任务1　钢轨常见病害及防治

任务导入

钢轨质量出现问题，可能会影响轨道交通的正常运行，因此需要重视钢轨常见病害。本任务主要学习钢轨常见病害及防治。

任务目标

掌握钢轨损伤的标准、损伤特征、形成机理及检查、防治措施。

钢轨是轨道的主要部件，其最主要的功能为引导车轮沿着规定方向运行，并将承受的压力或荷载传递到钢轨下面的结构。钢轨的多种功能对其轨面特性、刚度特性、强度特性及硬度特性等方面产生一定的影响，这主要是由钢轨复杂的受力情况引起的，其受到垂直方向力、横向水平力、温度拉压力、扭曲力及弯曲力等，且这些受力不是固定不变的。因此，钢轨的状态非常

重要,它将直接影响城轨车辆的安全运行。当负载较大时,钢轨在纵向湿度应力、接头冲击力、纵向弯曲应力、轮轨接触应力、钢轨参与应力及横断面弯曲应力等各种应力的作用下会出现各种各样的伤损。

一、钢轨伤损类型

伤损是指能限制和影响钢轨正常使用的各种状态,比如钢轨上出现的折断、裂纹或者其他因素,这是城市轨道交通中存在的一个较为突出和严重的问题。钢轨伤损主要分为两种:一种是内部伤损,顾名思义,是肉眼看不见的、出现在钢轨内部的伤损,如钢轨头部出现残留杂质导致的横向裂纹,严重时可能会造成轨头的断裂;另一种是外部伤损,一般出现在钢轨的表面,如波浪形磨耗、核伤、剥离掉块、轨头压溃、钢轨低接头及焊缝病害等。以下介绍几种常见的钢轨伤损。示例见资源 1-5-1、资源 1-5-2。

1. 钢轨接头螺栓孔裂纹和焊接接头裂纹

在普通线路上,钢轨接头无法避免。一般在轨腰中和轴附近钻孔,以便安装接头螺栓。由于轨腰钻孔,钢轨强度被削弱,其在应力传递过程中,在螺栓孔周围产生应力集中,同时由于车轮通过接头时产生冲击,螺栓孔周围应力集中现象更为严重。在轮轨冲击荷载作用下,螺栓孔周围先产生肉眼看不见的 45°斜向(与主应力垂直方向)细微裂纹,也称裂纹萌生期,在列车荷载的进一步作用下,裂纹进一步扩展并产生断裂,如图 1-5-1 所示。

图 1-5-1　钢轨接头螺栓孔裂纹

研究表明,裂纹萌生期远大于扩展期,一般情况下萌生期裂纹是扩展期裂纹的 4 倍左右,所以控制裂纹萌生期是延缓螺栓孔裂纹发展的有效措施。一般措施有:提高钢轨接头区轨道结构的弹性;提高螺栓孔表面的加工光洁度和在孔口倒棱;对螺栓孔表面进行硬化、防锈等处理,提高螺栓表面的强度。

钢轨焊接接头的轨面平顺性较普通螺栓接头好得多,但由于焊缝(主要是铝热焊接头)材料与钢轨母材不一致,造成焊缝处钢轨的磨损与母材不一致而产生轨面不平顺,增大了轮轨冲击荷载,从而造成钢轨焊接接头的断裂,如图 1-5-2 所示。

2. 轨头核伤

轨头核伤是对行车威胁最大的一种钢轨伤损。在列车荷载的反复作用下,轨头内部出现极为复杂的应力分布和应力状态,使细小裂纹横向扩展成核伤,直至核伤周围的钢材强度不足以抵抗轮载作用下的应力,钢轨发生猝断,如图 1-5-3 所示。示例见资源 1-5-3。

图 1-5-2 钢轨焊接接头断裂

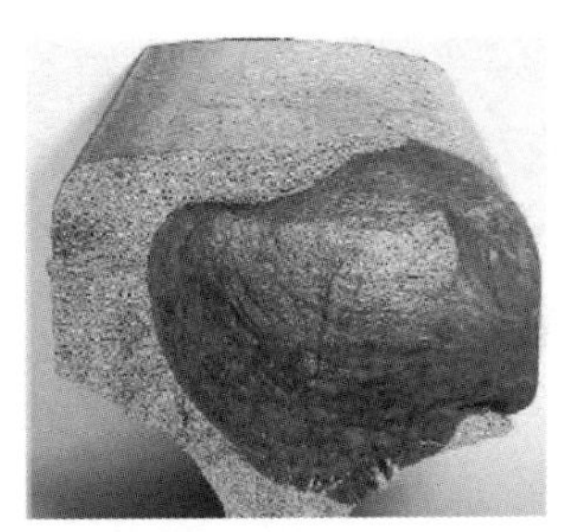

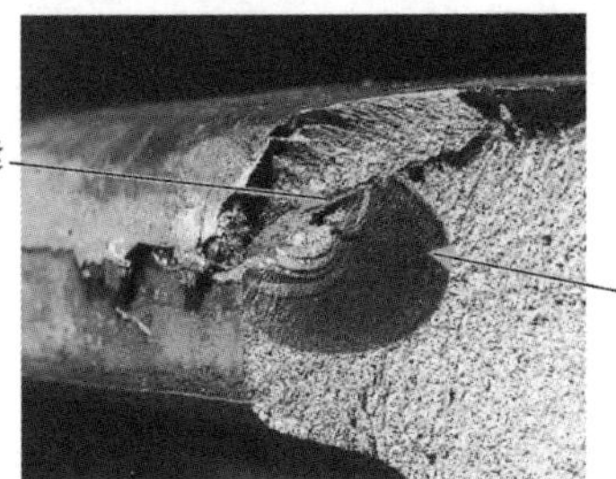

图 1-5-3 轨头核伤

钢轨核伤的内因是钢轨在制造过程中,钢轨中有非金属夹杂物或微小气泡,外因是列车荷载的反复作用。核伤的发展与运量、轴重、行车速度及线路平面状态有关。为确保行车安全,要定期进行钢轨探伤检查。

防止和减缓核伤发生和发展的措施有:提高钢轨的纯净度,减少钢轨中的非金属夹杂物;提高钢轨的接触疲劳强度;提高轨道结构的弹性,减小轮轨冲击荷载。

3. 轨头剥离

轨头剥离是当今铁路运输中经常出现的一种钢轨伤损,主要发生在轨头内侧圆角处。发生的主要原因是,轨头内侧圆角处的轮轨接触应力最大,钢轨表面下几毫米处的剪应力使得钢轨产生剪切疲劳,产生裂纹后,钢轨表面掉块。剥离的最初阶段,钢轨表面出现间距呈规律的45°细微斜裂纹,裂纹方向与行车方向相反,如图 1-5-4 所示。之后轨头表面下出现微裂纹,当

裂纹在表面下发展几毫米后，几乎成水平裂纹，当裂纹面积达到一定程度后，裂纹顶层在列车车轮碾压下产生塑性变形，最后断裂，轨面出现凹坑，如图1-5-5所示。示例见资源1-5-4。

图1-5-4 轨头圆角处45°细微斜裂纹

图1-5-5 钢轨表面的剥离掉块

轨头剥离的主要原因是：接触应力过大，钢轨强度不足；钢轨材质有缺陷；车轮和轨道的维修工作不良等。轨头剥离使得轮轨接触区产生较大变化，如细微裂纹向下发展，这就有可能形成轨头核伤，造成钢轨断裂。

4. 钢轨磨耗

钢轨磨耗分为轨顶垂直磨耗、轨头侧面磨耗和波浪形磨耗。示例见资源1-5-5至资源1-5-7。

1）轨顶垂直磨耗

不管在直线轨道上还是在曲线轨道上，都存在垂直磨耗。垂直磨耗与轮轨之间的垂直力和轮轨之间的蠕滑、摩擦等因素有关，随着线路通过总质量的增大，垂直磨耗也相应增大。当垂直磨耗量达到一定值时，就得更换钢轨。正常情况下决定钢轨使用寿命的两项依据是钢轨强度下降和车轮轮缘不与接头夹板上缘碰撞。

2）轨头侧面磨耗

轨头侧面磨耗主要发生在曲线轨道的外股钢轨，是目前曲线钢轨伤损的主要类型之一。

轨头侧面磨耗使得轨头宽度变窄，如图1-5-6所示。钢轨在侧磨过程中，轨头下侧钢材产生塑性变形，从而产生裂纹，严重时形成核伤等病害，如图1-5-7所示。

轨头侧磨的主要原因是机车车辆通过曲线时，车轮作用在外股钢轨轨头内侧的轮缘力和轮轨冲击。而轮缘力和轮轨冲击角的大小受机车车辆的动力性能、转向架固定轴距、曲线半径、轨道的动力性能、轨道几何参数设置等诸因素影响。

减缓轨头侧磨的措施有：合理调整轨道结构参数，如轨距、轨底坡、超高等；改善轨道结构的动力性能，如改变轨道结构弹性、钢轨侧面涂油等。

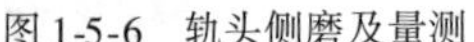
图 1-5-6　轨头侧磨及量测

图 1-5-7　轨头侧磨及轨头侧面核伤

我国把钢轨磨耗分为轻伤和重伤两类。总磨耗量为垂直磨耗加上一半侧面磨耗。垂直磨耗在轨顶距标准断面作用边 1/3 处测量,侧面磨耗在钢轨标准断面的轨顶面下 16mm 处测量,如图 1-5-6 所示。工务部门要求对轻伤钢轨加强观测,对重伤钢轨必须及时更换。

3)波浪形磨耗

钢轨波浪形磨耗(简称波磨)是指在轨顶面呈现高低起伏的不均匀垂直磨耗,如图 1-5-8 所示。根据波长可将波磨分为两大类:波长 30 ~ 80mm,波深 0.1 ~ 0.5mm,波峰亮、波谷暗,规律明显,此类波磨称为波纹磨耗;波长为 150 ~ 600mm 及以上,波深 0.5 ~ 5mm,波峰、波谷都发亮,波浪界线不规则,此类波磨称为长波磨耗。

图 1-5-8　钢轨的波浪形磨耗

波磨会引起很高的轮轨动力作用,加速机车车辆及轨道部件的损坏,增加养护维修费用;此外,列车的剧烈振动,会使旅客有不适感,严重时还会威胁到行车安全;波磨也是轮轨噪声的来源。波磨一般出现在曲线地段,在半径为 300 ~ 4500m 的曲线上都可能发生波磨。列车制动地段的波磨出现概率和磨耗速率都较大。直线地段出现波磨的情况很少。影响钢轨波磨发生及发展的因素很多,涉及钢轨材质、线路及机车车辆条件等多个方面。世界各国都致力于钢轨波浪形磨耗成因的理论研究。目前,关于波磨成因的理论有数十种,大致可分为两类,动力类成因理论和非动力类成因理论。总的来说,动力作用是钢轨波磨形成的外因,钢轨材质的性能是波磨形成的内因。防止和减缓钢轨波磨的措施有:提高轨道结构的弹性,合理设置曲线轨

道的参数，钢轨表面打磨等。

二、钢轨病害整治限度

应做好钢轨养护维修工作，预防和整治钢轨病害，延长钢轨使用寿命。当钢轨出现表1-5-1所列病害时，应及时处理。应对轨面擦伤和剥落掉块进行焊补，打磨钢轨肥边、鞍形磨耗等，加强接头错牙、硬弯等病害的处理，并结合更换道砟、垫砟、垫枕下大胶垫等方法，综合整治钢轨接头病害。应有计划地采用钢轨打磨列车进行预防性打磨，当钢轨顶面轮轨接触处出现鱼鳞裂纹或波浪形磨耗达到轻伤时，应安排修理性打磨。

曲线地段应根据钢轨状况合理安排润滑，易受侵蚀地段可在钢轨上涂抹防锈剂。

曲线地段钢轨侧面磨耗在未达到轻伤标准前，应有计划地调边或与使用地段钢轨倒换使用。常备轨应有计划地与线路上的钢轨倒换使用。

普通线路（道岔）和无缝线路缓冲区的重伤和折断钢轨应及时更换。换下的重伤和折断钢轨应有明显的标记，防止再用。无缝线路钢轨重伤和折断，应按《铁路线路修理规则》（简称《修规》）有关规定处理。在桥上或隧道内的轻伤钢轨，应及时更换。

钢轨病害整治限度　　表1-5-1

钢轨病害	v_{max}≤120km/h	测量方法
钢轨接头顶面或内侧错牙	>2mm	直尺测量
工作边或轨端肥边	>2mm	
擦伤或剥落掉块、钢轨低头	接近或达到轻伤	
硬弯	>0.5mm	1m直尺测量矢度
焊缝凹陷	>0.5mm	
钢轨母材轨顶面凹陷或接头鞍形磨耗	>0.5mm	
波浪形磨耗	达到轻伤	

三、钢轨防断

1. 钢轨防断指导思想（资源1-5-8）

钢轨防断必须贯彻“预防为主，全面防断”的指导思想。钢轨防断工作不仅仅局限于钢轨伤损的检查、监视、处理过程，还应延伸到整个工务设备大、中维修领域，延伸到钢轨全寿命质量控制过程。

2. 钢轨防断工作体系

“全员、全过程、全方位、全天候”的钢轨防断管理标准化体系，要求把钢轨防断工作贯彻于养护维修，新轨焊接，新线验交，大修铺轨，钢轨焊修，伤轨检查、监视、处理等各个环节。在抓干线、正线、到发线、道岔曲线、桥梁、隧道及铝热焊接头、绝缘接头、异形接头等设备防断重点的同时，不放过支线、其他站线和冷线的钢轨防断工作；在突出寒冷季节防断的同时，其他季节也不松懈；逐步建立起良性工作循环，使钢轨防断工作始终处在整体受控状态。具体见资源1-5-9、资源1-5-10。

季节性必杀技——钢轨折断应急处置

钢轨手工检查方法

3. 注重线路养修质量,改善钢轨受力条件

长期的线路养修生产实践经验证明,线路养护质量直接影响着钢轨的使用寿命。质量良好、平顺的线路可以明显地改善钢轨的受力条件,可以推迟钢轨伤损的发生,减缓钢轨伤损发展。在线路养修工作中,工务段应特别注重以下几个方面:

(1)线路维修要坚持"钢轨接头打磨、道床轮筛、全起全捣"三大程序,通过维修作业使道床的弹性得以改善,使线路从结构到轨面经常保持在均衡、良好状态;坚持大型机械维修作业和安排好钢轨打磨车的打磨工作,确保线路维修作业质量和消除引起钢轨受力严重不良的钢轨不平顺振动源。

(2)注重轨道结构的养护,控制轨枕的连三失效,特别应加强接头养护,消灭轨端肥边,及时处理空吊板和翻浆冒泥,保持接头和扣件扭矩,控制大轨缝,有缝线路应保持轨缝均匀,25m钢轨地段做到在($t_z-30℃$)~($t_z+30℃$)范围内无大轨缝,无缝线路地段应控制线路爬行。

(3)在日常养护工作中,应抓轨道几何状态控制,建立、健全控制制度和动静态检查、控制及信息反馈体系,及时消灭超限处所,确保轨面平顺。

(4)无缝线路地段,应做到锁定轨温准确和明确。高温轨条和锁定轨温不明轨条,应在冬季前完成应力放散,降低钢轨应力水平,最大限度地预防冬季焊缝及钢轨断裂。

(5)严禁在钢轨上用钢锯锯、剁子剁痕标示曲线正矢点、道岔矢距点等及在钢轨非规定范围内钻眼等严重影响钢轨受力、导致钢轨断裂的有害作业。

4. 合理安排大修周期,提高轨道结构强度

按照钢轨防断系统管理的要求,合理、及时地进行线路大修,更换疲劳钢轨,根据运输强度的需求恢复或提高钢轨强度性能是钢轨防断全过程中最根本、最重要的环节。它的工作重点有两个方面:一是合理安排大修周期,二是提高大修施工线路的质量。

衡量钢轨疲劳、进行换轨大修的标准有两条:一是累计疲劳伤损平均达2根/km;二是累计通过总重达到《修规》规定的标准。因此,工务部门各管理层应认真做好钢轨伤损的统计分析工作,掌握钢轨状态,合理提出线路大修的建议,合理安排好线路大修计划。

严格各工序的质量把关,提高大修施工的线路质量。线路大修换轨是全过程防断的第一关,这一关的钢轨质量、焊接质量、施工质量将影响钢轨上道后的使用寿命。

在工厂焊接、胶结、整修等钢轨加工阶段,应对原材料质量、加工工艺及工艺过程中的质量进行检验。

线路大修施工阶段应对现场焊接、钢轨(包括其他配件)的质量及线路大修施工的质量进行检验。

5. 加大探伤力度,增强伤轨检测能力

(1)强化管理,深化安全优化活动。

(2)完善作业标准,强化自我控制。

(3)加强仪器检修,确保探测质量。

(4)加大探伤力度,狠抓薄弱环节。

①以轨道结构、运输强度为依据制订各等级线路的探伤周期标准,并规定对疲劳钢轨(按大修标准)、新轨地段增加检查遍数,缩短探伤周期的具体要求。应确保重点地段、重点处所的检查遍数。

②科学地查定探伤仪器和人员的配备标准。

③有计划地组织探伤仪器的更新,做到统一计划、统一机型、统一采购、统一管理。

④实施对重点地段探伤的控制。每年入冬前,从工务段到铁路局根据管辖内钢轨状态,研究、制订和落实局控重点地段和探伤检查方案,有重点地保证伤损轨的检测。

在加强仪器探伤检查的同时,要严格按规定做好对异型接头、绝缘接头、尖轨跟接头等薄弱处所,以及冷线钢轨锈蚀、长期压车仪器无法作业地段的养路工区的手工检查;在入冬前对钢轨严重疲劳地段、隧道、大桥线路上的钢轨进行手工拆检;对钢轨疲劳地段的接头、大站场、道岔前后引轨接头组织养路工区使用螺孔裂纹探测仪探伤。具体见资源1-5-11～资源1-5-13。

钢轨探伤作业流程

路轨探伤作业

超声波探伤

6. 加强人员培训,提高人员素质

严格监控制度,正确、及时处理伤损钢轨。

(1)薄弱区段的监控。

根据季节的特点,把每年的冬季(如上海铁路局规定为11月15日至次年4月15日)定为钢轨的重点防断期。首先认真分析管内钢轨技术状态,确定防断的重点薄弱监控区段和部位,提出防断目标,制订防断措施,做到目标明确、措施落实,对重点区段采取必要的缩短探伤周期、增加探伤遍数、备用轨料到位、调整探伤人员等措施。在日常生产活动中,强调专业的钢轨探伤要和养路工区的手工检查密切结合,特别是在重点防断期内要对重点薄弱区段的钢轨伤损发展势态、探伤进度、备料储备等加强管理。

(2)伤损钢轨的监控。

①线路上发现钢轨伤损,应根据伤损程度分别用油漆标上轻伤(△)、轻伤有发展(△△)、

重伤(△△△)符号,并在伤损处准确地画上箭头,如图1-5-9所示。探伤人员应填写钢轨伤损通知报养路工区和工务调度。

图1-5-9　钢轨伤损标记

②养路工长和巡道人员应正确掌握管内钢轨伤损情况,并由工长及时填写钢轨伤损登记簿。

③巡道人员对伤损焊接接头要执行划号检查制,并使加固夹板的螺栓力矩经常保持在规定范围内。线路车间、工区应在每年1月15日以前对加固夹板和隧道内钢轨夹板完成一遍拆检工作。

④探伤人员必须携带钢轨伤损登记簿(伤损监控卡),对在上一个检查周期内未达到重伤的伤轨进行认真复查,并做好波形记录,严密监视伤损发展。对已上夹板加固的伤损焊缝也应认真复查,做好记录,尤其要注意加固接头螺孔裂纹的检查。

7. 断轨和重伤钢轨的处理

断轨和重伤钢轨是防断工作最后且关键的一个环节,普通线路发生断轨或发现重伤钢轨时,必须立即组织更换,做到两个"不过夜",即换轨不过夜、向上级汇报换轨结果不过夜。对桥上或隧道内的轻伤钢轨,应及时更换。

无缝线路发生断轨或钢轨母材发现重伤时,必须立即组织处理,做到插入短轨临时处理或重新焊接永久处理不过夜;焊缝发现重伤时,做到钻眼上夹板紧急处理不过夜。处理结束后应做到向上级汇报处理结果不过夜。

无缝线路曲线内发现母材疲劳伤损或鱼鳞伤已达重伤标准时,除按上述规定处理外,还应有计划地更换整个曲线钢轨。

(1)发现断轨和重伤钢轨的处理要求。

①发生断轨,采用急救器紧急处理加固后,必须派人看守。

②检查人员发现重伤钢轨已危及行车安全时,应立即设防护,安排人员看守,必要时应拦停列车。

(2)下道后的重伤钢轨的处理。

更换下道的重伤钢轨,必须在两端轨面上用钢剁打上明显的"×××"标记,并集中堆放,按废轨处理。

四、钢轨打磨(见资源1-5-14～资源1-5-16)

钢轨打磨作业

钢轨轨面打磨

绝缘接头轨端肥边打磨

1.钢轨表面伤损的危害

(1)动态过载。

周期性的长波变形会产生低频高能量的振动,这种振动向下延伸到次级频率,会给轨道和车辆带来永久性的损坏。

(2)振动危害。

钢轨周期性的变形会产生有规律的振动。当钢轨的振动频率与系统构件的固有频率相同时,就会发生共振。此时,振动的振幅得到加强,释放出巨大的能量,铁路构件会因此而迅速被损坏。

钢轨的振动还会导致构件承受过多的载荷,造成紧定螺栓断裂、枕木伤损、道砟过度粉化等,从而加大轨道部件的修理和道砟的清筛工作量。

(3)能量损耗。

有实验表明,钢轨周期性变形将明显增加机车的燃料消耗。研究表明,在0.8mm深波纹的钢轨上,机车需要付出比正常情况大3倍的牵引力。对无波浪变形的轨面,可以减少能耗到30%左右。

(4)噪声危害。

线路纵向周期性变形的影响结果就是噪声,它普遍可以使噪声升高12dB。路基的振动也能产生较高级别的噪声。极端情况下(比如在砖砌的隧道中),振动能导致结构的损伤。

2.钢轨打磨的作用

世界各国铁路轨道修理的理论和实践表明,钢轨打磨是整治钢轨表面伤损的有效措施。随着我国铁路提速到200～250km/h,达到和保持钢轨表面的高平顺性十分重要,因此,钢轨打磨已引起我国铁路线路维修人员的高度重视,钢轨打磨的作用及其技术经济性被逐步认识。

(1)消除或减少钢轨表面的微细裂纹和塑性变形层,提高材料的抗疲劳性能。

(2)改善轮轨接触条件,从而减小轮轨接触应力,减少钢轨的接触疲劳伤损。

(3)通过优化轮轨接触表面,提高轮轨接触的几何性能,增强轮对的导向作用,减少列车运行时的轮缘力。

(4)提高钢轨表面平顺度,减小轮轨间附加动力,降低钢轨及连接零件的伤损率。

(5)减小轮轨噪声,有利于环境保护。

钢轨打磨改善了钢轨的技术性能,延长了钢轨的使用寿命,降低了轨道的维修成本。研究和实践还表明,实施新钢轨的预打磨和钢轨的预防性打磨,有着更好的技术经济效果。

对新钢轨进行有计划的预打磨,可以清除钢轨表面的脱碳层,矫正微小的钢轨轮廓形变,修复在钢轨铺设过程中所产生的轨道表面损坏。提高钢轨表面接触疲劳强度并从一开始就保证车轮和钢轨的良好接触,可延缓初期钢轨接触疲劳的萌生。

等钢轨接触疲劳伤损发展严重再打磨,意味着增加轨道维修的总费用。打磨间隔过于频繁,就意味着要额外增加打磨费用。有关研究已经显示,在钢轨接触疲劳伤损产生的初期就实施预防性打磨,即"少切削量和频繁打磨",其经济效益更为显著。

3. 钢轨打磨的作业手段

钢轨打磨作业分为小型钢轨打磨机打磨和大型钢轨打磨列车打磨。

1)小型钢轨打磨机打磨

小型钢轨打磨机是一种常用的小型养路作业机械。小型钢轨打磨机的种类、型号很多,目前使用较普遍、性能较理想的是仿型打磨机。小型钢轨打磨机的特点是作业灵活、携带方便,其作业对象主要是零星的、非连续性钢轨不平顺和钢轨表面伤损,适用于钢轨接头、道岔基本轨、尖轨、心轨及翼轨肥边和不平顺的打磨。

2)大型钢轨打磨列车打磨

大型钢轨打磨列车是一种具有先进技术装备的大型养路机械,其作业对象主要是连续性的钢轨不平顺和钢轨表面伤损,适用于钢轨波浪形磨耗、鱼鳞裂纹等的打磨。大型钢轨打磨列车所具备的波浪形磨耗及轨廓测量系统和打磨控制系统能保证较高的作业质量。

4. 钢轨打磨标准

钢轨打磨病害整治状态标准和打磨作业验收标准如表 1-5-2 和表 1-5-3 所示。

钢轨轨顶面病害整治标准 表 1-5-2

钢轨轨顶面病害	允许速度 v_{max}≤120km/h	测量方法
工作边肥边	>2mm	直尺测量
擦伤或剥落掉块、钢轨低头	接近或达到轻伤	
焊缝凹陷	>0.8mm	1m 直尺测量矢度
钢轨母材轨顶面凹陷或鞍形磨耗	>0.8mm	
波浪形磨耗	达到轻伤	
硬弯	—	

钢轨轨顶面不平顺打磨作业验收标准 表 1-5-3

钢轨轨顶面病害	允许速度 v_{max}≤120km/h		测量方法
	打磨列车/mm	小型打磨机/mm	
工作边肥边	<0.3	<0.5	直尺测量
焊缝凹陷	<0.3	<0.5	1m 直尺测量矢度
钢轨母材轨顶面凹陷或鞍形磨耗	<0.3	<0.5	
波浪形磨耗	<0.2	—	

任务2　钢轨接头病害及防治

任务导入

钢轨接头是线路结构的薄弱环节之一，日常使用过程中容易出现损伤，因此要重视病害防治。本任务主要学习钢轨接头连接零件常见病害及防治。

任务目标

掌握钢轨接头连接零件常见病害及防治措施。

一、钢轨接头常见病害

1. 淬火钢轨端部的鞍形磨耗

磨耗深度一般为2.5～6mm，长度一般为200～300mm，在铺设混凝土枕的地段比较明显，发展也较快。

2. 低接头

低接头（或打塌）一般发生在捣固不良地段，尤以曲线下股比较多见。

3. 钢轨破损

钢轨破损主要是淬火区钢轨顶面剥落、掉块和螺栓孔裂纹。这类病害多数发生在淬火层分界处和轨端，以曲线上多见。

4. 夹板弯曲或断裂

夹板弯曲或断裂主要是顶部中央出现细小裂纹，以后逐渐扩大。

5. 混凝土枕破裂

混凝土枕破裂主要发生在轨下断面。

6. 道床结硬、溜坍和翻浆冒泥

主要发生在铺设混凝土枕并有鞍形磨耗的地段。

二、钢轨接头病害产生的原因

1. 接头处存在轨缝、台阶和折角

引起接头产生冲击动力的因素主要有轨缝、台阶和折角，如图1-5-10所示。

由于接头破坏了钢轨的整体性，故可以把接头看作线路上先天性的不平顺。这种不平顺是潜在的，只有在车轮通过时才出现，车轮通过以后便不存在了。即使是良好的接头，这种不

平顺也是存在的。

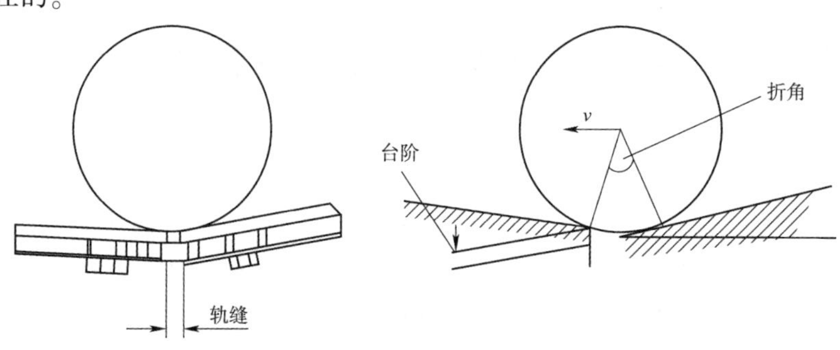

图 1-5-10　轨缝、台阶和折角

2. 接头受到较大的破坏力

这是由接头本身的特点所决定的。列车通过接头时产生较其他部分更大的挠度，车轮通过接头时会产生冲击动力，与车轮通过一段很短的不平顺轨道所引起的冲击动力类似，因接头可看成轨道不平顺故车轮通过时会引起较大的冲击动力。

3. 接头养护不良

作用于接头上的较大破坏力，导致线路病害的发生，增加养护维修工作的困难。养护维修不当或质量不好，更增加冲击动力对接头的破坏作用，由此造成接头破坏力增加和接头病害扩大的恶性循环。因此，接头养护的首要任务是加强接头，减少冲击动力，防止接头破坏。

4. 垫板和扣件养护不良

垫板位置歪斜，常造成轨底压在垫板边缘上，轨底局部负担重压，造成破裂或折断。如道钉浮起或扣件松动，则容易造成轨底、垫板、夹板底边之间严重磨损。

5. 钢轨上下反复挠曲

列车通过捣固不良的线路时，钢轨上下反复挠曲，使钢轨内部组织连续发生拉张和压缩的反复应力，容易被破坏。如遇到钢轨颗粒间带有微小空隙（白核）时，会使空隙迅速扩大，形成内部斑痕，以致折断。线路爬行，造成低接头、拉大轨缝或在接头附近发生小坑、三角坑时，一方面增大车轮对钢轨的冲击，另一方面又增大接头处的上下曲折，这样就更容易造成钢轨、夹板及连接零件的磨损或折断。

三、钢轨接头病害的整治方法

（1）加强接头捣固，保持道床丰满，并加以夯实。接头轨枕材质应尽可能一致，并使间距符合规定，在接头处更换木枕时，应将接头处相邻的两根枕木同时更换，以保持支承条件一致。

（2）经常上紧夹板螺栓，保持接头紧固。列车的不断撞击会引起螺栓松弛，接头松动，其结果是接头不能作为一个整体来抵抗外力，个别零件可能因负担过重而损坏。同时还会增加夹板和轨端的磨耗，加剧接头的不平顺。如果接缝处夹板因磨耗而与钢轨下颚之间存在 1mm 以上空隙时，应及时垫上符合规定的三角铁片。

（3）及时清筛接头范围内的不洁道砟，以免结成硬壳，失去弹性，或引起翻浆冒泥，造成明显的不平顺。

(4)及时消灭轨面高低错牙,接头轨面及轨距线内侧错牙不得超过1mm。

(5)用上弯夹板整治低接头。上弯夹板是将夹板用弯轨器上弯,上弯量一般以1~1.5mm为宜。当换了上弯夹板后,钢轨接头处3—4根的轨枕轨面抬高,容易出现空吊板及螺栓松动,因此,必须加强捣固,拧紧螺栓。

(6)及时调整轨缝。大轨缝是造成接头病害的重要原因。因此,轨缝必须均匀,并符合规定,发现大轨缝应及时整正。

(7)枕底下垫胶垫整治低接头。利用特制的枕底大胶垫整治低接头,效果显著。翻浆冒泥接头先要进行清筛,枕底稳定后方可垫入。特制大胶垫垫入一年后必须撤出,重新捣固好。

(8)拧紧轨枕扣件,更换失效轨底大胶垫。整修木枕轨底坡,使之保持1:40。

(9)根据支嘴程度,适当增加外股道床宽度,并分层次夯拍,以增加道床阻力。调换支嘴处里外口夹板,利用夹板的反弯控制接头支嘴。拨道作业中,对支嘴接头只能压,不能挑。如必须上挑时,要采用拨动小腰带动接头的方法,不要直接拨动接头,以防止支嘴扩大。

(10)正确设置预留轨缝。

普通线路钢轨接头,应根据钢轨长度与钢轨温度预留轨缝。轨缝的标准尺寸按下列公式计算:

$$\alpha_0 = \alpha L(t_z - t_0) + \frac{1}{2}\alpha_g \tag{1-5-1}$$

式中:α_0——更换钢轨或调整轨缝时的预留轨缝,mm。

α——钢轨线膨胀系数,为0.0118mm/(m·T)。

L——钢轨长度,m。

t_z——更换钢轨或调整轨缝地区的中间轨温,℃。

$$t_z \approx \frac{1}{2}(T_{max} + T_{min}) \tag{1-5-2}$$

T_{max},T_{min}——当地历史最高和最低轨温,℃。

t_0——更换钢轨或调整轨缝时的轨温,℃。

α_g——构造轨缝,38kg/m、43kg/m、50kg/m、60kg/m、75kg/m钢轨α_g均采用18mm。

最高、最低轨温差不大于85℃地区,在按上式计算以后,可根据具体情况将轨缝值减小1~2mm。

25m钢轨铺设在当地历史最高、最低轨温差大于100℃的地区应个别设计。

各地区(或区段)采用的最高、最低轨温,由铁路局规定。

【例1-5-1】 某地区$T_{max} \approx 60℃$,$T_{min} = -10℃$,在轨温为20℃时调整轨缝,钢轨长度为25m,求预留轨缝α_0。

【解】 $t_z = \frac{1}{2}(T_{max} + T_{min}) = \frac{60-10}{2} = 25(℃)$

$$\alpha_0 = \alpha L(t_z - t_0) + \frac{1}{2}\alpha_g = 0.0118 \times 25 \times (25-20) + \frac{1}{2} \times 18 = 10.5(\text{mm})$$

预留轨缝采用10.5mm。

12.5m钢轨地段,更换钢轨或调整轨缝时的轨温不受限制。25m钢轨地段,更换钢轨或调整轨缝时的轨温限制范围为(t_z - 30℃)~(t_z + 30℃);最高、最低轨温差不大于85℃地区,如将轨缝值减小1~2mm,轨温限制范围相应地降低3~7℃;特殊情况下,在轨温限制范围以外更换的25m钢轨必须在轨温限制范围以内时调整轨缝。

轨缝应设置均匀，每千米线路轨缝总误差：25m钢轨地段不得大于80mm，12.5m钢轨地段不得大于160mm。绝缘接头轨缝不得小于6mm。最大轨缝不得大于构造轨缝。

任务3　轨枕、扣件常见病害及防治

任务导入

混凝土轨枕广泛用于现代铁路，其结构和功能完整对确保铁路线路设备提升和行车安全十分重要。本任务主要学习轨枕常见病害及防治。

任务目标

掌握混凝土枕伤损分类、原因及整治措施。

一、轨枕常见病害及防治

1. 木枕病害

(1)腐朽(防腐枕木)，如图1-5-11所示。

(2)机械磨损，如图1-5-12所示。

(3)裂缝，如图1-5-13所示。

图1-5-11　木枕腐朽

图1-5-12　木枕磨损

图1-5-13　木枕开裂

2. 混凝土枕病害

(1)轨下截面出现过大的横向裂缝,如图1-5-14所示。混凝土枕是一个承受不稳定重复荷载的构件,荷载的变化带有随机性。混凝土枕在使用期内轨下截面有可能出现大于该截面抗裂强度的荷载弯矩,在这种情况下就产生了横向裂缝。一般来说,这种裂缝较小,不致引起轨枕的失效。但在某些情况下,轨下截面的荷载弯矩远远大于轨枕的抗裂强度,这时就会出现过大的横向裂缝,导致轨枕失效。

(2)轨下截面压溃,如图1-5-15所示。轨枕轨下部分由于橡胶垫板损坏或窜出,使钢轨直接作用于承轨槽,引起轨下部分混凝土压溃。有些轨枕由于轨下截面横向裂缝过大,混凝土受压区产生过大的压应力使混凝土压溃。

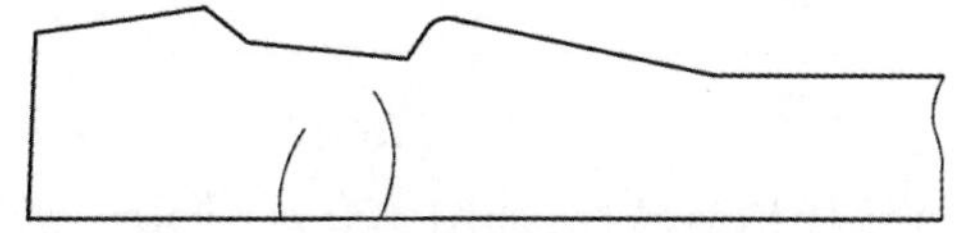

图1-5-14　轨下截面出现过大的横向裂缝

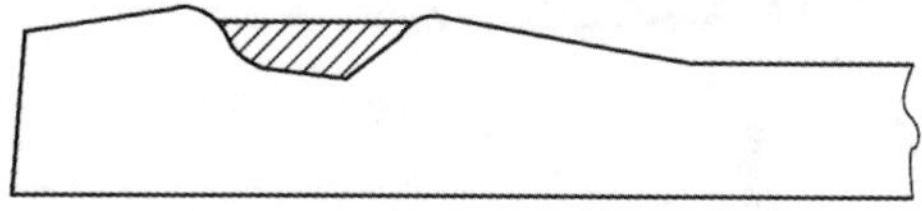

图1-5-15　轨下截面压溃

(3)轨枕中间部分出现过大的横向裂缝,如图1-5-16所示。轨枕中间部分出现的裂缝包括中间上部裂缝和中间下部裂缝两种。轨枕中间上部出现裂缝,是由轨枕中部产生较大的负弯矩所致;轨枕中间下部出现裂缝,是由轨枕中部产生较大的正弯矩所致。

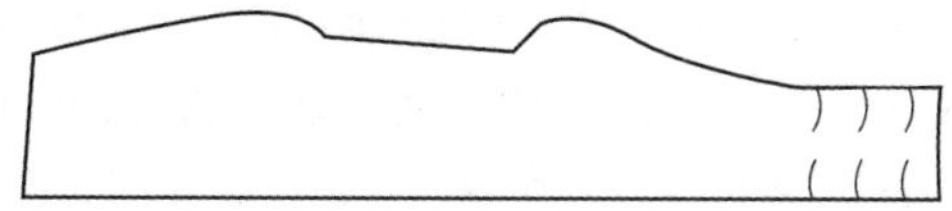

图1-5-16　轨枕中间部分出现过大的横向裂纹

(4)轨枕中间部分压溃。轨枕中间部分由于受到过大的正弯矩,不仅使其下部产生过大的裂缝,而且还引起截面受压区的压应力过大,致使混凝土压溃,这种情况一般发生在钢轨接头,如图1-5-17所示。有些轨枕由于中间部分承受了过大的负弯矩,不但引起中间部分的上部产生裂缝,而且还使中间截面下部受到过大的压应力以致压溃,甚至出现钢筋外露,如图1-5-18所示。

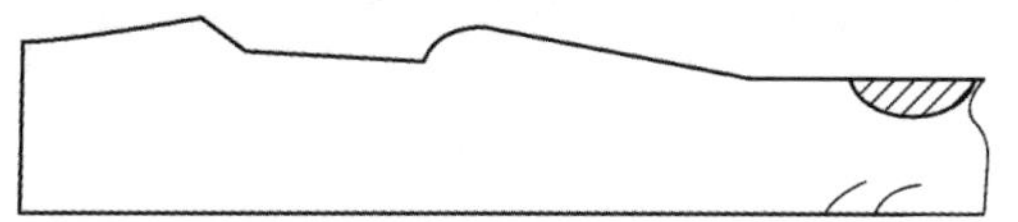

图1-5-17　轨枕中间上部混凝土压溃

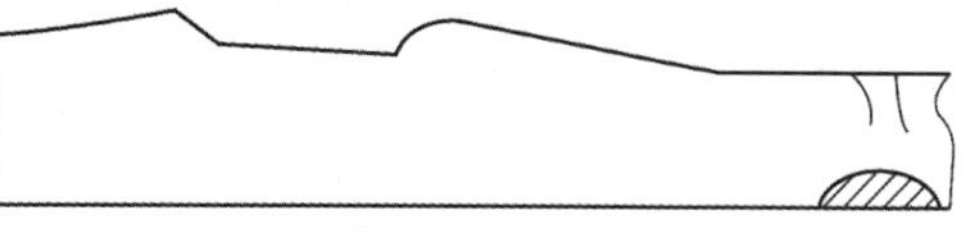

图1-5-18　轨枕中间下部混凝土压溃

(5)轨枕纵向裂缝,如图1-5-19所示。轨枕沿长轴线方向的裂缝统称纵向裂缝。纵向裂缝一般有端头裂缝、端部上表面裂缝、侧面水平纵向裂缝、钉孔纵裂、贯通纵裂等,纵向裂缝较多出现在螺栓孔的两侧或应力钢筋处,并向端头及中部发展。这种裂缝的出现,将严重影响轨枕的使用寿命。

(6)轨枕龟裂,如图1-5-20所示。龟裂是轨枕表面纵横交错的细小裂纹,一般多发生在轨枕端部及中部顶面和侧面处。龟裂对轨枕使用寿命的影响也很大。

(7)轨枕中间部分斜裂及扭伤。轨枕中间部分斜裂扭伤是指沿对角方向的破损。线路维修工作中的捣固作业,因在轨枕两侧进行对角捣固,过车时容易使轨枕中间部分产生斜裂或扭伤。据调查统计,因线路维修养护不当使中部扭断、折断的轨枕在伤损轨枕总数中占有一定的比例。

图 1-5-19　轨枕纵向裂缝

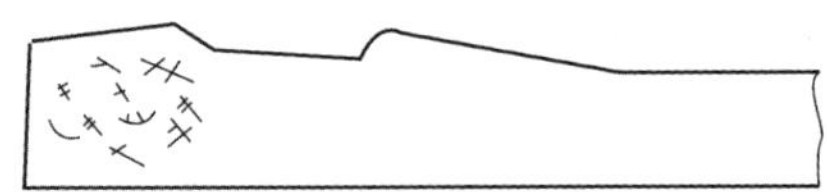

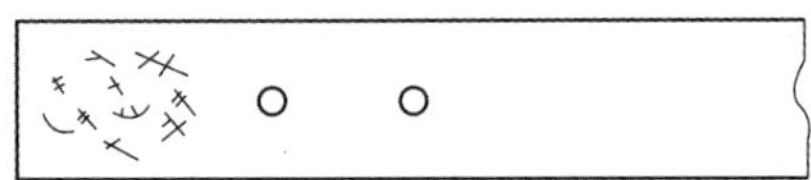

图 1-5-20　轨枕龟裂

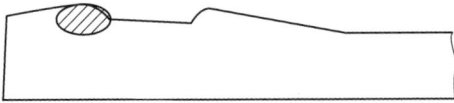

图 1-5-21　轨枕挡肩破损

(8)轨枕挡肩破损,如图 1-5-21 所示。轨枕挡肩承受由扣件传来的水平推力而破损,特别在小半径曲线上这种现象十分普遍,有的采用加宽铁座仍不能解决问题,据统计,在半径为 400m 的曲线上,挡肩破损高达 70%。另外,垫片损坏或在轨枕制造过程中挡肩部分的缺陷也可能造成挡肩破损。

(9)轨枕的腐蚀。在长期积水地段和车辆装载的有害介质散落在轨枕上,都会造成轨枕的腐蚀,轻者混凝土表面出现麻点、脱层等现象,重者钢筋锈蚀,并逐渐向里延伸。

(10)轨枕底边掉块。手工捣固冲击轨枕底边使混凝土掉块,严重时掉块面积可达 $100cm^2$。其结果是轨枕受力状况恶化,容易出现应力集中而造成其他各种伤损,并且削弱了轨道的稳定性。

3. 轨枕伤损的原因及防治措施

(1)木枕伤损原因。

造成木枕伤损的原因很多,其中主要是腐朽、机械磨损及裂缝。三者互为因果、相互促进。应对腐朽的方法是对木枕进行防腐处理。在一些大运量的线路中,机械磨损往往决定着木枕的使用寿命。

(2)混凝土枕伤损原因。

造成混凝土枕伤损的主要原因集中在制造质量、养护维修作业和轨枕结构三个方面。

①制造质量。在混凝土枕各类损伤中,纵向裂缝对行车安全危害最大,而且一经发生,发展极为迅速,严重者贯通轨枕全长,造成劈裂和龟裂,混凝土疏松、剥落,对轨枕承载能力、保持轨道状态能力和使用寿命危害很大,这类损伤一般都是由于制造质量不良引起的。

②养护维修作业。混凝土枕断面和配筋的设计都是在一定受力条件下进行的,而混凝土上轨枕截面实际承受的荷载弯矩与线路养护维修作业有密切关系。在养护维修作业中,如果轨枕受力状态发生了变化,就可能出现轨枕断面荷载弯矩大于轨枕抗裂强度的现象,以致产生轨枕伤损。养护维修作业对轨枕伤损的影响主要表现在以下几个方面:捣固作业、轨下垫层及绝缘缓冲垫片损坏没有及时更换、没有及时整治道床病害、接头养护不良、没有及时消灭轨面

不平顺。

③轨枕结构。为了解混凝土枕的使用情况,进而采取措施提高轨枕结构的可靠性,多年来,有关单位曾多次组织较大规模的现场调查。历次调查的资料表明,现有轨枕按 50 年使用寿命的要求,并考虑可能出现的非正常运营条件,轨枕结构强度必须适当提高。

(3)轨枕伤损的防治措施(见资源 1-5-17)。

资源1-5-17

预防混凝土轨枕病害的方法

二、扣件常见病害及整治

1. 木枕扣件常见病害及整治

铁垫板和道钉应齐全,作用良好,缺少时应及时补充,道钉浮起或松动时应及时整治(道钉连续浮起或松动不得超过三根枕木)。伤损达到下列标准,应有计划地更换:

(1)道钉钉头脱落、严重锈蚀或下颚磨耗达 3mm 及以上。

(2)铁垫板折断、变形、严重锈蚀或丧失固定立柱螺栓功能。

2. 混凝土枕扣件常见病害及整治

扣件应经常保持设备齐全、位置正确、作用良好,缺少时应及时补充。分开式弹性扣件与木枕联结应紧密。当钢轨受车轮横向力作用时,不得产生相对位移和扭转离缝。扣板、轨距挡板应靠贴轨底边;扣板(弹片)扣件力矩应保持在 80 ~ 140N · m 之间;弹条扣件的弹条中部前端下颚应靠贴轨距挡板(离缝不大于 1mm)或力矩应保持在 80 ~ 150N · m 之间。Ⅲ型扣件后拱内侧距预埋件端部应不大于 10mm,扣压力应保持在 8 ~ 13.2kN 之间。

当扣件伤损达到下列标准,应有计划地修理或更换:

(1)螺旋道钉折断、浮起,螺母或螺杆丝扣损坏,严重锈蚀。

(2)垫圈损坏或作用不良。

(3)弹条、扣板(弹片)损坏或不能保持应有的扣压力。

(4)扣板、轨距挡板严重磨损,扣板、轨距挡板前后离缝超过 2mm。

(5)挡板座、铁座损坏或作用不良。

任务 4 道床常见病害及防治

任务导入

地铁道床病害已经成为制约地铁运行的关键因素,病害的出现严重影响地铁的正常运行,因此在地铁轨道维护过程中要重点针对道床病害进行检修。本任务主要学习道床常见病害及防治。

任务目标

掌握道床病害成因及防治。

一、有砟道床的病害及整治

1. 有砟道床的变形

道床作为散粒体结构，本身具有弹性、塑性，在外荷载作用下将产生弹性、塑性变形。荷载消失后，弹性变形部分得以恢复，而塑性变形部分则成为永久变形或称残余变形。在列车重复荷载作用下，每次荷载作用所产生的微小残余变形会逐渐积累，最终导致整个轨道的下沉。道床的下沉是道床塑性变形随荷载作用而逐渐累积的过程。

道床下沉，特别是不均匀下沉，是轨道结构破坏的主要形式之一，轨道结构在列车荷载作用下，会不同程度地产生振动，道床的振动加速了其下沉速度。

各国铁路部门都对道床的下沉规律进行了许多研究，研究资料得出道床下沉与列车通过总重的关系曲线如图 1-5-22 所示。

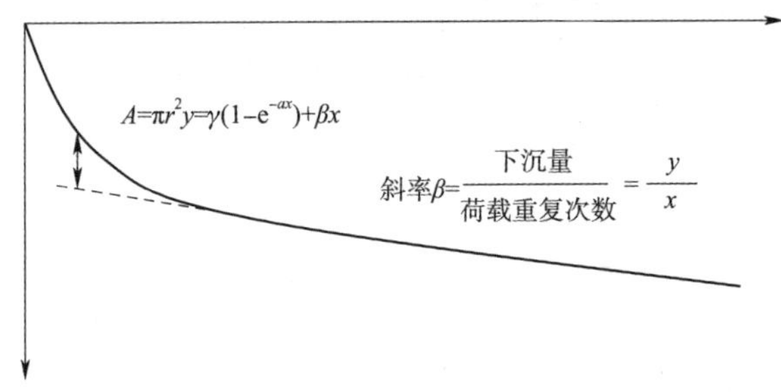

$A=\pi r^2 y=\gamma(1-e^{-\alpha x})+\beta x$
斜率β=$\frac{下沉量}{荷载重复次数}=\frac{y}{x}$

图 1-5-22　道床下沉曲线

道床下沉大体可分为初期急剧下沉和后期缓慢下沉。

初期急剧下沉是道床压实阶段。道床在列车荷载作用下，道砟的密实度提高，道砟的颗粒重新排列，孔隙率减小。这个阶段道床下沉量的大小和持续时间与道砟材质、粒径、级配、捣固和夯拍的密实状况、车辆轴重等有关，一般在通过总重数百万吨之内即可完成这一阶段的道床下沉。道床初期下沉量的大小还与道床应力、道床振动加速度的大小有关。

后期缓慢下沉是道床正常工作阶段。在列车荷载作用下，此时道床仍有少量下沉，主要是由于枕底道砟颗粒克服相互之间的摩擦力，道砟向两侧流动。这一阶段的下沉量与运量之间有直接关系。这一阶段的时间越长，道床就越稳定。所以道床后期下沉的速率是衡量道床稳定性的指标，也是确定道床养护维修期限和标准的重要依据。

2. 有砟道床脏污

道床脏污是影响道床正常工作的重要因素。导致道床脏污的原因很多，有来自外界的脏污物的侵入，如从运输矿石和煤炭的车上落下的碎矿石和碎煤屑；也有来自道砟颗粒因受到重复荷载、振动、摩擦和磨耗等形成的碎粒，以及来自底砟的颗粒和路基泥浆上升至面砟的颗粒。上述污物侵入道砟中，轻则堵塞道床孔隙形成道床积水，重则形成翻浆冒泥或道床板结。在这种情况下，道床便失去弹性和降低稳定性，严重影响道床的正常工作，因此，道床的脏污率达到一定程度时，便必须部分或全部进行清筛或更换道砟。我国铁路规定碎石或筛选卵石道砟的脏污率达 35% 时，道砟应全部清筛或更换。

为了解决道床脏污问题，《修规》规定：道床应该经常保持饱满、均匀和整齐，并应根据道

床不洁程度,结合综合维修有计划地进行清筛,尽可能保持道床弹性和排水良好。

3. 有砟道床翻浆

产生道床翻浆的原因主要是道床下脏污没有得到及时处理和排水不良。道床沉陷和脏污会使道床上长草,底部透过路基产生道砟囊,削弱轨道强度,在列车不断冲击下,道砟囊逐渐扩展加深,由此导致道床翻浆,从而影响质量。

预防道床翻浆的主要措施是清筛道床,保持整洁,做好道床排水工作。如涉及路基翻浆时,可设垫层,或用沥青黏土做封层,防止地面水渗入路基土壤,并封闭泥浆使其不再冒出。在多雨地区还可以在路基面上铺设氯丁橡胶板,防止地面水渗入路基体,或铺设渗滤布以防止路基面上冒出泥浆,严重时可采用路基换土办法解决,如图 1-5-23 所示。

图 1-5-23　道床翻浆

4. 有砟道床沉陷

道床沉陷的原因:一是道床脏污,积水排不出去,在黏土路基地段,使路基顶面软化,道砟逐渐压入路基内,形成道床沉陷;二是道床捣固不实,存在小坑,随着列车振动,小坑又逐渐扩大,形成道床沉陷;三是道床厚度不足,或在非渗水土路基地段未按规定铺砂垫层,道砟压入路基面内形成道砟槽造成道床沉陷。

道床沉陷的整治方法:除有计划地彻底清筛道床外,在日常工作中,要加强排水,加强捣固,必要时要增设横盲沟。

二、整体道床的病害及整治

为了轨道的稳定性和耐久性,实现少维修的目的,宜发展无砟轨道结构。世界各国铁路在基础坚固的隧道内、高架和桥梁上成功采用了无砟轨道。用混凝土板体基础取代了传统轨道中的轨枕和道床,板体基础是由聚合物或水泥沥青混合物灌注的特制垫层。这样,轨下基础既有足够的强度和稳定性,又有一定的弹性,残余变形的积累甚小,轨道结构得以加强,从而实现轨道少维修的目的。

整体道床是世界范围内铁路和地铁采用最多的无砟轨道结构形式。在坚硬岩石基础、隧道仰拱及混凝土桥面上,布设道床内的钢筋网,将钢轨、扣件连同预制支承块定位后,现场浇筑混凝土道床。整体道床具有结构简单、整体性好、施工方便等优点,但对道床的基础要求较高,轨道弹性和高低、水平调整只能依靠扣件完成,且具有一旦出现病害难以整治和修复等缺点。

1. 整体道床的日常检修及整治

为了保证整体道床的正常工作状态,应对整体道床进行定期检查、观测并及时修补,具体项目和内容如下:

(1)检查整体道床及排水沟混凝土表面、轨枕与道床混凝土间是否出现裂缝,记录裂缝长度、宽度及形状,观测裂缝是否发展。宽度在 0.5mm 以下且不发展,是混凝土收缩或温度变化引起的,一般不会形成病害,但会对整体道床整体性、防水性及美观性造成不良影响。

(2)检查整体道床是否有上拱或下沉现象,观测上拱或下沉是否发展。变化量在扣件调高允许范围内时可用扣件进行调整,上拱或下沉不发展,一般不会形成病害。

(3)检查排水系统是否通畅,排水沟是否淤塞,排水沟是否有裂纹。

(4)检查工作一般每季度进行1次,做好记录并观察其发展程度,根据实际情况安排日常保养和临时补修,如果发展成病害应查找原因,并适当增加检查次数且及时整治。

整体道床病害的检测方法主要有经验判断法、钻孔取芯法、地质雷达法和钻孔摄像法等。经验判断法依据道床开裂、渗水、翻浆冒泥等表观现象来判断病害的严重程度。钻孔取芯法是对已出现明显病害的地段少量抽样,进行钻孔取芯,再判断病害等级。地质雷达法是采用探地雷达作为检测仪器,探地雷达利用电磁波,通过对不同介质分界面连续扫描,来确定道床的内部结构形态,从而检测道床的病害情况。钻孔摄像法是对地质雷达法的补充,即在应用地质雷达进行检测后,对于雷达显示中出现空洞、脱空、不密实区域的道床,抽样取点进行钻孔摄像,以便更加直观、可靠地判断道床病害情况。与常规的经验判断法、钻孔取芯法相比,采用地质雷达为主、钻孔摄像为辅的检测手段具有判断精准、效率高、损伤少等优点。

整体道床的不良状态,日常维修已不能彻底消除,会导致整体道床开裂加剧,轨道各部分几何尺寸超出正常管理值而且发展十分迅速,直接危及城轨的运营安全而形成病害,其主要类型有道床混凝土上拱、道床混凝土下沉、道床混凝土与主体结构混凝土分离、道床排水沟开裂、成段轨枕松动或者拔起等。

2. 整体道床产生病害的主要原因

1)主体结构的变形

城轨主体结构由于地基的变形及内部应力、外部荷载的变化而产生变形和沉降,如主体结构变形和沉降超过允许值,将会引起城轨的运营设备和轨道变形,整体道床破损。主要表现为道床混凝土上拱或者下沉,其发展迅速形成病害,影响城轨正常运营,甚至会造成城轨运营的中断。通过对城轨主体结构的监测,了解主体结构沉降、位移、变形情况,对监测结果进行分析,掌握城轨主体结构所处的状态,得出城轨运营是否安全以及是否需要采取补救措施的结论,对于预防事故发生、保证城轨的正常使用至关重要。

2)地下水的冲刷

地下水位高于隧道底部表面时,隧道底部受地下水长时间的浸泡和压力水的冲刷,沿隧道施工缝隙,夹带基岩的细小颗粒侵入隧道内,形成翻浆冒泥,造成整体道床基底(或填充层)局部空洞,整体道床上拱或者下沉并随之开裂。地下水渗漏严重地段,除隧道底部的渗漏,往往伴随着隧道结构顶部边墙的渗漏,道床排水沟已不能有效地起到排除地下水的作用,造成整体道床病害。因此,应在隧道施工时重视隧道工程排水系统的完善和隧道结构的防水设计。整体道床施工时应先检查隧道底部是否存在地下水渗、喷、冒的现象,并及时封堵以消除安全隐患,再铺设轨道。

3)新老混凝土接合不牢

整体道床与隧道底填充层、隧道底填充层与隧道底部(矩形隧道无填充层)之间,轨枕与整体道床之间,弹性短枕与整体道床之间的新老混凝土接合不牢出现裂缝,裂缝扩大形成病害。新老混凝土可通过凿毛接触面,凿毛后用高压水冲洗,清除浮渣和灰尘,再涂刷一层界面

剂,增加其结合强度。某市轻轨在高架桥铺设的弹性短枕式整体道床,弹性短枕与整体道床之间出现裂缝后,由于列车往复振动再加上温度应力和降水的影响,致使弹性短枕拔出危及行车安全。因此,制造弹性短枕时应注意弹性短枕的装配公差,施工时应加强弹性套靴与混凝土的黏结以及严格控制无缝线路的锁定温度。

4)排水沟混凝土厚度过薄

在马蹄形隧道两侧设排水沟时,靠隧道边墙侧沟壁底部可能出现混凝土厚度过薄现象,容易发生断裂;在圆形隧道两侧设排水沟时,排水沟可能直接与隧道边墙相连,容易出现裂缝,造成排水沟渗漏,冲刷浸泡整体道床。马蹄形隧道在设计整体道床时应检算排水沟底部混凝土厚度,不足时应与隧道专业人员协调修改隧道仰拱尺寸,加大混凝土厚度。侧沟直接与隧道边墙相连时应做好防水处理。

5)整体道床预留横向沟槽结构薄弱

整体道床横向排水沟及道岔整体道床预留转辙机电务拉杆沟槽处结构薄弱,在列车振动荷载作用下易产生道床混凝土开裂等病害。为避免此类病害发生,该地段道床可采用钢纤维混凝土,钢纤维采用剪切型,长度为25~40mm,每立方米C30混凝土中加入钢纤维60kg,其铺设长度为$2d$(d为轨枕间距),以提高道床强度及抗裂性能。

3. 整体道床病害整治原则

(1)城轨行车密度大,高峰间隔1.5min,运行时间5:00~23:00,因此,白天无法对运营线路的轨道进行巡检、维修,日常维修均在夜间停运时进行。整体道床病害整治作业会引起城轨停运,给市民的工作和生活带来不便,并产生巨大经济损失。因此,病害整治作业尽量当天完工,不影响正常运营。如果不能当天完工,可分段施工或者采用临时支撑的方法(部分道床或者轨枕不受力)维持运营。

(2)线路中心线偏移、轨道顶面高程变化,在本线采用扣件调整量的范围内,应利用扣件调整,不扰动道床。超出扣件调整量范围时,可对道床进行整治。整治方案应根据超出管理值的大小,进行分级治理,并且尽量少扰动道床和改变道床结构,确保道床各种功能不受影响。

(3)排水沟整治应与整体道床整治同步进行,避免重复作业。

(4)整体道床病害整治施工过程应尽量减少振动、噪声、粉尘污染,降低对施工地段居民工作和生活的影响,同时改善施工人员的工作条件。

要达到预防和消除病害的目的,就必须对整体道床进行综合防治。首先是从设计、施工和维修三个阶段入手,严格质量把关;其次是在整治项目方面,要依据病害的发展规律和阶段,针对病害的成因采取综合整治措施。

4. 整体道床病害整治方法

1)表面涂膜法

裂缝宽度在0.2mm以下的微细裂缝,采用弹性涂膜防水材料进行表面涂膜覆盖,以达到修补混凝土微细裂缝的目的。表面涂膜法通常采用弹性涂膜防水材料,如环氧树脂、高分子聚合物乳胶、聚氨酯密封胶,以及阳离子乳化沥青与氯丁胶乳混合物等。传统的环氧树脂砂浆,由于收缩和老化的因素,长期效果不甚理想,且修补工作无法深入裂缝内部,对延伸裂缝难以追踪其变化。

2)压力注浆法

裂缝宽度小于0.5mm的微细裂缝,主要利用液压或者气压将水泥浆或者化学浆注入混凝土裂缝中,从而对缝隙进行填充、渗透、挤密等,排除缝隙中多余的水、空气,甚至杂质等。经过一段时间的凝结后,浆液就会与原有的结构胶结形成一个新的结构基础。这类方法主要针对整体道床的结构基本完整,而底部存在较多的空隙、翻浆冒泥情况严重的路段。

如西安地铁2号线下行K14+965处等多个分散位置在裂缝处出现水泥胶浆等细颗粒物沉积后,采取在道床两轨道间水沟内布设梅花形注浆孔,钻入二衬混凝土内5~10cm,用早强水泥埋管封孔后进行低压力水泥注浆,再进行EAA(乙烯丙烯酸共聚物)改性环氧补充化学注浆,注浆压力控制在0.3~0.8MPa,并多次重复交替压注,同时在注浆前后进行监控量测,注浆加固过程中严格控制注浆压力,防止超压对道床进行二次损坏。通过这种方式对整体道床与二次衬砌仰拱间进行填充,以恢复分离层间黏结力,进而加固稳定道床。这是整治裂损处于初始阶段和开裂阶段的重要手段。所以说,注浆是对整体道床和隧道主体结构进行止水、排水、固结补强的有效手段。因此注浆材料必须有优良的力学性能、耐久性和良好的黏结功能,快速满足次日列车运行的振动要求。

3)开槽引排法

该法适用于修补大于0.5mm的裂缝。如无条件找到渗漏点进行直接堵漏时,以引排为主,在裂缝处清理开槽,用早前水泥埋$\phi30\sim\phi50$mm的透水管,表面再用砂浆恢复。对增设引水管添加滤网,防止引水管道携带泥沙,造成道床下或衬砌外的空洞。实施完毕后,观测15天,根据渗漏情况确定是否有必要进一步注浆加固。

西安地铁2号线下行F5地裂缝南端变断面处(K15+245)道床严重渗漏水,治理时就采用此方法,得到了较好的整治效果。

项目2　其他典型病害及防治

任务1　线路爬行防治

任务导入

轨道爬行又称线路爬行,是钢轨沿线路纵向的蠕动现象。本任务主要学习线路爬行防治。

任务目标

掌握线路爬行的原因及防治方法。

当发现轨道线路的病害后,必须及时整治,在日常的维护工作中更应当注意线路病害的预

防。线路病害影响列车的正常运行,甚至危及列车运行安全。因此,线路养护的基本任务就是通过对线路的系统检查,及时发现线路上一切不符合技术标准的现象和病害,并查清其原因,以便合理地计划和组织线路养护作业,消除病害或减小病害影响,使线路经常处于完好状态,保证列车按照规定的速度平稳、安全和不间断地运行。

一、线路爬行的规律和危害

由于列车的运行及其他因素使得钢轨或钢轨与轨枕同时产生纵向移动的现象,称为线路爬行。

1.线路爬行的一般规律

(1)在双线地段线路爬行方向与列车运行方向基本相同,列车运行方向在下坡道时爬行量较大。

(2)两个方向运量大致相等的单线地段,其两个方向都发生爬行,且易向下坡道方向爬行。

(3)两个方向运量显著不同的单线地段,其运量大的方向爬行量也大,在运量大的下坡道方向爬行量更大。

(4)双线或单线的制动地段均易在制动方向发生爬行。

2.线路爬行的危害

(1)线路爬行对轨道的危害大,线路爬行后使接头挤成连续瞎缝,促使胀轨跑道情况发生;而另一端则拉大轨缝,造成钢轨、鱼尾板、螺栓伤损或拉弯、拉断螺栓,拉弯中间扣件,拉裂或拉斜轨枕,造成轨道不平顺,增加养护维修工作量。

(2)在道岔上的线路产生爬行时,将影响尖轨的正确位置,或转辙器扳动的灵活性。

(3)线路爬行往往使轨枕离开捣固坚实的道床,造成线路局部沉降或升高,轨枕空吊板增多,产生和加大轨面坑洼。

由此可见,爬行不仅影响线路质量,缩短轨道各组成部件的使用寿命,而且严重危及行车安全。

二、线路爬行的原因

线路爬行的原因主要有:钢轨在动荷载作用下的挠曲,列车运行产生的纵向力,钢轨温度的变化,车轮在接头处撞击钢轨,列车制动产生的摩擦,钢轨线路防爬设备不足,扣件的扣压力不够,道床纵向阻力不够等。

一般认为线路上钢轨挠曲是导致线路爬行的主要原因,其他因素是加剧或促成线路爬行发生的原因。

三、线路爬行治理

防止线路爬行的主要措施如下:

(1)加强轨枕与道床间的防爬阻力。其方法是保持道床的标准断面,做到轨枕底下道砟厚度够,轨枕盒内道砟满,轨枕两端道砟够宽,加强捣固,整好水平,保持线路平顺,夯实道床。

根据测定,未经夯实的碎石道床,每根木枕顺着线路方向的阻力约为500kg,而经夯实的道床沿着线路方向的阻力达到8000N;另外,脏污严重的道床容易降低道床阻力从而发生翻浆冒泥或线路爬行。对于脏污严重的道床,需要进行清筛。

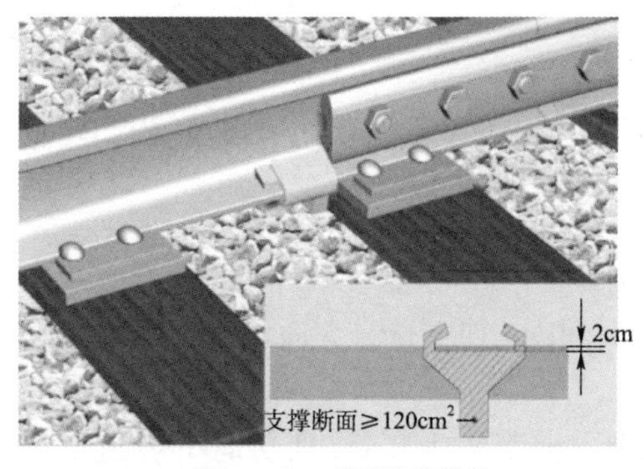

图1-5-24　线路防爬设备

(2)加强防爬设备。按规定安装防爬器和防爬支撑,必要时应增加防爬设备(图1-5-24),防爬器安装于轨底紧靠轨枕一侧,也可安装于轨底或距轨底边缘300~350mm的道心内。对失效的防爬设备应及时更换和整修。

(3)保持扣件应有的扣压力。及时拧紧螺栓,打紧浮起的道钉,对失效的螺栓和扣板及时更换和整修,能够保持钢轨与扣板、钢轨与垫板以及垫板与轨枕之间的阻力较大。

(4)及时整治接头病害。马鞍形磨耗接头、低接头以及破损的钢轨接头会加剧列车对钢轨的冲击力,造成或加大钢轨的爬行,因此对于病害接头都需要及时整修。对于连续大轨缝和成段轨缝不均匀的地段应调整。具体整治措施如图1-5-25所示。

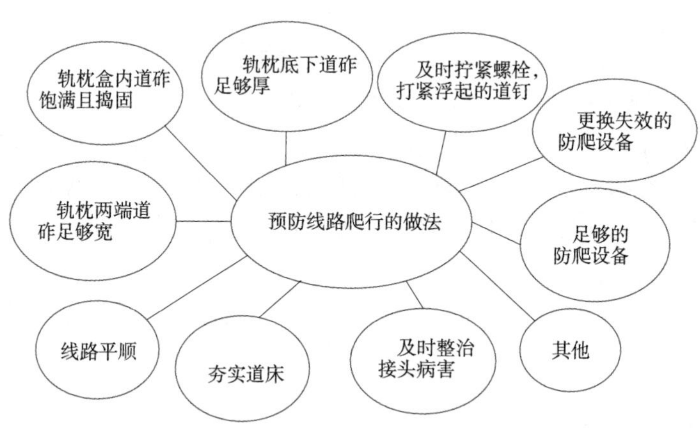

图1-5-25　预防线路爬行的做法

四、线路爬行轨缝不均匀病害案例整治

1.病害治理方案

准备材料和机具,对接头采取加强措施;在合适的季节和轨温时,安排轨缝调整作业,综合治理该处病害。

2.原因分析

(1)线路K13+340—K14+162段铺设了822m碎石道床线路。该区段在地质结构上为

"地震断裂带",所以设计采用碎石道床、普通线路、增加双股防脱护轨的保障措施。上、下行各铺设了 33 对 25m 钢轨,各有 34 对钢轨接头。上、下行四股钢轨内侧铺设了 4 条防脱护轨。每条防脱护轨总长约为 810m,只在两端设有弯头。防脱护轨每根长 7.8 ~ 8.2m,弯头长度约为 5m;护轨托架安装在钢轨底部,每隔两根轨枕安装一处。轨枕布置为 1760 根/km。K13 + 340—K13 + 450 段,为一条跨整体道床和碎石道床的曲线,曲线总长 217m,曲线半径 1000m;其他地段均为直线段。从南邵往高教园方向,线路纵断面分别为:9.7‰。上坡、190m(坡段总长 200m),4‰。下坡、520m,20.4‰。上坡、112m(坡段总长 300m)。

(2)存在问题:个别地段钢轨已存在瞎缝,一处连续两个瞎缝、一处大轨缝。护轨存在大量瞎缝。在 822m 范围内道床石砟普遍不足。

(3)线路爬行、产生不均匀轨缝,主要有以下几方面原因:

①钢轨在动荷载作用下发生挠曲;

②列车运行产生的纵向力;

③钢轨温度的变化;

④车轮在接头处撞击钢轨;

⑤列车制动摩擦钢轨等。

当线路上防爬设备不足,扣件的扣压力及道床纵向阻力不够时,就会加剧线路的爬行。一般情况下,线路上因列车运行产生的钢轨挠曲是线路爬行的主要原因,其他因素则促成和加剧了线路的爬行,从而使普通线路区段轨缝发生不均匀变化。

3. 治理措施分析

(1)加强轨枕与道床间的防爬阻力。主要方法是:

①保持道床的标准断面,做到轨枕底下道砟总厚度不小于 450mm,轨枕盒内道砟饱满,轨枕两端道砟宽度不小于设计标准,加强捣固。

②整好大平,保持线路平顺。

③夯实道床。从 2011 年 4 月至 6 月上旬,对该地段线路采取了补砟、起道、拨道、捣固、夯实道床的整治措施,提高了轨道整体框架的强度并增加了道床阻力。

(2)保持扣件应有的扣压力,增加接头阻力。为增加钢轨与扣件、钢轨与垫板、垫板与轨枕之间的阻力,应及时拧紧螺栓,上紧弹条扣件,对失效的螺栓和弹条及时更换或整修。2011 年 6 月上旬,对该区域的扣件进行了检查和复紧工作。对钢轨接头螺栓使用的平垫圈进行更换,使用梅花垫圈,增加高强螺栓的力矩,提高接头阻力,控制轨缝的变化幅度。

(3)及时整治接头病害。有病害的接头会加剧列车对钢轨的冲击力,加大钢轨爬行。因此,对于马鞍形磨耗接头、低接头、破损的钢轨头部都要立即整修。对于连续大轨缝、瞎缝或成段轨缝不均匀地段要进行调整。该地段 822m 碎石道床线路属于轨缝不均匀的情况。安排综合维修车捣固作业,拆除上、下行四股各 810m 的防脱护轨,进行轨缝调整,彻底治理此处的接头病害。

任务2　线路坑洼防治

线路坑洼是线路典型病害之一，会给行车安全带来隐患。本任务主要学习线路坑洼防治。

任务目标

掌握线路坑洼的原因及防治方法。

一、线路坑洼的原因

列车运行时车轮对钢轨的冲击会造成线路坑洼。轨缝过大、钢轨拱腰、低接头、轨面擦伤等都会增大列车车轮对钢轨的冲击，破坏线路的平顺性，从而造成线路坑洼。

道砟捣固不良、软硬不均，接头处捣固过硬或者过软，空吊板多，水平不好都有可能造成线路坑洼。道床养护也很重要，道砟不洁，排水不良，可能会使路基面软化，也可能发生道床沉陷，极易形成线路坑洼。坑洼一旦产生了，又会增大列车对钢轨的冲击，从而产生新的坑洼。路基的沉陷、翻浆或者冻害都可能降低道床的稳定性，影响线路的平顺进而造成线路坑洼。造成线路坑洼的原因，如图1-5-26所示。

二、预防线路坑洼的方法

(1)加强捣固，消灭空吊板，整好线路水平。实践证明，线路上微小的不平顺也会加剧车辆对钢轨的振动，增大线路坑洼。因此，要随时保持线路水平，一旦出现坑洼、空吊板，要及时捣固。

(2)经常保持道床弹性。在制订维修计划时，不要长期地、年复一年地只对线路进行重起重捣，应有计划地进行全起全捣。对不洁的道床要及时清筛，保持道床弹性，使线路平顺性好。

(3)对于木枕，应及时消灭连续两个以上的腐朽枕木群，使每根枕木受力均匀，沉陷均匀。

(4)做好路基排水，预防路基病害。

路基是轨道的基础，如果路基受水侵蚀发生变形，就会使得轨距水平变化，降低承载能力。因此，必须经常清理排水设备，铲除路肩杂草，铲平路肩凸起部分，不能把路基垫高阻碍道床排水。

三、线路坑洼路基沉降案例处置

1.病害情况处置程序

项目部检查人员报告，车场出入段线整碎交界处碎石道床路基发生沉降和路肩塌陷。整

碎结合线路段是车场与正线连接的咽喉,此段路基沉降、线路变形对车辆运行的安全构成威胁,并严重影响车辆调度,应立即启动紧急预案,调用雨天备勤人员30人,携带铁锹、捣固机等必备工具进行抢修,请求上级部门调用轨道车,向现场运送石砟,采用起道填砟的方法,夯实路基,整治道床变形,调整好线路钢轨框架的几何状态,满足车辆平稳安全过渡的条件。

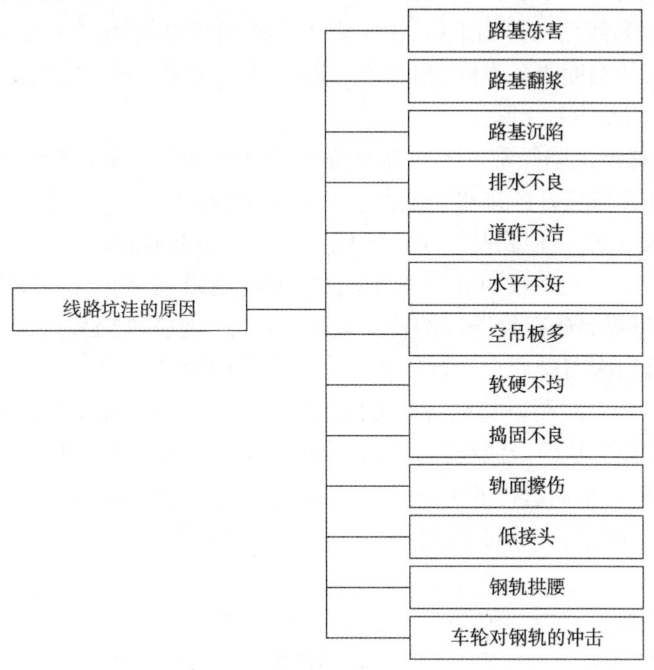

图1-5-26　线路坑洼的原因

2. 故障排除程序

(1)将上述情况及时上报公司调度室,立即启动紧急抢险预案,并协调有关部门组织抢险人员携带抢险工具立即赶往现场。

(2)请求总调下令,经多方协调,将准备好的防汛应急石砟回填到出入段线整碎交界处,现场卸石砟约20m³,起道填砟,捣实道床,道砟丰满道肩。

(3)调整线路的几何状态,起道顺好线路的水平,调整线路的方向,检查轨距,紧固扣件螺栓,经测量线路几何尺寸符合规范要求后,可满足车辆运营要求。

(4)抢修施工结束后,经轨道车的两次往返轧道后,复检线路质量合格。

(5)协调建管公司,对整碎交界处碎石道床一侧的护坡进行垒砌,整治整体道床桥端的排水通道。

(6)继续执行专人雨前、雨中、雨后的三检制,并指派专人对此地段重点监护,定期检查线路的几何状况,做好书面记录。

3. 原因分析

导致此次路基沉降病害的主要原因:出入段线整碎交界处是在5‰的下坡道上,由于整体道床桥端的排水口排水不畅,加上雨量较大,雨水直接从高架桥上冲到碎石道床上,石砟的排、渗水功能很好,但道床下的路基土质差,碾夯不实,道床两侧未做护坡,导致在雨水的冲刷下水土流失,造成路基沉降。

4. 预防整治分析

(1)保持整碎交界处具有良好的排水功能,是保障线路轨下基础稳定的基本要素。

(2)整碎交界处是线路的薄弱地段,由于轨下基础道床结构和材质的不同,在列车行驶时的动力作用下,道床的刚度明显不同,相比碎石道床更加薄弱一些,列车运行时所造成的破坏力更大,容易造成道床下沉、变形。

(3)线路坑洼、路基沉陷经常发生在高架桥下坡道途中的整碎交界线路段,在今后的维修工作中,注重加强和保持良好的排水功能是非常重要的,防止雨水从高架桥面上直接流灌到碎石道床上,冲刷道床路基,致使路基沉陷。因此,雨季时应加强监测。

(4)整碎交界处碎石线路段可采取宽型轨枕,通过逐级调整轨枕间距实现轨下基础的刚性过渡,捣实道床,以提高碎石线路段的轨下基础的刚度,使整碎交界处的轨下基础的刚度更接近一些,减少碎石道床因受列车运行破坏力作用产生的变形。

(5)整碎交界处碎石线路段是病害频发的地段,在列车动荷载的作用下和雨季时,容易造成碎石线路的路基沉陷,从而造成线路几何状态的变化,有下坡道的地方还会引起线路钢轨爬行、胀轨跑道等病害,对车辆运行的平稳和安全影响很大。因此,应列入重点检查地段,加强对碎石线路段的起、拨、改作业,及时消除因病害的积累而造成的永久变形,保持轨道线路稳固、道床丰满。

(6)现场病害判断及诊断的依据有以下几个方面:

①整碎交界线路段地处5‰的下坡道,连日降雨,雨量较大,桥端两个排水口设计不合理,排水不畅,致使雨水冲刷碎石道床和路基。

②此线路为新线,施工方在整碎交界处碎石道床未做护坡,道床下路基土体裸露。

③出入段线上行右侧砟肩连续出现4个长400mm、宽150mm的陷坑,最深处达到300mm。道床上普遍有15~200mm的漫坑。

④整碎交界处碎石道床上行,线路水平出现长15m、深15mm的水平坑,下行出现长13m、深12mm的水平坑。

任务3　线路方向不良防治

任务导入

列车运行时,左右摇摆所产生的横向水平推力是破坏线路方向的因素。本任务主要学习线路方向不良防治。

任务目标

掌握线路方向不良的后果及预防措施。

一、线路方向不良的原因及后果

线路在长期的列车动力作用下会产生不顺直的情况，线路方向不良会加剧车辆左右摇摆，增加横向水平推力，因而产生车轮、钢轨和连接零件的不正常磨耗，破坏轨距，加速轨枕机械磨损。引起线路方向不良的主要原因有轨距不良、曲线不圆顺、线路坑洼、道床不满不坚实等。

1.列车左右摇摆

当线路发生坑洼，尤其是出现三角坑和轨距不良时，都会加剧列车左右摇摆，破坏线路方向。因车轮踏面带有5%的坡度，在良好线路上运行时，两侧车轮与钢轨接触处的车轮半径相等，轮对均匀向前滚动，不会发生左右摇摆。当轨距发生变化时，车轮与踏面的接触点不在当中，不是向内就是向外移动，其两侧车轮与轨面接触处的车轮半径变为一大一小，这时轮对向车轮半径小的方向滚动，引起车辆左右摇摆，轮对与钢轨之间产生了较大的横向水平推力，容易造成线路方向不良。

2.列车曲线运行

列车在曲线运行时，因车体受离心力作用，使线路受到很大的横向水平推力，容易破坏曲线的方向。

如果曲线圆顺，车轮均匀地沿着钢轨前进，这时的横向水平推力可以由车轮与钢轨接触点前后一定长度的钢轨共同来抵抗，这能减轻对线路方向的破坏程度；如果曲线不圆顺，存在接头支嘴，钢轨有硬弯、轨距不良，则车轮的横向水平推力主要集中在不圆顺之处，这将必然加剧线路方向的破坏作用。

3.道床对轨枕的横向阻力减弱

线路方向稳定，是以道床对轨枕的横向阻力来保持的，如果轨枕盒内和轨枕两端的道床尺寸不够，或不及时回填、整理和夯实道床，就会减弱对轨枕的阻力，使得整体道床轨枕块松动，局部也会减弱对轨枕块的阻力，在这种情况下，当轨道受车轮横向水平推力时，就容易使线路方向发生变化。

二、预防线路方向不良

1.改正不良轨距

轨距不良是造成线路方向不良的主要原因。日常应注意检查轨距，对不良处及时改正，防止超限。对于损坏的螺栓和使用不当的轨距块，应及时更换使钢轨与轨距块、挡肩之间密贴。

2.及时更换失效轨枕

对于连续松动3块的轨枕块，应及时修补，保持牢固；对连续3个以上失效的枕木群，应及时更换。

3.加强曲线养护，预防方向不良

曲线方向不良对行车威胁很大，严重时容易造成行车事故。因此，拨正和养护好曲线就成为维修工作中的一个重要项目。加强曲线养护,除及时拨正曲线方向外,还应做好经常检查,建立曲线登记簿和拨道记录制度,以保持曲线状态经常良好。

4. 保证道床横向阻力

填满填实道床,加强边坡夯拍。为提高道床阻力,保持轨道稳固,道床顶面应有足够的肩宽,并夯实拍平,以保证有足够的道床横向阻力。

学习情境6　城市轨道交通线路维护作业

主要内容

本学习情境主要内容包括轨道线路单项作业、起道捣固作业、改道作业和拨道作业。通过本学习情境的学习,学生应掌握轨道线路单项作业的作业方法及步骤,熟悉起道作业的方法及步骤,了解改道作业的作业程序及注意事项,能够完成拨道作业。

教学重点

起道作业、改道作业。

教学难点

拨道作业。

项目1　轨道线路单项作业

轨道线路日常养护维修作业中有一些常规基本作业及一些小修补作业项目,是线路工应该掌握的基本技能,也是确保线路设备正常、安全使用的基本手段。

任务1　更换钢轨作业

任务导入

线路运营过程中可能会发生断轨或钢轨重伤,为确保行车安全,应及时更换。本任务主要学习更换钢轨作业。

任务目标

主要掌握钢轨更换的作业方法和步骤,了解安全注意事项。

线路发生断轨或钢轨重伤时,应及时更换,以确保行车安全;对于轻伤钢轨也应有计划地更换,以防折断,发生事故。

一、作业方法及步骤

(1)作业准备。准备工具,校对量具,到达作业地点后首先测量轨温,掌握换轨当时的轨温与丈量新轨时的轨温差,确认新轨因轨温变化伸缩后的长度差异,设好防护后方可作业。作业中遵守邻线来车避车规定。

(2)检查。检查准备换入的钢轨有无伤损,长度是否与计划相符,实际断面是否符合要求。检查换轨前后不少于 5 节钢轨,如轨缝不正常,应事先调整。

(3)运放钢轨。将准备换入的钢轨运送至换轨处轨枕头外的道床上,钢轨应放置稳固。

(4)松卸配件,卸开接头,全面松卸扣件。清除轨枕扣件上的杂物,逐个拧动扣件,卸下接头螺栓和夹板,同时检查夹板。

(5)拨出旧轨,拨入新轨。将更换出的旧钢轨拨至轨道外侧,拨入新轨,调匀两端轨缝。

(6)安装夹板、扣件。安装夹板,使夹板与钢轨接触良好,穿入和拧紧接头螺栓,再量好轨距,装好扣件。

(7)回检找细整理。检查轨向、轨距、高低、水平、接头错牙和螺栓力矩等,对不符合作业验收标准的处所进行整修。从线路上换下来的旧钢轨,应及时回收集中,按《铁道旧轨使用和整修技术条件》(TB/T 3119—2005)的规定鉴定分类、划分等级与整修,并应分类堆码,建立账卡,妥善保管。

(8)撤除防护。确认线路达到放行列车条件,待人员、机具撤出限界以外后撤除防护。

二、技术要求

(1)换入的钢轨必须确认无重伤。

(2)更换后的钢轨应与线路上原有钢轨的高度和内侧磨耗程度基本一致。如有误差,上下和左右错牙均不得超过 1mm。

(3)轨距、轨向、高低、水平容许偏差应符合规定,钢轨接头轨逢不大于 18mm,绝缘接头轨缝不小于 6mm。

(4)换入的钢轨如需锯断和钻孔,必须全断面垂直锯断,用钻孔机按标准钻孔并倒棱。

三、安全注意事项

(1)换轨作业由车间干部监控,必须通知电务人员配合施工。

(2)运放钢轨不得侵入建筑限界。

(3)在混凝土地段拨出旧轨、拨入新轨时,应将钢轨抬高后再拨出钢轨,以免碰伤螺栓。

任务 2　更换轨枕作业

更换轨枕作业是工务部门保证线路质量的一项重要作业,对失效的轨枕应及时更换。本任务主要学习更换轨枕作业。

掌握轨枕更换的作业方法和步骤，了解安全注意事项。

为保证线路结构完好，提高钢筋混凝土枕状态的标准化率，保持线路质量均衡良好，需要更换已失效的混凝土枕。

一、作业方法及步骤

(1)作业准备。准备工具，校对量具，到达作业地点后首先测量轨温，确认是否符合作业轨温条件，设好防护后方可作业。作业中遵守邻线来车避车规定。

(2)散布轨枕。将轨枕散布到更换位置附近，直线地段散布在作业方便的一侧，曲线地段散布在下股一侧。

(3)扒道床。扒开一端轨枕头和一侧轨枕盒内道床，深度以能够横移、抽出和穿入轨枕、不碰伤螺栓为度。扒开道床时，将清渣、混渣分开，混渣扔在路肩上，对含土量较多的道砟，要进行清筛。

(4)卸下扣件。卸下螺母、平垫圈、弹条、轨距挡板、尼龙座、大胶垫等，并集中存放在适当地点。

(5)抽出旧枕。以 4 人为一组进行，将旧轨枕横向拨入扒开的轨枕盒内并放倒，用夹轨钳或绳索顺着道床槽将旧枕抽出，顺放在路肩上。

(6)整平枕底道床。整平原枕底道床，新枕位置的道床略深、略宽于旧枕，将枕底的不洁道砟挖出并放在路肩上，使轨枕中部疏松。

(7)穿入新枕。以 4 人为一组进行，将新枕放倒呈侧面向上，用抬杠抬起，对准扒开清理好的轨枕盒，用绳索套拉穿入，立放并横移至轨枕位置上。

(8)安装扣件。摆正轨枕位置，放好大胶垫，量好轨距，轨枕螺栓杆涂油，再按零配件的安装顺序装上，上紧扣件。

(9)捣固。适量回渣后，将轨枕底串满，再进行八面捣固。

(10)回检找细、全面检查，整修不良处所，复紧扣件，回填石砟，整理好道床。

(11)撤除防护。确认线路达到放行列车条件，待人员、机具撤出限界以外后撤除防护。

二、技术要求

(1)新枕位置要正确，必须与轨道中心线垂直，间距误差及偏斜不超过 20mm。

(2)轨道几何尺寸应符合线路静态管理偏差作业验收标准。

(3)扣件力矩符合规定或弹条扣件中部前端下颚离缝不大于 1mm。

(4)道床断面恢复到与原断面尺寸相一致。

三、安全注意事项

(1)严格遵守线路作业轨温条件，严格执行作业前、作业中、作业后测量轨温制度，做到超温不作业。

(2)与电务有关时,必须通知电务人员配合。

(3)装卸、搬运、存放、更换轨枕时,不得侵入限界,防止碰坏线路标志和信号标志及损伤轨枕和螺栓。作业时必须统一指挥,动作协调一致。认真检查抬杠、绳索、夹杆钳的承压和人员配合情况,抬行时应注意踩稳踏牢,确保人身安全。

任务3　调整轨缝作业(液压轨缝器)

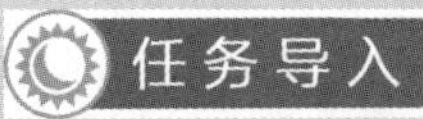

任务导入

为防止或消除线路爬行,接头相错超标,轨缝位置不当和线路大轨缝或连续瞎缝,避免接头病害或胀轨跑道发生,需要进行轨缝调整。本任务主要学习调整轨缝作业(见资源1-6-1)。

任务目标

掌握调整轨缝作业的操作要求,熟悉调整轨缝作业的质量要求,了解安全注意事项。

一、作业方法及步骤

(1)检查轨缝调整器。

(2)根据钢轨窜动方向,打松或卸下防爬器。

(3)松开轨距杆螺栓。

(4)冒起道钉或拧松扣件螺栓,同时拧松或卸下接头螺栓,松动夹板。

(5)安装调整器,窜动钢轨。

(6)压打道钉、拧紧螺栓,同时拧紧夹板螺栓。

(7)安装和打紧防爬器,上紧轨距杆。

二、质量要求

(1)轨缝符合规范要求。

(2)钢轨接头相错量符合要求。

(3)接头错牙大于2mm。

(4)螺栓力矩达到标准。

三、安全注意事项

(1)办理登记手续,设置防护。

(2)不得多根钢轨同时窜动。

(3)在有轨电路地段作业时,不破坏绝缘和接续线。

(4)无不安全因素。

四、其他要求

(1)工具设备的使用及维护。

(2)作业效率。

(3)做好收工前线路回检及工具备品回收。

任务4　起打道钉作业

任务导入

打道钉是钉道一项基本而又关键的工作,是决定质量的最后一道工序。本任务主要学习起打道钉作业。

任务目标

掌握起打道钉的操作方法及步骤,熟悉起打道钉作业的质量要求,了解安全注意事项。

一、作业方法及步骤

(1)起钉:使用撬棍二起二垫或三起三垫垂直起出。先起铁垫板与木枕连接道钉,后起钢轨里外口道钉。起出的道钉应放在木枕面上。

(2)插入注油道钉孔木片。

(3)直钉器整直弯曲道钉:将直钉器顺着木枕盒放在平整的道床上,弯钉凸面向上,钉帽对着直钉器,用打闷锤的方法将道钉整直。

(4)修理钉孔:对歪斜钉孔要进行整修。钉孔前俯时,刀刃直面要靠钉孔内侧,钉孔后仰时,要靠钉孔外侧。钉凿子孔深度约100mm。

(5)栽钉:钉尖要栽在离开轨底边缘8mm处,并保持垂直。栽钉时两脚跨在钢轨两侧。栽钢轨左侧道钉为正手持钉,左手拇指、中指及无名指紧握道钉两侧面,食指顶住道钉后面。栽钢轨右侧道钉为反手持钉,左手拇指、食指夹住道钉两侧面,后面以手掌撑住。

(6)打钉:

①举锤时,两脚骑轨站立,两手握住锤把,相距500mm,上身挺直,落锤时上身向前稍弯,两腿随锤下蹲,用力下打。当锤与道钉接触时,锤把呈水平状态,并与轨道平行。

②打钉时,第一锤要轻打、稳打、准打,中间几锤要重而准,最后一锤要闷打。发现道钉不良时,必须起下重打。各项打钉应符合要求。

③严禁打花锤、轮锤、归钉、搂钉。

(7)检查道钉是否符合标准。

二、质量要求

(1)每钉锤花两个以下。
(2)钉帽无划痕。
(3)钉应整直。
(4)不应出现俯、仰、歪、斜、浮、离、磨、弯“八害”道钉。
(5)不打在钢轨、铁垫板、木枕上。

三、安全注意事项

(1)使用起钉垫,起钉数量符合规定。
(2)无打飞钉现象。
(3)不伤手脚。
(4)轨道电路区段,撬棍带绝缘套。

任务5　扒道床作业

任务导入

扒开道床是为整修线路两股钢轨水平、三角坑及纵向高低起道捣固做准备。本任务主要学习扒道床作业。

任务目标

掌握扒道床作业的操作方法及步骤,熟悉扒道床作业的质量要求,了解安全注意事项。

一、作业方法及步骤

(1)刨松枕木头:用捣镐刨松枕木头道砟。

(2)扒道床:用尺耙扒出枕木头盒内及钢轨内侧的石砟,然后用捣镐串出钢轨底部石砟。串砰时必须将石砟串到钢轨底以外,以利于排水。

(3)扒砟一般先扒左股外口,再扒右股内口,转身扒右股外口,最后扒左股内口,两次往复回到原轨枕处。但扒砟时,要扒开大石砟(大于70mm),留下小石砟。混凝土轨枕和无缝线路地段,如两侧石砟较多,可两人用拉耙扒砟,遇需方正枕木情况,应同时将方正枕木位置处的石砟扒清。

二、质量要求

必须做到“三够一清”:

(1)扒砟长度够,自钢轨中心向两侧各扒400~450mm。

(2)扒砟深度够,不起道时,扒至枕底下10~20mm;起道10mm时,扒至枕底平;起道超过

20mm 时,留砟量为起道高的 2 倍。

(3)扒砟宽度够,扒至距离两侧轨枕 100～150mm。

(4)轨底石砟要扒清,留砟量为起道高的 2 倍。

三、安全注意事项

(1)不伤手、不伤脚。

(2)不发生事故苗头。

(3)石砟高度不超过轨面。

任务 6　方正轨枕作业

任务导入

在维修作业中,轨枕位移或偏斜超过限度时应进行方正,使之达到规定的标准。本任务主要学习方正轨枕作业。

任务目标

掌握方正轨枕作业的操作方法及步骤,熟悉方正轨枕作业的技术要求,了解安全注意事项。

方正轨枕作业就是把线路上超过规定的轨枕间距误差或偏斜误差恢复到标准状态,使每根轨枕在列车作用下受力均匀,提高轨枕状态的标准化率(见资源 1-6-2)。

一、操作方法及步骤

(1)作业准备。准备工具,校对量具,到达作业地点后首先测量轨温,确认是否符合作业轨温条件,设好防护后方可作业。作业中遵守邻线来车避车规定。

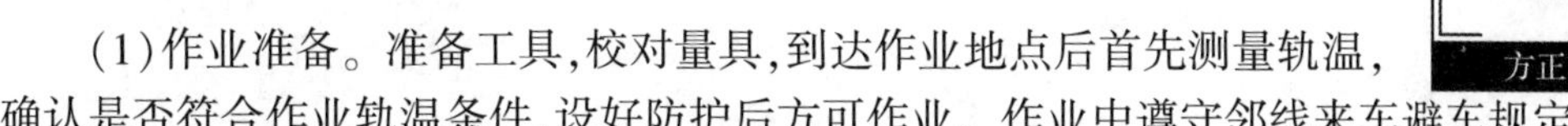

(2)调查划撬。对照每公里轨枕配置数量检查轨枕间距,在间距不符合要求、歪斜或间距有特殊要求的轨枕上画出方动标记。

(3)扒开道床。扒开轨枕方动方向一侧的道砟至轨底,用镐尖刨松枕底边缘。

(4)松动扣件。为减小方正轨枕时的阻力,先要拧松扣件螺母或起松道钉,高度要适量,以不影响轨枕移动为准,有轨道加强设备阻碍作业时应将其拆下。

(5)方正轨枕。使用方枕器时,将方枕器安置在轨枕移动方向相反一侧的轨枕外侧枕盒内,摇动方枕器拨杆,将轨枕方正到正确位置。一次不能方正到位,可采取方枕器后加垫板的办法再次进行方正。起道机方正时,起道机安置在紧贴轨枕移动方向相反一侧的两边轨枕底部,摇动起道机拨杆抬起钢轨,用撬棍撬动轨枕,将轨枕方正到正确位置。一次不能方正到位,可采取落下起道机重新安置起道机进行再次方正。难以方正时应再次清理方动方向一侧的枕底道砟,不得用道锤打击轨枕。若轨枕方正量超过 50mm 时,应适量串实枕底道砟。

(6)拧紧扣件。为防止轨枕产生新的位移,方正到位检查轨距后应马上拧紧扣件,恢复拆除的轨道加强设备。

(7)回填道床。作业完毕后,将扒动的道砟回填到轨枕盒内整平夯实。

(8)撤除防护。确认线路达到放行列车条件,待人员、机具撤出限界以外后撤除防护。

二、技术要求

(1)轨枕间距应符合《铁路线路修理规则》中规定的每公里轨枕配置根数的间距标准。

(2)轨枕间距误差或偏斜不超过50mm,铝热焊缝距轨枕边不小于40mm。

(3)方正轨枕作业后高低、水平、三角坑应符合线路静态管理偏差作业验收标准。

三、安全注意事项

(1)严格遵守线路方正轨枕作业轨温条件,严格执行作业前、作业中、作业后测量轨温制度,做到超温不作业。

(2)来车时,要及时下道,同时将方枕器撤离线路。

(3)作业时,工具、材料和石砟不得侵入限界。

(4)在绝缘接头处方正轨枕,要注意连接零件是否符合标准,防止跳信号。

任务7　清筛道床作业

任务导入

清筛道床是为了达到道床整洁、排水良好、增加道床厚度和弹性,提高线路平顺性的目的。本任务主要学习清筛道床作业。

任务目标

掌握清筛道床作业的操作步骤,熟悉清筛道床作业的技术要求,了解安全注意事项。

一、操作步骤

(1)清筛第一个轨枕盒。

(2)清筛第二个轨枕盒,回填第一个轨枕盒。

(3)以此类推,循序倒筛。

(4)整理道床,夯实拍平。

(5)清扫。

(6)回检找细。

二、技术要求

(1)清筛深度:线路中心筛至枕底下200~250mm,轨枕头部外侧筛至路基面;两线间轨枕头筛至枕底下50mm。

(2)清筛宽度够。

(3)道床清洁符合要求。

(4)道床密实。

三、安全注意事项

(1)办理登记手续,设置防护。

(2)堆放的道砟不超过轨面。

(3)注意邻线来车,料具不得侵入限界。

(4)不伤手脚。

四、其他要求

(1)工具设备的使用及维护。

(2)作业效率。

(3)做好收工前线路回检及工具备品回收。

任务8　路基排水作业

任务导入

水是影响路基工程质量的主要因素,也是引起路基病害的主要因素之一,通过路基排水确保路基处于干燥、坚实和稳定状态。本任务主要学习路基排水作业。

任务目标

能够整平路肩,清理排水设备。

一、整平路肩

整平路肩是指铲除路肩土垄、清除杂草,保持路肩平整,以利于排水。

(1)综合维修时,要整平路肩,使其有向外的流水缓坡,其坡度一般不超过5%。

(2)如路肩不平时,要用与路基顶面相同的土壤填补,并夯实。同时禁止在黏性土壤的路肩上,同砂或旧砟填补坑洼。

(3)清除路肩上杂草,防止水停滞在路基面上。铲下的草不要堆于坡顶,以免妨碍排水。

(4)路肩上如有裂缝,应先从上面用铁铲在可能达到的深度内进行清理,然后再用与其相同的土壤或不易透水的土壤填塞,并仔细夯实。不宜使用砂或者任何其他易于透水的材料来填塞裂缝。

(5)不论是从路肩铲下的土,还是道床中清筛出的脏土,在路堤地段,均应弃于边坡下面;在路堑地段,应运出路堑范围以外。

整平后的路肩,应达到平整、坚实、无积水现象,无裂缝和杂草。

二、清理排水设备

排水设备是指侧沟、截水沟、排水沟和渗水暗沟等,其主要作用是排出路堤、路堑边坡和路基面上的水,以及路基底下的水,使路基经常处于完好状态。

(1)清理前,应测量排水设备的纵向坡度。

(2)根据纵向坡度和断面尺寸进行清理。清理时不得把淤泥、污物抛弃在路堑边坡上,沟中杂草应铲除干净。

(3)水沟的出口处若为易冲刷的土壤,应加强保养。发现冲刷时,应及时予以加固整治,以免冲刷扩大。

(4)禁止在路堤坡脚处取土,发现路堤坡脚及堑顶有坑洼时,应及时填补,以防积水。

(5)在设有横盲沟的路堑中清理侧沟时,要保持盲沟出口在侧沟底面上 0.15 ~0.3m。经过清理的水沟,底面应平整无积水,边坡完整无缺。出口处坡度平缓,过陡时应适当加固。

任务9　轨枕扣件作业

任务导入

轨枕扣件伤损达到标准值,就需要进行修理或者更换。本任务主要学习轨枕扣件作业。

任务目标

了解轨枕扣件作业的范围,熟悉轨枕扣件作业的技术要求,掌握轨枕扣件作业的方法及注意事项。

一、作业范围

轨枕扣件伤损达到下列标准时,应有计划地进行修理或更换:

(1)螺旋道钉折断、螺母或螺杆丝扣损坏,严重锈蚀。

(2)平垫圈、弹簧垫圈损坏或变形,作用不良。

(3)弹条、扣板损坏或变形,不能保持规定的力矩。

(4)扣板或轨距挡板严重磨耗,与轨底边离缝超过 2mm。

(5)挡板座、铁座损坏或变形,作用不良。

(6)大胶垫磨穿、断裂、压溃或变形(两侧压宽合计:厚度为 7mm 的胶垫,超过 15mm;厚度为 10mm 的胶垫,超过 20mm),小胶垫损坏。

二、作业方法

(1)施工领导人应根据作业范围认真做好工作量调查,需要调整的扣件及轨距应画好符号,并做好计划以进行综合整治。

(2)爬离扣板或轨距挡板,应采用翻转扣板号码或更换的办法进行整治,不得已时可加三角垫片予以调整。

(3)在整正扣件时,根据轨距需要整正对面股扣件;当轨距小时,采用加大内侧扣板号码和相应减小外侧扣板号码的方法;轨距大时,则采用减小内侧扣板号码和相应加大外侧扣板号码的方法。

(4)在整修扣板、弹片、弹条扣件作业中,如遇轨下胶垫缺损、歪斜或小胶垫挤坏窜出,应同时更换或整正。

(5)完工前,对作业地段的扣件须认真检查并复紧一遍。

三、技术要求

(1)扣件应经常保持齐全、位置正确、作用良好。

(2)扣板或轨距挡板应贴靠轨底边,爬离不超过8%;弹条式扣件前端一般应密贴,容许间隙不超过2mm。

(3)扣板式或弹片式扣件,力矩应保持在80~140N·m之间,弹条式扣件应保持在160N·m左右。

(4)正线半径在600m及600m以下和站线半径在400m及400m以下的曲线,扣板式扣件应使用加宽铁座。

四、注意事项

(1)在整正扣件作业中,直线选择方向较好的一股为标准股,曲线以上股为标准股。

(2)利用列车间隔进行作业时,连续卸下或松开扣件螺栓不得超过5个,来车前必须做到隔一紧一。

轨枕扣件作业部分步骤见资源1-6-3~资源1-6-5。

夹板及螺栓除锈涂油作业

更换夹板作业

垫板作业

任务10　防爬设备作业

任务导入

线路防爬设备是指用以提高轨道纵向阻力,防止线路爬行的附属设备,由防爬器和防爬撑组成。

任务目标

掌握防爬设备的安装数量及方式，了解防爬设备作业的相关规定。

线路爬行是线路设备的主要病害，会给线路带来一系列严重后果。因此，锁定线路、制止爬行对巩固和提高线路质量具有重要的意义。木枕线路应根据轨道结构条件和列车运行情况，安装足以锁定线路、道岔的防爬设备，并设置爬行观测桩进行观测。对制动地段，主要道岔、绝缘接头、桥梁前后各75m地段，可根据需要适当增加防爬设备，以保持线路稳定。防爬设备的安装数量和方式与线路爬行情况不相适应时，应及时调整。

(1)铺设木枕的石砟道床线路，使用穿销式防爬器时，一般安装数量和方式见表1-6-1。

穿销式防爬器安装数量和方式 表1-6-1

线路特征	安装方向	非制动地段/对		制动地段/对	
		25m钢轨	12.5m钢轨	25m钢轨	12.5m钢轨
双线区间单方向运行线路	顺向/逆向	6/2	3/1	8/2	4/1
单线两方向运量大致相等		4/4	2/2	6/4	4/2
单线两方向运量显著不同地段	运量大/运量小	6/2	3/1	8/2	4/1
	运量小/运量大			4/6	2/3

注：在制动地段，分子表示制动方向安装数量，分母表示另一方向安装数量。

(2)正线道岔和车场线穿销式防爬器安装数量和方式见表1-6-2。

正线道岔和车场线穿销式防爬器安装数量和方式 表1-6-2

安装位置	9号道岔/对	12号道岔/对
尖轨跟后(正方向/反方向)	4/4	6/6
中间部分(正方向/反方向)	—	—
辙叉心前(正方向/反方向)	4/4	4/4

注：7号道岔比照9号道岔安装。

(3)混凝土枕(含混凝土岔枕)地段，使用弹条扣件，可不安装防爬设备。使用其他扣件，线路坡度不大于6‰的地段，一般可不安装防爬设备；线路坡度大于6‰的地段，制动地段，主要道岔、绝缘接头、桥梁前后各75m地段，可根据需要安装，数量可比照木枕地段适当减少。

项目2 起道捣固作业

矫正线路纵断面高程的工作称为起道，其主要作业包括扒砟、起道、方正轨枕、回填石砟及捣固等。捣固作业是人工或利用捣固机械将道床石砟振捣密实的过程。采用大型养路机械进行线路综合维修作业时，应拆除所有调高垫板，全面起道，全面捣固。采用小型养路机械时，可

根据线路状态重点起道，全面捣固。

任务 1　起道作业

任务导入

起道作业是将线路低洼处所起高，以找平轨面、改善道床弹性。本任务主要学习起道作业。

任务目标

掌握起道作业的作业方法及步骤，熟悉起道作业的技术要求，了解安全注意事项。

一、作业方法及步骤

(1)作业准备。准备工具，校对量具，到达作业地点后首先测量轨温，确认是否符合作业轨温条件，设好防护后方可作业。作业中遵守邻线来车避车规定。

(2)调查划撬。在标准股划出轻重捣、低接头、拱腰、空吊板等处所，用约定的符号标示，并根据线路的车流量及现场情况确定起道量。

(3)看道。起道负责人俯身在标准股上，应在距起道机不少于 20m 处，看钢轨头部下颚水平延长线的凸凹情况，指挥起道机放置位置和起道高度。

(4)起道。起道机操作人要密切注视起道负责人的指挥，正确地放置起道机，起平标准股和对面股。全面起道时，起道机在 25m 线路一般按接头(焊缝)—二大腰(距接头 9 根轨枕)—大腰(距二大腰 7 根轨枕)—中间(距大腰 7 根轨枕)—大腰(距中间 7 根轨枕)—二大腰(距大腰 7 根轨枕)的顺序向前放置。重起全捣或重起重捣时，陡坑在坑底处放置一次，漫坑则要放置 2 ~ 3 次。起道机必须放平放稳，直线放在钢轨里口，曲线上股放在外口，曲线下股放在里口；轨道电路地段不要放在绝缘接头上，并不得在绝缘头轨面下滑行。

(5)打撬塞。当轨道起到要求的高度后，打塞者在钢轨外侧轨底处，将道砟串实，禁止打顶门塞，确保撤出起道机后轨道回落在预计范围内，并方正打塞处轨枕。

(6)复查。起道负责人在标准股打完撬塞起道机回落后，应复查起道高度是否符合要求，对面股打完撬塞起道机回落后，应复查水平，不符合要求应进行反撬。

二、技术要求

(1)高低、水平、三角坑偏差应符合线路静态管理偏差作业验收标准。

(2)垫砟起道时，一次垫入的厚度不得超过 20mm，抬起高度不得超过 50mm，两台起道机应同起同落。垫砟作业每撬长度不得超过 6 根轨枕，并随垫随填，夯实道床。

(3)除经测量调整纵断面外，应保持既有坡度，变坡点位置和竖曲线半径不得改变。

三、安全注意事项

(1)严格遵守线路起道作业轨温条件，严格执行作业前、作业中、作业后测量轨温制度，做

资源1-6-6
起道作业流程

到超温不作业。

(2)使用起道机应由两人配合,机手应由操作熟练者担任,并不得兼做其他工作,来车时不得抢撬。机手必须熟悉起道机性能和操作方法,并严格执行有关安全规定。起道机走行小车必须随起道机同时下道。

(3)与电务有关时,必须通知电务人员配合。

起道作业流程可参考资源1-6-6。

任务2 捣固作业

任务导入

捣固是为了提升道砟的密度,加强路基的承重能力。本任务主要学习捣固作业。

任务目标

掌握捣固作业的方法及步骤,熟悉捣固作业的技术要求,了解安全注意事项。

配合线路起道作业项目,线路起道作业完毕后,应进行捣固作业(见资源1-6-7、1-6-8)。

资源1-6-7
内燃冲击镐捣固作业

资源1-6-8
冲击镐起道捣固

一、作业方法及步骤

(1)准备作业工具。作业中遵守邻线来车避车规定。

(2)扒开道床。依照事先划好撬印的始终点扒开道床。扒开道床的道砟不得侵入机车车辆限界。

(3)捣固。打右手镐时,右脚站在轨枕面上,距钢轨中心约400mm,脚尖不得伸出轨枕边,与钢轨成15°角。左脚站在轨枕盒中,距轨底50~100mm,两脚跟相距约250mm,并成70°角。捣轨底时,镐头向轨底倾斜与钢轨成30°角。捣其他部位时,镐头与轨枕侧面成90°角。

举镐时,左手紧握镐把末端,右手握在镐把中部偏下约3/5处,镐稍向外向后倾斜,与人的中心线成15°角,左手举在胸前第二个纽扣处,右手举到与人耳成垂直,此时身体直立,挺胸抬头,目视前方,身体重心在后脚上。落镐时,用力速打,身体重心由后脚移向前脚,腰部随镐下弯,目视落镐点,当镐头打到石砟时,右手同时向左手移动至100mm处,双手用力握住镐把,防

止镐头摆动，使镐把与地面成 40°~50°角，并用力向后带镐，将道砟闷住。

起道量在 5mm 以内或不起时打 18 镐，起道量为 6~14mm 时打 18 镐，起道量为 15~20mm 时打 20 镐，起道量超过 20mm 时打 22 镐，具体见表 1-6-3；坑头坑尾，缓冲区短轨的小腰处适当减镐，坑头接头处适当加镐。打镐数量如图 1-6-1 所示。

镐 数 表　　表 1-6-3

起道量	不超过 5mm	6~14mm	15~20mm	超过 20mm
木枕	16	18	20	22
混凝土枕	18	21	24	28

注：接头、空吊板新换轨枕时，应适当加镐；回检找细。捣固作业中，对水平、高低和空吊板情况要进行一次中间检查，进行必要的找细整修。捣固结束后，要全面检查水平、高低和空吊板情况，全面进行找细整修。

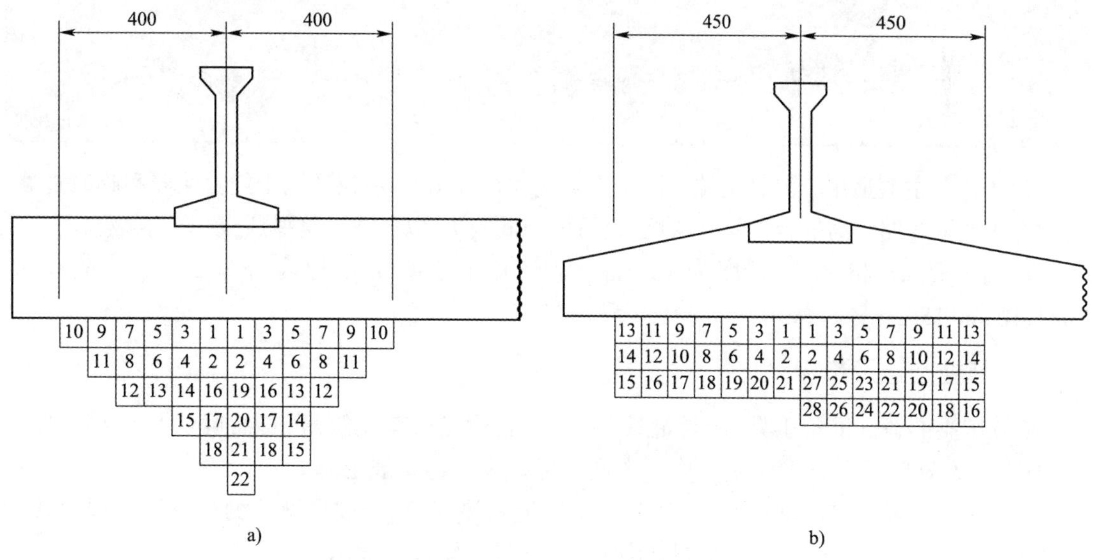

图 1-6-1　打镐数量示意图（尺寸单位：mm）

a）木枕地段；b）混凝土枕地段

（4）回填整理道床。先道心，后枕头，填满枕盒内道砟，全面整理道床，夯拍坚实。

（5）撤除防护。确认线路达到放行列车条件，待人员、机具撤出限界以外后，方可撤除防护。

二、技术要求

（1）手工捣固扒道床需做到“三够一清”，每个轨枕应捣四面镐。

（2）轨枕间捣固强度要均衡，钢轨与铁垫板应密贴，缝隙不得超过 2mm，正线、到发线空吊板不得超过 8%，其他站线不得超过 12%。

（3）当轨枕间距和偏差超过 50mm、铝热焊缝距轨枕边少于 40mm 时，应方正轨枕。

（4）整理道床，做到均匀平整、坚实，边坡一致，无缝线路砟肩堆高 150mm。

三、安全注意事项

（1）多人分组捣固时，其前后距离应不少于 3 根轨枕，以免工具伤人。

(2)捣固时注意石砟飞起伤人。

(3)遵守线路捣固作业轨温条件。

任务3 混凝土枕垫板作业

任务导入

混凝土枕垫板作业是为了消除线路高低、水平、三角坑超限处,确保列车平稳运行。本任务主要学习混凝土枕垫板作业。

任务目标

掌握混凝土枕垫板作业的方法及步骤,熟悉混凝土枕垫板作业的技术要求,了解安全注意事项。

垫板作业主要适用于混凝土枕和混凝土宽枕线路,前者一般仅适用于经常保养和临时补修,目的在于调平线路小高低、水平、三角坑、空吊板和低接头,以保证线路平顺,减少线路晃车。

调高垫板的规格尺寸:长度为185mm,宽度比轨底窄2mm,厚度分为2mm、3mm、4mm、7mm、10mm、15mm等。

一、作业方法及步骤

(1)作业准备。准备工具,校对量具,到达作业地点后首先测量轨温,确认是否符合作业轨温条件,设好防护后方可作业。作业中遵守邻线来车避车规定。

(2)调查划撬。在基准股划出撬头、撬尾标记和垫高量,通过目视估测和弦测每根轨枕的钢轨低洼值,确定垫板的厚度及数量,用约定的符号在轨枕上标示。

(3)分发垫板。根据垫板处的长度、厚度分发垫板,厚度不足时可用不同厚度垫板进行组合。

(4)松扣件,抬轨,垫板。松开轨枕螺栓,用起道机抬起钢轨,起道机要放平,位置合适,不得放在铝热焊缝和绝缘接头处;曲线垫板时,应先垫上股后垫下股,以防出现反超高。

(5)松起道机,落下钢轨,拧紧扣件或轨枕螺栓。为了不影响轨距顺坡,最好从中间轨枕开始向两侧拧紧扣件螺栓。

(6)整理道床。将因作业破坏的道床整平、夯实。

(7)自检。根据作业标准自检,发现不符合作业标准处应纠正。

(8)撤除防护。确认线路达到放行列车条件,待人员、机具撤出限界以外后,撤除防护。

二、技术要求

(1)高低、水平、三角坑偏差应符合线路静态管理偏差作业验收标准。

(2)调高垫板应垫在轨底与橡胶垫板间,每处调高垫板不得超过2块,总厚度不得超过10mm。使用调高扣件的混凝土枕、混凝土宽枕和整体道床,每处调高垫板不得超过3块,总厚度不得超过25mm(大调高量扣件除外)。

(3)垫板位置正确,不偏斜、无串动,扣件应安装密贴。

(4)每公里轨枕下垫入的垫板不宜超过轨枕全数的1/4,否则应抽板捣固。

(5)水平、高低超过8mm地段、下沉地段、长漫洼地段不能垫。

(6)可动心轨辙叉道岔的垫板作业,可采用调换不同厚度轨下垫板的方法进行。垫板数量不应超过1块,厚度不应超过6mm。

三、安全注意事项

(1)严格遵守线路垫板作业轨温条件,严格执行作业前、作业中、作业后测量轨温制度,做到超温不作业。

(2)抽垫板时,不得将手伸入轨底,以免挤伤手指。

任务4　混凝土宽枕垫砟作业

任务导入

混凝土宽枕垫砟作业是为了整治线路坑洼、水平,保持线路平顺。

任务目标

掌握混凝土宽枕垫砟作业的方法及步骤,熟悉混凝土宽枕垫砟作业的技术要求,了解安全注意事项。

混凝土宽枕线路起道作业,应采用枕下垫砟和枕上垫板相结合的方法。作业工具有枕端液压起道机、垫砟铲、量筒及其他扒砟用工具和起道用量具等。

一、作业方法及步骤

(1)工作量调查。垫砟起道作业前应先测量线路坑洼,一般通过目视确定。俯身于确定的基准股,目视钢轨外侧轨头下颚,在一段适当长度的线路上找出坑洼处及坑洼量,并综合考虑明吊暗坑,确定垫砟量,在板头做出标记。

(2)抽下混凝土宽枕板缝处的嵌条。

(3)扒开板头道砟,扒起道机窝。

(4)起道。因宽枕重量大,而且又连续铺设,所以起道时一般用双机配合双铲一股一股起,垫完一股撬后立即垫对面股的撬。

(5)垫砟。根据确定的垫砟量,用量筒量好,然后均匀地散布在垫砟铲上。起道机抬起轨枕后,将垫砟铲送入轨枕底下。两手握住铲把,后手稍压铲把使铲头微向上翘,然后将铲平稳送入轨枕底下,送到位后用后手将铲朝前一抖,随即向后抽铲,使石砟均匀地铺撒在轨枕下捣固范围内。宽枕每端应垫两次,两次撒下的石砟不宜重叠,也不宜分离。

(6)回填道砟。垫砟结束,经列车碾压轨面回落,经质量检验确认轨面无超限后,方可回填道砟。

二、技术要求

(1)垫砟作业应具备的条件：

①混凝土枕、混凝土宽枕线路或混凝土岔枕道岔；

②路基稳定，无翻浆；

③道床较稳定，局部下沉量较小；

④轨下调高垫板厚度达到10mm，或连续3根及3根以上轨枕调高垫板厚度达到8～10mm，使用调高扣件时调高垫板厚度达到25mm；

⑤垫砟起道用石砟采用火成岩材料，粒径为8～20mm。

(2)垫砟起道时，一次垫入的厚度不得超过20mm，抬起高度不得超过50mm，两台起道机要同起同落。垫砟作业每撬长度不得超过6根枕木，并随垫随填，夯实道床。

(3)遵守无缝线路地段作业轨温条件。

三、安全注意事项

作业中来车前撬垫不完时，应迅速用垫板顺坡，顺坡长度不小于起道高度的200倍，收工时不小于400倍。

线路改道作业

项目3　改道作业

改正轨距的作业称为改道。改道时，混凝土枕地段应调整不同号码扣板、轨距挡板、挡板座，并可用厚度不超过2mm的垫片调整尺寸，同时应修理和更换不良扣件(见资源1-6-9)。

任务1　木枕改道

任务导入

木枕改道作业的目的是改正超限轨距及线路不良轨向、消除浮离道钉或爬离扣件。本任务主要学习木枕改道。

任务目标

掌握木枕改道的作业准备措施，熟悉作业程序，了解安全要求。

一、作业准备

(1)工具材料：撬棍、丁字套筒、道尺、支距尺、木片、挡座、扣板、道钉锤、改眼器、改道器、木楔、扳手、钻孔机、起钉垫、起钉器、直钉器、防护备品及劳动保护用品等。

(2)按规定设置施工防护。

(3)看道检查轨距:直线以方向好的一股为基准股,改正对面股;曲线以上股为基准股,改正下股。若基准股方向不良应先拨正或改正,基准股确定后应进行调查,将需改动处所划撬。

(4)清扫削平:轨底或铁垫板切入木枕 5mm 以上或不足 5mm 但有毛刺影响改道时,应清除木枕面及裂纹内的砂石泥土,进行削平并清除木屑。

二、作业程序

(1)起拔道钉:先起连接钉,后起里外口道钉,三垫三起一拔垂直拔起道钉。

(2)整修钉孔:

①钉孔歪斜用改眼器整修。

②钉孔持钉力不足或改道量超过 5mm 时,应将经过防腐处理的木片(每边比道钉孔大 1 ~2mm)打入旧孔内,重新钻孔。

(3)直钉:起下的弯曲道钉,必须使用直钉器进行整治。

(4)钻孔:

①新木枕打钉前及旧木枕改眼时,须先钻孔。

②钻孔时应使用直径为 12.5mm 的钻头。

③钻孔位置离木枕边缘不少于 50mm,间距不少于 80mm,钻尖放在距轨底边缘 8mm 处。有铁垫板地段应根据垫板位置钻孔,无铁垫板地段钉孔布置应面向线路终点方向成八字形。

④钻孔深度:有铁垫板时为 110mm,无铁垫板时为 130mm。

⑤钻孔时应先清除木枕面上砂土,把稳钻杆,垂直钻入。

(5)插钉孔木片。

(6)打道钉:改道要移动钢轨时,应由一人用撬棍拨正钢轨,另一人垂直打入道钉。禁止用撬棍扣在道钉上拨动钢轨或用撬棍掰扭道钉。

(7)开通线路:施工负责人对轨道几何尺寸及零配件进行全面检查,达到放行列车条件后,施工负责人通知现场防护员撤除防护,通知驻站联络员消除记录,开通线路。

(8)作业后施工负责人对作业地段进行全面检查,并做好回检记录。

(9)全部达到作业质量标准后,施工负责人通知驻站联络员、现场防护员结束作业,撤除防护。

(10)回收料具。

三、安全要求

(1)由工、班长或指定的经培训考试合格的人员担任施工负责人。

(2)改道工具应事先检查,使之牢固。在轨道电路上作业,撬棍及改道器应有绝缘装置。

(3)起道钉必须使用起钉垫,两手紧握撬棍。打钉时要稳、准,严禁锤击钢轨,不准用捣镐打钉,注意防止飞钉伤人;分组同时打道钉时,其距离应不少于 6 根枕木,严禁打甩锤。

(4)在无人行道的桥面上作业,起外口道钉时,应站在道心内,使用专用起钉器或弯头撬棍等特制工具。起钉时不得用石砟代替起钉垫,插入撬棍时应注意身后人员,以防伤人。

(5)改道时,严禁作业人员骑压、肩扛撬棍。

(6)邻线来车时应停止作业,按有关规定下道避车,人员、材料、工具不得侵入限界。

(7)木枕使用钻孔机钻孔时,要认真检查电线及插座连接是否良好,防止联电和漏电伤人。

任务2　混凝土枕改道

任务导入

混凝土枕改道作业的目的是改正超限轨距及线路不良轨向、消除浮离道钉或爬离扣件。本任务主要学习混凝土枕改道。

任务目标

掌握混凝土枕改道的作业准备措施,熟悉作业程序,了解安全注意事项。

一、扣板扣件混凝土枕改道

1. 作业准备及程序

(1)调整与划撬:直线以方向好的一股为标准股,曲线以外股为标准股,若轨枕中心位置不对(表现为钢轨一侧扣板上坑,另一侧扣板离缝),应先松开扣板串动轨枕。凡需要调整的扣板应划撬标记。

(2)调换标准股扣板:对方向良好处所,采用加调整片、翻转与更换扣板方法消灭“三不密”(扣板与轨底、扣板与铁座、铁座与小胶垫离缝)扣板,并注意防止挤动钢轨,引起方向不良;若遇胶垫破损、歪斜与串出,应先调换整正。若方向不良时,应同时放正方向。

(3)改正对面股轨距:根据计划改道量,采用加垫片、翻转与更换扣板方法,按先外口后里口顺序将轨距改好,同时,要整正不良胶垫和“三不密”扣板。

(4)拧紧螺母:可先用公斤扳手试拧,保证力矩在80~140N·m之间。

(5)回检与复拧:收工前须回检轨距与扣板状态,返修失格扣板,并复拧一遍,保证力矩在80~140N·m之间;在半径为650m及650m以下的曲线地段,还应将螺母再拧紧1/4圈或保持力矩在120~150N·m之间。

2. 安全注意事项

(1)不得盲目提高力矩。

(2)禁止用道钉锤敲打扣件,不得以螺栓为支点撬动钢轨,不得以挡板为支点挤动螺栓。

(3)扣板(轨距挡板)的几何尺寸要与图纸规定的尺寸抽检对照,防止使用不合格的扣板(轨距挡板)。扣板号码尺寸见表1-6-4。

扣板号码尺寸　　表1-6-4

扣板号码/号	螺纹道钉孔中心至轨底边距离/mm	扣板号码/号	螺纹道钉孔中心至轨底边距离/mm
0	33	12	45
2	35	14	47
4	37	16	49
6	39	18	51
8	41	20	53
10	43	22	55

注:扣板号码 = 扣板螺纹道钉孔中心至轨底边距离 - 33。例如:10 号扣板号码 = 43 - 33;8 号扣板号码 = 41 - 33。

(4)使用加垫片调整轨距尺寸时,厚度不超过2mm。

一个扣板有两个号码,以2mm为一级,即0-2号、4-6号、8-10号、12-14号、16-18号、20-22号,共六种。每个号码上、下数字不同,故可翻转使用。扣板号码配置见表1-6-5。

扣板号码配置　　表1-6-5

轨距号	50kg				43kg			
	左股		右股		左股		右股	
	外	内	内	外	外	内	内	外
1435	10	6	6	10	20	14	14	20
1437	10	6	8	8	18	16	14	20
1439	8	8	8	8	18	16	16	18
1441	8	8	10	6	18	18	18	16
1443	6	10	10	6	16	18	18	16
1445	6	10	12	4	16	18	20	14
1447	4	12	12	4	14	20	20	14
1449	4	12	14	2	12	22	20	14
1450	2	14	14	2	12	22	22	12

二、弹条Ⅰ型扣件混凝土枕改道

(1)调整与划撬:同扣板扣件混凝土枕改道作业方法。

(2)调换标准股扣件:对方向良好处所,采用加垫片、调边或更换挡板座(60kg/m、75kg/m钢轨不适合用更换挡板座)方法,消除轨距挡板前后离缝现象,注意防止挤动钢轨,引起方向不良;若遇胶垫破损、歪斜与窜出,应先调换整正。若方向不良时,应同时改正方向。

(3)改正对面股轨距:根据计划改道量,采用加垫片、调边、更换(其中更换只适用于50kg/m钢轨)挡板座方法,内外侧调换轨距挡板,按先外口后里口顺序将轨距改好,同时要整正不良胶垫。挡板座和轨距挡板的轨距调整数量见表1-6-6。

挡板座和轨距挡板的轨距调整数量表 表1-6-6

部件名称	50kg/m 钢轨		60kg/m 钢轨	
	调整方式	调整/mm	调整方式	调整/mm
挡板座	调边、更换	0~6	调边	2
轨距挡板	内外侧调换	6	内外侧调换	4
挡板座轨距挡板	两者配合	-8~+16	两者配合	-4~+8

(4)拧紧螺母:弹条中部前端下颏应靠贴轨距挡板,或保持力矩在80~140N·m之间,在半径为650m及650m以下的曲线地段,还应将螺母再拧紧1/4圈或保持力矩在120~150N·m之间。

(5)回检与复拧:收工前须回检轨距与弹条状态,返修失格扣件,并复拧一遍。保证力矩达到上述第(4)条的标准。挡板座和轨距挡板号码配置见表1-6-7。

挡板座和轨距挡板号码配置表 表1-6-7

钢轨类型/(kg/m)	轨距/mm	左股钢轨				右股钢轨			
		外侧		内侧		内侧		外侧	
		挡板座号码	轨距挡板号码	挡板座号码	轨距挡板号码	挡板座号码	轨距挡板号码	挡板座号码	轨距挡板号码
50	1427	6	20	14	0	0	14	20	6
	1429	4	20	14	2	0	14	20	6
	1431	4	20	14	2	2	14	20	4
	1433	2	20	14	4	2	14	20	4
	1435	2	20	14	4	4	14	20	2
	1437	4	14	20	2	2	14	20	4
	1439	4	14	20	2	4	14	20	2
	1441	2	14	20	4	4	14	20	2
	1443	4	14	20	2	2	20	14	4
	1445	2	14	20	4	2	20	14	4
	1447	2	14	20	4	4	20	14	2
	1449	0	14	20	6	4	20	14	2
	1451	0	14	20	6	6	20	14	0
60或75	1431	4	10	6	2	2	6	10	4
	1433	2	10	6	4	2	6	10	4
	1435	2	10	6	4	2	6	10	2
	1437	4	6	10	2	4	6	10	2
	1439	4	6	10	2	2	10	6	4
	1441	2	6	10	4	2	10	6	4
	1443	2	6	10	4	4	10	6	2

项目4　拨道作业

任务导入

矫正线路平面位置的工作称为拨道。拨道作业的目的是调整轨道的几何状态不平顺。本任务主要学习拨道作业。

任务目标

掌握拨道作业的方法及步骤,熟悉相关技术要求及安全注意事项,能够进行拨道作业。

矫正线路平面位置的工作称为拨道。线路直线地段轨向不良,可用目测方法拨正。曲线地段轨向不良,可用绳正法测量、计算与拨正。如需改变曲线头尾位置、缓和曲线长度与圆曲线半径,应用仪器测量改动(见资源1-6-10)。

资源1-6-10

拨道作业

一、作业方法及步骤

(1)作业准备。准备工具,校对量具,到达作业地点后首先测量轨温,确认是否符合作业轨温条件,设好防护后方可作业。作业中遵守邻线来车避车规定。

(2)直线地段拨道时,先由领撬人点指标准股钢轨顶面,由拨道负责人目视线路状况,确认拨动方向、拨道量和拨道点,然后扒松道床,进行粗、细拨道,最后整平夯实,并进行作业后回检,达标后,确认线路达到放行列车条件,待人员、机具撤出限界以外后,撤除防护。

(3)曲线地段拨道时,应进行以下几方面工作:

①调查准备。若曲线两端直线方向不直、曲线头尾有反弯或"鹅头"时,应先拨正。目视曲线方向明显不良时,应进行粗拨道,由曲线头尾往圆曲线调压,达到目视基本平顺。

②明确正矢测点位置,量取现场正矢,计算拨道量。

③拨道,然后整平夯实,并进行作业后回检,达标后,确认线路达到放行列车条件,待人员、机具撤出限界以外后,撤除防护。

二、技术要求及安全注意事项

1.技术要求

(1)轨向、高低、水平偏差应符合线路静态管理偏差作业验收标准。

(2)为防止拨后来车钢轨回复,要适当预留回弹量。

(3)曲线拨道,拨道量及一侧年累计拨道量不得超过规定要求,并不得侵入建筑限界,双线应注意线间距。

(4)桥梁中心偏差不能超限。

(5)用绳正法拨正曲线的基本要求:

①曲线两端直线轨向不良,应事先拨正;两曲线间直线段较短时,可与两曲线同时拨正。

②在外股钢轨上用钢尺丈量,每10m设置1个测点(曲线头尾是否在测点上不限)。

③在风力较小条件下,拉绳测量每个测点的正矢,测量3次,取其平均值。

④按绳正法计算拨道量,计算时不宜为减少拨道量而大量调整计划正矢。

⑤设置拨道桩,按桩拨道。

2. 安全注意事项

(1)严格遵守线路拨道作业轨温条件,严格执行作业前、作业中、作业后测量轨温制度,做到超温不作业。

(2)电气化区段拨道量超出线路中心位移规定值时,必须先通知接触网工区配合。

三、直线拨道

1. 作业工具

直线拨道作业工具见表1-6-8。

作业工具　　表1-6-8

序号	名称	数量	序号	名称	数量
1	拨道机	3台	4	耙镐	4把
2	轨温计	1只	5	捣镐	3把
3	撬棍	根据需要	6	道砟叉	根据需要

2. 安全注意事项

(1)拨道量在40mm以下时,用作业标防护,来车做好顺撬。一次拨道量超过40mm时,应办理封锁施工手续。

(2)在有轨道电路的线路上拨道时,拨道器不准插在绝缘接头缝下,严禁将金属工具放在引入线上,以防联电。

(3)随时注意瞭望列车,按规定下道避车。下道避车的同时,必须将作业工具、材料移出线路,放置堆码牢固,不得侵入限界,两线间不得停留人员和放置机具、材料。

(4)天气炎热时,道床严重不足或连续瞎缝,不得拨道。

(5)无缝线路地段,按有关规定执行。

(6)拨道时,禁止骑、仰、扛、撬棍。

(7)前后移动时,拨道人员要在身体同一侧两手握持撬棍,做到动作一致。严禁肩扛撬棍,以防伤人。

(8)拨道器要由考试合格的巡路工操作。

(9)电气化区段应按有关规定执行。

(10)拨道时,应注意各种建筑物和信号的接近限界,在复线区段拨正轨向时,直线地段线间距不得小于4m。

3.准备工作

(1)直线拨道时,应先确定基准股,一般选用两股中方向较好的一股作为基准股;如果两股方向相差不大时,应以左股为基准股。

(2)根据拨道量大小及线路上行车速度,确定拨道方法及防护办法。

(3)在拨道前必须检查拨道地段内的轨缝状态,如有连续瞎缝,应事先调整轨缝,以防拨动线路时发生胀轨跑道。

(4)全面打紧打靠浮离道钉或拧紧轨枕螺栓。

(5)拨道前应将轨枕头道砟用镐刨松,当拨道量大或道床特别坚实时,将轨枕头端部的道砟,按拨道量所需的间隙扒出。如遇防爬支撑影响拨道,应及时拆除防爬支撑。

(6)遇有道口影响拨道时,应根据拨道量及方向暂时拆除道口铺面,并刨松石砟。

4.作业步骤

(1)撬棍拨道。

①将拨道人员分成两组,分别在两股钢轨上进行拨道。分配人员时,将力气大的工人配备在看道人一股中间,动作熟练的配备在两头。

②插撬棍的位置,应根据钢轨弯曲程度而定。拨小弯时,撬棍要集中,插正,防止插偏或撬位过长;拨大甩弯时,要一撬接一撬向前倒,每撬相隔3~4个轨枕空。但遇钢轨接头时必须插撬,每一撬距离要插均匀。

③前后移动时与拨道指挥者同股的最前和最后的拨道人员分别负责点撬。

④拨道人员中指定一人负责喊号,其余拨道者需接号,实行呼唤应答制度,做到动作协调,角力一致。

⑤握撬棍准备插入道床时,上手握在撬棍嘴端,下手握在邻近重心处,双脚站在道床上,按拨道方向前脚距轨底约250mm,两脚相距300~400mm,大约成60°角。

插入撬棍时上身稍向前倾,斜插到钢轨底下道床内。如往外拨,外股的撬棍稍斜一点。

⑥与道床面成40°~45°角,将钢轨稍稍抬起。里股的撬棍与道床成60°角,使里股钢轨往外方向送,这样拨道省力、效率高,也不影响线路的水平。插入撬棍的深度不少于20cm。撬棍插好后,要轻试一下,查看是否插牢。

⑦拨道时,上手握住撬棍的一端,另一手相距300~400mm,握住撬棍,前腿弓,后腿直,上身前倾,眼看指挥者,耳听口号,按照指示方向用力拨动。

拨道指挥手势:在拨直线甩弯时拨道指挥者距离拨道人员为100~300m,小拨时为50~75m,双脚跨在基准股上指挥。远处大方向看钢轨面光带,近处小方向看钢轨里口,向不动点目测穿直。拨道指挥者的手势要及时迅速、准确、明显。

⑧拨正后轨向应达到作业验收标准。

(2)液压拨道器拨道。

①使用液压拨道器拨道时,拨道器必须前二后一呈三角形布置,后一台对准撬位,前两台

放在撬位两侧，相隔3~4根轨枕。安装拨道器前须刨窝，深度距离轨底120~150mm并放平，关闭油门，按照指挥，同时拨动。

②指挥者要根据拨道量大小，上挑下压，考虑轨枕种类、道床情况等因素，预留一定回弹量。

③拨道的指挥手势与拨道标准，同撬棍拨道。

④回检验收标准同撬棍拨道。

5. 整理作业

(1)由于拨道引起轨缝、水平、高低等变化时，必须按标准及时整修。

(2)特别要加强捣固。

(3)拨道后，将扒出的道砟整平，将拨后离缝的一侧轨枕头道砟埋好夯实，安装好防爬设备，以保持拨道后质量。

(4)收工。

复习思考题

一、填空题

1. 更换钢轨作业，应检查换轨前后不少于________节钢轨。

2. 轨枕更换后，新枕位置要正确，必须与轨道中心线垂直，间距误差及偏斜不超过________mm。

3. 方正轨枕工作就是把线路上超过规定的________或________恢复到标准状态。

4. 路基排水设备是指________、截水沟、________和渗水暗沟等。

5. 可动心轨辙叉道岔的垫板作业，可采用调换不同厚度轨下垫板的方法进行。垫板数量不应超过________块，厚度不应超过________mm。

6. 改正轨距的作业称为________，矫正线路平面位置的工作称为________。

二、简答题

1. 更换钢轨作业安全注意事项有哪些？

2. 扒道床作业中，“三够一清”指什么？

3. 方正轨枕作业的技术要求有哪些？

4. 轨枕扣件修理或更换的标准有哪些？

5. 简述起道作业的作业方法及步骤。

6. 简述捣固作业中的安全注意事项。

7. 调高垫板的规格尺寸有哪些？

8. 简述混凝土枕改道的作业方法及步骤。

9. 简述拨道作业的基本步骤。

学习情境 7　曲线轨道养护维修及病害防治

主要内容

本学习情境主要内容包括曲线缩短轨配置及成段更换钢轨、曲线轨道病害防治。通过本学习情境的学习,学生应掌握曲线缩短轨缩短量计算和配置,熟悉曲线上成段更换钢轨时钢轨联组配置以及曲线轨道病害的防治。

教学重点

曲线轨道方向不良的原因及防治,曲线轨道“鹅头”产生的原因及防治。

教学难点

曲线缩短轨缩短量计算和配置。

项目 1　曲线缩短轨配置及成段更换钢轨

任务 1　曲线缩短轨缩短量计算和配置

任务导入

在曲线上,里股钢轨线比外股钢轨线短,若里外两股铺以同样长度的标准轨,则里股钢轨接头势必较外股钢轨接头超前,不能满足钢轨接头对接的要求。为了使里外股钢轨接头对接,必须在里股钢轨的适当位置处铺缩短轨。本任务主要学习曲线缩短轨缩短量计算和配置。

任务目标

掌握曲线缩短量的计算,熟悉缩短轨的配置。

一、计算曲线缩短量

线路上两股钢轨的接头应当对齐,而在曲线上由于外股钢轨线要比里股钢轨线长一些,所以若铺设同样长度的钢轨,里股钢轨接头必然比外股钢轨接头错前。为了满足钢轨接头对接的要求,在曲线里股应适当铺设缩短轨。其里股缩短量与曲线半径和缓和曲线、圆曲线长度有关。

1. 整个曲线里股缩短量及缩短轨根数的计算

(1)圆曲线部分的缩短量。

$$缩圆 = \frac{1500 \times 圆曲线长(m)}{曲线半径(m)}(mm) \tag{1-7-1}$$

(2)一端缓和曲线的缩短量。

$$缩缓_1 = \frac{1500 \times 一端缓和曲线长(m)}{2 \times 曲线半径(m)}(mm) \tag{1-7-2}$$

(3)缓和曲线里股任意点的缩短量。

$$缩缓_2 = \frac{1500 \times [缓和曲线始点至计算点的长度(m)]^2}{2 \times 曲线半径(m) \times 一端缓和曲线长(m)}(mm) \tag{1-7-3}$$

式中,1500mm 是两股钢轨中心线之间的距离。

(4)整个曲线的缩短量。

$$缩总 = 缩圆 + 缩缓_1 + 缩缓_2(mm) \tag{1-7-4}$$

(5)缩短轨根数的计算。

$$缩短轨根数 = \frac{缩总}{一根缩短轨的缩短量}(根) \tag{1-7-5}$$

曲线缩短轨可根据表 1-7-1 选择使用。

曲线缩短轨选择表　　表 1-7-1

曲线半径	标准轨长	
	12.5mm	25m
1000 ~ 4000m	40mm	40、80mm
500 ~ 800m	40mm	80、160mm
300 ~ 450m	80mm	160mm
200 ~ 250m	120mm	

2. 确定缩短轨的铺设位置

使用缩短轨要做到曲线里股与相对外股的钢轨接头相错的距离,不超过所使用缩短轨缩短量的一半。

二、配置缩短轨

【例 1-7-1】 缓和曲线长 80m,圆曲线长 28.27m,曲线半径为 400m,第一根钢轨进入曲线的长度为 7.06m,用 12.50m 标准轨及 12.42m 缩短轨铺设(即缩短量为 80mm),如图 1-7-1 所示。计算缩短量和缩短轨的根数,确定缩短轨的铺设位置。

【解】 1. 计算缩短量及缩短轨的根数

(1)圆曲线的缩短量。

$$缩圆 = \frac{1500 \times 圆曲线长}{曲线半径} = \frac{1500\text{mm} \times 28.27\text{m}}{400\text{m}} = 106\text{mm}$$

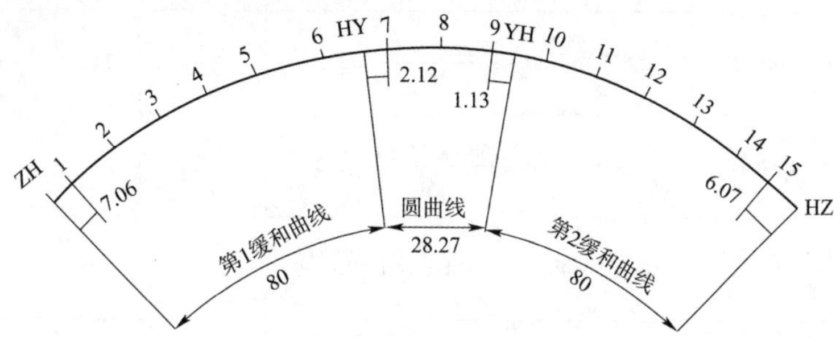

图1-7-1　曲线缩短轨配置计算图(尺寸单位:m)

(2)一端缓和曲线的缩短量。

$$缩缓 = \frac{1500 \times 一端缓和曲线长}{2 \times 曲线半径} = \frac{1500\text{mm} \times 80\text{m}}{2 \times 400\text{m}} = 150\text{mm}$$

(3)整个曲线的缩短量。

$$缩总 = 缩圆 + 2 \times 缩缓 = 106\text{mm} + 2 \times 150\text{mm} = 406\text{mm}$$

(4)缩短轨根数。

$$缩短轨根数 = \frac{缩总}{一根缩短轨的缩短量} = \frac{406\text{mm}}{80\text{mm}} = 5.1 根(用5根)$$

2. 确定缩短轨的铺设位置

仍以例1-7-1为例,曲线缩短轨布置计算过程如表1-7-2所示。

曲线缩短轨布置计算表　　表1-7-2

接头号数	由直缓或缓圆到接头的距离/m	接头总缩短量/mm	标准轨(○)缩短轨(×)	实际缩短量/mm	接头错量/mm	备　注
(1)	(2)	(3)	(4)	(5)	(6)	(7)
1	7.06	$缩(1) = \frac{1500 \times 7.06^2}{2 \times 400 \times 80} = 1$	○	0	-1	进入缓和曲线7.06m
2	7.06 + 12.51 = 19.57	$缩(2) = 0.0234 \times 19.57^2 = 9$	○	0	-9	
3	19.57 + 12.51 = 32.08	$缩(3) = 0.0234 \times 32.08^2 = 24$	○	0	-24	
4	32.08 + 12.51 = 44.59	$缩(4) = 0.0234 \times 44.59^2 = 47$	×	80	+33	
5	44.59 + 12.51 = 57.10	$缩(5) = 0.0234 \times 57.10^2 = 76$	○	80	+4	
6	57.10 + 12.51 = 69.61	$缩(6) = 0.0234 \times 69.61^2 = 113$	○	80	-33	
7	69.61 + 10.39 = 80.00 2.12	$缩(7) = 0.0234 \times 80^2 + \frac{1500 \times 2.12}{400} = 158$	×	160	+2	进入圆曲线2.12m

续上表

接头号数	由直缓或缓圆到接头的距离/m	接头总缩短量/mm	标准轨(○)缩短轨(×)	实际缩短量/mm	接头错量/mm	备　注
8	2.12 + 12.51 = 14.63	缩(8) $=150+\frac{1500\times14.63}{400}=205$	×	240	+35	
9	14.63 + 12.51 = 27.14	缩(9) $=150+\frac{1500\times27.14}{400}=252$	○	240	−12	
10	1.13 80.00 − 11.38 = 68.62	缩(10) $=406-0.0234\times68.62^2=296$	×	320	+24	进入缓和曲线 11.38m
11	68.62 − 12.51 = 56.11	缩(11) $=406-0.0234\times56.11^2=332$	○	320	−12	
12	56.11 − 12.51 = 43.60	缩(12) $=406-0.0234\times43.60^2=362$	×	400	+38	
13	43.60 − 12.51 = 31.09	缩(13) $=406-0.0234\times31.09^2=383$	○	400	+17	
14	31.09 − 12.51 = 18.58	缩(14) $=406-0.0234\times18.58^2=398$	○	400	+2	
15	18.58 − 12.51 = 6.07	缩(15) $=406-0.0234\times6.07^2=405$	○	400	−5	

在表 1-7-2 中：

①第(2)栏为每个接头到直缓点或缓圆点的距离。

例如:7.06——1 号接头到直缓点的距离(实地测量)。

19.57——2 号接头到直缓点的距离(计算得来)。

14.63——8 号接头到缓圆点的距离(计算得来)。

②第(3)栏为各接头处的总缩短量。

例如:7 号接头有 10.39m 在缓和曲线上,有 2.12m 进入圆曲线,其总缩短量应为一端缓和曲线总缩短量加 2.12m 长的圆曲线缩短量。

③第(4)栏为缩短轨的布置。

“○”代表标准轨;“×”代表缩短轨。

当计算的缩短轨量大于缩短轨缩短量的一半时,插入一根缩短轨。

例如:4 号接头的缩短量为 47mm,大于 40(80/2)mm,所以插入第 1 根缩短轨;7 号接头的缩短量为 158mm,158mm − 80mm = 78mm > 40mm,所以插入第 2 根缩短轨。

④第(5)栏为实际缩短量。

当插入一根缩短轨时,实际缩短量就缩短 80mm。

例如:4 号接头插入第 1 根缩短轨,实际缩短量为 80mm;7 号接头插入第 2 根缩短轨,实际缩短量为 160mm。

⑤第(6)栏为接头错量。

接头错量 = 第(5)栏 − 第(3)栏

例如:1 号接头错量 = 0 − 1mm = −1mm,4 号接头错量 = 80mm − 47mm = 33mm。

“+”表示上股在前;“−”表示下股在前。

任务2　曲线上成段更换钢轨时钢轨联组配置

任务导入

轨道交通在运营过程中，曲线上的钢轨可能会严重磨损，此时可能需更换钢轨。本任务学习曲线上成段更换钢轨时钢轨联组配置。

任务目标

掌握空头和搭头长度的计算方法。

曲线上的钢轨由于运量增加或磨耗严重，须成段更换钢轨。在更换前，先将新轨连成一定长度的轨组，布置在道心（距旧轨不小于300mm）或枕木头上（距旧轨不小于150mm），新轨组的两端均应钉固或卡死。

当新轨组布置在道心时，靠近外股的新轨组间有一搭头，靠近里股的新轨组间应有一空头，如图1-7-2所示。

当新轨组布置在枕木头上时，在外股外的新轨组间应有空头，在里股外的新轨组间应有一搭头，如图1-7-3所示。

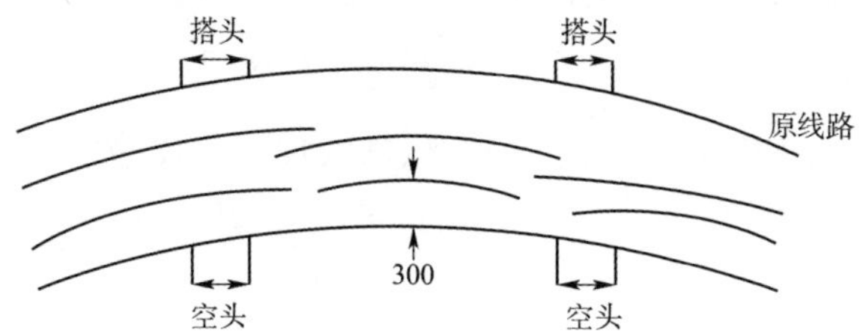

图1-7-2　新轨组布置图一（尺寸单位：mm）

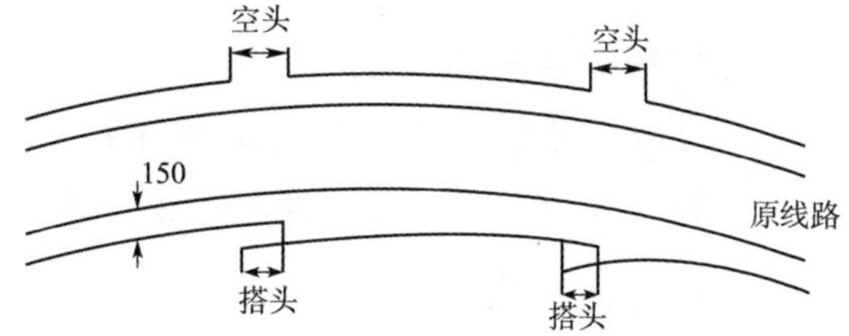

图1-7-3　新轨组布置图二（尺寸单位：mm）

根据曲线半径不同弧长不同的原理，空头和搭头长度的计算方法如下：

$$\text{新旧轨组钢轨中心弧线差}=\text{轨组长}\times\frac{\text{新旧轨组间距离}+\text{新旧轨头平均宽}}{\text{曲线半径}} \quad (1\text{-}7\text{-}6)$$

其中，计算轨组长、曲线半径单位为m，轨组间距离、轨头宽单位均为mm。

【例1-7-2】　在曲线半径为800m的轨道内侧（道心）散布和连接60kg/m钢轨，每段轨组长为100m，新旧轨之间的距离为300mm，旧轨头宽70mm，60kg/m钢轨轨头宽73mm，当预留轨缝为8mm时，求空头和搭头的数值。

【解】　$\text{弧线差}=\text{轨组长}\times\frac{\text{新旧轨组间距离}+\text{新旧轨头平均宽}}{\text{曲线半径}}=100\times\frac{300+\frac{70+73}{2}}{800}=46.4(\text{mm})$

空头＝新旧轨组弧线差＋一个轨缝量＝46.4＋8＝54.4（mm）

搭头＝新旧轨组弧线差－一个轨缝量＝46.4－8＝38.4（mm）

项目2　曲线轨道病害防治

任务1　曲线轨道方向不良的原因及防治

任务导入

方向不良是曲线轨道的主要病害之一，可能会影响列车平稳运行，使旅客感到不舒适，加剧钢轨磨耗。本任务主要学习曲线轨道方向不良的原因及防治。

任务目标

掌握曲线轨道产生方向不良的原因，能够根据实际情况采用有效的防治方法。

一、曲线轨道方向不良的原因

1. 拨道方法不当

凭经验拨道，用眼睛看着估拨，造成误差积累或曲线轨道头尾出现方向不良。

2. 养护方法不当

拨道不结合水平、高低的整治，不预留回弹量；钢轨有硬弯，接头错牙，轨底坡不一致；拨道前轨缝不匀；拨后没有及时回填道床，捣固不均匀等。

3. 材料失效、腐朽

枕木腐朽，混凝土枕破损，防爬设备、轨距杆缺少、失效等引起曲线轨道方向发生变化。

4. 路基病害

由于维修不当和不及时，造成路基积水、翻浆冒泥、下沉等现象，尤其在桥隧两头半填半挖处，还易造成溜坍等病害，带动线路位移。

二、整治方向不良的方法

(1)保证正确的轨距、水平。按规定设置超高和轨距加宽，彻底锁定线路，防止爬行。矫直钢轨硬弯。更换磨耗超限的道钉、垫板和扣件，调整不合适的轨底坡，全面清筛不洁道床，消灭翻浆冒泥，加强捣固，消灭坑洼和吊板。

(2)保持正矢不超限。认真做好曲线整正计算及拨道工作，拨、改、捣有机地结合，对整个曲线轨道要全面考虑，统一调整。拨道时要适当预留回弹量，下压时多留，上挑时少留；拨量大的多留，拨量小的少留。在拨量较大、行车繁忙的地段，可采用分次拨道法。每次只拨一部分，经过几次拨动后达到拨量要求。使用拨道器时，注意扒好拨道器窝，避免抬道，拨后正矢应满

足《修规》要求。

(3)保持曲线轨道头、尾的圆顺。在调查测量现场正矢前,先拨好曲线两端的直线方向,消灭反弯及“鹅头”,使曲线头、尾恢复到正确位置,最好用仪器确定曲线头、尾,然后再实量正矢。在拨道作业中,可从曲线两端向中间赶。在小半径曲线头、尾保持一定的道床厚度和宽度,并夯实道床,使轨道方向稳定。另外,合理设置缓和曲线长度、超高、超高顺坡、轨距加宽及递减。

(4)清理污物,保持路基干净、干燥。及时清理路基两侧有碍路基排水的废弃物,清理排水设备,保证排水畅通,消灭路基存水、翻浆、下沉等病害,做好桥隧两头路基的防护加固,防止边坡溜坍,使线路保持坚实、稳固。

任务2　曲线轨道“鹅头”产生的原因及防治

任务导入

曲线是线路上一个薄弱环节,曲线“鹅头”又是曲线轨道经常出现的严重病害之一。所谓曲线“鹅头”,就是直缓点(或缓直点)曲线向切线外突出,远看像“鹅头颈”形状,现场称为曲线“鹅头”。在缓圆点(或圆缓点)处曲线方向超限向上股突出,也会形成“鹅头”。本任务主要学习曲线“鹅头”产生的原因及防治。

任务目标

了解曲线“鹅头”产生的原因,能够根据实际情况采用有效的防治方法。

曲线两端“鹅头”是曲线轨道的头或尾偏离应有的平面位置,向曲线外侧凸出,越出直线方向,形成小反向曲线,状似鹅头。

一、曲线“鹅头”产生的原因

1. 作业方法不当,人为造成曲线“鹅头”

(1)缓和曲线不圆顺时,采用目视法拨道,由于拨道指挥者的视线距离较近,且经常把直缓点和缓直点往上拨,然后再往直线方向拨顺,久而久之增加了曲线长度,直线部分就有了正矢,形成了“鹅头”。

(2)使用简易拨道和计划正矢调整法整正曲线时,容易把圆曲线上的部分正矢拨到缓和曲线或直线上去,使得缓和曲线的正矢变化过大,直线上也出现了一定值的正矢,从而变动了直缓点和缓直点及直圆点和圆直点的位置,这样再用目视法往直线段顺时,就造成曲线头尾连接直线方向的不圆顺而形成“鹅头”。

(3)有些缓和曲线还会出现测点2的正矢较大,为了恢复测点2正矢,如果往下拨测点2多余正矢,反而会影响测点1和测点3的正矢,使其变大,这时如果为了拨道省力而把测点1往上拨,然后往直线顺,则远看时就会出现“鹅头”。

(4)拨道时忽略了要先将两端直线拨直,造成曲线拨正后,两端仍然存在着长距离的方向不够圆顺,而形成一个距离较长的“鹅头”,近看时看不出,远看时较为明显。

(5)曲线头尾与直线的连接方向,不用弦线去量取由于“鹅头”影响而产生的多余正矢,经计算后再拨正,而是为了简便用目视瞄测方法,把不准确的曲线头尾方向正矢往直线地段拨顺,造成曲线两端的“鹅头”方向越顺越长,一个小的“鹅头”变成了一个大的“鹅头”。

(6)当拨直线且由直线向曲线方向拨时,如不考虑直缓点和缓直点及直圆点和圆直点位置,而将其向上拨离切线方向,再往缓和曲线或圆曲线上顺时,也会出现“鹅头”。

(7)本来现场的直缓点与缓直点或直圆点与圆直点位置已向外偏离,由于判断错误,而误认为其位置正确不做调整,置小“鹅头”于不顾,在此基础上进行拨道计算,继而拨道,这样“鹅头”将会有增无减。

(8)在不延长缓和曲线的条件下,有意识地往直线量取正矢,并且在计算时把直线量出的正矢与曲线正矢合并计算,这样使得曲线正矢总合计改变,按这样的计算结果进行拨道就形成了人为算出的“鹅头”。

(9)对于方向不良的曲线没有进行较精确的曲线正矢测量和调整计算正矢,只是为满足应急处理,用目视法粗略拨顺,时间久了就可能将部分正矢赶到曲线头尾形成“鹅头”。另外,由于曲线头尾不固定,标桩位置外移或内移,这就可能将直线拨成曲线或将曲线拨成直线,这样势必在曲线始终点产生方向不圆顺从而形成“鹅头”。

(10)为了拨道时省工省力,长时间向上挑,这样做看起来使曲线圆顺了,但时间久了就有可能会任意减小曲线半径,从而引起曲线正矢总合计的改变,当将正矢集中到直缓点与缓直点或直圆点与圆直点附近时就形成了“鹅头”。

(11)经常盲目进行局部正矢小调整,次数多了就会把正矢赶到一起,当赶到直缓点与缓直点或直圆点与圆直点时正矢集聚就会形成“鹅头”。

(12)直缓点与缓直点或直圆点与圆直点处道砟不足,存在空吊板或暗坑,夯实不彻底,轨道不平顺,造成列车通过该处时有明显摇晃,对外股钢轨产生较大的冲击力,从而破坏了正确的直缓点与缓直点或直圆点与圆直点位置,形成“鹅头”。

2. 施工后善后工作跟不上

无缝线路曲线经放散应力调正后,各测点位置就会有所改变,如不重新计算排点,而按照改变后的测点量取正矢,继而进行计算拨道,必定会将曲线整体移位,造成一端直缓点上了直线而形成“鹅头”。

二、整治曲线“鹅头”的方法

为预防和消除曲线“鹅头”病害,可以结合具体情况采用下列方法:

(1)在全面调整现场正矢以前,先拨好曲线两端的直线方向,用目测或简易拨道法压除“鹅头”,然后再实测正矢、计算拨道。每次拨道时,在一般情况下不得变更原来的直线方向。

(2)凡有“鹅头”的曲线,缓和曲线都不好,因此,缓和曲线应按规定计划正矢,将 ZH、HY、

YH、HZ 各点固定在正确位置。

(3)曲线拨道必须用半拨距绳正法经过计算后彻底拨好，防止单纯为了减少拨道量，不考虑曲线的原设计条件，不根据计算数值盲目进行小调整，任意改变正矢而上挑、下压的做法。

(4)为避免拨道作业中所产生的一些误差赶到一头，可分别从曲线两端拨起，逐渐拨到圆曲线中点汇合。

一般现场希望一次将曲线调整好，但若先拨正“鹅头”，再测量现场正矢，然后拨正整个曲线，则比较费工时。同时如果对“鹅头”认识不清，不但不能消灭“鹅头”，反而会使曲线头、尾拨出很长的漫弯。

一次拨正有“鹅头”的曲线的整治方法如下：

①如图 1-7-4 所示，在“鹅头”部分任意选择 1、2 两点，使其距离为 10m，用测钎找出 1、2 两点在线路直线方向上的投影点 1′、2′两点，量出 11′和 22′之长 W_1、W_2(均为负数，表示下压)。W_1、W_2称为预拨量。

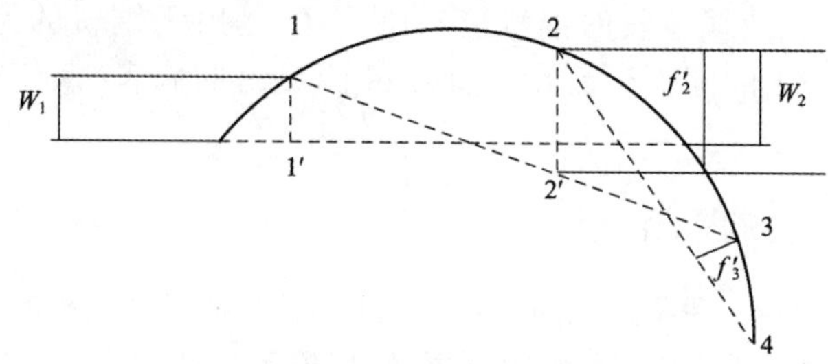

图 1-7-4　曲线“鹅头”正矢图

②和通常测量曲线正矢一样，测量出各测点正矢f_2,f_3,f_4,f_5,…，其中 $f_1=0$，不必测量。

③求f_2和f_3。因为 1、2 两点已经向下预拨了 W_1、W_2，所以 2、3 两点的现场正矢要通过 W_1、W_2和f'_2、f'_3之间的关系求算：

$$f_2=f'_2-\frac{W_1}{3}+W_2 \tag{1-7-7}$$

$$f_3=f'_3-\frac{W_2}{2} \tag{1-7-8}$$

【例 7-3】　一个有“鹅头”的曲线，测得$W_1=-12\text{mm}$，$W_2=-26\text{mm}$，$f'_2=30\text{mm}$，$f'_3=45\text{mm}$。求f_2和f_3。

【解】　$f_2=f'_2-\frac{W_1}{3}+W_2=30-\frac{-12}{3}+(-26)=8(\text{mm})$

$f_3=f'_3-\frac{W_2}{2}=45-\frac{-26}{2}=58(\text{mm})$

于是现场正矢按表 1-7-3 写出。

现 场 实 量 正 矢　　表 1-7-3

测　点	现场正矢/mm	测　点	现场正矢/mm
1	0	3	58
2	8	⋮	⋮

任务3　曲线轨道接头“支嘴”产生的原因及防治

任务导入

铁路曲线段钢轨接头处的“支嘴”是常见的病害之一,也是铁路曲线段维护的主要作业之一。一旦发生“支嘴”病害,就会影响曲线段列车的运行安全。本任务主要学习曲线轨道接头“支嘴”产生的原因及防治。

任务目标

了解接头“支嘴”产生的原因,能够根据实际情况采用有效的整治方法。

“支嘴”经常发生在曲线地段的钢轨接头位置处,是由于钢轨的弹性不足、硬弯度不够,钢轨接头离开应处于的圆弧位置而向曲线外侧突出的病害,属于曲线轨道主要病害之一。

一、接头“支嘴”产生的原因

曲线线路上发生“支嘴”现象的原因主要是,列车车轮对钢轨接头的长时间冲击作用,而道床厚度不足、道床夯实不坚固、轨枕失效未更换、螺栓等扣件发生松动、接头夹板(鱼尾板)弯曲及松动等均会加剧“支嘴”的发展。

二、整治接头“支嘴”的方法

防止“支嘴”现象的发生就是针对以上原因采取相应的措施,有时存在单一原因选择单一的措施进行校正和防护,当出现多个原因时,需要采取综合措施进行防护与校正。

防止“支嘴”现象的发生主要有以下几种措施:

(1)加强钢轨接头处的轨道结构,控制轨道横向移动,补充和夯实道床。必要时,还可在接头附近5个轨枕盒内以联排锁定式安装防爬器或在钢轨接头位置换成分开式扣件。

(2)根据曲线横向移动的规律以及“支嘴”的程度,局部进行加宽和加厚曲线外股线路,作业时还可以采取分层夯实道床的做法,增加道床的纵向和横向阻力。

(3)发生“支嘴”的接头,可以直接进行夹板调换,并通过拨道的方法对钢轨接头进行矫正。

(4)拨道作业时,对“支嘴”只能压,不能挑、撬。如果遇到必须要撬动的情况,则须通过小腰。如果是25m的钢轨,接头旁边6.25m位置处为小腰,12.5m处为大腰,如图1-7-5所示。

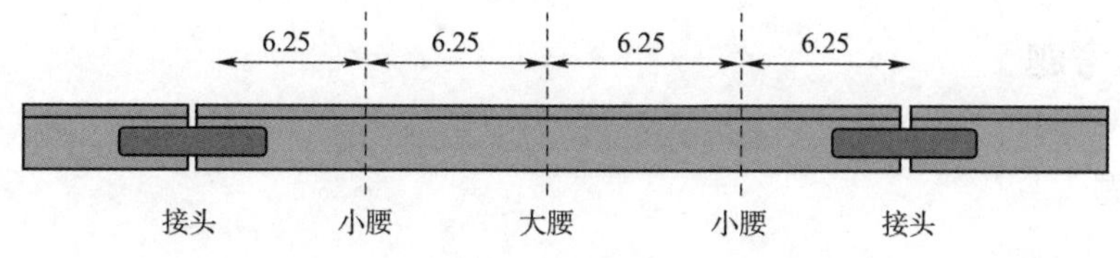

图1-7-5　接头附近各位置名称(尺寸单位:m)

任务4　曲线钢轨磨耗产生的原因及防治

任务导入

钢轨磨耗是指车轮与钢轨之间摩擦使钢轨头部产生磨损的现象。本任务主要学习曲线钢轨磨耗产生的原因及防治。

任务目标

了解曲线钢轨磨耗产生的原因,掌握防治钢轨磨耗的方法。

一、钢轨磨耗产生的原因

(1)曲线钢轨上造成磨耗的原因很多,其中主要是机车车辆轴重加大和运量增加。另外,内燃电力机车的使用也会加大对曲线的横向水平力,致使曲线磨耗加剧;线路状态不良也会加剧钢轨磨耗。

(2)曲线超高设置不当,轨底坡不正确,引起钢轨偏载和轮轨不正常接触,加剧钢轨的磨耗。

(3)曲线方向不圆顺,使列车产生摇晃;缓和曲线超高度递减距离不够,顺坡率过大,引起列车进入或驶出曲线时产生剧烈振动、摇晃和冲击,造成钢轨磨耗。

(4)曲线状态也会对钢轨磨耗产生影响。如轨距超限,道砟不足,线路上有三角坑、暗坑、空吊板,钢轨有硬弯,防爬设备、轨枕、连接零件短缺、失效等,都会使钢轨磨耗加剧。

(5)钢轨缺乏涂油措施,以及单线线路上下行列车速度相差悬殊等因素,也是加剧钢轨磨耗的原因之一。

二、防治钢轨磨耗的方法

(1)正确设置曲线外轨超高度,准确测量行车速度。平均速度的计算应按照《修规》规定的加权平均法进行。对曲线超高应进行检算。

(2)整正轨底坡。目测检查钢轨顶面光带是否在中心线上。偏里或偏外,都说明轨底坡不正常,应及时修正。在混凝土枕地段,可采用铺设坡形胶垫的方法来改变轨底坡,加大车轮与钢轨的接触面,使钢轨顶面光带处于轨顶中心线位置。

(3)曲线定期涂油。将润滑油涂在外轨头部内侧,可大大减少外轨磨耗。

复习思考题

一、填空题

1. 为了满足钢轨接头对接的要求,在曲线里股应适当铺设____________。

2. 12.5m 标准轨缩短量有____________、____________、____________三种。

3. 25m 标准轨缩短量有____________、____________、____________三种。

4. 曲线“鹅头”就是直缓点(或缓直点)曲线向____________突出,远看像“鹅头颈”形状,现场称为曲线“鹅头”。

5. 钢轨磨耗是指____________与____________之间摩擦使钢轨头部产生磨损的现象。

二、简答题

1. 曲线“鹅头”产生的原因有哪些?

2. 曲线接头“支嘴”产生的原因有哪些?

3. 简述防治钢轨磨耗的方法。

学习情境8　道岔养护维修及病害防治

主要内容

本学习情境主要内容包括道岔养护维修、道岔病害防治。通过本学习情境的学习，学生应掌握普通单开道岔的检查及养护维修，熟悉复杂道岔的养护维修，了解道岔的病害及防治。

教学重点

普通单开道岔的检查及养护维修，复杂道岔的养护维修。

教学难点

道岔方向不良防治、转辙部分病害防治。

项目1　道岔养护维修

任务1　普通单开道岔检查

任务导入

道岔的类型较多，但许多组合型道岔都是由单开道岔组成的。本任务主要学习普通单开道岔检查。

任务目标

掌握单开道岔的组成、编号、主要尺寸，能够对道岔进行现场检查。

机车车辆在运行过程中，常常需要由一条线路转入另一条线路，或者跨越其他线路，这就需要设置线路的连接与交叉设备，即道岔，如图1-8-1所示。

道岔是线路上比较复杂的设备，其质量直接影响行车安全。因此，道岔维修的首要任务是预防病害发生，经常保持其状态良好；各部尺寸应符合要求；零件齐全，发挥应有的作用；延长道岔的使用寿命;保证道岔畅通无阻。

图 1-8-1　道岔

一、道岔的用途及分类

1. 道岔的用途

道岔可以使列车由一条轨道转入或越过另一条轨道,以满足铁路轨道运输中各种作业的需要。

2. 道岔的分类

(1)根据用途和平面形状分类。

①普通单开道岔。这种道岔保持主线为直线,侧线在主线的左侧或右侧岔出(面对道岔尖端而言)。侧线向右侧岔出的,称为右向单开道岔,简称"右开道岔",如图 1-8-2a)所示;侧线向左侧岔出的,称为左向单开道岔,简称"左开道岔",如图 1-8-2b)所示(见资源 1-8-1)。

②单式对称道岔(又称双开道岔),指自主线向左右两侧对称岔出两条线路的道岔,两辙叉角相等,如图 1-8-3 所示。

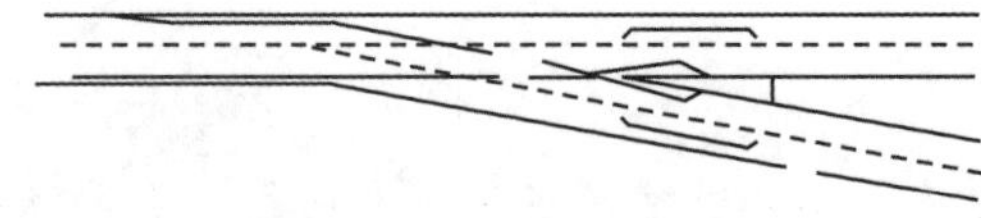

a)

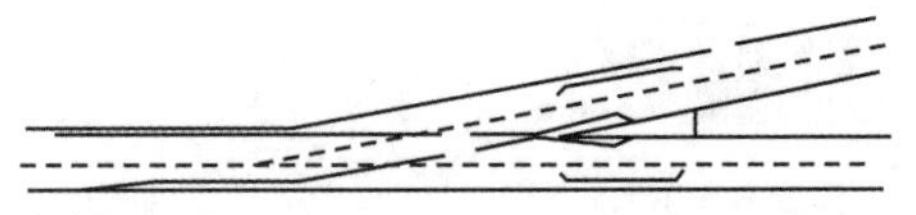

b)

图 1-8-2　普通单开道岔

a)右开道岔;b)左开道岔

③复式对称道岔(又称三开道岔),指主线为直线,用同一部位的两组转辙器将线路分为三条,两侧对称分支的道岔,如图 1-8-4 所示(见资源 1-8-2)。

④交分道岔,指两条线路相互交叉,列车不仅能够沿着直线方向运行,而且能够由一直线转入另一直线的道岔,如图 1-8-5 所示(见资源 1-8-3)。

⑤交叉渡线,指在两条相邻线路上互相交叉过渡的道岔设备,如图 1-8-6 所示。交叉渡线由四组单开道岔、一组菱形交叉及连接轨道组成。

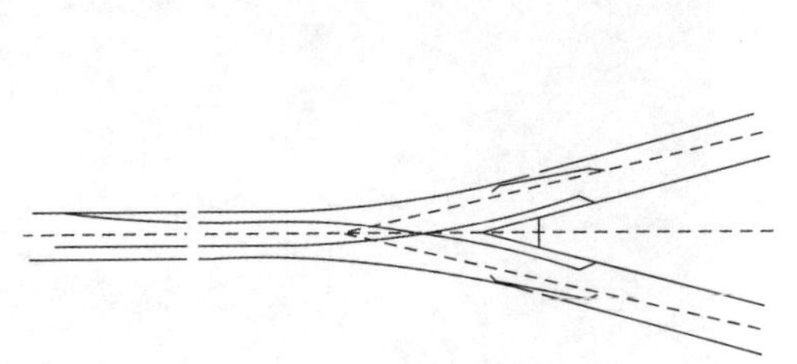

图 1-8-3　单式对称道岔

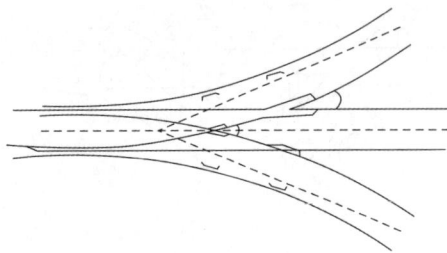

图 1-8-4　复式对称道岔

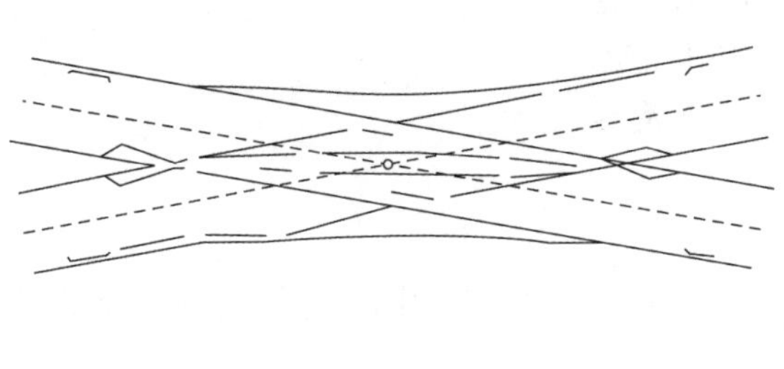

a)

b)

图 1-8-5　交分道岔

（2）按道岔的轨型分类。

道岔按钢轨轨型分为 43kg/m、50kg/m、60kg/m、75kg/m 钢轨道岔。用 43kg/m 钢轨制作的道岔称 P43 道岔，同样用 50kg/m、60kg/m、75kg/m 钢轨制作的道岔分别称为 P50 道岔、P60 道岔、P75 道岔。道岔与线路衔接时必须保证道岔的轨型与线路的轨型相同。

（3）按轨下基础分类。

和线路的轨下基础一样，道岔的轨下基础也分为碎石道床道岔和整体道床道岔两大类。道岔在进行分类时，通常可以把该道岔的各种特点综合起来。如 P60-9 碎石道床单开道岔，其含义如图 1-8-7 所示。

目前，运营正线上的主要道岔如下：

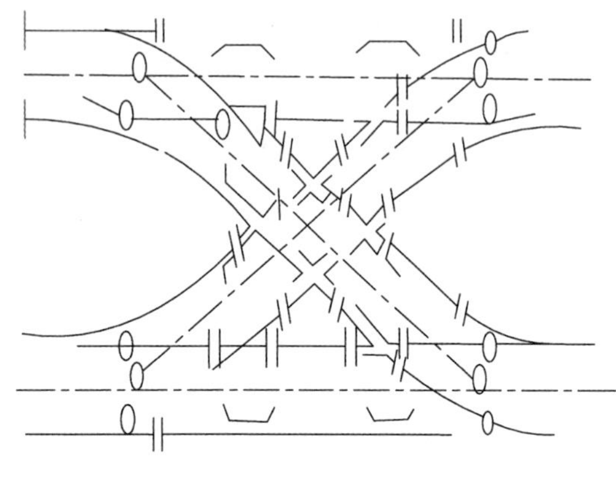

a)

b)

图 1-8-6 交叉渡线

P60 — 9

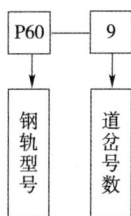

钢轨型号　道岔号数

图 1-8-7 P60-9 碎石道床单开道岔的含义

P60-9 碎石道床 单开道岔(地面线路)

P60-9 碎石道床 交叉渡线(地面线路)

P60-9 整体道床 单开道岔(地下线路及高架线路)

P60-9 整体道床 交分道岔(地下线路及高架线路)

P60-9 整体道床 交叉渡线(地下线路及高架线路)

后方基地的站场线路的道岔有如下类型:

P50-6 碎石道床 单开道岔

P50-7 碎石道床 单开道岔

P50-7 碎石道床 交叉渡线

P50-7 碎石道床 交分道岔

P50-9 碎石道床 单开道岔

尽管道岔类型比较多,但在各种类型道岔中,普通单开道岔使用最广泛,大约占总数的90%以上,所以,我们首先从研究单开道岔入手。

二、单开道岔的组成

一组单开道岔,主要由转辙器、连接部分、辙叉、护轨及岔枕等组成,如图 1-8-8 所示。

1. 转辙器

转辙器是道岔的转换装置,用来实现转换道岔(定位或反位)、锁闭道岔及反映道岔尖轨所处的位置,使列车沿直向或侧向运行。

转辙器由两根基本轨、两根尖轨以及零配件组成。零配件包括尖轨跟端结构、辙后垫板、滑床板、轨撑、拉杆、连接杆、顶铁等,其结构如图 1-8-9 所示。

2. 连接部分

道岔的连接部分是转辙器和辙叉之间的连接线路。连接部分包括直连接线和曲连接线部分,曲连接线称导曲线。导曲线一般是圆曲线型,根据需要可设置 6mm 超高。

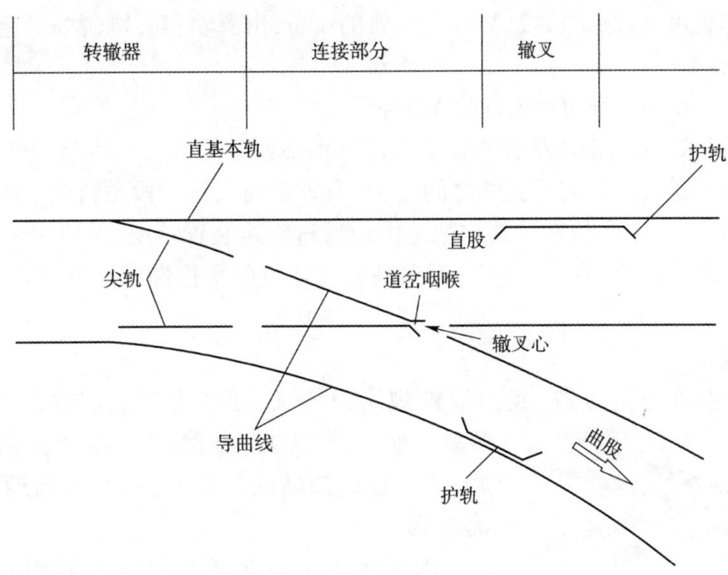

图1-8-8　单开道岔组成示意图

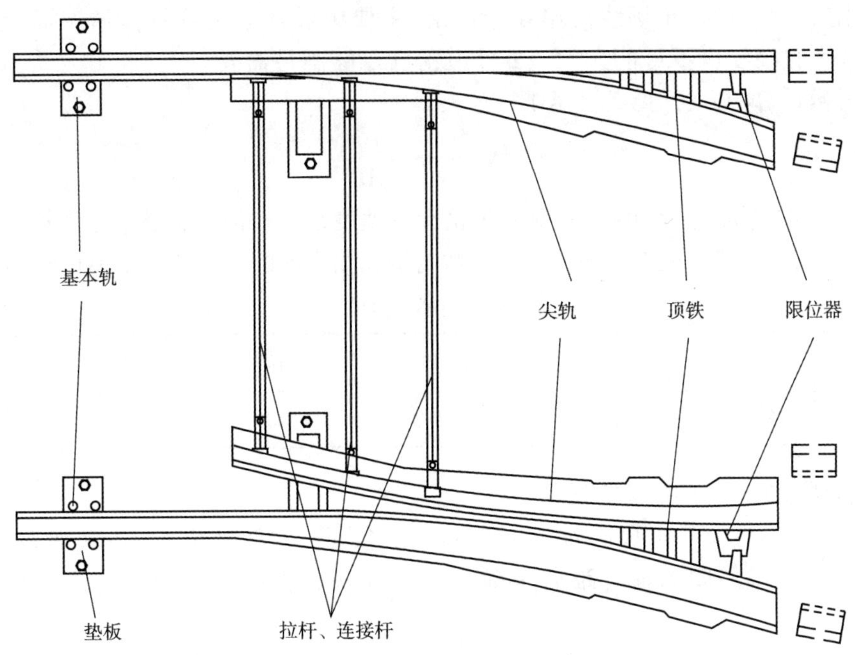

图1-8-9　转辙器构造

导曲线部分需要确定的几何尺寸,主要是导曲线外轨工作边上各点以直向基本轨作用边为横坐标轴的垂直距离,也称导曲线支距。

3. 辙叉

辙叉是使车轮由一股钢轨越过另一股钢轨的设备，由翼轨和心轨（岔心）组成。

1）辙叉的类型

辙叉分为固定型辙叉和可动心轨辙叉两种。

（1）固定型辙叉：包括钢轨组合式辙叉和高锰钢整铸辙叉。

从辙叉咽喉至辙叉心轨实际尖端之间称为“有害空间”，这一段是轨线中断区段。

（2）可动心轨辙叉。心轨在翼轨框架范围内通过转换装置转换，保持两个方向转线连续，消除固定辙叉转线中断的“有害空间”，可提高列车运行的平稳性及道岔允许速度，延长道岔使用寿命。

2）辙叉号数

辙叉号数，也称道岔号数，我国地铁规定以辙叉角的余切值表示辙叉号数，如图 1-8-10 所示。辙叉角越大，道岔型号越小。当然，辙叉角越大，反映线路的转向弯度大，列车侧向通过道岔的速度就越低。

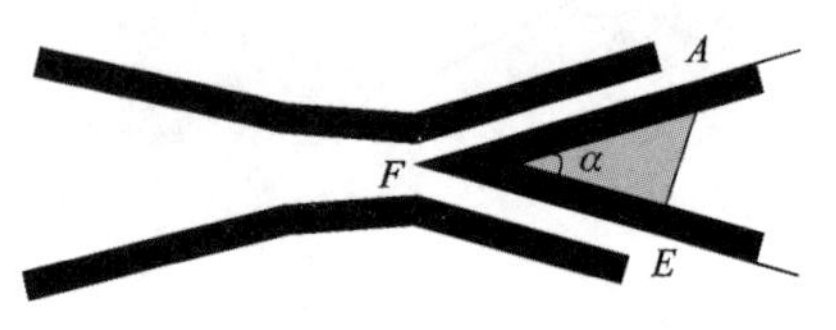

图 1-8-10　辙叉号数

由于城市轨道交通在市区站间距离小，运行时间短，提速的可能性不大，所以城市轨道交通的正线道岔基本以 9 号道岔为主，车场线以 7 号道岔为主，也有的在正线使用 12 号道岔，车场线使用 6 号道岔，主要由设计单位依具体情况而定。有的郊区铁路，提速的幅度也不可能太大，12 号道岔已足够满足需要。

辙叉号数计算的方法，见式（1-8-1）。

$$N = \cot\alpha = \frac{EF}{AE} \tag{1-8-1}$$

辙叉号数 N 越大，辙叉角越小，侧向过岔允许速度越高。但 N 越大，道岔全长越长，占地长度也越长，则工程费用相应增加。辙叉号数与辙叉角之间的关系如表 1-8-1 所示。

辙叉号数与辙叉角的关系　　表 1-8-1

辙叉号数	7	9	12	18	30	38
辙叉角	8°07′48″	6°20′25″	4°45′49″	3°10′47″	1°59′57″	1°30′26.8″

现场鉴别辙叉号数的简便方法：

方法一：在心轨上找出顶面宽为 100mm 及 200mm 的两处位置，并分别划上两条线，然后再量测出两条线间的垂直距离（mm），这个距离是 100mm 的几倍，该道岔就是几号道岔。

方法二：先在辙叉心轨顶面上找出成人一只脚长的宽度处，再由该处向前量至辙叉心轨理论尖端处，实测几脚就是几号道岔。

3）查照间隔和护背距离（见资源 1-8-4）

（1）查照间隔，指辙叉心轨顶面宽 0 ~ 50mm 范围内心轨作用边到护轨作用边之间的距离。这段距离应保证车轮轮对在最不利情况下，护轨能够制约一侧车轮，使另一侧车轮不冲击

辙叉心。通过计算,查照间隔应不得小于 1391mm(图 1-8-11),但也不能过大,否则会出现护轨轮缘槽宽度过小或轨距过大现象,故应保持在 1391 ~ 1394mm 之间。

(2)护背距离,指辙叉心轨顶面宽 0 ~ 50mm 范围内翼轨作用边到护轨作用边之间的距离。这段距离应保证车轮轮对在最不利情况下,不被翼轨与护轨卡住。通过计算,护背距离应不得大于 1348mm(图 1-8-11),但不能过小,否则车轮轮缘通过时有撞击辙叉尖的危险,故应保持在 1346 ~ 1348mm 之间。

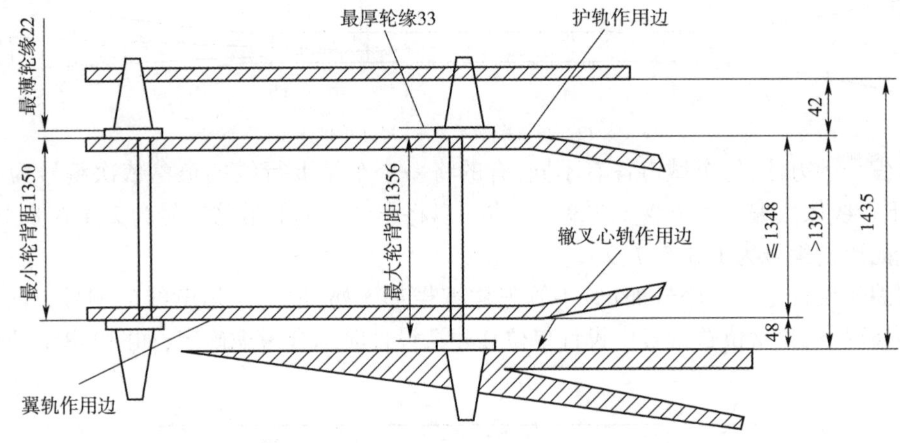

图 1-8-11　查照和护背示意图(尺寸单位:mm)

4. 护轨

护轨与辙叉的配合在两方面:一方面是制约车轮走向,使之安全通过“有害空间”而不错入轮缘槽;另一方面保护辙叉尖端不被轮缘冲击撞伤。

护轨的平面形状,如图 1-8-12 所示,中间的一段应为与主轨平行的直线,其长度为由咽喉至叉心顶宽为 50mm 处的距离,两端再附加 100 ~ 300mm,该直线内护轨与主轨轮缘槽宽度为 42mm。然后两端各向轨道内侧弯折一定长度,称为过渡段或缓冲段,其弯折角应近似等于尖轨的冲击角,在车轮进入护轨时起缓冲引导作用。护轨末端的外侧面,将轨头在 150mm 长度内斜切去一部分,形成喇叭口,该处的槽宽规定为 90mm。

我国标准的 6 号、7 号、9 号、12 号单开道岔的护轨,全长分别为 2.3 ~ 2.7m、3.1m、3.6 ~ 3.9m、4.5 ~ 4.6m。

5. 岔枕

单开道岔使用的岔枕有木岔枕和混凝土岔枕两种。地面碎石道床线路的道岔,岔枕以木岔枕为主,长度共分 12 级,每级长度差为 20cm,高度 16cm,底宽 24cm。

地下或高架整体道床线路的道岔,岔枕采用混凝土岔枕,长度共 26 级,级差长度为 10cm。

三、道岔编号

一个道岔群,为区分道岔之间的位置关系,按一定的规律对道岔进行编号,道岔号数与道岔的型号无关。

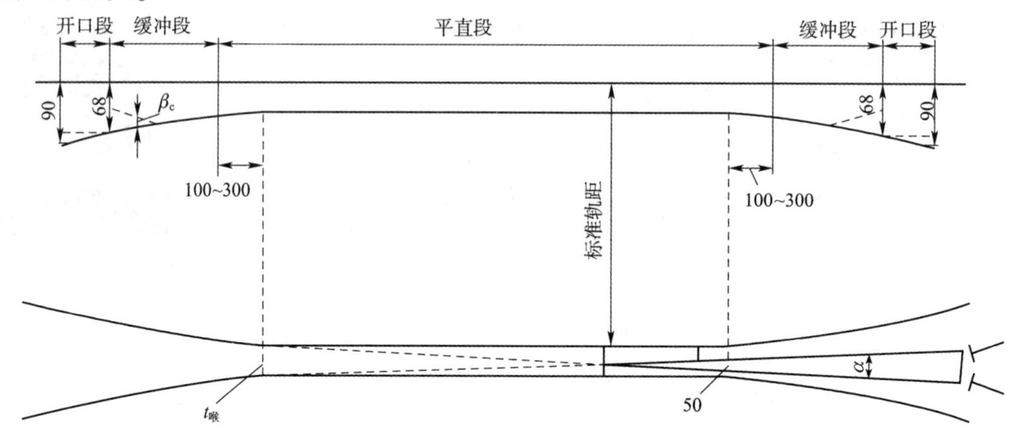

图 1-8-12　护轨平面示意图(尺寸单位:mm)

位置编号的方法,每个城市各有不同,有的将一个车站上行线的道岔依次编号为 2、4、6、8、10…,下行线依次编号为 1、3、5、7、9…。也可以将车站一端的道岔编号为 2、4、6、8、10…,车站另一端的道岔编号为 1、3、5、7、9…。

位置编号仅仅是一个序号而已,不管怎样编号都无妨,但一条运营线的编号方法应该一致。一般情况下,道岔位置编号由设计单位在建造设计时综合考虑确定,如图 1-8-13 所示。

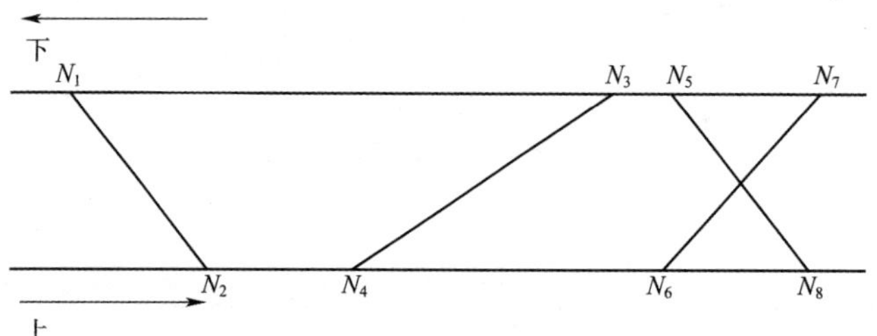

图 1-8-13　现场道岔位置编号示意图

四、普通单开道岔各部尺寸及检查(见资源 1-8-5、1-8-6)

1. 单开道岔的主要尺寸

普通单开道岔各部分名称如图 1-8-14 所示。直线线路中心线与侧线线路中心线的交点,称为道岔中心。从道岔中心至基本轨前端轨缝中心的距离,称为道岔的前长。从道岔中心至辙叉尾端轨缝中心的距离,称为道岔后长。从基本轨前端轨缝中心至辙叉尾端轨缝中心的距离,称为道岔全长。道岔全长包括道岔前长和道岔后长。单开道岔主要尺寸见表 1-8-2。

单开道岔主要尺寸表　　表 1-8-2

道岔号数	钢轨类型	辙叉角度	导曲线半径 R	道岔全长 L_q	道岔前长 a	道岔后长 b	基本轨前端至尖轨尖端 q	辙叉前长 n	辙叉后长 m	尖轨长 l_q	附　注
9	50	6°20′25″	200717	27773	12043	15730	2700	1538	2771	10600	城轨 229
9	60	6°20′25″	180717	27040	10793	16067	2650	2985	3112	10586	专线 9950

续上表

道岔号数	钢轨类型	辙叉角度	导曲线半径 R	道岔全长 L_q	道岔前长 a	道岔后长 b	基本轨前端至尖轨尖端 q	辙叉前长 n	辙叉后长 m	尖轨长 l_q	附　注
9	60	6°20′25″	200717	27773	12043	15730	2700	1538	2775	10600	地岔211
7	50	8°07′48″	150717	22967	10897	12070	2242	1065	1974	5000	专线

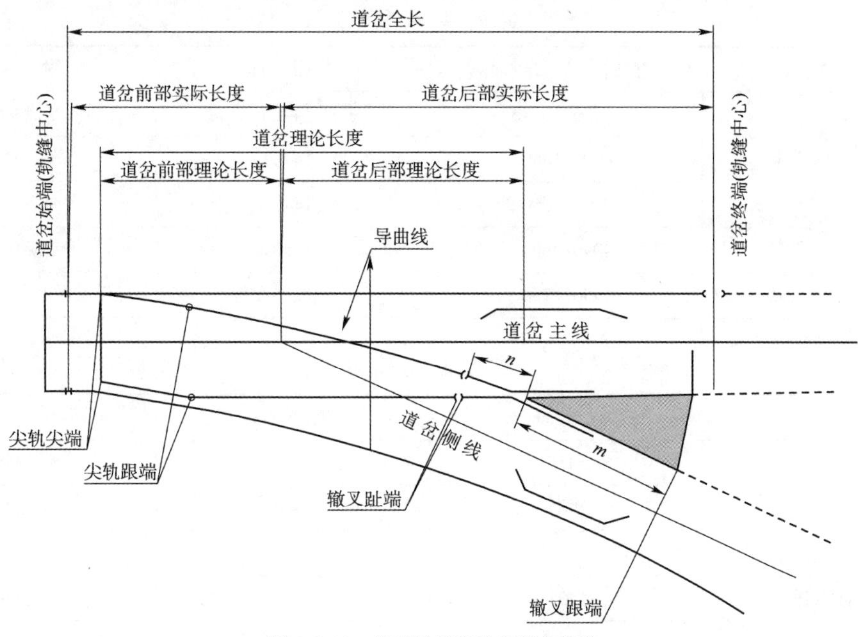

图1-8-14　普通单开道岔各部分名称

2.道岔各部分尺寸检查工具

道岔各部分尺寸检查工具见表1-8-3。

作业工具　　表1-8-3

序号	名　　称	数　量	序号	名　　称	数　量
1	万能道尺(轨距、水平检查)	1把	4	钢板尺、木折尺(各部槽宽)	各1把
2	支距尺(支距检查)	1把	5	钢卷尺(尖轨开口)	1个(2m以下)
3	10m弦线(垫板高低、直线方向)	各1根	6	道岔检查记录本	1个

3. 单开道岔轨距检查

轨距是钢轨踏面下16mm范围内两股钢轨工作边之间的最小距离。我国地铁、轻轨线路直线轨距标准规定为1435mm，称为标准轨距。

(1)道岔各部分轨距标准。

为缓冲列车通过道岔时对钢轨的挤压和冲撞，在道岔的尖轨尖端、尖轨跟端及导曲线部分，轨距要适当加宽。常见道岔尖轨尖端及尖轨跟端轨距见表1-8-4、表1-8-5。

尖轨尖端轨距 表1-8-4

道岔种类	直/曲尖轨长度/mm	轨距/mm	附注
P60-9整体道床	10586/10586	1440	专线9950
	10592/10600	1440	城轨229
	10592/10600	1440	地岔211
P50-7碎石道床	4990/4990	1450	专线9931
其他曲线型尖轨	4990/4990	按标准图设置	无标准图时按设计图设置

尖轨跟端轨距 表1-8-5

道岔种类	直向/mm	侧向/mm	附注
P60-9整体道床	1435	1440	专线9950
	1435	1440	城轨229
	1435	1440	地岔211
P50-7碎石道床	1435	1456	专线9931
其他曲线型尖轨	1435	按标准图设置	无标准图时按设计图设置

①导曲轨中部轨距按标准图设置。

②辙叉部分轨距，直向、侧向均为1435mm。

③常用单开道岔各部分轨距见表1-8-6。

常用单开道岔各部分轨距(单位:mm) 表1-8-6

部位	道岔号		
	P50-7碎石道床(专线9931)	P60-9整体道床(专线9950)	P60-9整体道床(城轨229)
尖轨前顺坡终点S接	1435	1435	1435
尖轨尖端S尖	1450	1440	1440
尖轨跟端S跟(直、曲)	1435/1456	1435/1440	1435/1440
导曲线S导直股(前、中、后)	1435	1435	1435
导曲线S导曲股(前、中、后)	1455	1440	1440
辙叉S叉直(前、中、后)	1435	1435	1435
辙叉S叉曲(前、中、后)	1440	1435	1435

(2)道岔轨距(水平)检查位置如图1-8-15所示。

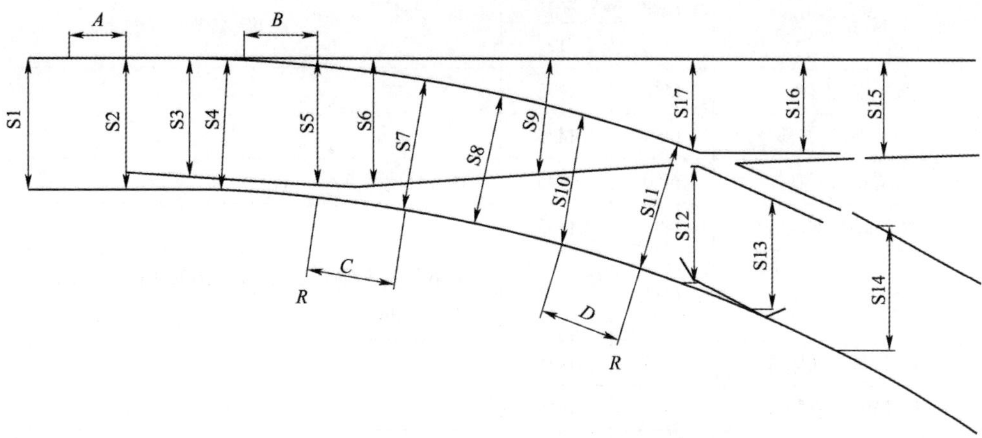

图1-8-15　道岔轨距(水平)检查示意图

①道岔轨距位置说明如下:

S6、S7导曲前(直、曲):直基本轨(曲基本轨)接头第四至第五螺栓孔;

S8、S9导曲中(直、曲):曲内配轨接头第四至第五螺栓孔;

S10、S11导曲后(直、曲):曲护轨基本轨接头第四至第五螺栓孔;

S12辙叉前(直):第四至第五螺栓孔;

S13辙叉中(直):心轨宽30~50mm处;

S14辙叉后(直):第二至第三螺栓孔;

S15辙叉后(曲):第二至第三螺栓孔;

S16辙叉中(曲):心轨宽30~50mm处;

S17辙叉前(曲):第四至第五螺栓孔。

②普通9号、12号道岔轨距检查位置及标准见表1-8-7。

普通9号、12号道岔轨距检查位置及标准(单位:mm)　　表1-8-7

编号	检查位置	道岔号数		说明
		9	12	
1	尖轨前顺坡终点	1435	1435	第四至第五螺栓孔
2	尖轨尖端	1450	1445	尖轨前50~80mm
3	尖轨中部(直股)	1444	1442	按小于或等于6知递减,尖轨中刨切点(距尖轨尖端6011mm)
4	尖轨跟端直股	1439	1439	第二至第三螺栓孔
5	尖轨跟端曲股	1439	1439	导曲线始点处
6	尖轨跟端后直股	1435	1435	距尖轨跟端1.5m
7	导曲线前部	1450	1445	距导曲线始点3m
8	导曲线中部	1450	1445	

续上表

编号	检查位置	道岔号数		说明
		9	12	
9	直股中部(连接部分)	1435	1435	
10	直股后部(连接部分)	1435	1435	
11	导曲线后部	1450	1445	距导曲线终点4m
12	辙叉趾端(曲股前)	1435	1435	
13	辙叉(曲股中)	1435	1435	在辙叉尖顶面宽0~50mm断面处,同时量查照间隔91和护背距离48
14	辙叉跟端(曲股后)	1435	1435	
15	辙叉跟端(直股后)	1435	1435	
16	辙叉(直股中)	1435	1435	在辙叉尖顶面宽0~50mm断面处,同时量查照间隔91和护背距离48
17	辙叉趾端(直股前)	1435	1435	

③道岔轨距(水平)检查记录见表1-8-8。

道岔轨距(水平)检查记录簿 表1-8-8

线名: 站名: 道岔编号: 型号:

检查日期	检查项目	前顺坡终点	尖轨尖端处	尖轨中	尖轨跟端		导曲线部分						辙叉部分									
							直线			导曲线			叉心前		叉心中		叉心后		查照间隔		护背距离	
					直	曲	前	中	后	前	中	后	直	曲	直	曲	直	曲	直	曲	直	曲
	规矩																					
	水平			×											×	×			×	×	×	×
	支距																					
	备注																					
	规矩																					
	水平			×											×	×			×	×	×	×
	支距																					
	备注																					

(3)轨距检查步骤。

①工具:万能道尺。

②讲解万能道尺的构造、读数方法、使用安全注意事项。

③指出测量位置:指出每一尺的放尺位置。

④读数和记录。

⑤圈画出超限处所(误差超过 +3mm、-2mm 者)。

4. 水平

(1)定义。

水平,指轨道上两股钢轨顶面相对高低。

线路上两股钢轨顶面,在直线段应保持在同一水平。实践中,有两种性质不同的钢轨水平误差,其对行车的危害程度也不相同。第一种称为水平差,就是在一段相当长的距离内,一段钢轨的轨顶面始终较另一股高;另一种称为三角坑(三角坑的检查长度可延伸至 18m),如图 1-8-16 所示。即在 6.25m 范围内的距离,先是左股钢轨高,后是右股钢轨高,以前后两点的水平误差的代数差,超过 4mm 时为三角坑。这时会出现车轮不能全部正常压紧钢轨的情况,有时车轮甚至可以爬上钢轨,引起脱轨事故。因此,必须立即予以消除。

图 1-8-16　三角坑示意图

(2)检查步骤。

①工具:万能道尺。

②讲解读数方法、校尺方法、使用安全注意事项。

③确定基准股:直股以直外股为基准股,曲股以曲上股为基准股(此点与普通线路相反)。

④指出测量位置:指出每一尺的放尺位置,强调“尖轨中”“辙叉中”“查照间隔”和“护背距离”处不测。

⑤读数和记录:基准股高记“ + ”号,反之记“ - ”号,强调读数容易出现的问题。

⑥圈画出超限处所(误差超过 4mm 者)。

5. 高低

(1)定义。

一股钢轨顶面纵向的高低差,称为线路的前后高低。

线路由于有前后高低而存在不平顺,危害甚大。当列车通过这些钢轨时,冲击动力增加,使道床变形加快,反过来又扩大不平顺,从而使列车对轨道的破坏力更大,形成恶性循环。这种破坏作用往往同不平顺(坑洼)的深度成正比,而同它的长度成反比,即长度越短,破坏力越大。

(2)检查步骤。

①工具:10m 弦线、垫板。

②看道(在实际检查时可以与方向同时看,但在点撬时与方向不要搞混):由一人看道,另一人负责点撬,站在道岔直股以外 20m,俯身看钢轨直外股非工作边,指挥第三人点撬并标注位置。

③用 10m 弦线测量高低并记录。

④圈画出超限处所(误差超过 4mm 者)。

6. 轨向

(1)定义。

轨道的方向,在直线上是否平直,在曲线上是否圆顺,称为轨向。

(2)检查步骤。

①曲线方向支距检查:

a. 工具:支距尺;

b. 讲解读数方法、使用安全注意事项;

c. 指出测量位置:指出每一尺的方尺位置,特别是第一尺和最后一尺;

d. 读数和记录(注意读数容易出现的问题);

e. 圈画出超限处所(误差超过 2mm 者)。

②直线方向:

a. 看道:由一人看道,另一人负责点撬,站在道岔直股以外 20m,俯身看钢轨直外股非工作边,指挥第三人点撬并标注位置;

b. 用 10m 弦线测量矢度并记录;

c. 圈画出超限处所(误差超过 4mm 者)。

以上三项尺寸允许偏差管理值见表 1-8-9(v≤80km/h 道岔轨道静态几何尺寸容许偏差管理值)。

道岔轨道静态几何尺寸容许偏差管理值 表 1-8-9

项目		作业验收/mm		经常保养/mm		临时补修/mm	
		正线	车厂线	正线	车厂线	正线	车厂线
轨距		+3, -2	+3, -2	+5, -3	+5, -3	+6, -3	+6, -3
水平		4	6	6	8	9	10
高低		4	6	6	8	9	10
方向	直线	4	6	6	8	9	10
	支距	2	2	3	3	4	4

支距偏差为现场支距与计算支距之差。

导曲线下股高于上股的限值:作业验收为 0,经常保养为 2mm,临时补修为 3mm。试车线按正线办理。

7. 尖轨跟端槽宽及跟距

(1)尖轨跟端槽宽:最小值为 65mm,容许误差为 -2mm。

(2)尖轨跟距:最小值为 63mm 轨头宽度。

测量工具主要有钢板尺、木折尺、钢卷尺等,对尖轨跟端槽宽及跟距、尖轨动程、护轨槽宽、翼轨槽宽应进行示范检查并记录超限处所。

8. 尖轨动程

尖轨动程是指在第一连接杆(拉杆)处,尖轨与基本轨间的摆动宽度。

确定尖轨动程的尺寸原则:使具有最小内侧距和最薄轮缘厚度的轮对,在尖轨尖端处轨距最大时,能自由通过而不推挤尖轨,如图1-8-17所示。

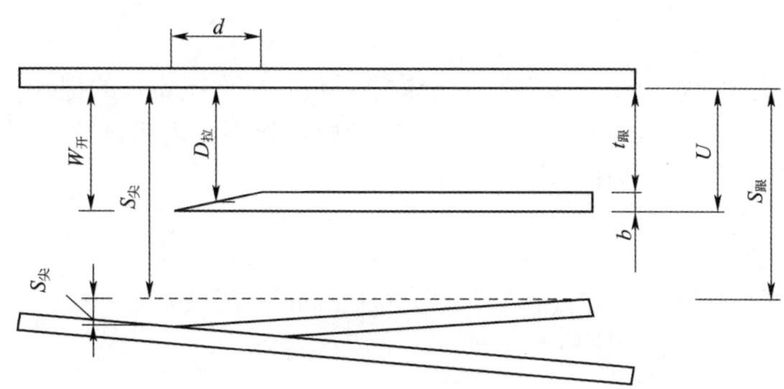

图1-8-17　尖轨动程示意图

可测量道岔前开口尖轨在第一拉杆处的最小动程:直尖轨为142mm,曲尖轨为152mm,AT型弹性可弯尖轨12号普通道岔为180mm。其他道岔按设计图或标准图设置。特殊道岔不符合上述规定者,暂按标准图或设计图轨距标准保留,但应有计划地改造或更换。

9. 护轨槽宽

护轨平直部分轮缘槽标准宽度为42mm,如侧向轨距为1441mm时,侧向轮缘槽标准宽度为48mm,容许误差为+3mm、-1mm。

10. 翼轨槽宽

辙叉心轮缘槽标准宽度(测量位置按标准图或设计图规定)为46mm,容许误差为+3mm、-1mm。

五、道岔各部零件检查(见资源1-8-7、1-8-8)

1. 检查工具

道岔各部零件检查工具见表1-8-10。

道岔各部零件检查工具　　表1-8-10

序号	名称及规格	数量	序号	名称及规格	数量
1	轨缝尺、塞尺	各1把	4	捣镐	1把
2	检查锤	1把	5	滑石笔	1根
3	皮尺	1个	6	道岔检查记录本、记录笔	各1个

2. 检查尖轨

(1)尖轨密贴:用塞尺检查,大于2mm记录。

(2)尖轨爬行:用弦线检查,也可用方尺检查。

3. 尖轨爬行

(1)用方尺、钢板尺、钢卷尺、滑石笔检查并记录。
(2)用弦线、滑石笔检查。此种检查是在没有方尺等检查工具的情况下的粗略检查。

4. 检查轨缝

(1)轨缝:用轨缝检查尺检查,瞎缝、大于构造轨缝(大于18mm)的记录。
(2)错牙:用木折尺检查,检查钢轨非工作边的轨缝轨面或内侧错牙,大于2mm的记录。
(3)绝缘接头小于6mm的记录。

5. 检查滑床板

用塞尺或木折尺检查,尖轨与滑床板缝隙大于2mm的记录。

6. 检查各部螺栓

用道钉锤检查,缺少、失效、松动的记录。

7. 检查铁垫板、胶垫、扣件

缺少、失效、离缝的记录。

8. 检查轨枕失效、歪斜、吊板处所

(1)轨枕失效按《铁路工务维修规则》标准进行。
(2)轨枕歪斜超过20mm的记录,测量轨枕边缘处中心距。
(3)吊板检查是用捣镐轻敲轨枕听声音。

9. 检查道岔加强设备

防爬器、轨距杆、轨撑数量缺少或状态不合要求的记录,其数量按标准图计。

10. 检查道床

检查道床时,污染、外观不符合要求时应记录,以观看为主,可用皮尺检查断面尺寸,对有所怀疑的个别脏污处所可挖开表面观看。

11. 检查标志、标记

检查标志、标记,缺少或状态不符合要求时应记录,其数量按标准图计。

道岔各部零件检查

道岔检查接地装置未拆除事故案例

任务 2　普通单开道岔养护维修

道岔状态的好坏直接影响行车安全与否，随着列车对道岔要求的提高，其对道岔养护提出了更高的要求，因此道岔养护维修是必要的线路作业。本任务主要学习普通单开道岔养护维修。

任务目标

掌握道岔病害产生的原因，能够根据道岔病害的实际情况提出整治措施。

道岔的养护维修要在贯彻预防为主的原则下，根据季节性特点，妥善安排好综合维修、经常保养和临时补修，使三者紧密地结合起来，合理使用劳动力、机具和材料。

一、道岔整体主要缺陷及产生的原因

1. 道岔水平不良的原因分析

影响道岔水平变化的主要因素有以下几点：

(1)由于两个方向的行车密度不同，同一根岔枕上的机械磨损不一致。

(2)岔枕中部低洼，造成导曲线反超高，内直股钢轨水平低，辙叉心沉落。

(3)错开铺设的钢轨接头，易造成水平不良。

(4)钢轨垂直磨耗不均匀，造成水平不良。

(5)作业不当，造成水平不良。

在养护作业中，起道和捣固方法不当往往造成水平超限；另外，在维修道岔时，没能根据道岔两方向的行车密度、道岔的不同部位，采取不同的起道、捣固形式。

2. 道岔方向不良的原因分析

影响道岔方向不良的主要原因有以下几种：

(1)道岔前后衔接不良造成方向不顺。铺设或更换道岔的位置不正，是方向不顺的重要原因。拨道不当，顾此失彼，只从一端看道，不顾两端，只顾主线，不顾侧线等，都会造成道岔与线路、道岔与道岔衔接不好。

(2)道岔前后线路方向不顺。线路爬行使道岔前后线路方向改变，有时还会将道岔拉长或挤缩，使方向无法保持。

(3)基本轨横移，造成方向不良。由于“三道缝”的存在，基本轨不能完全固定，过车时轨撑不能阻止基本轨横移，造成方向不良。“三道缝”：一是基本轨底边与滑床台槽边的缝隙超过 1mm；二是基本轨的颚部与外侧轨撑不密贴，缝隙超过 0.5mm；三是基本轨轨撑与滑床板挡肩不密贴，缝隙超过 0.5mm(见资源 1-8-9)。

(4)基本轨曲折点不当或曲折量不足，造成方向不良。基本轨曲折点不当会形成“三道

弯",即基本轨前端接头向外支嘴,尖轨尖端处向里弯,尖轨竖切起点处基本轨向外鼓。

(5)辙叉位置不正,与前后钢轨连接方向不顺。

(6)尖轨本身方向不良,连接杆与顶铁尺寸不符。

(7)其他原因。如轨距递减不当、钢轨硬弯、路基排水不良、翻浆冒泥等,也是造成方向不良的原因。

二、道岔整体主要病害养护维修作业

1.道岔水平不良的养护与维修

根据行车密度、道岔结构设计固有缺陷、道岔铺设位置等客观条件,对于道岔水平不良病害,在养护维修作业中,应采取不同的起道、捣固形式。起道、捣固作业是整治道岔水平不良的主要方法。

2.道岔方向不良的养护与维修

(1)以直外股为准拨正道岔直线方向,使其与线路及其他道岔衔接顺直。

(2)整治道岔前后线路爬行,将道岔复位并进行方正,加强道岔及前后各75m范围内线路的锁定。

(3)消灭"三道缝",防止道岔横移。

(4)检查曲股基本轨曲折弯折量,用2m弦线测量,第一弯折点矢度为5.7mm,第二弯折点矢度为4.1mm,当误差大于1mm时,应重新弯折。

(5)将不正辙叉调整方向,使其与前后钢轨连接方向顺直。

(6)调整连接杆及顶铁尺寸,使尖轨方向良好。

(7)整治翻浆冒泥、钢轨硬弯等病害。

(8)进行道岔拨道作业。

拨道作业是整治道岔方向不良最重要的工作,拨道量大小应根据钢轨类型、道岔号数、道床密实度、拨道位置而定,拨道要预留回弹量;在拨好道岔大方向后,要调整道岔小方向,以取得精确的标准股;坚持拨、改、直相结合的方法综合整治,遇弯先拨,拨不好则改,改不好则直(或大弯拨、小弯改、硬弯直)。

三、伤损或病害轨件修理和更换

1.尖轨、可动心轨修理或更换的情况

(1)尖轨尖端与基本轨或可动心轨与翼轨不靠贴,离缝大于2mm。

(2)尖轨、可动心轨侧弯造成轨距不符合规定。

(3)在尖轨、可动心轨顶面宽50mm及50mm以上断面处,尖轨顶面低于基本轨顶面、可动心轨顶面低于翼轨顶面2mm及2mm以上。

(4)尖轨、可动心轨工作面伤损,继续发展轮缘有爬上尖轨的可能。内锁闭道岔两尖轨相互脱离,分动外锁闭道岔两尖轨与连接装置、心轨接头铁与拉板相互分离或外锁闭装置失效。

（5）其他伤损达到钢轨轻伤标准。

2. 基本轨修理或更换的情况

（1）曲股基本轨的弯折点位置不对或弯折尺寸不符合要求，造成轨距不合规定。

（2）基本轨垂直磨耗，60kg/m钢轨，在正线上超过8mm，车场线超过11mm；50kg/m钢轨，在正线上超过6mm，车场线超过10mm。

（3）其他伤损达到钢轨轻伤标准。

3. 辙叉及零件修理或更换的情况

（1）辙叉达到重伤时应立即更换。

（2）道岔护轨螺栓、可动心轨咽喉和叉后间隔铁螺栓、长短心轨连接螺栓、钢枕立柱螺栓、可动心轨凸缘与接头铁连接螺栓必须齐全，作用良好，折断时必须立即更换。同一部位同时有两条螺栓或可动心轨凸缘与接头铁连接螺栓有一条缺少或折断时，道岔应停止使用。

（3）间隔铁的螺栓折断或缺少时，必须立即更换或补充。

（4）各种接头螺栓、连杆、顶铁和间隔铁损坏、变形或作用不良。

（5）滑床板损坏、变形或滑床台磨耗大于3mm。

（6）轨撑损坏、变形，轨撑与轨头下颚或轨撑与垫板挡肩离缝大于2mm。

（7）护轨垫板折损。

（8）钢枕和钢枕垫板下胶垫及防切垫片损坏、失效。

（9）弹片、销钉、挡板损坏。弹片与滑床板挡肩离缝、挡板前后离缝大于2mm，销钉帽内侧距滑床板边缘大于5mm。

（10）其他各种零件损坏、变形或作用不良时，应及时更换或修理。

4. 道岔各种零件修理或补充的情况

各种零件有下列伤损或病害，应及时修理或更换：

（1）各种接头螺栓、连杆、顶铁和间隔铁损坏、变形或作用不良。

（2）滑床板损坏、变形或滑床台磨耗大于3mm。

（3）轨撑损坏、松动，轨撑与轨头下颚或轨撑与垫板挡肩离缝大于2mm。

（4）护轨垫板折损。

（5）弹片、销钉、挡板损坏。弹片与滑床板挡肩离缝、挡板前后离缝大于2mm，销钉帽内侧距滑床板边缘大于5mm。

（6）其他各种零件损坏、变形或作用不良。

四、道岔主要构件更换作业

1. 更换道岔尖轨作业（见资源1-8-10）

（1）作业准备。

①与电务人员联系，要求配合施工。

②检查尖轨与所换尖轨是否一致，各方面符合要求。

③检查爬行情况并打磨基本轨作用边的肥边,卸下螺栓更换伤损螺栓。

(2)基本作业。

①向车站值班员办理封锁手续,工地按《铁路工务安全规则》要求设置移动停车信号防护。

②卸下连接部分的零件并放好,拨出旧轨换上新轨并连接好各部分连接零件。

③检查、改正尖轨部分轨距,调整尖轨开程、尖轨动程,以及轮缘槽尺寸,对滑床板涂油。

④配合电务人员和车站值班员调试尖轨,确认状态良好后拆除防护信号,办理销记手续,开通线路。

(3)质量标准。

①尖轨顶宽50mm以上断面处尖轨顶面不得低于基本轨顶面2mm。

②开程、动程、槽宽符合要求。尖轨与基本轨密贴。

③尖轨部分连接零件齐全且作用良好,轨距无超限,尖轨跟端接头错牙不超过1mm。

(4)安全注意事项。

①作业前,按规章办理封锁手续,设置防护;作业后,拆除防护,销记,开通线路。

②在做封锁前准备工作和封锁后整理工作时,要防止尖轨扳动挤伤手脚。

③抬运尖轨时,作业人员动作要一致,防止碰伤手脚。

④在轨道电路地段作业,要防止各种金属机具搭接轨道电路造成连电。

⑤准备工作不过头,严格按规章规定做好各项准备。

2. 更换道岔基本轨作业

(1)作业准备。

①联系并要求电务人员配合施工。

②检查基本轨与所更换的基本轨是否一致,符合要求。

③将基本轨运到位,距钢轨头外侧不小于150mm。

④检查前后轨缝,如有爬行应先整治并调整轨缝。

⑤松动并检查更换不良螺栓,松冒起道钉、拆卸轨距杆及防爬器,做好准备工作。

⑥向车站办理封锁手续,现场设移动停车信号防护,并请车站或电务部门将尖轨扳离被更换基本轨。

⑦拆卸连接零件,松冒基本轨外侧道钉,起出里口及影响作业的道钉。

⑧翻出旧轨,装上新轨连接零件,钉齐道钉,校正轨距。

⑨请电务部门和车站调试尖轨是否密贴,确认其状态良好后,拆除工地防护信号,办理销记手续,开通线路。

⑩安装轨距杆和防爬器,通车后进行质量回检。

(2)质量标准。

①尖轨顶宽50mm及50mm以上处,尖轨顶面不得低于基本轨顶面2mm。

②开程、动程、尖轨轮缘槽尺寸符合要求。

③基本轨到位后,尖轨竖切部分与基本轨保持密贴。

④转辙部分轨距、轨向无超限,接头轨面和作用边错牙不超过1mm。

⑤施工作业地段的各种连接零件安装齐全，作用良好。

(3)安全注意事项。

①作业前，按规章要求办理封锁手续，设置防护；作业后，拆除防护，销记，开通线路。

②作业时防止尖轨挤伤手脚。

③抬运基本轨时，要统一指挥，动作一致，防止碰伤手脚。

④在轨道电路区段作业时，防止各种金属机具和材料搭接电路造成红光带。

⑤来车时应及时将机具、材料撤出线路，下道避车，机具、材料不得侵入限界。

⑥准备工作不过头，严格按规章规定做好各项准备。

3. 更换道岔护轨作业

(1)作业准备。

①准备护轨并检查是否符合更换型号要求。

②向车站办理封锁手续，设置移动停车信号防护。

③拆卸螺栓及零件，起下道钉，换入护轨。

④安装连接零件，按标准检查各部尺寸，达到作业要求后，拆除防护，开通线路，记入行车设备检查登记簿内，并销记。

⑤换下的旧轨及其他零件收集整理，做到工完料尽。

(2)质量标准。

①护轨轮缘槽尺寸应符合规定要求。

②轨撑安装要消灭"三道缝"。

③护轨螺栓要拧紧，消灭"八害"道钉。

(3)安全注意事项。

①按规定设置行车信号防护。

②抬运护轨时，动作协调一致，防止砸伤手脚。

③准备工作不过头，特别是护轨中部叉心有害空间对应处护轨横向螺栓不能事先拆除。

任务 3　复杂道岔养护维修

任务导入

复杂道岔与单开道岔一样，有着相同的规律和要求，但复杂道岔在养护维修时还有自身的特点和规律。本任务主要学习复杂道岔养护维修。

任务目标

掌握交叉渡线道岔的养护，熟悉复式交分道岔的养护。

复杂道岔往往铺设在岔群或咽喉处，在养护维修时除与单开道岔有着相同的规律和要求外，由于其结构上的复杂性和铺设位置的特殊性，还具有自身的特点和规律。

如交叉渡线和交分道岔中间的交叉部分,钢轨相互交叉布置,同一根岔枕上铺有 8 股钢轨,两组辙叉,轨距、水平、高低、方向相互牵连、制约,起拨道作业还有可能影响前后道岔的衔接。因此,在养护维修时必须统筹兼顾,反复斟酌,合理地决定先后顺序,否则会事倍功半,甚至可能造成安全隐患,发生行车事故。

一、交叉渡线道岔养护

交叉渡线占地面积较大,结构复杂,固定型钝角辙叉存在着“碰尖”问题,养护有特殊的要求。

1. 起道作业

在站场大平较好或道岔处于大平的高处的情况下,一般应先起中间(包括交叉部分和四个角的普通辙叉部分)后起四角,这样容易将整个道岔起平。起中间时,要先找出高低和水平较高处作为控制点,起平各股钢轨水平,然后再以此为标准,起平中间部分,而后分别将四个角按中间部分起平。

如道岔在站场大平的低处,在起道量大的情况下,可先选择一个角引进站场大平,再按照先起中间、后起剩余三个角的程序做好起道工作,如图 1-8-18 所示。

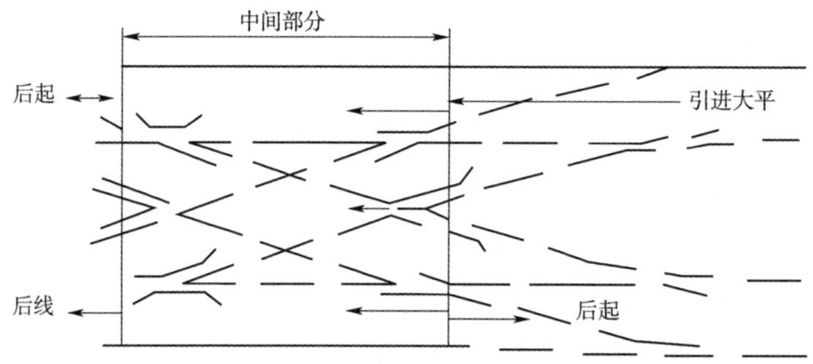

图 1-8-18　起道顺序示意图

道岔的交叉部分有 8 根短轨,短轨拱腰常常造成水平超限;两长岔枕接头处没有用夹板螺栓拼接牢固,往往产生翘头,使捣固作业发生困难,这也是造成短轨拱腰的原因之一;由于行车多少不一致,使相近的两股钢轨过车多的一股低下,过车少的一股“空吊”(轨底与轨枕面有空隙)等;这些有碍高低、水平的不利因素,都应设法事先排除,在进行起道工作时应特别注意,以确保起道质量。

另外,还应根据行车的多少起道。如果交叉部分过车较多,锐角辙叉和钝角辙叉容易低落,可适当抬高;如果交叉部分过车较少,切忌抬高,以免造成四周低中间高的“宝塔”形。否则,来年维修时为与中间顺平,势必抬高四个角,这样,年复一年,四个角越抬越高,对站场大平不利。

2. 拨道作业

(1)先将一侧的两单开道岔与线路的大方向拨顺,特别要将此侧的两单开道岔的岔尾接头及护轨部分严格按线路的大方向拨顺。因为中间交叉部分的岔枕为 2 ~ 3 根岔枕接通的长岔枕,轨距相互连贯,拨一侧就要牵动另一侧的方向,所以要一次拨好。

(2)拨另一侧的两单开道岔时,要先检查一下两端岔尾接头处各股的轨距,计算出本侧外股岔尾接头是否需要内收或者外放,然后再根据内收或外放值进行拨道。忽略此点就可能需要返工。

(3)拨中间部分时,不要看两侧的直股,而要看中间的两股交叉。尽量做到交叉部分改动量小,因为改直股容易,改交叉费时,尤其是交叉方向不好,不利于行车安全。

3. 改道作业

(1)将两端单开道岔与中间交叉衔接处的各股轨距和 4 个普通辙叉处的轨距改好,将普通辙叉置于正确的位置上,因为此部分的轨距与辙叉的位置将影响交叉部分的看道。

(2)改交叉部分的轨距时,要从 4 个角反复地看道,力求使锐角辙叉和钝角辙叉的位置在两个方向上都适合。如因设备陈旧或其他原因不能兼顾两股的方向时,应首先做好行车较多的一股。

(3)在交叉部分,尤其是钝角辙叉部分,改道要兼顾轨距、轮缘槽、查照间隔和护背距离的关系,对轮缘槽尺寸规定超限者,要先进行整修,然后再改道。

4. 钝角辙叉"碰尖"的原因及防治

当前,铺设较多的有 9 号和 12 号交叉渡线,使用4.5 号和 6 号钝角辙叉,其辙叉的心轨尖端往往容易被车轮碰撞,甚至危及行车安全,是养护中的关键问题。

为弄清"碰尖"的原因,首先应当了解轮对通过钝角辙叉的情况(图 1-8-19)。为了保证车轮能够安全地通过"有害空间",一侧车轮(甲)的轮缘接触到本侧心轨实际尖端 A 点时,另一侧车轮(乙)的轮缘应不脱离护轨弯折点 B,否则轮对不受制约,便有"碰尖"或进入异向的危险。按我国车辆最小轮径 840mm、轮缘槽 470mm 和心轨实际尖端厚度 10mm 进行验算,4.5 号固定型钝角辙叉,能够保证乙轮在未脱离护轨 B 点以前,甲轮已进入心轨 A 点。但对于 6 号钝角辙叉,当乙轮已离开护轨 B 点时,甲轮尚未进入心轨 A 点(与 A 点相距约 17mm,这一长度称为不能自护长度)。因此,应将护轨加高 22mm,以增加自护长度,使不能自护的长度得以消除。

从构造上来说,4.5 号及 6 号钝角辙叉虽然能够保护轮对通过"有害空间",可是还会发生"碰尖"甚至脱轨现象,主要原因有:

(1)养护不当。轨距及轮缘槽宽度超限未整治,致使护轨与心轨的查照间隔(即"1391")不合要求;线路爬行或铺设时未注意,使两侧的钝角辙叉发生错位,如图 1-8-20 所示。这样实际上等于增加了"有害空间"的长度。钝角辙叉错位,将使一股轨距偏大而另一股轨距偏小,所以钝角辙叉应及时方正。

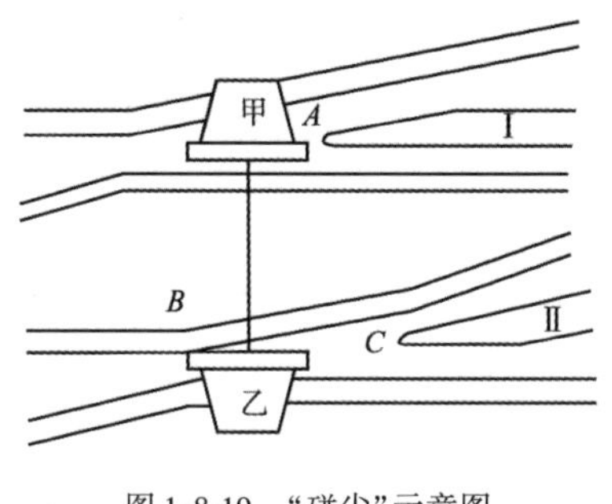

图 1-8-19　"碰尖"示意图

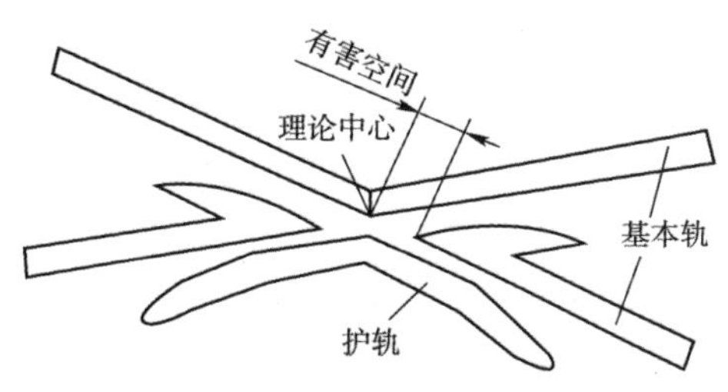

图 1-8-20　钝角辙叉错位示意图

(2)列车在运行中突然改变行车速度。列车运行过程中的加速、减速、停车、起动等情况,虽属于行车正常现象,但是它对钝角辙叉来说却是十分有害的。这会使轮对左右摆动,从而改变其轮对运行的方向,如果此种情况恰好发生在轮对处于"有害空间"时(甲轮即将进入心轨,乙轮即将脱离护轨之际),就可能发生"碰尖",严重时会使列车脱轨。

综上所述,为避免在钝角辙叉处肇事,在养护维修中必须做到:

①对钝角辙叉的轨距、轮缘槽和护轨与心轨的查照间隔、护背距离要经常检查,使其符合标准。

②加强防爬锁定,制止爬行。因爬行或铺设不当致使钝角辙叉错位时要设法方正。

③护轨折角磨耗的应及时予以焊补。

④钝角辙叉上道之前,应检查护轨轨线与心轨非工作边是否成直线,必须校直后才能使用。已铺设在道上,可采用调整轮缘槽的办法整直,严重时应更换下来整治。有的工区为解决"碰尖"问题,用砂轮把心轨尖端磨薄。这种做法不能从根本上解决问题,反而会削弱强度,增加"有害空间"长度。

图 1-8-21　复式交分道岔

二、复式交分道岔养护

复式交分道岔(图 1-8-21)将线路分成 4 个方向,不仅可使列车由一条线路转向另一条线路,而且可使列车由一条线路横越另一条线路,所以可代替 4 组单开道岔,节省占地面积,节约金属材料,改善运行条件,提高调车作业能力。

1. 复式交分道岔的主要组成

(1)两副普通锐角辙叉及护轨。

(2)两组钝角辙叉。

(3)4 根直尖轨和 4 根曲尖轨。

(4)4 根曲导轨。

(5)连接钢轨及零件。

(6)岔枕、电动转辙机械及轨道电路设备。

2. 复式交分道岔各部分轨距检查(见资源 1-8-11)

复式交分道岔轨距检查方法

站在道岔跟端,面向车站,左股为甲股、右股为乙股,检查的起点为始端。以该端左侧(面向钝角部分)一股线路为甲股的检查走向,该端右侧(面向钝角部分)线路为乙股的检查走向。检查顺序及地点见表 1-8-11。

复式交分道岔轨距水平检查的顺序及地点　　表 1-8-11

序号	检查地点	测点	实际轨距尺寸/mm		水平			备注
			9 号	12 号	测点	9 号	12 号	
1	甲股前锐角辙叉跟	S1	1435	1435	H1	0		

续上表

序号	检查地点	测点	实际轨距尺寸/mm		水平			备注
			9 号	12 号	测点	9 号	12 号	
2	甲股前锐角辙叉中	S2	1435 91-48	1435 91-48	X	X		辙叉心宽 50mm 至心宽 20mm 断面处
3	甲股前尖轨距顺坡终点	S3	1435	1435	H2	0		9 号复交该处距直线尖轨尖端 2273mm 12 号复交该处距直线尖轨尖端 2170mm
4	甲股前尖轨尖	S4	1449	1445	H3	0		
5	甲股前尖轨中	S5	直 1435 曲 1450	直 1435 曲 1445	X	X		开通直股线路时,在直线尖轨刨切点处量取 开通曲股线路时,在曲线尖轨刨切点处量取
6	甲股前尖轨跟(直股)	S6	1435	1435	H4	-6		该处有构造水平 -6
7	甲股前尖轨跟(侧股)	S7	1450	1445	H5	+6		该处有构造水平 +6
8	甲股前可动心轨跟(直股)	S8	1435	1435	H6	-5	-3	该处有构造水平,9 号为 -5,12 号为 -3
9	甲股前可动心轨中(直股)	S9	1435	1435	X	X		在护轨刨切点处量取,未开通时可不量
10	短轴	S10	1445	1442	H7	0		该处以甲股检查走向的右侧为水平基准股
11	甲股导曲线中	S11	1450	1445	H8	+6		在甲股中部的导曲线上量取,该处有构造水平 +6
12	甲股后可动心轨中(直股)	S12	1435	1435	X	X		在护轨刨切点处量取,未开通时可不量
13	甲股后可动心轨跟(直股)	S13	1435	1435	H9	-5	-3	该处有构造水平,9 号为 -5,12 号为 -3
14	甲股后尖轨跟(直股)	S14	1435	1435	H10	-6		该处有构造水平 -6
15	甲股后尖轨跟(侧股)	S15	1450	1445	H11	+6		该处有构造水平 +6
16	甲股后尖轨中	S16	直 1435 曲 1450	直 1435 曲 1445	X	X		开通直股线路时,在直线尖线尖轨切点处量取 开通曲股线路时,在曲线尖线尖轨切点处量取
17	甲股后尖轨尖	S17	1449	1445	H12	0		
18	甲股后尖轨尖轨距顺坡终点	S18	1435	1435	H13	0		9 号复交该处距直线尖轨尖端 2273mm 12 号复交该处距直线尖轨尖端 2170mm

续上表

<table>
<tr><th rowspan="2">序号</th><th rowspan="2">检 查 地 点</th><th rowspan="2">测点</th><th colspan="2">实际轨距尺寸/mm</th><th colspan="3">水　平</th><th rowspan="2">备　注</th></tr>
<tr><th>9 号</th><th>12 号</th><th>测点</th><th>9 号</th><th>12 号</th></tr>
<tr><td>19</td><td>甲股后锐角辙叉中</td><td>S19</td><td>1435
91-48</td><td>1435
91-48</td><td>X</td><td colspan="2">X</td><td>辙叉心宽 50mm 至心宽 20mm 断面处</td></tr>
<tr><td>20</td><td>甲股后锐角辙叉跟</td><td>S20</td><td>1435</td><td>1435</td><td>H14</td><td colspan="2">0</td><td></td></tr>
<tr><td>21</td><td>乙股后锐角辙叉跟</td><td>S39</td><td>1435</td><td>1435</td><td>H27</td><td colspan="2">0</td><td></td></tr>
<tr><td>22</td><td>乙股后锐角辙叉中</td><td>S38</td><td>1435
91-48</td><td>1435
91-48</td><td>X</td><td colspan="2">X</td><td>辙叉心宽 50mm 至心宽 20mm 断面处</td></tr>
<tr><td>23</td><td>乙股后尖轨尖距顺坡终点</td><td>S37</td><td>1435</td><td>1435</td><td>H26</td><td colspan="2">0</td><td>9 号复交该处距直线尖轨尖端 2273mm
12 号复交该处距直线尖轨尖端 2170mm</td></tr>
<tr><td>24</td><td>乙股后尖轨尖</td><td>S36</td><td>1449</td><td>1445</td><td>H25</td><td colspan="2">0</td><td></td></tr>
<tr><td rowspan="2">25</td><td rowspan="2">乙股后尖轨中</td><td rowspan="2">S35</td><td>直 1435</td><td>直 1435</td><td rowspan="2">X</td><td rowspan="2" colspan="2">X</td><td rowspan="2">开通直股线路时，在直线尖轨刨切点处量取
开通曲股线路时，在曲线尖轨刨切点处量取</td></tr>
<tr><td>曲 1450</td><td>曲 1445</td></tr>
<tr><td>26</td><td>乙股后尖轨跟（直股）</td><td>S33</td><td>1435</td><td>1435</td><td>H23</td><td colspan="2">-6</td><td>该处有构造水平 -6</td></tr>
<tr><td>27</td><td>乙股后尖轨跟（侧股）</td><td>S34</td><td>1450</td><td>1445</td><td>H24</td><td colspan="2">+6</td><td>该处有构造水平 +6</td></tr>
<tr><td>28</td><td>乙股后可动轨跟（直股）</td><td>S32</td><td>1435</td><td>1435</td><td>H22</td><td>-5</td><td>-3</td><td>该处有构造水平，9 号为 -5，12 号为 -3</td></tr>
<tr><td>29</td><td>乙股后可动心轨跟（直股）</td><td>S31</td><td>1435</td><td>1435</td><td>X</td><td colspan="2">X</td><td>在护轨刨切点处量取，未开通时可不量</td></tr>
<tr><td>30</td><td>乙股导曲线中</td><td>S30</td><td>1450</td><td>1445</td><td>H21</td><td colspan="2">+6</td><td>在乙股中部的导曲线上量取，该处有构造水平 +6</td></tr>
<tr><td>31</td><td>乙股前可动心轨中（直股）</td><td>S29</td><td>1435</td><td>1435</td><td>X</td><td colspan="2">X</td><td>在护轨刨切点处量取，未开通时可不量</td></tr>
<tr><td>32</td><td>乙股前可动心轨跟（直股）</td><td>S28</td><td>1435</td><td>1435</td><td>H20</td><td>-5</td><td>-3</td><td>该处有构造水平，9 号为 -5，12 号为 -3</td></tr>
<tr><td>33</td><td>乙股前尖轨跟（直股）</td><td>S26</td><td>1435</td><td>1435</td><td>H18</td><td colspan="2">-6</td><td>该处有构造水平 -6</td></tr>
<tr><td>34</td><td>乙股前尖轨跟（侧股）</td><td>S27</td><td>1450</td><td>1445</td><td>H19</td><td colspan="2">+6</td><td>该处有构造水平 +6</td></tr>
<tr><td rowspan="2">35</td><td rowspan="2">乙股前尖轨中</td><td rowspan="2">S25</td><td>直 1435</td><td>直 1435</td><td rowspan="2">X</td><td rowspan="2" colspan="2">X</td><td rowspan="2">开通直股线路时，在直线尖线尖轨切点处量取
开通曲股线路时，在曲线尖线尖轨切点处量取</td></tr>
<tr><td>曲 1450</td><td>曲 1445</td></tr>
</table>

续上表

序号	检查地点	测点	实际轨距尺寸/mm		水　平			备　注
			9号	12号	测点	9号	12号	
36	乙股前尖轨尖	S24	1449	1445	H17	0		
37	乙股前尖轨尖轨距顺坡终点	S23	1435	1435	H16	0		9号复交该处距直线尖轨尖端2273mm 12号复交该处距直线尖轨尖端2170mm
38	乙股前锐角辙叉中	S22	1435 91-48	1435 91-48	X	X		辙叉心宽50mm至心宽20mm断面处

3. 复式交分道岔开口、支距、动程、矢距、正矢等项目的检查位置(表1-8-12)

甲、乙两股导曲线均由短轴中分为两个部分，起点方向为前部，终点方向为导曲线后部。在前、后两锐角辙叉的跟端，分别量取其后开口的中点；于该两中点之间拉一弦线(即长轴线)作为基准线，以短轴与该弦线的交点为支距原点，分别量取甲股导曲线前、后部及乙股导曲线前、后部各支距点的支距。

复式交分道岔开口、支距、动程、矢距、正矢等项目的检查位置　　表1-8-12

检查项目			12号	9号	检查位置
甲股	开口端尺寸		376.5	369.8	曲尖轨尖两基轨作用边距离 E_1
	始端	尖轨动程	152	152	离尖轨尖端380mm处
		直尖轨支距	153	152	直尖轨作用边与基本轨作用边距离 E_2
		曲尖轨支距	144	139	曲尖轨作用边与基本轨作用边距离 E_3(跟端)
		心轨动程	90	90	离心轨尖端450mm处
	终端	心轨动程	90	90	
		曲尖轨支距	144	139	
		直尖轨支距	153	152	
		尖轨动程	152	152	
乙股	开口端尺寸		376.5	369.8	
	始端	尖轨动程	152	152	
		直尖轨支距	153	152	
		曲尖轨支距	144	139	
	终端	曲尖轨支距	144	139	
		直尖轨支距	153	152	
		尖轨动程	152	152	

续上表

检查项目			12号	9号	检查位置
左侧	始端曲尖轨跟端开口尺寸		704	676	曲尖轨跟端两尖轨作用边距离
	导曲线正矢	始端2	16	—	12号P50(75)5341mm、P60(92)5291mm
		始端1	32	34	9号P50(75)4388mm、P60(92)4330mm
		中轴	37	43.5	337mm
		终端1	32	34	
		终端2	16	—	
	上股外矢距		332	342	上股钢轨作用边至钝角辙叉实际尖端距离
	下股外矢距		335	347	下股钢轨作用边至钝角辙叉实际尖端距离
右侧	下股外矢距		335	347	
	上股外矢距		332	342	
	导曲线正矢	始端2	16	—	
		始端1	32	34	
		中轴	37	43.5	
		终端1	32	34	
		终端2	16	—	
	终端曲尖轨跟端开口尺寸		704 (352x2)	674	曲尖轨跟端两尖轨作用边距离

4.复式交分道岔的检查记录及记录表

复式交分道岔的检查记录,应根据现场检查的实际地点正确地对应到记录表上填写,见表1-8-13。

复式交分道岔的检查记录表 表1-8-13

站名:________ 道岔编号:________ 型号:________

检查日期	部位项目		前钝角辙叉				前双转辙器					钝角辙叉							后双转辙器					后钝角辙叉			
			叉后端	叉心中	查照间隔	护背距离	顺坡终点	尖轨尖	尖轨中	尖轨跟		可动心		短中轴	导曲线中	曲中外矢	可动心		尖轨跟		尖轨中	尖轨尖	顺坡终点	查照间隔	护背距离	叉心中	叉后端
										直股	曲股	跟端	中间				中间	跟端	直股	曲股							
	甲股	轨距																									
		水平		×	×	×			×				×				×				×			×	×	×	
	乙股	轨距																									
		水平		×	×	×			×				×				×				×			×	×	×	
	其他及临时补休日期																										

续上表

检查日期	部位项目		前钝角辙叉				前双转辙器					钝角辙叉							后双转辙器					后钝角辙叉			
			叉后端	叉心中	查照间隔	护背距离	顺坡终点	尖轨尖	尖轨中	尖轨跟		可动心		短中轴	导曲线中	曲中外矢	可动心		尖轨跟		尖轨中	尖轨尖	顺坡终点	查照间隔	护背距离	叉心中	叉后端
										直股	曲股	跟端	中间				中间	跟端	直股	曲股							
	甲股	轨距																									
	甲股	水平		×	×	×			×				×				×				×			×	×	×	
	乙股	轨距																									
	乙股	水平		×	×	×			×				×				×				×			×	×	×	
	其他及临时补休日期																										

5. 复式交分道岔养护

由于复式交分道岔轨距、水平和各部分间隔相互牵连，因此，在养护维修过程中，必须遵循合理的起道、拨道、改道作业程序，才能取得良好的效果。

(1)起道。在站场大平好、道岔起道量小的情况下，一般找一个适当的控制点，先起平钝角辙叉，按此控制点起平对面钝角辙叉，然后再以此为控制点，分别向两端起平。在站场大平不好、起道量大的情况下，可从一端起至另一端。

(2)拨道。先将两个主要行车方向的交叉直线与两端衔接的线路大方向拨顺、拨直，摆正叉心，然后由两个锐角辙叉的理论尖端拉弦线(长轴)，测量改正支距，拨好导曲线。

(3)改道。先改好两个主要行车方向的交叉直线轨距，再以导曲线外股为标准，改好导曲线内股，然后对各部分间隔进行检查和改正。当基本轨弯折量不足或磨损时应及时整修。

(4)整治活接头水平下沉及高低不平。换下承垫活接头拼在一起的两根岔枕，改换悬空式接头，便于捣固，使枕底道砟坚实。

(5)保持导曲线支距的正确位置。钝角辙叉理论尖端至导曲线工作边中点的距离不易保持。

要检查整治基本轨弯折量，磨耗的基本轨弯折点要及时焊补，弯折矢度不足时要重新补弯。为保持导曲线的圆度，在导曲线外股岔枕上安设轨撑，在导曲线中点外股轨底外侧与基本轨弯折点轨底内侧之间用钢板相互顶撑，以防导曲线上股钢轨外移。

(6)整治尖轨爬行和拱腰。加强防爬和锁定工作，加强捣固，减少尖轨跳动和摆动。

(7)防止连电。复式交分道岔多铺设在电气集中的大站站场内，作业时为避免道岔轨道电路短路而影响信号显示，必须注意以下几点：

①在菱形内侧，两根曲尖轨尖端部分的距离较近，极易造成轨道电路短路。为此，除将尖轨尖端范围内的滑床板改为绝缘垫板、斜口滑床板和短滑床板外，作业时，还应注意在这些地方不允许搁置工具和材料，以防连电。

②尖轨拉杆、连接杆改用方钢制造，并使凹下轨底以 1—3、2—4 的连接形式连接，而且连

杆的顶面与轨底面间的空隙高度较小。这样,当列车通过时,若尖轨与基本轨有较大的起伏或跳动,极易造成连电。因此,在维修作业中,强调重点加强捣固和避免高起道也是防止造成连电的措施之一。

③熟悉交分道岔内的轨道电路布置特点,严格遵守有轨道电路道岔维修养护的注意事项及有关规定,进行养护维修作业。

(8)防止4mm锁闭不良。交分道岔的构造复杂,而且长度短,钢轨密集且通路多,由于扣件固紧钢轨能力较弱,在各种冲击力作用下,易出现道岔爬行、基本轨横移、尖轨及活动心轨变形等,造成4mm锁闭不良现象,使信号显示不正常,道岔错误联锁甚至4股开通,严重威胁行车安全。应及时发现4mm锁闭不良并做好以下防治工作:

①交分道岔及其前后线路,要起好大平、拨直方向、改正不合格的轨距及槽宽间隔、矫直心轨、弯好矢度不合要求的基本轨,打磨尖轨、基本轨肥边,以保持密贴。

②增设特制轨距拉杆、轨撑及防横移挡板等零件,加强中轴处及尖轨范围内的横向刚度,防止基本轨横向移动,保持固定的间隔距离,同时对失效零件进行焊补整修或更换。

③加强交分道岔及其前后线路的防爬整体锁定工作,防止道岔内各部钢轨发生移动爬行。

检查交分道岔钢轨有无爬行的方法,除在道岔两侧设置爬行观测桩供检验外,还可以利用道岔本身的构造特点进行检验。如尖轨尖端的"四点一线"法、尖轨跟端处的"四缝一线"法及中轴处的"六点一线"法等,都可以判断和检验交分道岔的各股钢轨有无相对爬行。

(9)工电配合。为确保交分道岔的使用安全,凡进行涉及电务段设备的维修作业以及部分更换或整组更换道岔时,都应有电务工区人员配合工作,以保证作业质量和行车安全。

项目2　道岔各部分常见病害防治

任务1　转辙部分常见病害防治

任务导入

道岔的转辙部分,其结构复杂,轨距变化率大,平面扭曲,零配件较多,扳动频繁,出现故障影响行车。本任务主要学习转辙部分常见病害防治。

任务目标

能够分析转辙部分病害产生的原因,能够对转辙部分病害进行整治。

一、尖轨与基本轨不密贴或较长距离不密贴

这种缺陷在行车线上铺设的单开道岔与交分道岔上比较常见,应视不密贴原因做不同

处理。

1. 产生原因

(1)尖轨 50mm 断面内刨切长度不够。

(2)尖轨顶铁过长,尖轨补强板螺栓凸出。

(3)拨道器或转辙机的位置与尖轨动作拉杆的位置不在同一水平直线上,如图 1-8-22 所示。

(4)基本轨弯折点错后。

(5)钢轨内侧有肥边,如图 1-8-23 所示。

图 1-8-22　位置不在同一水平直线

图 1-8-23　钢轨内侧肥边

(6)基本轨横向移动,如图 1-8-24 所示。

(7)基本轨或尖轨有硬弯。

(8)第一、第二位连接杆与尖轨耳铁连接的距离不合适。

(9)基本轨、轨撑、滑床板挡肩之间有离缝。

2. 预防整治措施

(1)对刨切长度不足的尖轨再做刨切。

(2)顶铁与补强板螺栓可做打磨、焊补或更换。

(3)调整拨道器或转辙机及尖轨拉杆位置,使其在同一水平线上。

(4)拨正基本轨方向,矫正弯折点的位置和矢度。

(5)打磨基本轨内侧肥边。

(6)打靠道钉,消除假轨距。

(7)调直尖轨或基本轨,拨正方向,改好轨距。

(8)调整连接杆的长度,改变尖轨耳铁的孔位或者加入绝缘垫片,误差较大时更换尖轨耳铁或方钢。

图 1-8-24　基本轨横向移动

二、尖轨跳动

当车辆通过转辙器时,尖轨跟部受外力作用而致尖轨跳动。不同道岔跳动的程度各不相同,尤其是长度在 6.25m 以下的尖轨,此种缺陷更为明显。

1. 产生原因

(1)尖轨跟部连接零件磨耗,特别是间隔铁、夹板、尖轨螺栓孔和双头螺栓磨耗。

(2)跟部桥型垫板和防跳卡铁等缺少和失效。

(3)捣固不均匀,岔枕弯曲,有吊板。

(4)跟部接头错牙。

(5)尖轨中部滑床板拱腰。

(6)尖轨拱腰。

2. 预防整治措施

(1)焊补或更换间隔铁、夹板,更换磨耗的双头螺栓。

(2)增补整修跟部桥型垫板和防跳卡铁。进一步采取尖轨防跳措施。例如,在基本轨轨底增设尖轨防跳器,或在尖轨连接杆两端安设防跳补强板,使其长出部分卡在基本轨轨底,以防尖轨跳动。

(3)加强尖轨跟部捣固,消除吊板处所,使轨底坚实,强度均衡。

(4)消灭接头高低、左右错牙。

(5)整治拱腰滑床板。

(6)整治拱腰尖轨。

三、尖轨轧伤与侧面磨耗(见资源1-8-12)

道岔基本轨、尖轨折断紧急处理

尖轨轧伤多发生在尖轨尖端断面比较薄弱部分,当轧伤的长度和深度达到一定程度时,车轮就有爬上尖轨的危险。轧伤范围一般为距尖轨尖端1m长度以内,300mm内较为明显;轧伤垂直深度很少超过20mm,曲股尖轨多于直股尖轨。

1. 产生原因

(1)尖轨与基本轨不密贴或假密贴,如图1-8-25所示。

(2)尖轨与滑床板不密贴。

(3)尖轨跳动。

(4)尖轨顶铁过短。

(5)基本轨垂直磨耗超限,如图1-8-26所示。

(6)尖轨前部顶面受车轮踏面和轮缘的轧、挤、碾作用。

2. 预防整治措施

(1)按照尖轨与基本轨不密贴、尖轨与滑床板不密贴和尖轨跳动等病害的整治办法,进行综合整治。

(2)尖轨顶面有肥边时,进行打磨。

(3)尖轨顶铁过短时,加长顶铁,使尖轨尖端不离缝。

(4)将垂直磨耗超限的基本轨与轧伤的尖轨同时更换,或采取焊补办法加强。

(5)导曲线可根据需要,设置6mm的超高,在导曲线范围内按不大于2‰顺坡,严格禁止

列车超速。

(6)必要时安装防磨护轨,减少尖轨侧面磨耗。在弯股基本轨里口,尖轨尖端前安装防磨护轨。

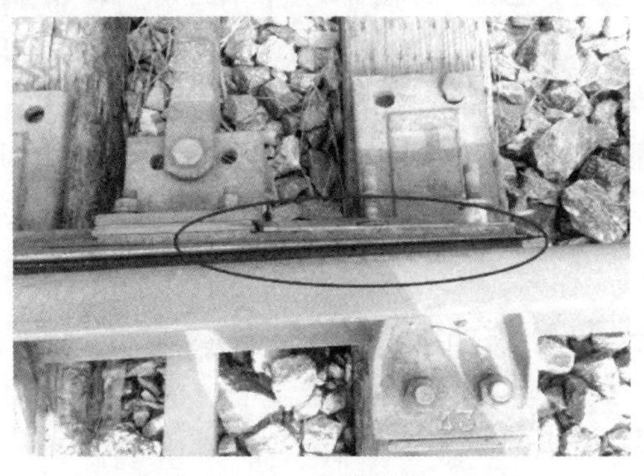

图1-8-25　尖轨与基本轨不密贴

图1-8-26　基本轨垂直磨耗超限

四、尖轨中部轨距小

尖轨中部轨距小至1430mm以下时,将危及行车安全。这种情况多发生在7.700m及以上长度的尖轨。

1.产生原因

(1)尖轨刨切不合标准。
(2)尖轨密贴长度不足。
(3)尖轨中部反弹。
(4)尖轨动程小,非作用边被磨耗。
(5)中部连接杆尺寸过小。

2.预防整治措施

(1)刨切尖轨,使其与基本轨密贴,矫直弯曲变形的尖轨。
(2)消除尖轨中部弹性矢度。
(3)调整连接杆、拉杆的长度。

五、尖轨拱弯

尖轨拱弯是指尖轨拱腰和尖轨侧向弯曲。尖轨拱弯在型号较小、尖轨较短的道岔上较普遍。

1.产生原因

(1)尖轨刚度较低。
(2)尖轨尖端和跟端道床捣固不实。
(3)尖轨尖端和跟端所受冲击力大于中间部分。
(4)尖轨在制造和运输装卸过程中形成的拱弯。

2. 预防整治措施

(1)将拱腰尖轨拆下来运回修配厂,采用气体火焰调直和烘炉加热调直两种方法,调直拱腰尖轨。为节省时间,现场通常采用在轨道上调直拱腰尖轨的方法,一般使用 30 ~ 50t 液压尖轨调直器。这种工具构造简单,操作方便,除防护人员外,只需 4 人即可进行。利用列车间隔施工,设好防护后才能进行。调直时采用的调直量一般为拱腰量的 3 倍左右。

(2)侧向弯曲尖轨的调直,一般可用调整连接长度的方法进行。弯曲长度不超过 1m 时,只在弯曲顶点直一次即可。弯曲长度为 1 ~ 2m 时,要根据弯曲形状按图示顺序进行调直。

图 1-8-27　尖轨爬行

六、尖轨扳动不灵

1. 产生原因

(1)尖轨爬行,两股前后不一致,如图 1-8-27 所示。

(2)拉杆或连接杆位置不正。

(3)尖轨跟端双头螺栓磨损或间隔铁夹板磨耗严重,螺栓上紧后影响尖轨扳动。

(4)基本轨有弯,滑床板不平直。

(5)拉杆、连接杆、接头铁螺栓孔壁磨耗扩大,螺杆磨细,减弱了尖轨整体框架的刚性。

2. 预防整治措施

(1)串动尖轨、基本轨使之处于正当位置,并将尖轨跟端螺栓放正,锁定爬行。

(2)摆正拉杆或连接杆位置。

(3)焊补或更换已磨损超限的双头螺栓、间隔铁和夹板。

(4)整平不平直的滑床板。

(5)保持尖轨跟端轨缝不超过设计规定,不允许挤成瞎缝。

七、尖轨与滑床板不密贴

这种缺陷会使尖轨在列车通过时上下跳动,尖轨与基本轨离缝,容易轧伤尖轨,还会使滑床板和尖轨跟端螺栓损伤,道岔扳动也不灵活。

1. 产生原因

(1)尖轨拱腰。

(2)滑床板弯曲。

(3)岔枕变形和岔枕吊板。

(4)滑床台磨耗或塌陷。

(5)基本轨有弯。

(6)捣固不实。

2. 预防整治措施

(1)刨切尖轨,使其与基本轨密贴,矫直弯曲变形的尖轨。

(2)消除尖轨中部弹性矢度。

(3)调整连接杆、拉杆的长度。

八、尖轨动程过小

单开道岔或其他类型道岔的尖轨动程常有不标准的情况发生,尤其是曲尖轨。动程过小是造成双尖轨横向摆动的主要原因,车轮冲撞尖轨的机会增多,不利于行车,必须按照直尖轨或曲尖轨的标准动程作适当调整。

1. 产生原因

(1)第一位连接杆过长。

(2)转辙机与道岔拉杆调试位置不适当。

(3)尖轨耳铁加垫过厚。

2. 预防整治措施

(1)调好基本轨方向,使之达到所要求标准。

(2)调好高速尖轨尖端第一连接杆处尖轨与基本轨的距离,使之合乎规定要求。

(3)对第一连接杆的距离尺寸,在电务人员配合下,调试合适后,即可固定下来,使动程合乎标准。

九、三道缝

三道缝:一是基本轨底边与滑床台槽边的缝隙超过 1mm;二是基本轨的颚部与外侧轨撑不密贴,缝隙超过 0.5mm;三是基本轨轨撑与滑床板挡肩不密贴,缝隙超过 0.5mm。如图 1-8-28所示。

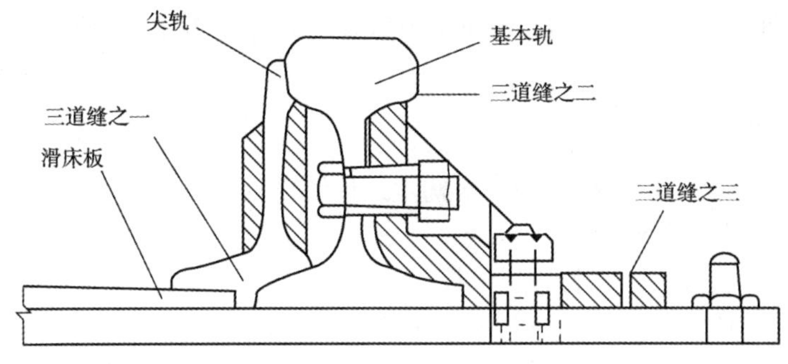

图 1-8-28　三道缝

1. 产生原因

(1)滑床板本身不平直,轨撑的外形不标准,组装不合适。

(2)道岔爬行,滑床板和轨撑磨耗。

(3)基本轨横移及方向不良。

2. 预防整治措施

(1)从道岔的养护维修及道岔加强两方面进行整治,先把道岔位置拨正,使道岔的方向、高低处于良好状态,把转辙部分捣固坚实。

(2)焊补整修磨损、挠曲、不平的滑床台,更换磨耗严重的滑床板,使滑床板平直,并达到规定的厚度。

(3)用加铁块的办法焊补滑床板挡肩,使滑床台槽边与基本轨底边密贴。

(4)在轨撑与滑床板间用18mm以上的直角竖螺栓连接。

(5)用螺纹道钉将轨撑、滑床板与岔枕连接成一整体,避免用道钉钉在枕木上。

(6)用水平螺栓将轨撑横穿在基本轨腹部,使两者牢固地连接在一起,个别尺寸不合标准的轨撑应换掉。

任务2　连接部分常见病害防治

任务导入

道岔的连接部分是转辙器和辙叉之间的连接线路,包括直股连接线和曲股连接线。本任务主要学习连接部分常见病害防治。

任务目标

能够分析连接部分病害产生的原因,能够对连接部分病害进行整治。

一、导曲线轨距扩大

1. 产生原因

列车通过导曲线时,由于离心力、横向推力以及车轮冲击钢轨,致使道钉浮离,配件松动,钢轨有小反。

2. 预防整治措施

(1)在导曲线外侧设置轨撑,可隔一根枕木或连续设置。

(2)整治轨撑离缝消除假轨距。

(3)在导曲线外股接头处安装桥型垫板。

(4)更换腐朽岔枕。

(5)混凝土岔枕要消除扣件挡肩和轨底边离缝,使其达到足够力矩。

二、导曲线钢轨偏面磨耗

1. 产生原因

导曲线由于外股没有设置超高,长期受离心力作用,导致反超高和上股钢轨偏心磨耗。

2. 预防整治措施

(1)在导曲线上股铺设1/20的铁垫板。

(2)根据需要设置6mm超高,在导曲线范围内按不大于2‰顺坡。

(3)保持连续部分钢轨无接头相错。

三、导曲线不圆顺

1. 产生原因

尖轨跟端和辙叉前后开口尺寸不合标准,支距点位置不对,支距尺寸不标准和作业不细,维修不当以及列车车轮冲击作用,均可造成导曲线不圆顺。

2. 预防整治措施

(1)保证支距点位置和跟端支距正确。

(2)保持支距尺寸并使递减率合乎要求。

(3)导曲线目测圆顺,消灭"鹅头"。

(4)个别处所,通过拨道和改正轨距解决。

任务3　辙叉及护轨部分常见病害防治

任务导入

辙叉由叉心和翼轨组成,其作用是使车轮顺利地由一段轨道越上另一段轨道;护轨是在基本轨内侧增设的两根平行的钢轨(通常用旧轨),以防护车轮掉道。本任务主要学习辙叉及护轨部分常见病害防治(资源1-8-13)。

任务目标

能够分析辙叉及护轨产生病害的原因,能够对辙叉及护轨部分病害进行整治。

一、辙叉垂直磨耗和压溃

1. 产生原因

(1)车轮从心轨上通过辙叉"有害空间"向翼轨过渡,或从翼轨向心轨过渡时,在较大的车轮冲击作用下,翼轨和心轨便产生严重磨耗和伤损。

(2)磨耗和伤损常发生在翼轨弯折处和心轨断面30~40mm处,因为此处受到车轮冲撞振动的力量比较大。

(3)辙叉心处的岔枕经常发生吊板,当列车高速通过时便会出现辙叉连同岔枕上下起伏颤动,因而在下部破坏了道床基础的坚实性,引起排水不良、翻浆冒泥,在上部加重了翼轨和心轨的严重磨耗和损伤。

2. 预防整治措施

(1)针对辙叉底部存在的空洞和吊板,加强辙叉底部的捣固,特别是叉心和辙叉前后接头处的捣固。

(2)辙叉底板较宽,岔枕间距小,不好捣固。有时通过冒起道钉,抬起辙叉,在适当位置用垫板垫高3~5mm,然后撤除一根岔枕,用起道机抬起岔枕进行捣固。这样逐根进行,既能整治弯曲岔枕,又能提高捣固的坚实程度,提高辙叉基础强度。

(3)借助有计划地更换岔枕的机会,彻底加强辙叉底的捣固。

(4)利用翻转岔枕的办法,均匀地进行辙叉底捣固。

(5)运用经常保养中积累的经验,在辙叉底岔枕顶面垫胶垫,以缓冲受力,延长辙叉和岔枕使用寿命。

(6)为保持辙叉的整体稳定性,锰钢整铸辙叉与岔枕间要用螺纹道钉固定。

(7)钢轨组合辙叉底部和前后接头,应铺设大垫板和接头桥型垫板,用竖螺栓和板把辙叉固定在垫板上,如AT型道岔那样,加强辙叉的整体稳定性。

在辙叉部位的岔枕上,安设特制铁座,用弹条Ⅰ型扣件固定辙叉位置。弹性扣件扣压力大,既可防止辙叉横移,又可防止纵爬,对稳固辙叉可以起到较好的作用。

二、辙叉偏磨

1. 产生原因

辙叉偏磨主要是指单侧通过列车次数较多,造成辙叉偏沉或一侧偏磨,水平和轨距不合标准,岔枕弯曲。

2. 预防整治措施

(1)对偏磨的辙叉进行焊补。

(2)有条件时,可倒换方向使用。

(3)加强偏沉部位的捣固,但要兼顾辙叉的水平状态。

三、固定型钝角辙叉撞尖

1. 产生原因

(1)钝角辙叉的护轨折角被轮背磨成圆弧,减弱了护轨作用,增大了“有害空间”的长度。

(2)钝角辙叉位置偏离菱形短轴而错位,造成车轮形成不能自护的一段“有害空间”,带来了撞尖的可能性。

(3)钝角辙叉轨距、轮缘槽宽不符合标准,影响查照间隔,造成撞尖。

2. 预防整治措施

(1)在养护维修中经常检查,及时焊补被磨耗的护轨折角。

(2)铺设、更换和养护维修时,保证两个钝角辙叉的位置准确,不偏离,不错位。

(3)对于固定型钝角辙叉,经常保持轨距为 1440mm,轮缘槽宽为 44mm。

(4)属于道岔构造上的缺陷或铺设施工遗留下来的问题,应有计划地在构造上进行综合改造。

四、辙叉轨距不合标准

1. 产生原因

(1)辙叉翼轨作用边与护轨头部外侧距离大于 1348mm。

(2)辙叉心轨作用边与护轨头部外侧距离小于 1391mm。

(3)一般情况护轨轮缘槽宽度不在 42 ~ 44mm 范围内。

(4)辙叉心轨轮尖端至心轨宽 50mm 处,轮缘槽宽超出 45 ~ 48mm 范围。

(5)轨距及水平超限。

2. 预防整治措施

(1)先拨正直股方向,改好辙叉心轨 50mm 断面处轨距。

(2)调整辙叉和护轨轮缘槽的尺寸,使其达到标准,即护轨轮缘槽宽度在 42 ~ 44mm 之间,辙叉心轮缘槽宽度在 45 ~ 48mm 范围内。

(3)钢轨作用边有肥边时,用电砂轮打磨。心轨、翼轨伤损处可焊补。

(4)为加强辙叉和护轨的整体联系,必要时可在护轨处增设轨撑加固。

(5)在整修查照间隔尺寸时,必须兼顾查照间隔 1391mm 和护背距离 1348mm 两个指标。

(6)整治超限时,必须在轨距和方向良好的前提下,通过高速护轨和轮缘槽、改动轨距来解决。

复习思考题

一、填空题

1. 把两条或两条以上的轨道,在平面上进行相互连接或交叉的设备,统称为＿＿＿＿＿＿。

2. 道岔根据用途和平面形状分类,有＿＿＿＿＿＿、＿＿＿＿＿＿、＿＿＿＿＿＿、交叉道岔、交叉与道岔组合。

3. 用 43kg/m 钢轨制作的道岔称＿＿＿＿＿＿道岔。

4. 单开道岔主要由＿＿＿＿＿＿、＿＿＿＿＿＿、辙叉、护轨及岔枕等组成。

5. 辙叉分为＿＿＿＿＿＿辙叉和＿＿＿＿＿＿辙叉两种。

6. 辙叉咽喉至辙叉心轨实际尖端之间称为“＿＿＿＿＿＿”。

7. 辙叉是使车轮由一股钢轨越过另一股钢轨的设备,由＿＿＿＿＿＿和＿＿＿＿＿＿组成。

8. 辙叉号数也称道岔号数,我国地铁规定以辙叉角的＿＿＿＿＿＿表示辙叉号数。

9. 辙叉号数 N 越大,辙叉角越＿＿＿＿＿＿,侧向过岔允许速度越＿＿＿＿＿＿。

10. 道岔查照间隔不得小于____________。

11. 道岔护背距离不得大于____________。

12. 一个道岔群,为区分道岔之间的位置关系,按一定的规律,对道岔进行编号,这里所表达的道岔号数与道岔的型号____________。

二、选择题

1. 从基本轨前端轨缝中心到辙叉尾端轨缝中心的距离,称为(　　)。

A. 道岔前长　　B. 连接部分　　C. 道岔后长　　D. 道岔全长

2. 道岔辙叉部分轨距,直侧向均为(　　)。

A. 1435mm　　B. 1440mm　　C. 1450mm　　D. 1445mm

3. 道岔护轨轮缘槽标准宽度为42mm,允许误差为(　　)。

A. +3mm, -1mm　　B. +3mm, -2mm　　C. ±2mm　　D. ±3mm

4. 下列选项中不是道岔转辙部分的主要零件的是(　　)。

A. 尖轨顶铁　　B. 轨撑　　C. 护轨　　D. 滑床板

5. P60-9 整体道床道岔尖轨尖端轨距为(　　)。

A. 1435mm　　B. 1440mm　　C. 1450mm　　D. 1445mm

三、简答题

1. 什么是道岔的查照间隔和护背距离?
2. 道岔护轨的作用是什么?
3. 简述道岔轨距检查的步骤。
4. 影响道岔水平变化的主要因素有哪些?
5. 简述更换道岔尖轨作业流程。
6. 道岔尖轨与基本轨不密贴或较长距离不密贴的原因有哪些?
7. 预防整治导曲线轨距扩大的措施有哪些?
8. 简述辙叉偏磨产生的原因及预防整治措施。

学习情境9　无缝线路养护维修及病害防治

本学习情境主要内容包括无缝线路养护维修、无缝线路常见病害防治。通过本学习情境的学习，学生应该掌握无缝线路养护维修作业安排及养护维修要求，了解无缝线路作业轨温，学会无缝线路应力放散与应力调整，掌握无缝线路胀轨跑道的防治，熟悉无缝线路长钢轨折断防治。

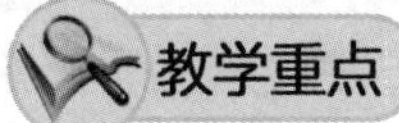

无缝线路应力放散与应力调整的作业方法，无缝线路胀轨跑道的防治，无缝线路长钢轨折断防治。

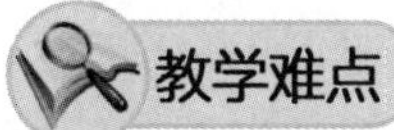

无缝线路应力放散与应力调整。

项目1　无缝线路养护维修

用标准钢轨焊接成具有一定长度的长轨条所铺设成的轨道称为无缝线路。钢轨的长度可以达数公里或数十公里，但为铺设、维修、焊接、运输的方便，我国的无缝线路钢轨长度多为1～2km。因线路上减少了大量钢轨接头和轨缝，故称之为无缝线路，如图1-9-1所示（见资源1-9-1、1-9-2）。

图1-9-1　无缝线路图

任务1 无缝线路养护维修作业安排

任务导入

无缝线路与普通线路相比,在结构和技术要求上都有自己的特点,因此在养护维修作业中,也具有其独自的特点。本任务主要学习无缝线路养护维修作业安排。

任务目标

掌握无缝线路养护维修作业安排时需要考虑的基本情况。

无缝线路养护维修作业在安排维修计划时,应考虑以下几点:

(1)无缝线路应根据季节特点、锁定轨温和线路状态,合理安排全年维修计划。一般气温较低的季节,安排锁定轨温较低或薄弱地段进行综合维修;气温较高的季节,安排锁定轨温较高地段进行综合维修。

(2)高温季节应不安排综合维修和影响线路稳定性的工作。如必须进行综合维修或成段保养时,应有计划地先进行应力放散后再进行维修保养作业,此后要在设计锁定轨温范围内,重新做好应力放散和锁定线路工作。其他保养和临时补修,可采取调整作业时间的办法进行。

高温季节可安排矫直钢轨硬弯、钢轨打磨、焊补等作业。在较低温度下,如需更换钢轨或夹板时,可采用钢轨拉伸器进行。

(3)无缝线路综合维修计划,以每段长轨条或单元轨条为单位安排作业。遇有跨工区的长轨条或单元轨条时,应由两工区协同安排。

(4)对于锁定轨温不明、不准、不匀、过低、过高等地段,应有计划地进行应力放散或调整。

(5)无缝线路上铺设的混凝土枕,应采用Ⅱ型或Ⅲ型混凝土枕及相应扣件和厚度为10mm的橡胶垫板。木枕应采用分开式扣件,混凝土宽枕应采用弹条调高扣件。使用上述扣件可不安装防爬设备。有砟桥上的木枕应更换为有砟桥面混凝土枕。

(6)每年春、秋季应在允许作业轨温范围内逐段整修扣件及接头螺栓,整修不良绝缘接头,对接头螺栓及扣件进行除垢涂油,并复紧达到规定标准。使用长效油脂时,按油脂实际有效期安排除垢涂油工作。

(7)线路轨向应经常保持良好,对钢轨硬弯应及时矫直。

(8)长轨条及道岔内的焊缝部位要保持平直,出现凸凹应打磨、焊补。用1m直尺测量,工作边矢度不得大于0.5mm。允许速度大于120km/h的线路,钢轨顶面凹凸矢度不得大于0.3mm,其他线路不得大于0.5mm。

无缝线路维修计划安排

(9)联合接头不得设置在道口、桥台、桥墩或不做单独设计的桥上,距桥台边墙不应小于2m。位于中跨度桥上的联合接头应布置在1/4～1/2桥跨处,并避开边跨;在大跨度桥上,应远离纵梁断开处。允许速度大于160km/h的线路,铝热焊缝距轨枕边不得小于100mm,其他线路不得小于40mm(见资源1-9-3)。

任务2　无缝线路作业轨温

任务导入

为保证无缝线路的强度和稳定,在维修作业时需要掌握轨温条件(见资源1-9-4)。本任务主要学习无缝线路作业轨温。

任务目标

掌握无缝线路维修作业时的轨温条件。

进行无缝线路维修作业,必须掌握轨温,观测钢轨位移,分析锁定轨温变化,按实际锁定轨温,根据作业轨温条件进行作业,严格执行"维修作业半日一清,临时补修作业一撬一清"和"作业前、作业中、作业后测量轨温"制度,并注意做好以下各项工作:

(1)碎石道床在维修地段按需要备足道砟。

(2)起道前应先拨正线路方向。

(3)起、拨道机不得安放在铝热焊缝处。

(4)列车通过前,起道、拨道应做好顺坡、顺撬。

(5)扒开的道床应及时回填、夯实。

无缝线路铺设与温度变化的关系可参考资源1-9-4。

无缝线路养护维修作业轨温条件见表1-9-1。

无缝线路养护维修作业轨温条件　　表1-9-1

序号	作业项目	按实际锁定轨温计算				
		减20℃以下	减15～20℃	增减10℃以内	增10～20℃	增20℃以上
1	扒道床(直线及半径大于或等于800m的曲线)	连续扒开不超过25m	连续扒开不超过50m	与普通线路相同	连续扒开不超过50m,但不得扒开枕头道床	禁止
2	起道(直线及半径大于或等于800m的曲线)	高度不超过30mm、长度不超过25m	高度不超过40mm、长度不超过50m	与普通线路相同	高度不超过30mm、长度不超过50m	禁止
3	拨道(直线及半径大于或等于800m的曲线)	拨道量不超过10mm	拨道量不超过20mm	与普通线路相同	拨道量不超过10mm	禁止

续上表

序号	作业项目	按实际锁定轨温计算				
		减20℃以下	减15~20℃	增减10℃以内	增10~20℃	增20℃以上
4	改道	与普通线路相同	同左	同左	同左	禁止
5	松动防爬设备	同时松动不超过25m	同左	与普通线路相同	同时松动不超过12.5m	禁止
6	更换扣件或涂油	隔二松一，流水作业	同左	同左	同左	禁止
7	方正轨枕	当日连续方正不超过两根	隔二方一，方后捣固，恢复道床逐根进行（配合起道除外）	与普通线路相同	隔二方一，方后捣固，恢复道床逐根进行（配合起道除外）	禁止
8	更换轨枕	当日不连续更换	当日连续更换不超过两根	与普通线路相同	禁止	禁止
9	更换接头螺栓和涂油	禁止	逐根进行	同左	同左	禁止
10	更换钢轨或夹板，破底清筛道床	禁止	禁止	与普通线路相同	禁止	禁止
11	不破底清筛道床	逐孔倒筛夯实	同左	同左	同左	同左
12	矫直钢轨硬弯	禁止	禁止	禁止	与普通线路相同	同左

任务3　无缝线路养护维修要求

任务导入

无缝线路养护维修的目的是保持无缝线路有足够的强度、稳定性，因此维修作业必须满足维修的基本要求（见资源1-9-5）。本任务主要学习无缝线路养护维修要求。

任务目标

掌握无缝线路维修作业前、作业中、作业后的基本要求。

一、作业前

(1)在维修地段按照需要备好道砟。

(2)测量钢轨位移,分析锁定轨温变化情况,并根据变化后的锁定轨温安排养护维修作业。

(3)拧紧扣件螺栓和接头夹板螺栓。

(4)拨直不良的轨向。

二、作业中

(1)采用小起小拨,扒、起、捣、填、夯流水作业,实施"一准、二清、三测、四不超、五不走"作业制度,确保无缝线路的稳定。

一准:掌握实际锁定轨温要准。

二清:维修作业半日一清,临时补修作业一撬一清。

三测:作业前、作业中、作业后测量轨温。

四不超:作业不超温,扒砟不超长,起道不超高,拨道不超量。

五不走:扒开道床未回填不走,作业后道床未夯实不走,未组织回检不走,质量未达到作业标准不走,发生异状未处理不走。

(2)作业时应经常注意线路状态和行车情况,如发现起道省力、线路方向不良、碎弯增多、拨道拨不动或拨好一处附近又鼓出、高低水平不好、连续空吊板、一端轨枕头道砟离缝等胀轨预兆,应立即停止作业,设置防护,采取必要的降温措施,防止胀轨跑道。

(3)在维修地段按需要备足道砟,起道前要先拨正线路方向;起、拨道机具不得安放在铝热焊缝处;列车通过前,起道要顺坡捣固,拨道要拨顺;扒开的道床,要及时回填饱满和夯实。

(4)在伸缩区和薄弱地段进行作业,应由工班长领导施工。

三、作业后

作业后要组织全面回检。在炎热天气作业或作业地段方向不良时,要留人看守,注意变化,发现异状及时采取措施。

任务4　无缝线路应力放散与应力调整

任务导入

无缝线路通常根据处理钢轨内温度应力方式的不同,分为温度应力式以及放散温度应力式。本任务主要学习无缝线路应力放散与应力调整的作业方法。

任务目标

掌握无缝线路需进行应力放散或调整的情况;学会无缝线路应力放散及调整的作业方法;熟悉无缝线路单项作业方法;熟悉无缝线路特殊地段养护。

一、技术要求

(1)以观测桩为基准检查无缝线路爬行量。为便于日常观测长轨条纵向位移情况,掌握长轨条的受力状态,必须设置无缝线路位移观测桩。在长轨条铺设就位后,应立即标记,否则就会失去原始数据,不能全面掌握长轨条位移的真实情况,故规定观测桩必须预先埋设牢固,在长轨条两端就位后应立即标记。在机械化作业地段可使用矮型观测桩,埋设在路肩上,用钢轨位移观测仪测量,可避免观测桩对机械化作业的影响。

对地上线,每年夏季(5 月至 8 月)及冬季(12 月至次年 2 月)每月观测 2 次,其他月份每月观测 1 次;对地下线,每年观测不少于 2 次。观测后应填写无缝线路长钢轨位移观测记录表(表 1-9-2)。

无缝线路长钢轨位移观测记录表 表 1-9-2

______线______行(环)______ km + ______—______ km + ______

锁定温度______℃

检查日期	气温(无)	轨温(无)	左股/mm											右股/mm											原因分析
			始端轨缝	各观测点位移量									终端轨缝	始端轨缝	各观测点位移量									终端轨缝	
				1	2	3	4	5	6	7					1	2	3	4	5	6	7				

注:①在单线上各测点顺计算公里方向编号,在双线上各测点顺列车运行方向编号。

②顺编号方向位移为"+"号,逆编号方向位移为"-"号。

(2)检查钢轨伸缩调节器的钢轨和基本轨是否密贴,尖轨或基本轨顶面有无压溃肥边。

(3)检查轨条有无不正常的伸缩,固定区或无缝道岔是否出现严重的不均匀位移。

(4)无缝线路的锁定轨温必须正确、均匀,当无缝线路的实际锁定轨温与设计锁定轨温不符或原锁定轨温不明时,应进行应力放散或调整。

在无缝线路长轨条始端至终端全部落槽的条件下,将两端钢轨接头连接零件和所有扣件全部紧固的过程称为锁定。无缝线路长轨条在锁定的过程中所测得的轨温,称为锁定轨温。

由于长轨条全部锁定的操作有一个过程,所以,在铺设无缝线路时,从扣件开始紧固至紧

固结束，分 3 次测量轨温，取平均值作为锁定轨温。

二、需进行应力放散或调整的情况

（1）实际锁定轨温不在设计锁定轨温范围内，左、右两股长轨条相邻单元轨节的实际锁定轨温相差超过 5℃。

（2）锁定轨温不清楚或不确定（位移观测桩或观测标尺丢失、观测数据不连续等原因）。

（3）铺设或维修的作业方法不当，使长轨条产生不正常的过量伸缩。

（4）固定区和无缝道岔出现严重的不均匀位移。

（5）无缝线路的两相邻单元轨条的锁定轨温差超过 5℃，同一区间内单元轨条的最低、最高锁定轨温相差超过 10℃。

（6）夏季线路方向严重不良，碎弯多。

（7）通过测试，发现钢轨温度应力分布严重不均。

（8）处理线路故障或施工需要，改变了原来的锁定轨温。

（9）低温铺设长轨条时，拉伸不到位或拉伸不均匀。

三、无缝线路应力放散工具

无缝线路应力放散工具见表 1-9-3。

作业工具　　表 1-9-3

序号	名称	数量	序号	名称	数量
1	卷尺（30m）	1 把	5	防护信号	1 套
2	钢卷尺（2m）	1 把	6	锯轨设备	1 套
3	滑石笔	按需要	7	铝热焊设备	1 套
4	轨缝尺	1 把			

四、无缝线路应力放散（见资源 1-9-6、1-9-7）

无缝线路的锁定轨温应为长轨条处于无温度应力状态的轨温，通常将长轨条两端正常就位的轨温平均值作为锁定轨温。无缝线路的锁定轨温必须准确、均匀，当无缝线路的实际锁定轨温与设计锁定轨温不符或原锁定轨温不明时，应进行应力放散或调整。

应力放散注意事项

应力放散锁定作业案例

1. 应力放散方法

无缝线路应力放散可采用滚筒配合撞轨法或滚筒结合拉伸器配合撞轨法。

轨下支垫滚筒是为减小阻力,分段撞轨是为促使钢轨温度应力释放,拉伸是为补偿温差。在轨温低于锁定轨温的情况下放散时,为把轨温提高到设计锁定轨温的水平,就要使用拉伸器拉伸长轨条。究竟采用哪种放散方法,视具体情况而定。关于总放散量要达到计算数值,沿钢轨全长放散量要均匀,锁定轨温要准确的要求,其目的在于确保放散之后锁定的轨温准确、可靠。

(1)滚筒配合撞轨法。

滚筒配合撞轨法是在设计锁定轨温范围内封锁线路,拆除扣件,每隔 10 ~ 15m 撤除轨枕上的橡胶垫板,同时垫入滚筒,配合适当撞轨,使长轨条正常伸缩,达到自由状态,然后撤出滚筒,装好橡胶垫板、扣件,锁定线路。

(2)滚筒结合拉伸器配合撞轨法。

滚筒结合拉伸器配合撞轨法是轨温低于锁定轨温时,用滚筒放散方法放散,使长轨条达到自由状态,然后使用钢轨拉伸器拉伸长轨条,拉伸到位后锁定线路。

全区间或跨区间无缝线路的应力放散,应按惯例单元进行,按计划开口,然后用上述方法放散应力。临时恢复线路时,可插入不短于6m 的钢轨,用冻结接头过渡,在适当轨温条件下,按设计锁定轨温恢复原结构。

无缝线路应力放散

2. 应力放散流程(见资源 1-9-8)

(1)线路检查。

调查丈量长钢轨全长;调查原锁定轨温及变化情况;调查缓冲区短轨配置及短轨长度、轨缝、接头相错量等;调查绝缘接头、铝热焊缝、道口、桥梁段、曲线段等应力放散的影响。

(2)施工前准备。

①根据调查资料绘制平面示意图,进行放散前的策划,制订放散方案,明确向一端放散还是向两端放散,确定设计轨温或模拟锁定轨温。

②计算放散量及锯轨量等。

a. 放散量(ΔL)。

放散量按长轨自由伸缩公式计算:

$$\Delta L = \alpha L(T_0' - T_0) \tag{1-9-1}$$

式中:α——$11.8 \times 10^{-6}/℃$;

L——需放散的长轨长度,mm;

T_0'——应力放散后的锁定轨温,应在设计锁定轨温范围内,℃;

T_0——原锁定轨温,℃。

b. 锯轨量。

放散时长轨发生伸缩,达到计算的放散量后,必须将与长轨连接的缓冲轨锯短或换长。在“放伸”时缓冲轨应锯短(或换为标准缩短轨),其锯轨量为:

$$\Delta l = \sum a - \sum b \pm c \tag{1-9-2}$$

式中:Δl——放散量,mm;

$\sum a$——放散后缓冲区上预留轨缝之和，mm；

$\sum b$——放散前缓冲区上预留轨缝之和，mm；

c——整治线路爬行时的钢轨爬行量，mm。当放散方向与爬行方向一致时为“+”，反之为“-”。

“放缩”后需更换的缓冲轨，其长度可按式(1-9-2)计算。

c. 总放散量。

$$总放散量 = 0.0118 \times 放散长度 \times (计划轨温 - 原锁定轨温) \tag{1-9-3}$$

d. 观测点放散量。

$$观测点放散量 = \frac{总放散量}{观测点数} \times 观测点号数 \tag{1-9-4}$$

e. 根据放散量对缓冲区进行配轨。

f. 现场按每100m长度选定测点，按放散方向顺序进行测点编号，每个测点做好放散位移观测线。

g. 根据缓冲区配轨计划锯轨、钻孔，运至工地并安放对位。确定拉轨器位置，做好醒目标记。

h. 拆除道口，方正铝热焊接头和清理其他影响放散的障碍物。

(3)应力放散作业。

设立放散临时观测桩或其他标记：由锁定端至放散端，每100m建立一个观测桩，并按顺序编号。各观测点放散量应均匀一致，观测点处的放散量按式(1-9-4)计算。

①预备作业。预备作业包括固定段拧紧螺栓，散布螺筒，一隔一松拆扣件，拆除防爬设备及其他障碍物。运卸拉轨器、轨卡，松拆剩余扣件，安装滚筒。龙门口作业人员拆卸接头螺栓，更换调整轨，拧紧螺栓，安装拉伸器。

②拉伸作业。一切准备工作就绪后，由施工负责人向工地统一布置拉伸开始；各撞轨器必须密切配合拉伸器进行撞轨；松拆扣件人员可转入第二股钢轨松拆扣件；各测点观测人员必须通过报话机向施工负责人汇报测点位移情况；各测点计划位移量到位后，由施工负责人统一发布第一股拉伸结束。

③恢复作业。全体作业人员必须立即一隔一扣件安装，拧紧第一股钢轨的扣件；第一股钢轨一隔一扣件拧紧后，拆除拉伸器；按同样方法，拉伸另一股钢轨；所有作业人员共同全面恢复线路，并达到规定要求；做好锁定轨温标记及爬行观测桩标记。经检查，确认线路无超限方可离开工地。

应力放散作业现场如图1-9-2所示。

图1-9-2　应力放散现场

五、无缝线路应力调整(见资源1-9-9)

1. 应力调整方法

无缝线路的应力调整一般采用碾压法，即在调整地段适当松动扣件和防爬器，利用列车慢

行碾压,将应力调整均匀。这种方法简单易行,适用于一部分轨条应力大、一部分轨条应力小的局部调整,通过调整使应力正负相消达到平衡。

另外,可以采用滚筒调整法。在调整地段松开扣件和防爬器,长轨条垫入滚筒,用撞轨器振动钢轨使应力调整均匀。在进行应力调整前,应将长轨条两端伸缩区牢固锁定,使之形成如同预施应力的锚固端,在应力调整中不改变伸缩区的应力分布状况。

无缝线路应力放散与调整的主要区别:应力放散钢轨长度发生变化,而应力调整钢轨长度不发生变化。

2. 应力调整作业

实际上,应力调整是局部的应力放散,当长轨节两端未发生爬行,而中间出现应力不均时,可以将两端固定,将应力不均部位的扣件松拆,采用滚筒法和撞轨法相结合,使钢轨振动后,钢轨内应力在有限范围内进行有限制的调整。

在无缝线路固定区,由于作业不当、线路爬行不均或其他原因,会使局部地段钢轨承受较大的拉力或压力。对于这些地段,可采取应力调整的方法,使钢轨受力均匀一致,以避免局部地段应力过大,造成胀轨、跑道或断轨事故。调整无缝线路固定区应力的作业称为应力调整。

无缝线路固定区钢轨内应力集中的现象,可以从位移观测桩观测到的钢轨位移情况分析得知。如固定区某一观测桩附近钢轨有位移变化,而其他观测桩没有变化,说明有位移变化的钢轨附近有应力集中;又如固定区所有观测桩处钢轨位移都有变化,说明线路有爬行,若其中某个观测桩处的钢轨位移量较大或较小,说明该观测桩附近钢轨有应力集中。

应力调整在长钢轨全长无变化,不改变原锁定轨温的前提下进行。应力调整方法较为简单,一般是保持无缝线路长钢轨两端伸缩区扣件、防爬器不动,然后按列车运行方向,把固定区部分或全部的防爬器松开。混凝土轨枕线路,要适当松开一部分扣件,随着列车的碾压振动和轨温变化,固定区钢轨可以适当伸缩,以均匀调整钢轨承受的应力。为加速应力调整过程,也可以辅以撞轨与拉轨。调整完毕后,拧紧扣件,打紧防爬器,恢复线路。

六、无缝线路单项作业

单项作业是无缝线路维修的重要组成部分,作业方法是否正确,将直接影响线路的强度和稳定。因此,必须严格掌握作业轨温,采取扒、起、捣、填、夯紧密衔接的流水作业方法,最大限度地保持线路的稳定。

1. 起道作业

起道时钢轨和轨枕被抬起,不仅道床阻力减小,而且还会因长轨条局部长度的改变而承受附加力,起道越高影响范围越广。所以,无缝线路严禁一次起道量过高,超过30mm的起道量应分次进行。

同时,起道机应垂直放置以免引起线路方向的变化。在曲线地段起道时,起道机应放在上股钢轨外侧或下股钢轨内侧,复线地段要迎着列车运行方向作业,以减少线路的爬行。

在任何情况下,起道机都不可放在铝热焊缝处(距铝热焊缝不少于1孔)。

2. 拨道作业

拨道时，轨枕位置横移，并会抬高线路，会严重降低道床横向阻力。因此，拨道作业宜在轨温接近锁定轨温时进行。

拨道前，要拧紧扣件螺栓，补足道砟。维修综合作业时应先回填道床再进行拨道。拨道器或撬棍不得放在焊缝处，拨道后应及时整理和夯拍道床（尤其砟肩更要夯实）；临时补修作业拨道后，也要坚持夯实轨枕断头的道床，以提高道床的横向阻力。曲线段拨道时，尽量使上挑下压两相等，以免改变锁定轨温。拨道量较大时，如有改变锁定轨温的可能，应进行应力放散或调整。

3. 整理道床作业

直线上道床肩宽不得少于300mm，曲线地段按规定加宽。连续作业时回填的道床长度，不应大于允许扒开道床的长度，作业后应及时回填夯实，清筛道床应逐孔倒筛，筛一根捣好一根或轨枕盒和枕底分开清筛（分层回填夯实），尤其对轨枕头的道床，更应夯拍密实。

4. 打紧防爬器

防爬器是锁定无缝线路的重要设备，固定区防爬器要做到见松就打紧。防爬器成段失效时，应在实际锁定轨温 ±5℃进行全面整修（混凝土轨枕可放宽到 ±10℃）。

5. 拧紧接头螺栓

随着列车的冲击和振动，已经拧紧的接头螺栓会渐渐松动。尤其是在大轨缝、低接头处，拧紧衰减得更为严重。因此，要经常保持接头螺栓的拧紧状态。利用轨温调整个别轨缝时，要先松开扣件螺栓，轨缝恢复正常后，再全面拧紧。更换绝缘接头的绝缘材料时，应及时会同电务部门，在轨温适当时进行更换。

6. 扣件作业

扣件作业的基本要求是，经常保持扣件处于紧、密、靠、正、润的状态。为此，弹条扣件的扭矩必须达到80～150N·m。而拧紧扣件并非一劳永逸。据观测，按100N·m拧紧的扣件，当通过13Mt总重后，扭矩将损失10%；在进行垫板作业的第二天，扭矩减少50%。可见，复紧扣件是十分重要的。一般在垫板作业后的次日要复拧一次；在进行维修作业的前后，都要全面拧紧扣件。

局部扣件松弛将使钢轨沿着轨枕产生局部位移，以致局部锁定轨温发生变化。因此，在扣件涂油时，除按规定轨温作业外，应按隔二松一的方式作业，当日作业完毕后，复紧一遍，1～4日后再复紧一遍。

在扣件作业中，应结合作业整正轨距，整正和更换胶垫。整正扣件时，必须清除承轨台及各部件的污物，方正或串正轨枕，调换合适的轨距挡板，必要时垫入铁垫片，对硬弯钢轨要矫直。在有防爬设备的地段，扣紧防爬器时，要注意“热打防胀，冷打防缩”的原则，使防爬设备适应气候特征，充分发挥作用。

7. 更换轨枕

抽出轨枕相当于降低了这部分轨道的框架刚度和道床阻力。因此，不得当日连续更换两根以上的轨枕；轨温过高时，不能连续更换轨枕。新轨枕串入后要加强捣固，及时安设防爬设备。

七、无缝线路特殊地段养护

1. 缓冲区养护

无缝线路的缓冲区，一方面具有普通线路的特点，另一方面还受到无缝线路钢轨伸缩的影响。因此，缓冲区是无缝线路的薄弱环节之一。

温度应力式无缝线路，每当温度变化时，伸缩区两端发生位移，缓冲区的钢轨也随之移动。夏天，接头易出现瞎缝，挤压绝缘接头；冬季，易出现大轨缝，接头螺栓可能被拉弯，并有被剪断的危险。由于缓冲区钢轨接头养护不当和出现大轨缝，其钢轨和轨枕的使用寿命大大缩短，而养护维修的工作量却大大增加。为确保行车安全和延长设备使用寿命，必须加强无缝线路缓冲区的养护工作。

(1)定期拧紧接头盒轨枕扣件螺栓。

为加强线路防爬锁定，控制无缝线路钢轨的不正常伸缩，除每年春秋季两次全面拧紧外，凡进行松动接头盒轨枕扣件的作业，不仅作业时要拧紧螺栓，而且须在作业后复拧。

春秋两季全面检查缓冲区轨缝，春季防止轨缝总值小于规定值，秋季防止轨缝总值大于规定值，其轨缝总值的规定数值要根据轨温计算求得，必要时须调整轨缝。

(2)采用胶接绝缘接头。

胶接绝缘接头具有足够的机械强度和可靠的绝缘性能，可以增强线路的稳定性和整体性，降低维修成本，延长使用寿命。

(3)综合整治钢轨接头病害。

①打磨或焊补钢轨马鞍形磨耗和淬火层金属剥落擦伤等。

②用上弯或桥式夹板整治低接头。

③轨下铺设高弹性垫层。接头处轨下采用加厚胶垫可有效地减少振动能量向下传递，这对增强钢轨接头处轨道结构的承载力、改善其工作条件十分有利。

④加强接头捣固，保持道床清洁、丰满并加以夯实，要防止道床板结和坍塌。

⑤及时更换接头失效轨枕，接头的木枕应成对更换。

⑥调整轨缝，锁定线路，整平钢轨上下错牙。左右错牙超过1mm时，应及时整治或打磨。

2. 桥梁地段养护

桥梁地段无缝线路养护维修应注意做好以下工作：

(1)按照设计文件规定，保持扣件布置方式和拧紧程度。

(2)单根抽换桥枕应在实际锁定轨温 -20 ~ +10℃进行，起道量不应超过60mm。

(3)上盖板涂漆，更换道钉或成段更换、方正桥枕等需要起道作业时，应在实际锁定轨温 -15 ~ +5℃进行。

(4)对桥上钢轨焊缝应加强检查，发现伤损应及时处理。

(5)对桥上伸缩调节器的伸缩量应定期检查，发现异常应及时分析原因并整治。伸缩调节器的尖轨与基本轨出现肥边时，应及时打磨。

(6)桥上无缝线路应定期测量轨条的位移量，并做好记录。固定区位移量超过10mm时，

应分析原因,并及时整治。

3. 跨区间及全区间无缝线路的养护

跨区间和全区间无缝线路,其基本原理与普通无缝线路是一致的。因此,普通无缝线路一切养护维修办法都适用于跨区间和全区间无缝线路。但因其轨条特长,也就有一些需特别注意的问题。

(1)跨区间和全区间无缝线路的维修管理以一次铺设锁定的轨条长度为管理单元。

在地面上的无缝线路,单元轨条长度大于1200m时,设置7对位移观测桩(单元轨条起讫点、距单元轨条起讫点100m及400m和单元轨条中点各设置1对);单元轨条长度不大于1200m时,设置6对位移观测桩(单元轨条起讫点、距单元轨条起讫点100m及400m处各设置1对)。同时应积极采用钢轨测标测量无缝线路锁定轨温技术,以便于位移观测桩校核。钢轨测标每50m或100m设一处。在地面上铺设的无缝道岔设3对观测桩,在间隔铁或限位器处设1对,在岔头、岔尾处各设1对。

(2)跨区间和全区间无缝线路因其轨条超长而不易改变其锁定状况。

锁定轨温不准、轴向分布不均时,只能进行局部调整,几乎无法进行整体应力放散。因此,锁定轨温准确,对跨区间和全区间无缝线路格外重要。为此,必须做好以下工作:

①跟踪监控。大修换轨时,工务段要派分管无缝线路的技术人员,对施工中锁定轨温的设置全过程实行跟踪监控。施工单位确定锁定轨温的依据是否可靠,新轨的入槽轨温和落槽轨温的测定是否准确适时,低温拉伸时其拉伸温差和拉伸量的核定是否无误,拉伸是否均匀等,都要认真监视、检查和记录。

②严格验收。工程验交时,有关记录锁定轨温的资料必须齐全,同时要一一查对核实,如有疑问必须核查清楚。

③最终复核。工程验交之后,工务段要对验交区段的测标进行一次取标测量,去掉可疑点,算出各分段的锁定轨温值。而后将跟踪监控、交验、取标测算三方面的资料进行一次最终核查,将查定的锁定轨温作为日后管理的依据。

④日常监测。在日常管理中,要对爬行观测和测标的设标点进行定期观测,并互相核对。如发现两观测桩之间有位移,则进一步对两观测桩之间的设标点进行取标测量,详查发生位移的实际段落所在。核定后进行局部应力调整,使之均匀。

(3)跨区间和全区间无缝线路断轨修复。

为了不影响锁定轨温,超长无缝线路钢轨折断时,最好原位焊接修复。

国内有关科研部门专门研制了用于原位焊接的拉伸器。这种拉伸器适用于铝热焊,经在铁路上试用效果良好。如配合使用宽焊筋、定时预热、自动浇注技术,焊接质量将会提高。采用小气压焊法修复时,应考虑整修端面的清除长度和焊接时的顶锻量对锁定轨温的影响,并根据影响程度确定局部应力的调整范围,适时进行应力调整并修订锁定轨温。

(4)跨区间和全区间无缝线路及无缝道岔上的绝缘接头必须采用胶接绝缘接头。

必须注意并加强胶接绝缘接头的养护,做好轨端肥边打磨和捣固工作。当胶接绝缘接头拉开时,应立即拧紧两端各50m线路的扣件,并加强观测。当绝缘失效时,应立即更换,进行永久处理。暂时不能进行永久处理的,可将失效部分清除,更换为普通绝缘或插入等长的普通绝缘接头钢轨或胶接绝缘钢轨,用夹板连接进行临时处理,并尽快用较长的胶接绝缘钢轨进行永久处理。同时,应严格掌握轨温、胶接绝缘钢轨长度,确定修复后无缝线路锁定轨温不变。

项目2　无缝线路常见病害防治

任务1　无缝线路胀轨跑道防治

任务导入

无缝线路是当前铁路中非常具有优势的轨道结构形式,但是因为温度应力的关系会出现胀轨跑道问题。本任务主要学习无缝线路胀轨跑道防治。

任务目标

能够分析标准轨地段及无缝线路地段胀轨跑道的原因、规律;能够对无缝线路胀轨跑道进行防治。

一、标准轨地段胀轨跑道

1. 产生原因

(1)线路爬行、轨缝挤瞎是发生胀轨的基本原因。

(2)线路上有硬弯轨、方向不良及道砟不足是助长发生胀轨的原因。

(3)在瞎缝地段进行减弱或破坏线路稳定的作业,如扒开道砟、拨道、起道、拆开接头或改道,都可能造成胀轨跑道。

2. 预防措施

(1)有连续瞎缝时,禁止进行破坏线路稳定性的工作,应先调整轨缝。

(2)矫直硬弯轨,拨好方向。

(3)调整轨缝,预防胀轨。

二、无缝线路地段胀轨跑道

1. 产生原因

轨道温度压力增大;道床横向阻力和轨道框架刚度降低;铺设施工时锁定轨温偏低;低温焊复断缝;施工作业造成锁定轨温不明;违章作业;线路爬行;线路不平顺;各种附加力的影响。

2. 胀轨跑道的一般规律

(1)钢轨温度压力偏高的地段容易发生胀轨跑道。

①在固定区或固定区与伸缩区交界处的钢轨温度压力偏高,当道床阻力减小时,容易发生胀轨跑道。

②容易产生压力峰的平交道口和无砟桥前,以及曲线始终端、竖曲线的坡底、制动地段等处所,钢轨温度压力局部偏高,容易发生胀轨跑道。

(2)气温回升季节容易发生胀轨跑道。

气温逐渐升高的季节,日间轨温接近于锁定轨温,在正常进行无缝线路养护维修作业时,由于日夜温差大,钢轨内部会产生较大的温度压力,影响线路的稳定,甚至发生胀轨跑道。

3. 防止胀轨跑道的措施

(1)严格按章作业。

合理安排维修工作,在作业中要严格遵守《修规》中的各项规定,绝不能超温作业,充分做好作业前的准备工作和作业后的观察工作。

(2)加强线路的防爬锁定,防止产生"应力集中"。

全面拧紧扣件,消灭浮离道钉,及时补充缺少的防爬设备,做好道床的夯拍工作,以提高道床的纵向阻力。对易于产生"应力集中"处所,可适当增加防爬设备。

(3)加强设备整修,提高线路阻力。

道床必须保持饱满、坚实、清洁,无翻浆冒泥、无坍塌松散现象。道床断面应符合标准,并加强夯拍,对线路薄弱地段应重点补充道砟。增加道床横向阻力可采用增加道床肩宽、特种道床断面和轨枕两端部设置挡板等辅助措施。对暗坑、吊板处所应加强捣固,消灭失效枕木群。

(4)正确掌握锁定轨温。

对于锁定轨温不明不准者,应有计划地安排在设计锁定轨温范围进行应力放散。凡更换过调节轨地段、不在设计锁定轨温进行的铝热焊或锯过轨、低温条件下拆开过接头、曲线地段改变过半径等,都应有计划地进行应力放散或应力调整工作。

(5)及时整治方向不良。

矫直硬弯钢轨,尤其对薄弱地段的原始弯曲,应注意在入夏前加以整治,维修养护中采用少拨道、多改道的办法,及时消灭方向不良处所,注意捣固,加强夯拍。

(6)加强检查和观测。

高温季节应增加巡道班次。巡道工应执行"三测"(测轨温、测轨缝、测爬行)制度和"蛇行"巡道法,把轨向观察作为重点。

①当发现线路连续出现碎弯并有胀轨迹象时,必须加强巡查或派专人监视,观测轨温和线路方向的变化。若碎弯继续扩大,应设慢行信号防护,进行紧急处理,待线路稳定后恢复正常行车。

②作业中如发现轨向、高低不良,起道、拨道省力,轨端道砟离缝等胀轨迹象,必须停止作业,及时采取防胀措施。

③无论作业中还是作业后,发现线路轨向不良,用长 10m 弦线测量两股钢轨的轨向偏差。当平均值达到 10mm 时,必须设置慢行信号,并采取夯拍道床、填满枕盒道砟和堆高砟肩等措施;当两股钢轨的轨向偏差平均值达到 12mm 时,在轨温不变的情况下,过车后线路弯曲变形

突然扩大，必须立即设置停车信号，及时通知车站，并采取钢轨降温等紧急措施，消除故障后放行列车。

(7)加强对无缝线路基于技术教育的技术管理。

三、胀轨跑道的处理(见资源 1-9-11、1-9-12)

(1)无缝线路发生胀轨跑道时，首先应按线路故障防护办法设置停车信号防护，拦停列车。

(2)尽快通知就近车站，扣发或减速通行列车，同时报告工务段，并做好现场记录，将胀轨跑道地段两端各 50m 范围内扣件拧紧，加强防爬锁定，迅速采取降温、拨顺线路等措施。

(3)浇水降温。在胀轨范围以外每侧不少于 50 ~ 100m 的距离，向中间轻浇慢淋，有条件时可用草袋浸水临时覆盖，也可采用喷洒液态二氧化碳的办法降低钢轨的温度。轨温明显下降后，方可拨回线路，回填道砟，整正线路，夯拍道床，按 5km/h 的速度放行列车。现场派专人监视线路，并不间断地采取降温措施，待轨温降至接近锁定轨温时，再恢复线路和正常行车速度。

(4)无降温条件或降温无效时，应立即截断钢轨(普通线路应拆开钢轨接头)放散应力，整正线路，夯拍道床，首列放行列车速度不得超过 5km/h，并派专人看守、整修线路，逐步提高行车速度。

(5)无缝线路发生胀轨跑道时，应对胀轨跑道情况按规定内容做好登记。

(6)详细调查研究胀轨跑道发生的原因，预防再次发生。

胀轨跑道的处理

线路胀轨跑道故障应急处理

任务2　无缝线路长钢轨折断防治

任务导入

无缝线路的钢轨折断，俗称“断轨”，多在低温时发生，经列车振动、碾压，钢轨断缝被拉开而产生。本任务主要学习无缝线路长钢轨折断防治。

任务目标

能够分析无缝线路长钢轨折断的原因；能够对无缝线路长钢轨折断进行紧急处理、临时处理、永久处理。

一、钢轨折断的原因(见资源1-9-12)

钢轨折断多发生在冬季。钢轨在冬季除承受着巨大温度拉应力外，还受到列车动弯应力及其他附加力作用，当这些力之和超过钢轨强度时，就会发生折断。

资源1-9-12

断轨案例

引起长钢轨折断的原因有：

(1)钢轨本身材质不良，例如有核伤、裂纹等。

(2)钢轨焊缝不良，尤其是铝热焊接头缺陷较多(常见的有黑核、夹渣、夹砂、气孔、热裂、焊偏、光极等)，经过一段时间的运行后其强度逐渐降低，在温度拉应力和动弯应力作用下被拉断。

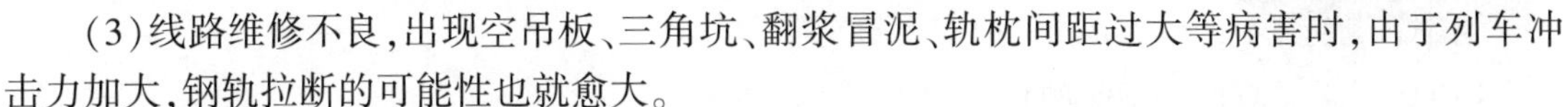

(3)线路维修不良，出现空吊板、三角坑、翻浆冒泥、轨枕间距过大等病害时，由于列车冲击力加大，钢轨拉断的可能性也就愈大。

(4)个别地段出现温度拉应力集中。如伸缩区和固定区衔接处、道口、曲线段、桥头等处所很容易出现应力集中，加上车轮对钢轨的动力作用，就超过了钢轨强度。

(5)由于作业不当，可能提高原锁定轨温，从而降低允许轨温变化的幅度。

二、防止钢轨折断的措施(见资源1-9-13)

(1)对高温锁定的无缝线路，要在设计锁定轨温范围内进行应力放散。

(2)提高焊接质量，加强钢轨探伤。改进焊接工艺，严格遵守操作规程，提高焊缝质量，是防止钢轨折断的根本措施，要力求减少焊接缺陷，消灭高低不平、上下错口，不合格者绝不铺设。加强钢轨探伤工作一般在入冬前，对接头及焊接两侧1m范围内的钢轨，进行全面细致检查，鉴别伤痕类型，做好标记，注意观察。对一时不能判明的暗伤轨应用急救器，夹上特制的鼓包夹板，必要时应锯开重焊。

无缝线路钢轨折断案例

(3)整治焊缝病害。对高低接头、错口接头、马鞍形接头等缺陷接头，要用磨、焊、垫、捣、筛等方法综合整治；轨面要平顺，对超过1mm的高低不平应及时打磨、焊补，使无缝线路钢轨顶面和内侧保持平整光滑。有严重缺陷者要锯掉重新焊接。

(4)加强防爬锁定。加强防爬锁定是防止钢轨过分收缩和钢轨折断后轨缝拉开太大的有效措施。为此，可在铝热焊缝两端增加防爬设备，以加大抗爬力，发现有残余爬行的附加力时应及时调整。

(5)提高线路质量，加强养护维修。消灭空吊板及三角坑，修整道床，补充道砟，保持线路弹性，方正焊缝两侧轨枕，整好钢筋混凝土轨枕胶垫。冬季钢轨冷脆，线路刚性又大，进行作业时必须小心。起道时，起道机应放在距铝热焊缝1m以外，避免用起道机直接顶起铝热焊接头，并避免做一些冷弯直轨工作。

三、长钢轨重伤的处理(见资源1-9-14)

(1)探伤检查发现钢轨或焊缝有重伤时，不待钢轨或焊缝断裂，即切除重伤部位，切除长度不超过60mm，用钢轨拉伸器张拉钢轨，用铝热焊法实施原位焊复，焊成与切除长度等长的焊缝。

无缝线路钢轨
重伤与焊缝重伤案例

(2)钢轨或焊缝处折断,切除断口折损部位的长度不超过60mm时,亦可进行原位焊复。原位焊复的无缝线路实际锁定轨温保持不变。

(3)原位焊复切除断口(或重伤部位)后应立即装上钢轨拉伸器进行拉伸,松开两侧适当长度的扣件,拉伸到位后即进行焊接。

(4)原位焊复时,应松开接头两侧各200~250m范围内的钢轨扣件,并在此范围内每隔50m设立一处位移观测点,用钢轨拉伸器张拉钢轨,辅以撞轨,观测钢轨位移情况,位移到位后即进行焊接。

四、长钢轨折断的紧急处理(见资源1-9-15)

当钢轨断缝不大于50mm时,应立即进行紧急处理。

(1)按规定设置停车信号防护。

(2)在断缝处上好夹板或鼓包夹板,用急救器固定(图1-9-3),在断缝前后各50m拧紧扣件,并派人看守,限速5km/h放行列车。如断缝小于30mm,放行列车速度为15~25km/h。

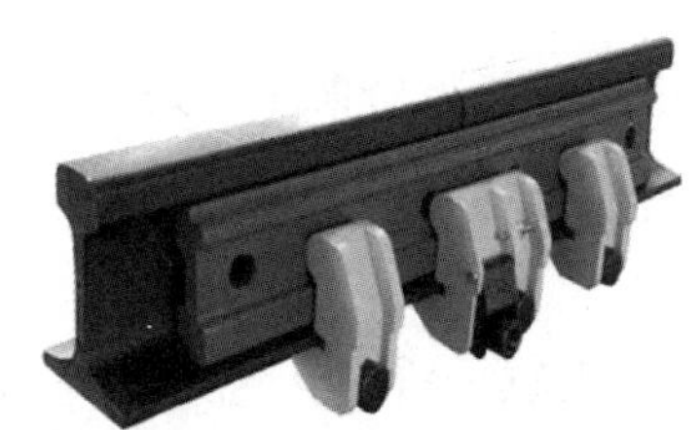

图1-9-3　鼓包夹板急救器

(3)有条件时,应在原位复焊,否则应在轨端钻孔,上好夹板或鼓包夹板,拧紧接头螺栓,然后可适当提高行车速度。

(4)在断缝两侧轨头非工作边上做出标记,标记间距离约为8m,并准确丈量两标记间的距离和轨头非工作边一侧的断缝值,做好记录。

(5)如折损严重或断缝拉开大于50mm时,不得放行列车,应及时进行临时处理。

五、长钢轨折断的临时处理

无缝线路长钢轨(含焊缝)折损严重或断缝大于50mm,不论是否经过紧急处理(含重伤上夹板后折断),如不能及时原位焊接短轨进行永久处理时,均应在不超过一周时间内进行临时处理。临时处理要求如下:

(1)临时处理时,在断缝两侧轨头非工作边上做出标记,标记间距离约为8m,并准确丈量两标记间的距离和轨头非工作边一侧的断缝值,做好记录。

(2)沿断缝两侧对称切除伤损部分,锯口距断缝不得小于1m,两锯口间插入长度不短于6m的同型钢轨,轨端钻孔,上接头夹板,用10.9级螺栓拧紧。

(3)在短轨前后各50m范围内,拧紧扣件后,按伸缩区要求加装防爬设备,可按正常速度行驶。

(4)临时处理插入的短轨,不宜在线路上长时间保留,应在不超过一个月的时间内采取焊

接短轨的方法进行永久处理。

六、长钢轨折断的永久处理

钢轨断缝处紧急处理或临时处理后，在原锁定轨温增减5℃以内，插入短轨重新焊接修复，恢复无缝线路轨道结构。

无缝线路长钢轨(含焊缝)折断的永久处理要求如下：

(1)在接近锁定轨温的条件下，拆除插入的短轨，适当松开扣件和防爬器，按需要放散应力，使前后钢轨恢复应有位置。

(2)锯掉带有螺栓孔部分的钢轨，插入焊接短轨，焊后长轨条基本恢复原有状态，保持原锁定轨温不变。

①采用小型气压焊时，插入短轨长度应等于切除钢轨长度加上2倍顶锻量。先焊好一端，焊接另一端时，先张拉钢轨，使断缝两侧标记的距离等于原丈量距离减去断缝值加顶锻量后再焊接。

②采用铝热焊时，插入短轨长度等于切除钢轨长度减去2倍预留焊缝值。先焊好一端，焊接另一端时，先张拉钢轨，使断缝两侧标记的距离等于原丈量距离减去断缝值加顶锻量后再焊接。

同时要注意焊接短轨的材质应与长钢轨相同。

(3)有条件时，可将垂直断缝直接采取宽焊缝铝热焊原位焊复。

(4)在线路上焊接时，轨温应不低于0℃。放行列车时，焊缝处轨温应降至300℃以下，不限速。

(5)进行焊复处理时，应保持无缝线路锁定轨温不变，并如实记录两标记间钢轨长度在焊复前后的变化量。

复习思考题

一、填空题

1. 无缝线路是把钢轨__________起来的线路，又称__________线路。

2. 无缝线路通常根据处理钢轨内温度应力方式的不同，分为__________以及__________。

3. 以__________为基准检查无缝线路爬行量。

4. 无缝线路应力放散可采用__________或__________。

5. 起道作业时，任何情况下起道机都不可放在__________处。

6. 跨区间和全区间无缝线路及无缝道岔上的绝缘接头必须采用__________接头。

7. 两根钢轨左右错牙超过1mm时，应及时整治或__________。

8. 伸缩调节器的尖轨与基本轨出现__________时，应及时打磨。

9. __________是影响无缝线路特性和进行无缝线路设计与管理的重要物理参数(因素)。

10. 锁定线路时的钢轨温度称为无缝线路的__________。

11. 铺设无缝线路时,左右两股长钢轨的锁定轨温差不得超过__________℃。

二、选择题

1. 下列不属于无缝线路特点的是(　　)。

A. 钢轨的重量大　　B. 减少了钢轨接头

C. 钢轨内部产生温度力　　D. 固定区钢轨不能自由伸缩

2. 某段无缝线路全长为1000m,原锁定轨温为19℃,设计要求为29℃,则其放散量为(　　)。

A. 110mm　　B. 112mm　　C. 115mm　　D. 118mm

3. 无缝线路在锁定轨温以下时,钢轨内部产生(　　)。

A. 拉应力　　B. 压应力　　C. 剪应力　　D. 拉应力与压应力

4. 无缝线路依处理钢轨(　　)方式不同,分为温度应力式和放散温度应力式两种类型。

A. 外部温度应力　　B. 外部温度力　　C. 内部温度应力　　D. 内部温度力

5. 温度应力式无缝线路的温度应力是靠(　　)来解决的。

A. 自动放散　　B. 定期放散　　C. 轨道的框架　　D. 轨道框架和道床阻力

6. 无缝线路养护维修许可作业的轨温规定是以(　　)为基准的。

A. 中和轨温　　B. 施工锁定轨温　　C. 实际锁定轨温　　D. 设计轨温

三、简答题

1. 安排无缝线路维修计划时,应考虑哪几点?

2. 无缝线路单项作业有哪几项?

3. 某段无缝线路全长为1000m,原锁定轨温为17℃,设计要求为27℃,试求放散量为多少?

4. 无缝线路地段胀轨跑道的原因有哪些?

5. 线路发生跑道,怎么处理?

6. 简述钢轨折断的原因及长钢轨折断的临时处理要求。

Part Ⅱ　职业技能手册

技能单元1　城轨线路检查作业指导书

作业1　道岔几何尺寸检查

一、安全管理

(1)穿好工装和绝缘鞋。

(2)上线前需进行验电、接地工作,如图2-1-1所示(详见《接触轨旁作业安全规则》)。

图2-1-1　验电、接地

二、作业程序

1. 仪器校准

(1)紧拉卷尺,量测道尺活动端内侧与固定端内侧的间距。

(2)量测数值与道尺读数不一致时需对轨距尺进行校准。先拆除轨距数显标卡的固定螺钉盖帽。

(3)用螺丝刀轻轻松动标卡的固定螺钉。

(4)用螺丝刀轻轻微调轨距尺侧面的调节螺钉,后进行二次校准,直到达到标准要求。

(5)复紧固定螺钉。

2. 道岔17处点位几何尺寸(先轨距,后水平)检查

(1)目测方向。检查人跨站在距道岔直外股20～50m一侧线路钢轨上,目测或弦测道岔方向,用轨道卡尺或弦测测量道岔轨向,如图2-1-2所示。

(2)目测高低。俯身于钢轨上看轨头下颚纵向水平延长线上的凹凸,目测线路高低,并在道岔检查记录本上做好记录,如图2-1-3所示。

图2-1-2　目测方向

图2-1-3　目测高低

(3)在检查过程中,随时注意检查其他项目(轨枕、接头、滑床板、钢轨伤损等)病害情况,有超限和其他危及行车安全的处所,应予以记录,如图2-1-4所示。

(4)检查轨距和水平。在规定检查点按“先轨距,后水平”的顺序逐点检查并记录在钢轨上和记录本上,如图2-1-5所示。

图2-1-4　检查记录

图2-1-5　道尺检查

(5)单开道岔检查,其顺序如图2-1-6所示。

转辙部分:尖轨前顺坡终点,尖轨尖端,尖轨中,尖轨跟直、曲股。

导曲线部分:直线前、中、后,导曲线前、中、后。

辙叉部分:叉心前直、曲股,叉心中直、曲股和查照间隔、护背距离,叉心后直、曲股。

(6)用支距尺检查支距,如图2-1-7所示。

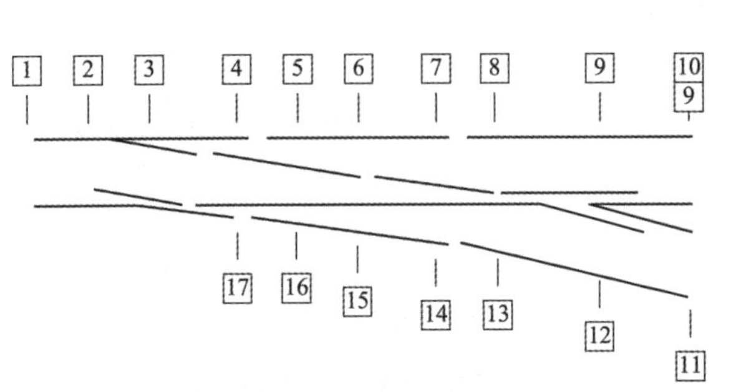

图 2-1-6　检查点示意图

图 2-1-7　支距检查

(7)用塞尺检查尖轨与基本轨密贴情况以及滑床板是否存在空吊情况,如图 2-1-8 所示。

a)　b)

图 2-1-8　空吊及密贴检查

(8)检查轮缘槽。用小直尺检查护轨平直部分、辙叉心轨轮缘槽宽度,如图 2-1-9 所示。

a)　b)

图 2-1-9　检查轮缘槽

三、道岔检查流程

道岔检查流程如图 2-1-10 所示。

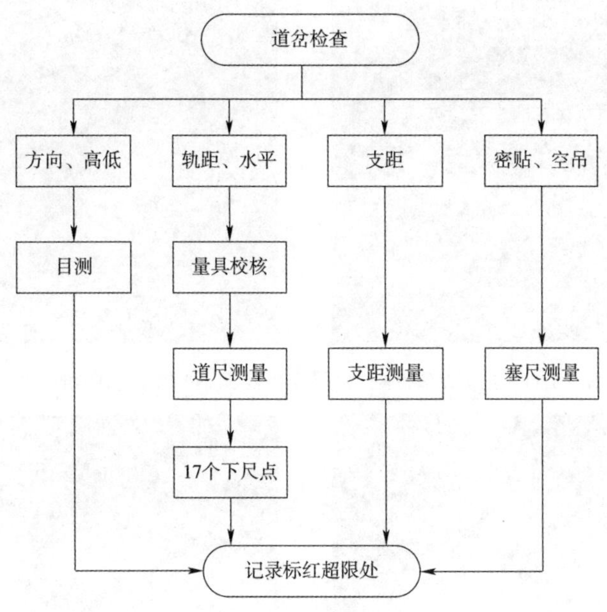

图2-1-10　道岔检查流程图

作业2　防脱护轨检查

一、安全管理

(1)穿好工装和绝缘鞋。
(2)上线前需进行验电、接地工作(详见《接触轨旁作业安全规则》)。

二、作业程序

1.仪器校准

对所用钢板尺进行外观检查。

2.护轨轮缘槽宽度K值及外观检查

护轨轮缘槽宽度K值及外观检查如图2-1-11所示。

(1)将钢板尺垂直于钢轨顶,到护轨侧面测量,记录数值于检查表。
(2)检查紧固螺栓是否松动、失效并记录,如图2-1-12所示。
(3)检查护轨工作边擦痕情况,需要时应对工作边进行涂油处理,如图2-1-13、图2-1-14所示。
(4)检查护轨支架是否有断裂,护轨支架底部是否与道床顶面接触,如图2-1-15所示。
(5)检查轨腰是否有积水。

图 2-1-11　护轨 K 值检查

图 2-1-12　检查紧固螺栓

图 2-1-13　检查擦痕

图 2-1-14　对工作边涂油处理

图 2-1-15　检查护轨支架

作业 3　钢弹簧浮置板检查

一、作业目的

钢弹簧浮置板轨道结构是一种新型的特殊减振轨道结构形式，由道床板、钢弹簧隔振器、剪力铰、密封条、水平限位装置、钢轨与扣件等组成。它将具有一定质量和刚度的混凝土道床

板置于钢弹簧隔振器上,构成质量-弹簧-隔振系统,具有三维弹性和稳定性,且能抑制和吸收固体声传导,从而减小轨道交通对周边环境的振动和噪声影响。为保证钢弹簧浮置板系统作用良好,应定期对其进行检查。

二、安全管理

(1)穿好工装和绝缘鞋。

(2)上线前需进行验电、接地工作(详见《接触轨旁作业安全规则》)。

三、作业程序

1. 道床外观检查

检查浮置板道床地段是否有可移动物品。因浮置板道床在列车运行过程中是周期性振动的,这样可能导致零部件进入浮置板道床底部引起振动短路,因此,浮置板道床地段禁止存放任何可移动物品。

2. 扣件及道床板检查

检查道床板有无明显变形,有无破损;扣件系统有无缺失、失效,重点检查道床过渡段扣件。

3. 道床排水情况检查

通过道床中心观察筒观察钢弹簧浮置板与基底间积水和杂物情况,特别是排水顺接处、积水井处。

4. 剪力铰检查

剪力铰布置在相邻两块浮置板道床之间,安装在浮置板道床板缝处相连的位置,起着传递剪力、协调浮置板道床变形的作用。检查剪力铰是否作用良好。

5. 密封条检查

密封条用于密封浮置板道床之间及两侧与其他结构的间隙,防止杂物由间隙处落入浮置板道床底部和排水沟。检查密封条是否损坏或作用不良。

6. 钢弹簧隔振器检查

(1)钢弹簧隔振器由外套筒、内套筒和调平垫片等部件构成。检查外套筒和套筒盖是否与钢轨接触,以避免其与钢轨接触形成回路对钢轨造成电弧灼伤。

(2)检查隔振器内调平垫片是否作用良好,若作用不良,及时进行顶升作业予以整治。

(3)检查阻尼液是否泄漏,如存在泄漏情况,联系厂家解决。

作业 4　钢轨磨耗测量

一、作业目的

钢轨磨耗主要是指钢轨的侧面磨耗、钢轨波浪形磨耗,以及交替侧磨。垂直磨耗一般情况下属正常现象,它随着轴重和通过总量的增加而增大。轨道几何形位设置不当,会使垂直磨耗速率加快。钢轨侧面磨耗主要发生在小半径曲线的外股钢轨上,是目前曲线钢轨伤损的主要类型之一。列车在曲线上运行时,轮轨的摩擦与滑动是造成外轨侧磨的根本原因。定期对钢轨磨耗进行监测,并预防和整治钢轨磨耗伤损,以延长钢轨的使用寿命。

对于钢轨磨耗已达到轻、重伤标准,应及时组织人员更换。侧磨、垂磨的轻伤、重伤标准见表 2-1-1 和表 2-1-2。

钢轨头部磨耗轻伤标准 表 2-1-1

钢轨/(kg/m)	总磨耗/mm	垂直磨耗/mm	侧面磨耗/mm
	v_{max}≤120km/h	v_{max}≤120km/h	v_{max}≤120km/h
60 ~ <75	14	9	14
50 ~ <60	12	8	12
43 ~ <50	10	7	10

注:①总磨耗 = 垂直磨耗 + 1/2 侧面磨耗。
②垂直磨耗在钢轨顶面宽 1/3(距标准工作边)处量测。
③侧面磨耗在钢轨踏面(按标准断面)下 16mm 处测量。

钢轨头部磨耗重伤标准 表 2-1-2

钢轨/(kg/m)	垂直磨耗/mm	侧面磨耗/mm
	v_{max}≤120km/h	v_{max}≤120km/h
60 ~ <75	11	19
50 ~ <60	10	17
43 ~ <50	9	15

注:①总磨耗 = 垂直磨耗 + 1/2 侧面磨耗。
②垂直磨耗在钢轨顶面宽 1/3(距标准工作边)处量测。
③侧面磨耗在钢轨踏面(按标准断面)下 16mm 处测量。

二、安全管理

(1)穿好工装和绝缘鞋。

(2)上线前需进行验电、接地工作(详见《接触轨旁作业安全规则》)。

三、作业程序

1. 校准归零

(1)轻按垂磨尺数显装置面板开机键(OFF/ON)开机,如图 2-1-16 所示。

(2)轻按垂磨尺数显装置面板单位设置键(inch/mm),将单位设置为 mm,如图 2-1-17 所示。

(3)将垂磨尺卡尺游标推至“0”刻度,如图 2-1-18 所示,然后轻按垂磨尺归零键(ZERO),进行归零校准,如图 2-1-19 所示。

图2-1-16　开机

图2-1-17　设置单位

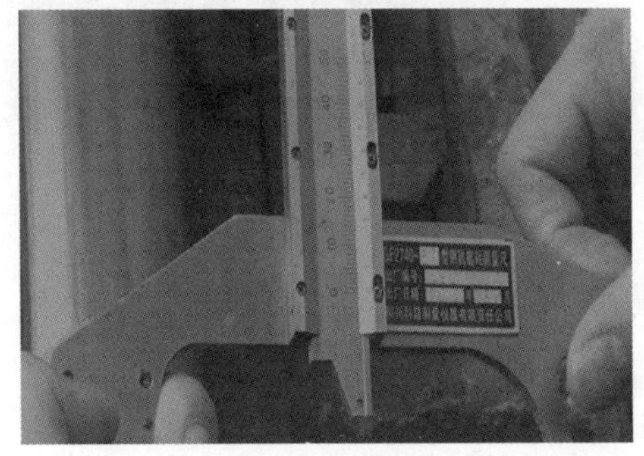

图2-1-18　将垂磨尺卡尺游标推至“0”刻度

图2-1-19　归零校准

(4)侧磨尺也重复类似操作进行校准归零。

2.钢轨磨耗测量

(1)寻找测量点。在小半径曲线的外股钢轨上寻找磨耗最严重点,测量点间距20m一处(一般提前做好标记,按周期进行测量监测)。

(2)松动标尺。将垂磨尺和侧磨尺的标尺往外松动,确保磨耗尺能顺利卡在钢轨轨头上,如图2-1-20所示。

(3)固定测尺。将磁性定位块卡于钢轨内侧上颚位置,轻轻用手扳动测尺,看是否密贴牢固,如图2-1-21所示。

图2-1-20　松动标尺

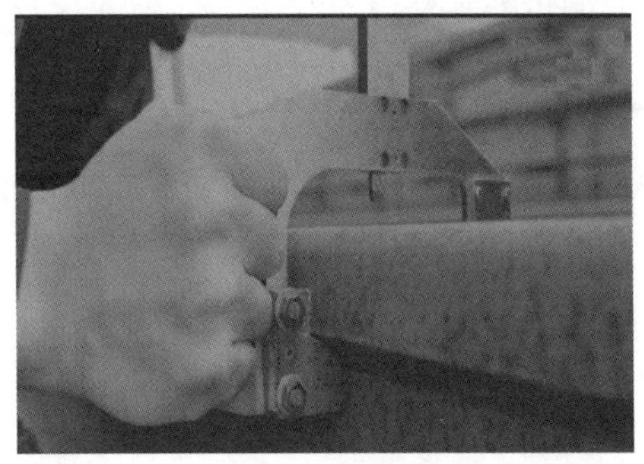

图2-1-21　固定测尺

(4)测量垂磨数据。移动垂磨标尺直到标尺端头卡于钢轨顶面宽1/3(距标准工作边)位置处,如图2-1-22所示。

(5)测量侧磨数据。移动侧磨标尺直到标尺端头卡于钢轨踏面(按标准断面)下16mm处钢轨内侧位置,如图2-1-23所示。

图2-1-22 测量垂磨数据

图2-1-23 测量侧磨数据

3. 记录数据

正确读取垂磨尺、侧磨尺数显卡尺上的数据,并按照要求誊写于钢轨磨耗记录表(表2-1-3)上。

钢轨磨耗记录表 表2-1-3

区间:________里程:________线别:________日期:________

测点里程	垂磨				侧磨				备注
	1	2	3	平均值	1	2	3	平均值	
记录人签字					工班长签字				

四、钢轨磨耗检查流程

钢轨磨耗检查流程如图2-1-24所示。

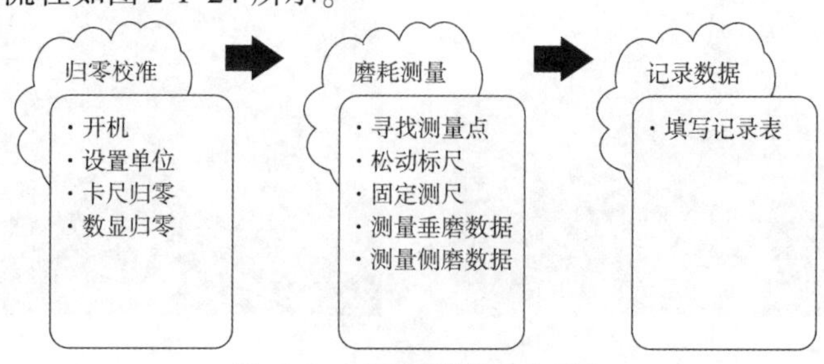
归零校准
·开机
·设置单位
·卡尺归零
·数显归零
磨耗测量
·寻找测量点
·松动标尺
·固定测尺
·测量垂磨数据
·测量侧磨数据
记录数据
·填写记录表

图2-1-24 钢轨磨耗检查流程图

作业5　钢轨伤损检查

一、作业目的

钢轨伤损是指钢轨在试用过程中发生折断、裂纹及其他影响和限制钢轨使用性能的伤损。钢轨伤损是一个较为突出的问题，并严重影响行车安全。钢轨伤损主要有轨端或轨顶面剥落掉块、钢轨顶面擦伤、钢轨低头、钢轨表面裂纹、钢轨变形、钢轨内部裂纹等。对于达到轻、重伤标准的钢轨应及时组织更换，具体标准见表2-1-4。

钢轨轻伤和重伤标准　　表2-1-4

伤损项目	伤损程度						备　注
	轻伤			重伤			
轨端或轨顶面剥落掉块	长度超过15mm且深度超过3mm	长度超过15mm且深度超过3mm	长度超过15mm且深度超过4mm	长度超过25mm且深度超过3mm	长度超过25mm且深度超过3mm	长度超过30mm且深度超过8mm	
钢轨低头	超过1mm	超过1.5mm	超过3mm	超过1.5mm	超过2.5mm	超过3.5mm	用1m直尺测量最低处矢度。包括轨端轨顶面压伤和磨耗在内
钢轨表面裂纹				有	有	有	包括螺孔裂纹、轨头下颚水平裂纹(透锈)、轨腰水平裂纹、轨头纵向裂纹、轨底裂纹等(不含轮轨接触疲劳引起轨顶面表面或近表面的鱼鳞裂纹)
钢轨变形				有	有	有	轨头扩大、轨腰扭曲或鼓包等，经判断确认内部有暗裂
钢轨内部裂纹				有	有	有	包括核伤(黑核、白核)、钢轨纵向裂纹等

二、安全管理

(1)穿好工装和绝缘鞋。

(2)上线前需进行验电、接地工作(详见《接触轨旁作业安全规则》)。

三、作业程序

1.轨端或轨顶面剥落掉块

(1)选取钢轨表面掉块长度和宽度最大的边,用钢板尺测量其长宽值,如图2-1-25所示。

a)

b)

图2-1-25　测量掉块长宽值

a)测量掉块长度;b)测量掉块宽度

(2)用深度探测仪测量伤损部分的掉块深度值,选取几个较深地方测量,最后取其最大值,如图2-1-26所示。

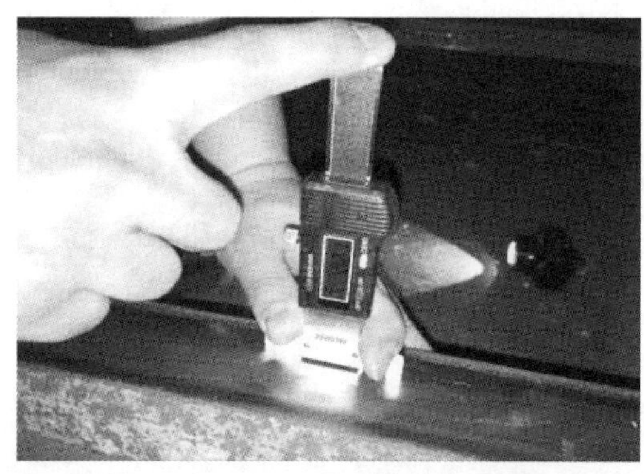

图2-1-26　用深度探测仪测量掉块深度

(3)记录钢轨伤损的里程,长、宽和最大深度值。

2.钢轨低头

用1m直尺测量轨顶面最低处的矢度。

3.钢轨表面裂纹、钢轨变形

在巡道作业和日常施工检修作业中细心检查。

4.钢轨内部裂纹

用钢轨探伤仪进行钢轨探伤,具体操作流程参照“探伤作业标准”。

四、钢轨伤损检查流程

钢轨伤损检查流程如图2-1-27所示。

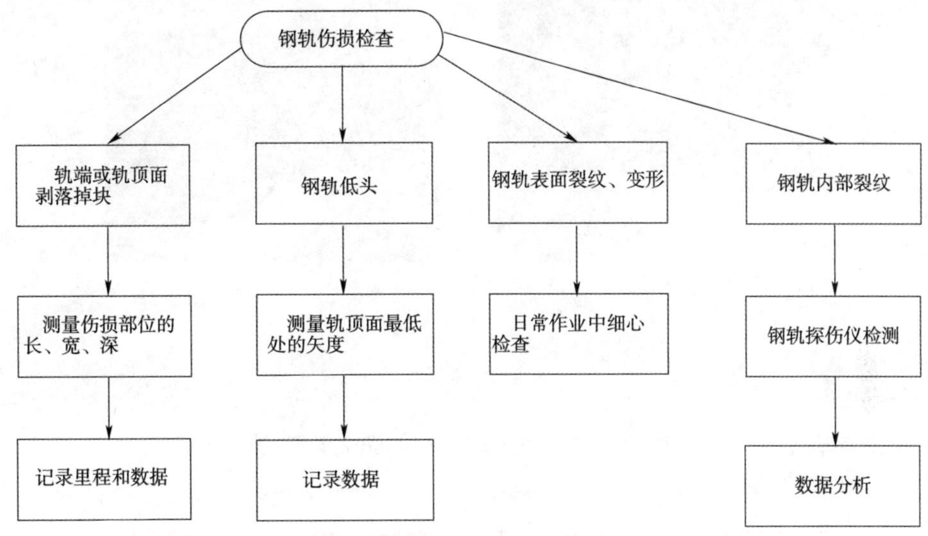

图2-1-27　钢轨伤损检查流程图

作业6　位移观测桩检查

一、作业目的

位移观测桩用来观测区间无缝线路的钢轨位移量。位移观测桩必须预先埋设牢固,内侧应距线路中心不小于3.1m。在轨条就位或轨条拉伸到位后,应立即进行标记。标记应明显、耐久、可靠。

二、安全管理

(1)穿好工装和绝缘鞋。

(2)上线前需进行验电、接地工作(详见《接触轨旁作业安全规则》)。

三、作业程序

1.测量轨温

用轨温计测量出钢轨温度并查出当时气温,如图2-1-28所示。

2.测量始端轨缝

用钢板尺测出长钢轨的始端轨缝,如图2-1-29所示。

图 2-1-28　测量轨温

图 2-1-29　测量始端轨缝

3. 除锈清灰

(1)用钢丝刷将位移观测牌上的锈迹清除干净,如图 2-1-30 所示。

(2)用棉纱将位移观测牌上的灰尘擦拭干净,如图 2-1-31 所示。

图 2-1-30　钢丝刷除锈

图 2-1-31　棉纱除灰

4. 测量观测桩位移

(1)将直角尺的一条直角边对齐观测桩上的十字丝,另一直角边贴紧轨底,如图 2-1-32 所示。

(2)将钢板尺一端贴紧直角尺,如图 2-1-33 所示,另一端搭在轨底的位移观测牌上,读数。

(3)按照此方法测量出长钢轨左、右股的所有观测桩的位移。

5. 测量终端轨缝

用钢板尺测出长钢轨的终端轨缝,如图 2-1-34 所示。

6. 记录数据并分析

做好数据的记录和分析工作。

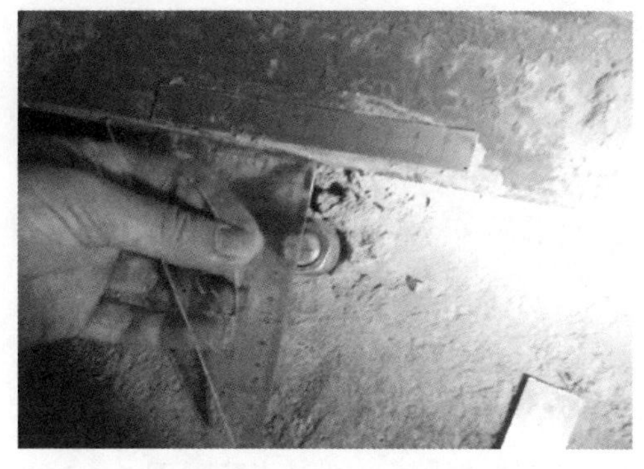

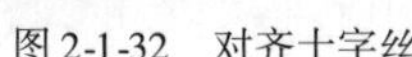
图 2-1-32　对齐十字丝

图 2-1-33　钢板尺贴紧直角尺

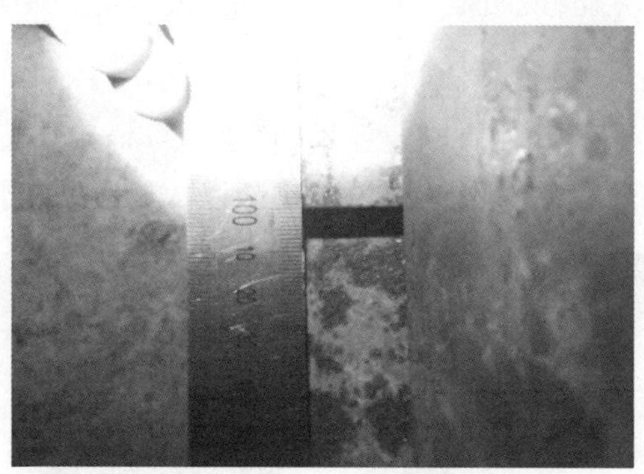

图 2-1-34　测量终端轨缝

四、位移观测桩检查流程

位移观测桩检查流程如图 2-1-35 所示。

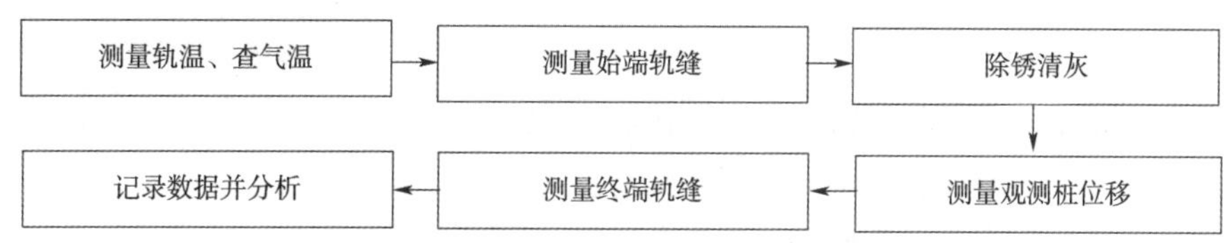

图 2-1-35　位移观测桩检查流程图

作业 7　焊缝接头平直度检查

一、作业目的

轨道线路的平顺性与钢轨焊缝接头的平直度密切相关。轨道不平顺会增强列车的振动，良好的轨道平顺度是确保列车行驶安全和舒适的基本保证。提高焊缝接头平直度，对于无缝线路安全控制具有重要意义。因此，我们应科学、有效地测量钢轨焊缝接头平直度，掌握钢轨焊缝接头平直度规律。

二、安全管理

(1)穿好工装和绝缘鞋。

(2)上线前需进行验电、接地工作(详见《接触轨旁作业安全规则》)。

三、作业程序

1. 判断高低接头

用1m直钢尺,将中部对齐焊缝部位,用手按住距离焊缝中心一端直钢尺(图2-1-36),晃动钢尺另一端。若能上下晃动,说明是高接头;若不能,说明是低接头。

2. 测量平直度

(1)若是高接头焊缝,用手按住直钢尺一端(图2-1-37),用塞尺在另一端500mm处测量直钢尺与钢轨之间的缝隙高度,用测出的这个高度除以2就是焊缝平直度。

图2-1-36 判断高低接头

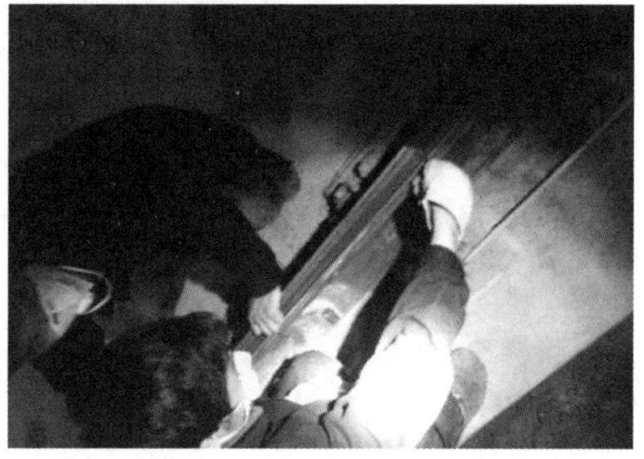

图2-1-37 塞尺测量高接头焊缝平直度

(2)若是低接头焊缝,用手按住直钢尺中部(焊头上方),用塞尺测量焊头与直钢尺之间的缝隙高度,该高度就是焊缝平直度。

(3)用同样的方法测出轨头侧面(工作边)的焊缝平直度,如图2-1-38所示。

图2-1-38 测量侧面焊缝平直度

3. 记录数据

钢轨轨头踏面焊缝平直度,高接头记“+”,低接头记“-”;侧面焊缝平直度,低接头记“+”,高接头记“-”。

四、焊缝接头平直度检查流程

焊缝接头平直度检查流程如图2-1-39所示。

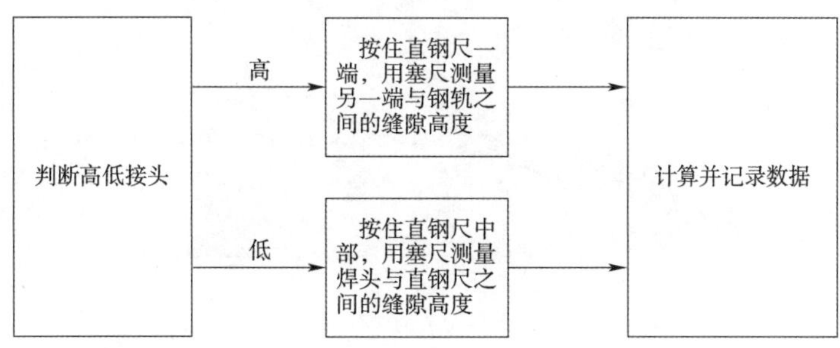

图2-1-39　焊缝接头平直度检查流程

作业8　线路几何尺寸检查

一、作业目的

线路几何尺寸(轨距、水平、高低、轨向、轨底坡)是指线路的几何形状、相对位置和基本尺寸。按照线路维修相关规定,需定期进行线路几何尺寸检查。

二、安全管理

(1)穿好工装和绝缘鞋。
(2)上线前需进行验电、接地工作(详见《接触轨旁作业安全规则》)。

三、作业程序

1. 仪器校准

(1)紧拉卷尺,量测道尺活动端内侧与固定端内侧的间距。
(2)量测数值与道尺读数不一致时需对轨距尺进行校准(图2-1-40)。先拆除轨距数显标卡的固定螺钉盖帽。
(3)用螺丝刀轻轻松动标卡的固定螺钉。
(4)用螺丝刀轻轻微调轨距尺侧面的调节螺钉,后进行二次校准,直到达到标准要求。
(5)复紧固定螺钉。

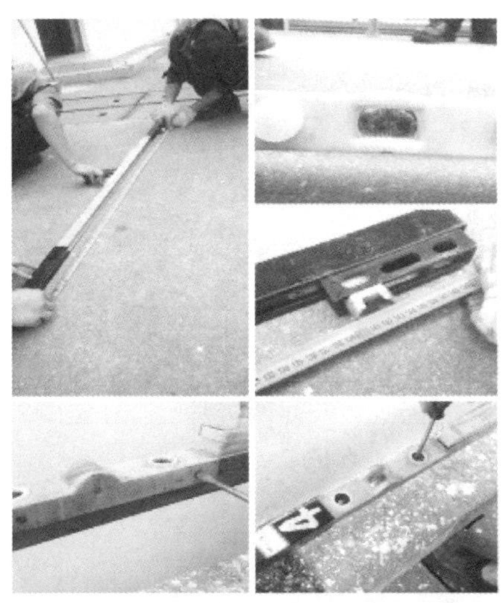

图 2-1-40　道尺校准

2. 轨距检查

(1)选取基准轨。直线段以行车方向的左股为基准轨,曲线段以曲下股为基准轨,如图 2-1-41、图 2-1-42 所示。

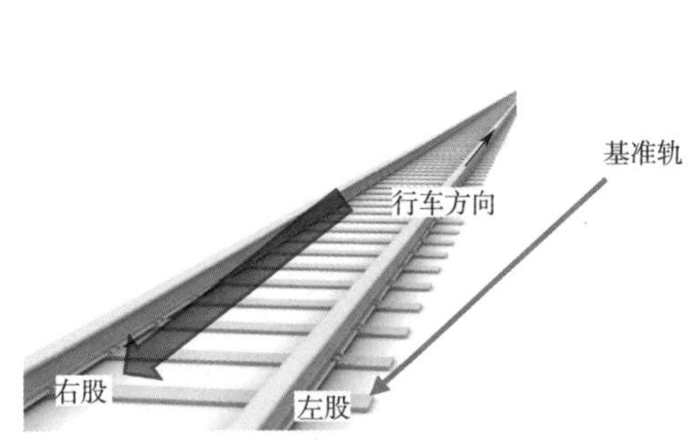

图 2-1-41　直线段基准轨的选取

图 2-1-42　曲线段基准轨的选取

(2)量测时,测量人员将轨距尺两端测头顶靠在基准轨内侧的测量位置上。

(3)轻握轨距尺手柄,左右移动活动端测头,调整至最小轨距值,如图 2-1-43 所示。

(4)读取轨距刻度标尺数值,如图 2-1-44 所示。

(5)记录数值于线路检查记录表上,并按照对应超限标准做好超限处标记。

3. 水平检查

水平的测量和轨距的测量是同时进行的,测得最小轨距时,读取对应的水平值(确定水准气泡右侧与标尺零点的距离,判断数值正负)。(说明:直线部分以行车方向的左股钢轨为基准轨,非基准股钢轨顶面比基准轨高时的误差用"+"号,反之用"-"号;曲线部分以曲下股钢轨为基准轨,曲上股钢轨顶面高度比计划超高值大时的误差用"+"号,比计划超高值小时的误差用"-"号。)

图 2-1-43　轨距的测量

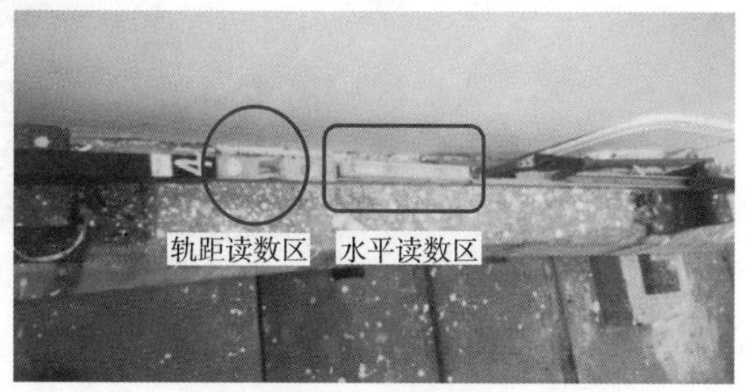

图 2-1-44　读数区

4. 高低检查

(1)找准测量点位。

(2)将垫块贴于测点钢轨顶部,拉紧弦线,如图 2-1-45 所示。

(3)用钢板尺在中间点位处,垂直于钢轨顶面放置,轻轻左右拨动弦线,待示数稳定后,读取对应数值(取最不利值),如图 2-1-46 所示。

(4)记录数据。

5. 轨向检查(直线)

(1)选取基准轨。以行车方向的左股为基准轨。

(2)目视查找轨向不良点。测试者跨站一股钢轨或站在一股钢轨的里侧,目视前方找出方向不良的位置。

(3)将 10m 弦线紧贴钢轨轨头内侧轨顶下 16mm 处(用 30mm 的垫块垫起),拉紧弦线。

(4)用钢板尺在中间点位测量。

(5)读数,如图 2-1-47 所示。偏轨道外侧时用“ + ”号,偏道心时用“ - ”号。

(6)记录数据。

图 2-1-45　拉紧弦线

图 2-1-46　高低检查读数

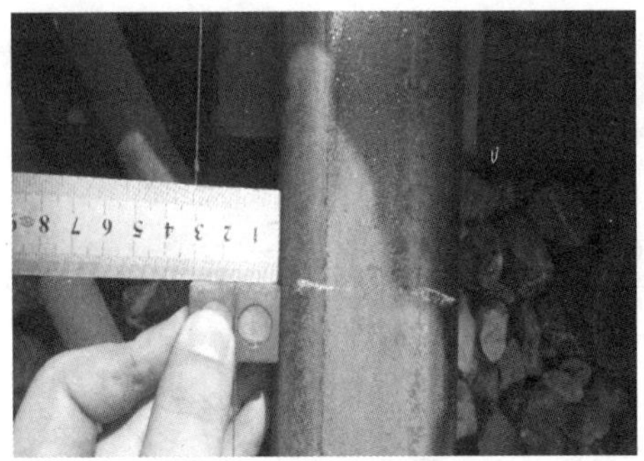

图 2-1-47　轨向检查读数

6. 正矢检查(曲线)

(1)确定测点。

(2)将 20m 弦线紧贴钢轨轨头内侧轨顶下 16mm 处,拉紧弦线,如图 2-1-48 所示。

(3)用钢板尺在中间点位测量,如图 2-1-49 所示。

图 2-1-48　拉弦线

图 2-1-49　测量

(4)读数。

(5)记录数据于正矢检查记录本上。

7. 轨底坡测量

(1)轨底坡测量仪开机清零,如图 2-1-50 所示。

(2)将轨底坡测量仪吸头部位紧贴待测钢轨内侧底部。

(3)待示数稳定后读取数值,如图 2-1-51 所示。

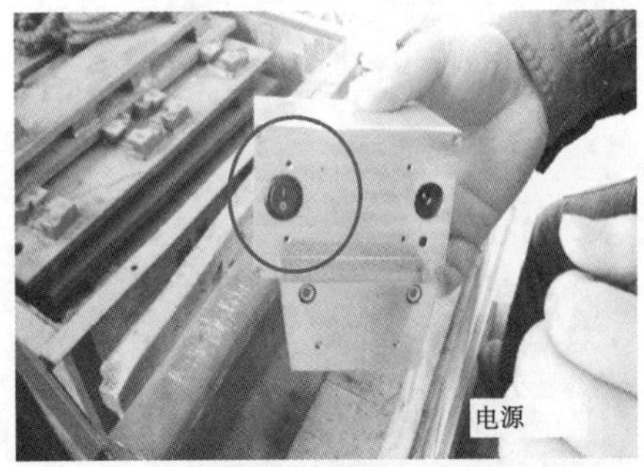

图 2-1-50　开机

图 2-1-51　轨底坡测量读数

四、线路几何尺寸检查流程

线路几何尺寸检查流程如图 2-1-52 所示。

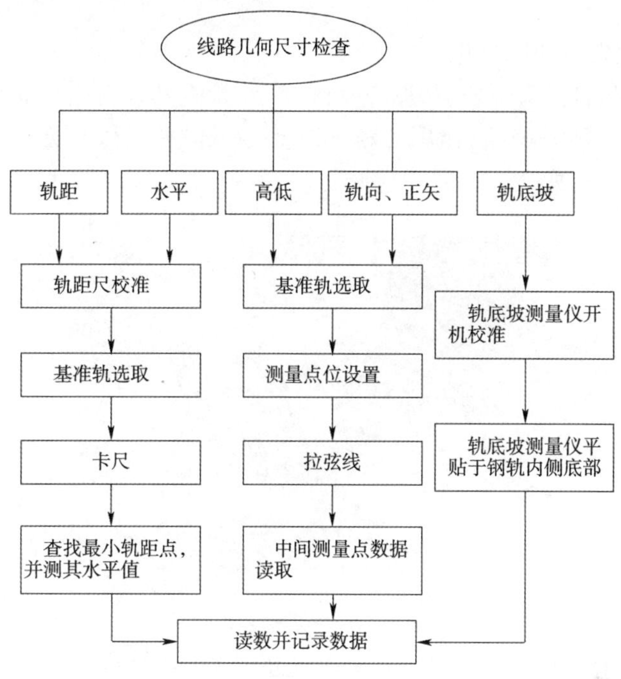

图 2-1-52　线路几何尺寸检查流程图

作业 9　线路连接零件检查

一、作业目的

连接零件是用于钢轨与钢轨、钢轨与轨枕之间连接的零件的总称。包括夹板(接头夹板、接头螺栓、螺母、弹簧垫圈)、锚固螺栓、扣件、垫板等。为保证线路连接零件完整良好,需定期对连接零件进行检查。

二、安全管理

(1)穿好工装和绝缘鞋。

(2)上线前需进行验电、接地工作(详见《接触轨旁作业安全规则》)。

三、作业程序

1. 检查夹板

(1)观察夹板外观情况,看是否存在裂纹及其他异常现象。当夹板存在以下现象时,应及时更换：

①折断。

②存在中央裂纹（中间两螺栓孔范围内）；平直及异型夹板裂纹超过5mm，双头及鱼尾型夹板裂纹超过15mm。

③其他部位裂纹发展到螺栓孔。

（2）使用检查锤敲打接头螺栓，如图2-1-53所示，检查其是否松动脱落，并目测螺栓等级是否符合要求。接头螺栓应齐全，作用良好，缺损时应及时补充和更换。接头螺栓及垫圈伤损达到下列标准，应及时更换：

图2-1-53 检查接头螺栓

①螺栓折断、严重锈蚀、丝扣损坏或杆径磨耗超过3mm。

②弹簧垫圈折断或失去弹性。

（3）接头螺栓力矩应达到表2-1-53的规定并保持均匀。力矩不足时，不得低于规定值100 N·m。

接头螺栓力矩规定 表2-1-5

项目	单位	25m钢轨						12.5m钢轨	
		最高最低轨温差＞85℃			最高最低轨温差≤85℃				
轨重	kg/m	60	50	43	60	50	43	50	43
螺栓等级		10.9	10.9	8.8	10.9	8.8	8.8	8.8	8.8
力矩	N·m	700	600	600	500	400	400	400	400
c值	mm	6			4			2	

注：①c值为接头阻力及基础阻力限制钢轨自由伸缩的数值。

②无缝线路缓冲区接头螺栓力矩应达到900N·m，且不得低于700N·m。

2. 检查锚固螺栓

（1）检查锚固螺栓是否松动，对于松动的螺栓，检查其丝扣是否完好，若丝扣上存在铁锈等附着物，使用钢丝刷将附着物清除干净。若螺栓或尼龙套管丝扣损坏失效，则及时用红油漆对其进行标记，便于后续整治。

（2）检查平垫圈、弹簧垫圈是否失去弹性或变形折断；轨距扣板是否变形损坏。

3. 检查扣件

(1)检查扣件是否保持齐全,是否位置正确,是否作用良好,如图 2-1-54 所示。

(2)弹条式扣件前端一般应密贴,容许间隙不超过 2mm。

(3)扣板式或弹片式扣件,力矩应保持在 80 ~ 140N · m 之间,弹条式扣件力矩应保持在 160 N · m左右。

图 2-1-54　检查扣件

4. 检查垫板

(1)检查铁垫板和橡胶垫板、橡胶垫片是否齐全,要求摆放位置无明显偏斜。

(2)检查铁垫板是否有伤损,当伤损达到下列标准时,应有计划地更换:

①铁垫板折断、变形、严重锈蚀。

②丧失固定立柱螺栓功能。

(3)检查橡胶垫板是否有伤损,当大胶垫磨穿、断裂、压溃或变形(两侧压宽合计:厚度为 7mm 的胶垫,超过 15mm;厚度为 10mm 的胶垫,超过 20mm),小胶垫损坏时,应及时更换。

(4)检查铁垫板下空吊情况,如图 2-1-55 所示。空吊是指轨底与铁垫板或铁垫板与轨枕间有 2mm 以上间隙的现象。若存在空吊,则采用垫板作业进行整治。

图 2-1-55　检查空吊

(5)若铁垫板下有调高垫板,则要求数量不超过 2 块、总厚度小于 10mm。

四、线路连接零件检查流程

线路连接零件检查流程如图 2-1-56 所示。

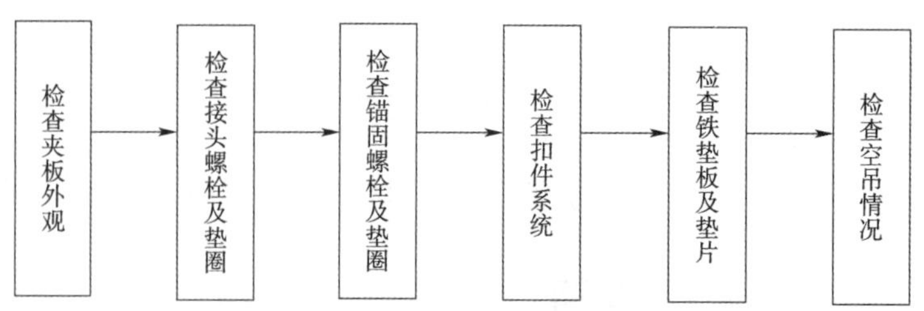

图 2-1-56　线路连接零件检查流程

作业 10　有缝接头轨缝和错牙检查

一、作业目的

有缝接头处轨缝大小不合适、接头错牙均会影响列车行驶的安全性和舒适性。轨缝过大，列车通过时会对钢轨产生冲击，接头夹板螺栓受到的剪力会增大，缩短了接头设备的使用寿命。轨缝过小，遇高温天气容易发生胀轨跑道。错牙会引起列车对钢轨的剧烈冲击，缩短了轨道设备的使用寿命，加大了维修成本。所以，我们应有计划地对接头轨缝和错牙进行检查。

二、安全管理

(1)穿好工装和绝缘鞋。

(2)上线前需进行验电、接地工作(详见《接触轨旁作业安全规则》)。

三、作业程序

1. 轨缝检查

(1)用钢板尺 0 刻度一端对齐一边轨端，测量与另一轨端的距离，如图 2-1-57 所示。

(2)读出钢板尺上的刻度值，根据具体情况分析读数，判断是否需要调整轨缝。

图 2-1-57　轨缝测量

2. 错牙检查

(1)上下错牙。将钢板尺竖直放立在轨头表面,观察接头两端是否有错牙;如果有,用塞尺测量出错牙量并记录,如图 2-1-58 所示。

(2)左右错牙。将钢板尺水平贴在接头两端钢轨的侧面,观察两端是否有错牙;如果有,用塞尺测量出错牙量并记录,如图 2-1-59 所示。

图 2-1-58　检查上下错牙

图 2-1-59　检查左右错牙

四、轨缝和错牙检查流程

轨缝和错牙检查流程如图 2-1-60 所示。

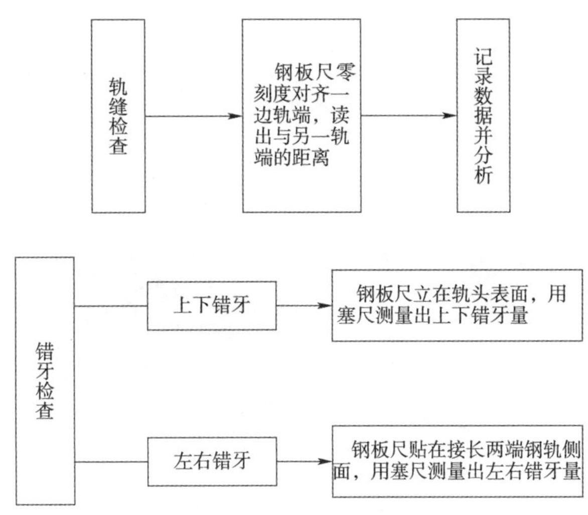

图 2-1-60　轨缝和错牙检查流程图

技能单元2　城轨线路维护作业指导书

作业1　拨　　道

一、作业目的

列车荷载反复冲击造成轨道几何状态不平顺,故在线路养护维修中,为整正线路方向不良和轨向发生的显著变化,有计划地调整线路方向,保证列车按线路允许速度安全平稳地运行,开展拨道作业。

二、安全管理

(1)穿好工装和绝缘鞋。

(2)上线前需进行验电、接地工作(详见《接触轨旁作业安全规则》)。

三、作业程序

1. 测量轨温

作业前、作业中、作业后分别测量轨温,如图2-2-1所示,并如实记录当日气温和轨温。直线拨道作业的轨温条件:+20℃,拨道量不超过10mm;+15～+20℃,拨道量不超过20mm。

图2-2-1　测量轨温

2. 确定基准轨

直线地段如两股方向误差不大时,一般以顺里程方向的左股为基准轨;如一股方向好,则以方向较好的一股为基准轨。曲线地段应以上股为基准轨。线路直线地段轨向不良,可用目

测方法拨正。曲线地段轨向不良，可用绳正法测量、计算与拨正。

3. 绳正法拨正曲线的基本要求

(1)曲线两端直线轨向不良，一般应事先拨正，两曲线间直线段较短时，可与两曲线同时计算、拨正。

(2)在外股钢轨上用卷尺丈量，每 10m 设置 1 个测点(曲线头或尾是否在测点上不限)。

(3)在风力较小条件下，拉绳测量每个测点正矢，测量 3 次取平均值。

(4)按绳正法计算拨道量，计算时不宜为减少拨道量而大量调整计划正矢。

(5)设置拨道桩，按桩拨道。

4. 标记作业量

按照绳正法测量确定的正矢超限处，用滑石笔进行标记，标清拨道方向和拨道量，用箭头表示拨道方向，数字表示拨道量。

5. 拨道作业

(1)指挥拨道。指挥人员距拨道人员：拨大弯时 100m，拨小弯时 50m。双腿跨在方向好的一股钢轨上(曲线段沿上股指挥)，如图 2-2-2 所示。指挥手势为：

①拨接头。双手握拳高举头上相碰，隔一个接头，则两拳相碰两次。

②拨大腰。两手高举，食拇指张开作大圆弧形。

③拨小腰。两手放于胸前，食拇指张开作小圆弧形。

④交叉拨动。两手在胸腹前交叉。

⑤用力拨动。两手下垂，在体前向拨动方向快速用力摆动。

⑥向左或向右拨动。向哪一侧拨动，就用哪一边手臂侧向平伸。

⑦往前或往回拨动。右手或左手张开举起与头齐，手心向外做推送动作为往前拨动，手心向内做召唤动作为往回拨动。

⑧暂停拨动。双手左右平伸。

⑨全部拨完。左手或右手在头部前方自上而下画圆圈。

(2)指挥人员、拨道人员分为左右股或上下股两组，准备起拨道器时，双脚站在道床上，按拨道方向，前脚距轨底约 250mm，两脚相距约 300～400mm，成 60°角，如图 2-2-3 所示。

图 2-2-2　指挥拨道

图 2-2-3　拨道站位

(3)将拨道器插入钢轨底，按垂直深度不少于 100mm，并与道床成 45°～60°角，插入后轻试，如图 2-2-4 所示。

（4）拨道时，一只握住摇把一端，另一只手相距 200～300mm 握住摇把，目视指挥者，按指挥者手势进行拨道，如图 2-2-5 所示。

（5）拨道量达到预定值后，先将拨道方向后面的拨道器放下，并用捣镐镐尖逐根将轨枕头窜实，以减少回弹量；再放下拨道方向前面的拨道器，依次将线路拨正，如图 2-2-6 所示。

图 2-2-4　插入起拨道器

图 2-2-5　拨道

图 2-2-6　松拨道器

（6）每次拨道量不宜超过 40mm，必须在销点前及时做好顺撬。

（7）拨道结束后，将扒出的道砟和拨道器窝整平，将拨道后离缝的一侧轨枕头道砟回埋、整平并夯实，以保证作业质量。道床顶面轨底处应低于轨枕承轨面以下 40～50mm，轨枕中部与轨枕顶面平齐，如图 2-2-7 所示。

a)

b)

图 2-2-7　回填道砟

（8）拨道作业完毕后，用轨距尺检查拨道范围内的轨距、水平、三角坑，用弦线、钢板尺检查高低，发现超限处所应及时整修。曲线地段应回检正矢，及时填写曲线正矢登记簿，如图 2-2-8 所示。

a)

b)

图 2-2-8　质量回检

6. 注意事项

（1）直线地段用 10m 弦测量。曲线地段正矢用 20m 弦量取在钢轨踏面下 16mm 处中弦的正矢值。

（2）对拨后过车容易变化还原处，曲线拨道量不大时，须适当留有回弹量，一般为 5～6mm。

（3）不得在焊缝、绝缘接头处拨道；短轨地段应检查拨道地段的轨缝，如遇连续小轨缝和瞎缝，应先进行调整轨缝工作，以防造成胀轨。

（4）曲线地段正矢符合要求且无"鹅头"、反弯。

①曲线地段"鹅头"是指直缓点或缓直点前后实际正矢与计划正矢之差连续三点在 2mm 及以上。

②反弯是指直缓点或缓直点及其 20m 内的直线段有小于或等于 −2mm 的正矢，曲线段正矢有负值。

四、拨道作业流程

拨道作业流程如图 2-2-9 所示。

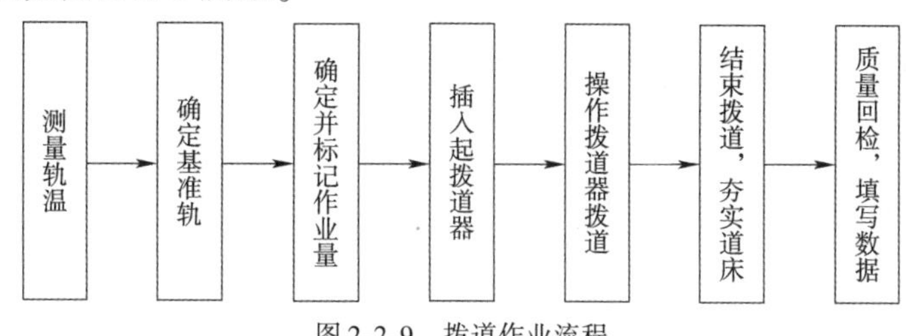
测量轨温
确定基准轨
确定并标记作业量
插入起拨道器
操作拨道器拨道
结束拨道，夯实道床
质量回检，填写数据

图 2-2-9　拨道作业流程

作业 2　补　　砟

一、作业目的

补砟作业的目的是补充道床石砟数量，增加道床厚度，调整道床纵断面，进而恢复线路平顺性。

二、安全管理

(1)穿好工装和绝缘鞋。

(2)上线前需进行验电、接地工作(详见《接触轨旁作业安全规则》)。

三、作业程序

1. 准备作业

检查平板手推车等状态是否良好,如有故障,应及时排除。

2. 基本作业

(1)上道:施工负责人确认停电、防护已设好,方可下令进行上道作业。

(2)检查高低及水平:用弦线检查钢轨高低,道尺测量水平,将数据记录在钢轨上,并确认基准轨(曲线段以曲下股为基准轨)。作业人员用滑石笔在钢轨上标记补砟位。

(3)补砟:道砟转运到指定位置后,对标记位置进行补砟作业,使道砟配置高度低于钢轨头,高于轨枕不大于10cm,清除钢轨及轨枕面上的道砟,并对道砟进行整形工作,如图2-2-10所示。

图2-2-10　补砟

3. 整理作业

整理道床及边坡,复检线路几何尺寸并记录。

4. 下线

清理工机具,出清线路,撤离防护,销点。

四、补砟作业流程

补砟作业流程如图2-2-11所示。

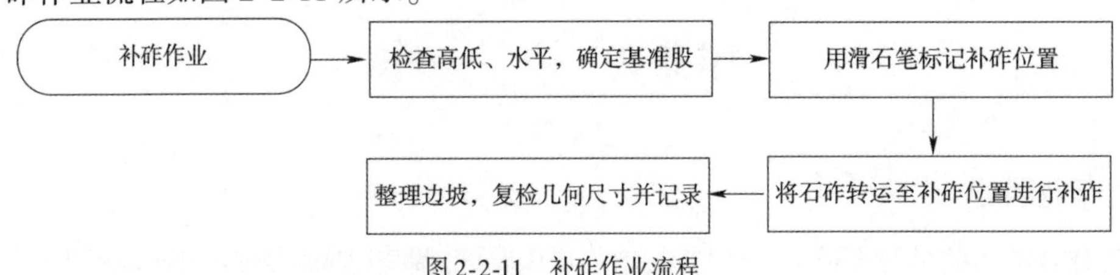

图2-2-11　补砟作业流程

作业3　错牙整治

一、作业目的

错牙是指有缝接头两轨端不在同一平面内,分为上下错牙和左右错牙。错牙会引起列车对钢轨的剧烈冲击,降低轨道设备的使用寿命,加大维修成本。所以应及时对错牙进行整治,接头上下、左右错牙不得大于1mm。

二、安全管理

(1)穿好工装和绝缘鞋。

(2)上线前需进行验电、接地工作(详见《接触轨旁作业安全规则》)。

(3)拆卸夹板应适当考虑轨温的影响,避免在轨温过高或过低时作业。

三、作业程序

1. 锁定钢轨

拧紧前后两节钢轨的扣件,打紧防爬器,如图2-2-12所示。

2. 拆卸夹板、扣件以及涂油

(1)卸下接头两根轨枕扣件,如图2-2-13所示。

图2-2-12　拧紧前后两节钢轨的扣件

图2-2-13　拆卸接头两根轨枕扣件

(2)卸下接头螺栓和夹板,如图2-2-14所示。

(3)对螺栓、夹板和钢轨涂油,如图2-2-15、图2-2-16所示。

3. 垫垫圈

根据接头错牙量的大小,选择适当厚度的垫圈(垫片),垫于夹板与钢轨之间,如图2-2-17所示。

4. 安装夹板及检查

(1)安装夹板和接头螺栓,并拧紧接头螺栓。

图 2-2-14　拆卸接头螺栓和夹板

图 2-2-15　清除轨底泥土和铁锈

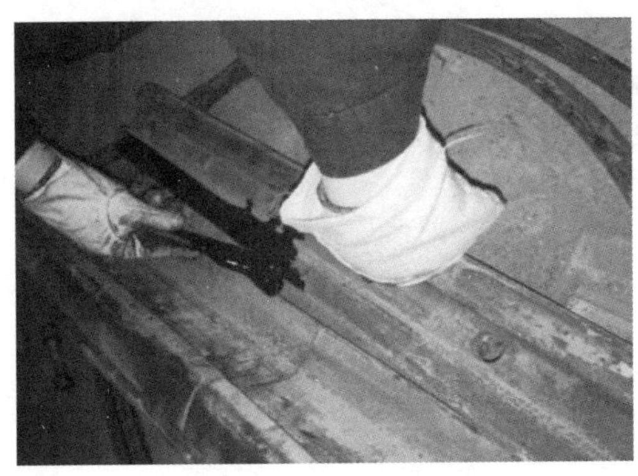

图 2-2-16　夹板涂油

图 2-2-17　垫垫圈

(2)检查接头错牙,若仍未完全消除,则应拆开接头,调整垫圈(垫片)的厚度重新垫入。接头上下、左右错牙不大于 1mm。

(3)检查轨距、水平。若轨距、水平误差超限,应改道和捣固,如图 2-2-18 所示。

图 2-2-18　轨距水平检查

5. 安装扣件

安装接头两根轨枕扣件,并拧紧。

四、错牙整治作业流程

错牙整治作业流程如图2-2-19所示。

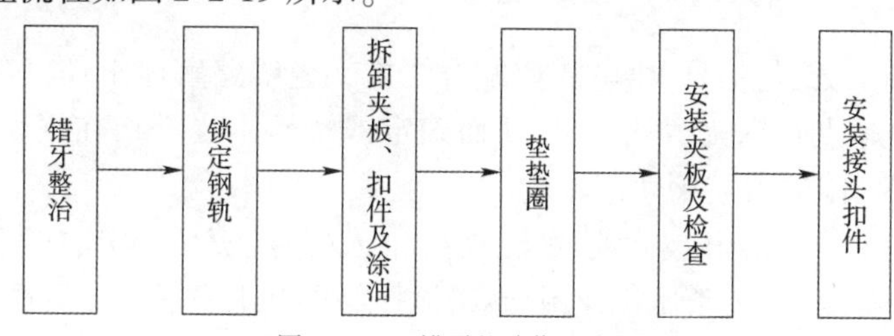

图2-2-19　错牙整治作业流程

作业4　弹性短轨枕改造

一、作业目的

弹性短轨枕在使用过程中由于橡胶套靴发生老化、变形，轨枕-套靴-道床之间出现剥离，间隙扩大，造成轨枕吊空、轨距变化大、减振效果下降、短轨枕破裂等现象，给行车安全埋下较大的隐患，为了避免这种情况的持续恶化，提高轨道系统稳定性，增强减振效果，需要对既有线路的轨道结构减振降噪措施进行改进和强化，弹性短轨枕整治工程采用预制式短轨枕及双层非线性扣件更换既有弹性短轨枕及扣件，以期减小轨道交通运营线对环境的影响。

二、安全管理

一般安全作业规定：

(1)所有进入正线区段的作业(抢险抢修任务除外)，原则上要求运营结束后在天窗点(接触轨停电，线路无车)内进行；所有进入车场线路的作业，原则上要求作业区域内无调车作业且相关接触轨停电后方可进行。

(2)所有施工、计表维修作业，必须履行相应请销点、登记制度。

(3)在确认断电、进行清点后，下线验电、接地，验电必须遵守《接触轨旁作业安全规则》。

(4)在线路附近工作或作业时要注意不得使设备、工具(包括手持工具)侵入限界，防止发生事故。

(5)横越道岔时，不得脚踏岔尖和道岔转动部分，禁止从集中联动的道岔处通过。

(6)进行作业时，作业人员(包括所持的工机具、材料、零部件等)与接触轨应当至少保持300mm的安全距离；与周围带电设备的距离不得小于：110kV为1500mm；10kV及以下为700mm。

(7)严禁触摸、踩踏、翻越接触轨绝缘罩。一般情况下，维修时严禁从接触轨下部操作、传递工机具。

(8)作业完成后，清点人员、工具及物资，确认无遗落在作业现场，并拆除接地线，进行销点。

三、作业程序

1. 作业前准备

(1)正式施工前一天,与信号、供电专业配合实施无缝线路解体工作,按照每25m距离进行锯轨(需考虑焊缝地点及钢轨磨耗情况,从而确定锯轨具体位置),在锯轨处钻孔安装冻结接头夹板和连接零件,随后安装钢轨回流线。

(2)组织全部参与人员召开技术交底会,明确个人任务、责任划分,尤其将现场电动机械管理、连接零件拆卸与复紧、齿条压机使用、砂浆搅拌等重点工序落实到负责人。

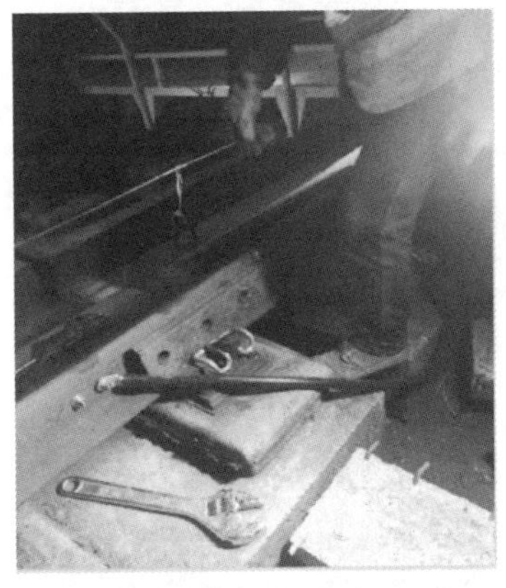

图2-2-20　夹板拆除

(3)向指挥中心申报改造地段行车限速,限速指令实施后拆除轨道轨距拉杆等轨道加强设备。

(4)调试机械,清点工器具、耗材等改造物资。

(5)信号专业派遣人员给予配合,对信号环线进行换边处理。

2. 改造工序

(1)拔出既有短轨枕、拆除套靴。

①拆除当天施工段两端接头夹板,按照"隔一拆三"的原则拆除当天不更换段落的扣件,如图2-2-20所示。

②用齿条式起道机将钢轨抬高250mm,弹性套靴式短轨枕随钢轨的抬高被拔出道床。再用方木垫在钢轨下,并辅助使用长木板垫在被拔出的短轨枕下方,防止下落,如图2-2-21、图2-2-22所示。

图2-2-21　起道

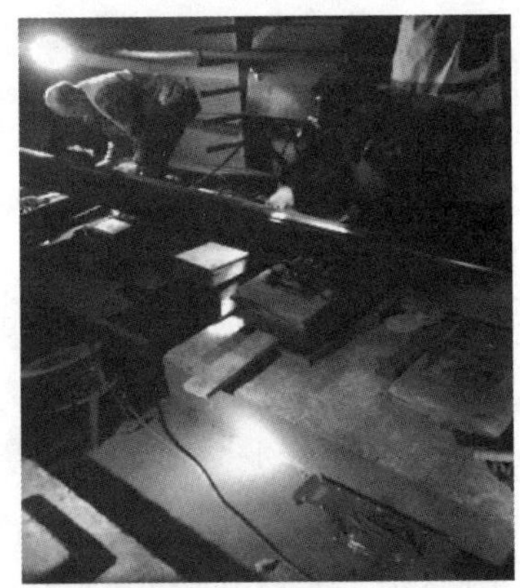

图2-2-22　垫木枕

③拆除被拔出的弹性套靴式短轨枕上扣件,将旧短轨枕取出并把槽内弹性套靴拔出,如图2-2-23所示。

(2)加工并清理轨枕槽。

①为了增强换枕后的道床强度,在轨枕槽内用冲击钻进行凿毛处理,以增强混凝土凝结后的黏结性,如图2-2-24所示。

②用抹泥板、棉纱和吸尘器等工具清理轨枕槽内积水和杂物,以保证轨枕槽内干燥、整洁,

如图 2-2-25 所示。

图 2-2-23　拔出套靴

图 2-2-24　凿毛

(3)焊接钢筋网片,安装新轨枕。

①将先铺设的钢筋网片与新短轨枕的预留钢筋焊接,焊接后的钢筋网片如图 2-2-26 所示(钢筋网片横向焊接 6 根钢筋,纵向焊接 3 根钢筋)。

图 2-2-25　清除轨枕槽内杂物

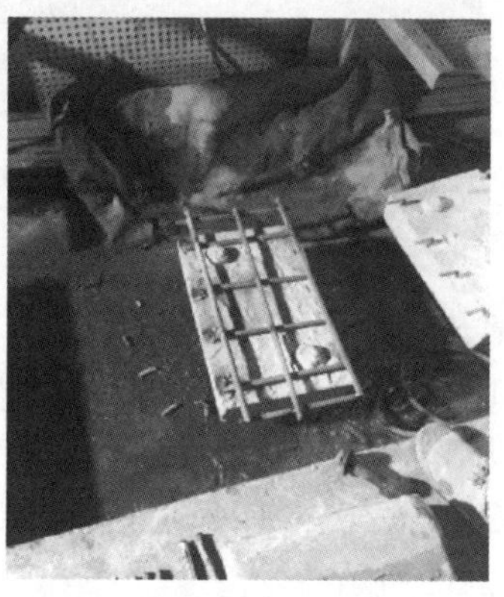

图 2-2-26　钢筋焊接

注:本项工序可在施工前预先完成,提高施工中工作效率。

②安装需要更换段落的新短轨枕及双层非线性扣件,如图 2-2-27、图 2-2-28 所示。

图 2-2-27 安装轨枕

图 2-2-28　安装扣件

③配合使用压机、撬棍使短轨枕准确落槽，紧接着安装和复紧其余钢轨扣件和接头夹板、连接零件，如图 2-2-29 所示。

④调整新轨枕的位置，确保新轨枕在轨枕槽的中间位置，新轨枕四周与槽壁之间留有足够的距离，避免灌浆后混凝土厚度过小时容易造成开裂(位置调整时也兼顾轨枕间距)。

(4)复检线路几何尺寸，如图 2-2-30 所示。

施工过程中进行的抬轨等作业，会使线路几何尺寸发生变化，为保证施工后线路状况与施工前保持一致，在完成以上工序后要对当日施工区段进行几何尺寸复检。如果发现复查出的几何尺寸与原始尺寸存在明显差异或出现超限等状况，应立即对线路进行整改。在线路几何尺寸都检查合格后方可进行以下工序。

图 2-2-29　轨枕落槽

图 2-2-30　复检几何尺寸

(5)钻孔、清孔、植钢筋。

由于新短轨枕底部有 8 根预留钢筋，为保证与原有道床连接牢固，在原套靴式短轨枕的基坑位置植入 6 根相对钢筋。

①用冲击钻在新短轨枕钢筋网片两端相对位置钻孔，并用吸尘器将孔内灰尘清理干净，如图 2-2-31、图 2-2-32 所示。

图 2-2-31　钻孔

图 2-2-32　清灰

②注入植筋胶，将植筋胶均匀地打入钻孔内，如图 2-2-33 所示。

③将需植入的钢筋打入孔内，使用铁锤敲击钢筋，保证钢筋在孔内稳固，如图 2-2-34 所示。

图2-2-33　植筋

图2-2-34　钢筋入孔

④将预先铺设的钢筋网片与植入的钢筋进行焊接,如图2-2-35所示。

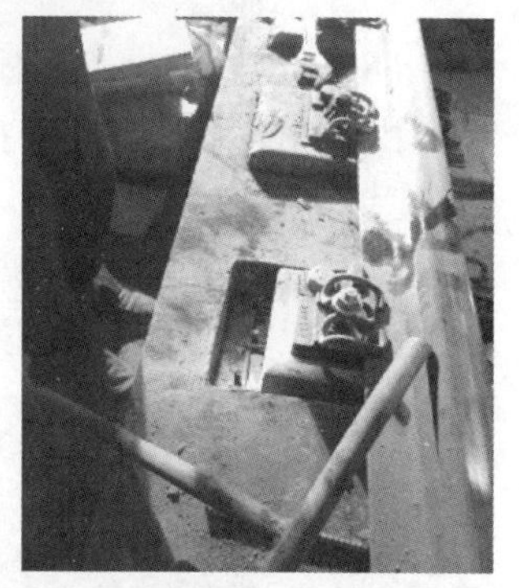
图2-2-35　焊接

(6)吸尘、灌注砂浆。

利用专用吸尘器将已经安装好的短轨枕内的基坑再次清理干净。按照施工单位自主研发的特种膨胀砂浆配合比进行砂浆拌制,采用小型搅拌机进行集中拌制。将拌制好的砂浆从一侧倒入基坑内,使其从轨枕一侧流入另一侧,便于排除短轨枕基坑四周内的空气。灌注的砂浆与原道床面平齐并进行人工抹面、收光,如图2-2-36、图2-2-37所示。

图2-2-36　灌浆

图2-2-37　抹面收光

注:灌注砂浆时注意不要将砂浆倒在扣件上,因为砂浆在扣件中凝固后扣件将很难取下,会给后期线路保养作业带来很多不便。

(7)混凝土养护。

①在灌注砂浆完成约20分钟后,用湿海绵盖在砂浆表面并在上面盖上保鲜膜,起到保湿的作用,如图2-2-38所示。

②在盖膜完成后用预先制作好的模板将新轨枕围住,以保证在保养期间海绵不散失,如

图 2-2-39 所示。

图 2-2-38　保湿

图 2-2-39　保湿维护

(8)取下轨下橡胶垫板。

由于在砂浆浇筑后养护期间,混凝土不能受力,要将新更换的轨枕处的轨下橡胶垫板取出,使钢轨悬空。

将作业区间内全部轨枕扣件进行松卸(新换的轨枕处扣件必须卸下,当日更换的新轨枕以外的其他轨枕扣件可不卸下,只松动即可,因为抬轨高度较低),用压机将钢轨抬起,抬轨高度控制在能将轨下橡胶垫板撤出即可,然后将橡胶垫板取出。所有新轨枕处垫板撤出后松开压机,将钢轨归回原位并上紧扣件,如图 2-2-40所示。

图 2-2-40　钢轨复位

(9)再次复核几何尺寸。

在当日施工完成后再次对线路几何尺寸进行复检,如发现与原始尺寸有较大差异或超限的位置,应立即调整,保证第二天的行车安全。

(10)注意事项。

①更换轨枕必须按照“隔三换一”的原则,保证当天更换的轨枕之间必须有三个既有轨枕可以承重。

②齿条压机起道后应在轨底放入方木,防止压机发生意外砸伤手脚。

③灌浆前一定要保证轨枕槽内清理干净,不能有积水及其他污垢。

④灌浆前必须对作业区段线路几何尺寸进行复检,确保线路状况与原始数据没有较大差异且保证没有超限情况。

⑤为消除安全隐患,使得混凝土能够尽快达到高强度,当日作业完成后要检查好更换的轨枕处轨下橡胶垫板全部撤出,且垫板与钢轨之间有足够的空间以保证在行车过程中新轨枕不收到应力传导。

⑥在灌浆完成后不要立即撤出轨下橡胶垫板,要过约 20 分钟,使混凝土达到一定强度后再进行此步骤。

⑦在当日作业结束后将所有夹板、连接零件进行安装复紧,保证第二天行车安全。

作业5　捣　　固

一、作业目的

捣固作业的目的是对有砟轨道范围内的水平、高低、三角坑进行调整;整治线路坑洼、下沉,增加道床厚度,调整纵断面。局部或全部起道捣固可恢复线路平顺性。

二、安全管理

(1)穿好工装和绝缘鞋。

(2)上线前需进行验电、接地工作(详见《接触轨旁作业安全规则》)。

三、作业程序

1. 准备作业

(1)检查捣固机状态是否良好,如有漏油,应及时排除;检查、调整传动带张紧程度。

(2)检查油箱油料、机油是否充足,如图2-2-41所示。

(3)启动捣固机试运转3~5min,如图2-2-42所示,检查汽油机及各部零件是否正常。

图2-2-41　检查油箱油料是否充足

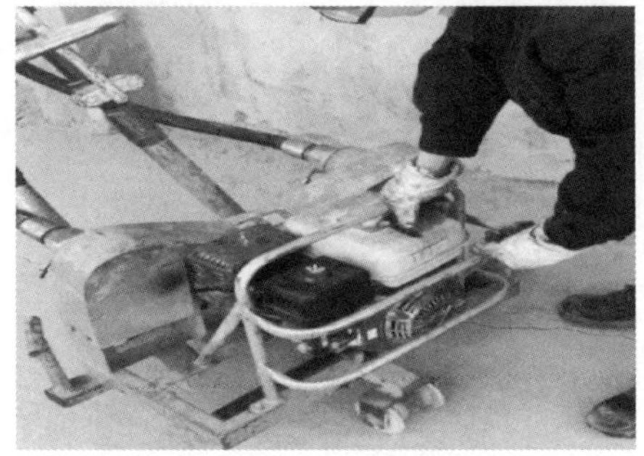

图2-2-42　试运转捣固机

2. 基本作业

(1)上道:施工负责人确认停电、防护已设好,方可下令进行上道作业。

(2)检查高低及水平:用弦线检查钢轨高低,道尺测量水平,将数据记录在钢轨上,并确认基准股(曲线段以曲下股为基准股)。作业人员用滑石笔在钢轨上标记起道位置和捣固位置(第一处起道位置前方2.5m处),如图2-2-43所示。

(3)捣固:捣固时对位要准,边捣固边回填镐窝,如图2-2-44所示。操作中应做到耳听、眼看、鼻闻、手摸。听机器有无异常声音;看捣固位置、符号和机械各部件状态;闻机械各摩擦、电线等有无异味;摸电机、振动轴温度变化及感觉振动情况是否正常。

3. 整理作业

整理道床及边坡,复检几何尺寸并记录,如图2-2-45所示。

图 2-2-43　检查高低及水平、起道

图 2-2-44　捣固作业

图 2-2-45　整理边坡

4. 下线

清理工机具,出清线路,撤离防护,销点。

四、捣固作业流程

捣固作业流程如图 2-2-46 所示。

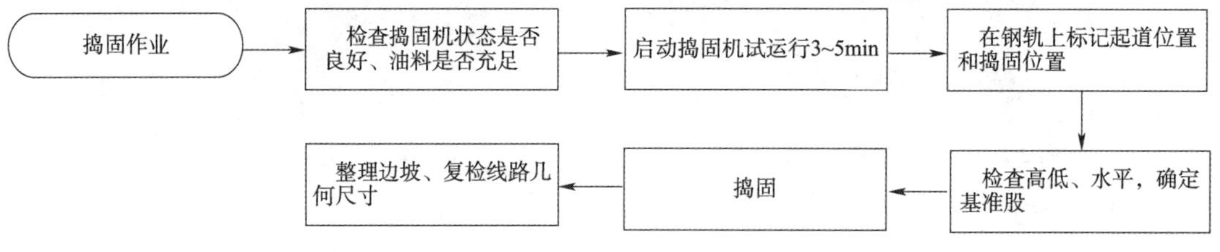

图 2-2-46　捣固作业流程

作业 6　道岔尖轨暴缝整治

一、作业目的

道岔是轨道结构中的一个重要组成部分,同时也是轨道结构中的薄弱环节。道岔病害发生频繁,原因复杂。其中既有道岔本身结构特点的因素,也有列车动力作用、侵蚀、保养不当等

外界因素。因此对道岔病害的整治尤为重要。

列车在经道岔改变运行方向时对尖轨部位产生较大的作用力，在长期的力作用下，尖轨容易出现跳动、与基本轨不密贴、爬行、非正常磨耗以及方向不正等病害。其中，尖轨与基本轨暴缝会对行车安全产生严重的影响。暴缝状态下的尖轨垂向与横向振动要比尖轨与基本轨处于密贴状态下的振动剧烈得多，车辆经过道岔系统时产生的振动较整体道床更为强烈，对维持系统稳定、延长尖轨使用寿命非常不利。尖轨与基本轨暴缝程度较大会造成列车进入道岔时轮对卡在缝隙中形成挤岔，严重危及行车安全。因此，对此类病害的整治一直都是道岔病害整治的重点。

二、安全管理

(1)穿好工装和绝缘鞋。

(2)上线前需进行验电、接地工作(详见《接触轨旁作业安全规则》)。

(3)抄道岔时，注意不能站在道岔及联动道岔的尖轨上。

三、病害原因分析

1.道岔实际几何尺寸不符合设计标准

由于碎石道床稳定性较差，轨距、水平、方向等几何尺寸较难控制，造成道岔实际几何尺寸不符合设计标准，进而影响尖轨暴缝。

2.尖轨动程不足

尖轨拉杆尺寸选配或调整不良，造成两尖轨间的间距不符合标准要求的规定间距；尖轨扳动不到位，与基本轨离缝，产生不密贴。

3.顶铁不合适

基本轨与尖轨间的顶铁过长或过短，造成车轮挤弯尖轨，尖轨竖切部分与基本轨不密贴。

4.尖轨窜动爬行

尖轨窜动爬行导致尖轨与基本轨刨切部分错位，造成离缝，产生不密贴。

5.肥边、脱焊造成假密贴

因钢轨磨耗、几何框架尺寸不良、平顺度不良等原因，使基本轨工作边及尖轨非工作边产生“肥边”而造成假密贴；同时滑床板弯曲、挠曲或滑床台脱焊，尖轨不能在滑床台上落平，使得尖轨位置不正，形成歪斜或吊空，也会造成与基本轨离缝或假密贴。

6.硬弯

尖轨或基本轨本身有硬弯，造成尖轨竖切部分与基本轨不密贴。

四、病害整改措施

1.确认道岔几何尺寸、整治钢轨硬弯

确认道岔几何尺寸(包括轨距、支距、尖轨动程等)符合要求，保证基本轨及尖轨的平顺

性,对基本轨或尖轨硬弯或弯曲矢度不足进行整修。

(1)硬弯的预防。

①堆放材料时,保证材料不受轴向应力作用并且不产生竖向或横向弯曲。将材料放置在预先铺置的垫块上(通常使用旧枕木),不可直接放置于碎石道床上。

②在运送和使用钢轨的过程中防止钢轨磕碰造成硬弯。

(2)硬弯的整治。

使用弯轨器对硬弯处进行修整。在弯轨过程中需要密切注意钢轨状态。钢轨是弹性材料,在弯折后很短的时间内会产生小量回弹。弯轨作业可分多次进行,逐步到位,必须注意防止弯折过度。对曲线基本轨及曲线尖轨进行修整时还必须注意钢轨原始弯折点的位置,部分钢轨可能存在原始弯折点不符合设计标准的情况。

2. 调整道岔几何尺寸

进行道岔起道、改道作业,调整道岔几何尺寸(轨距、水平、方向、高低),使道岔几何尺寸满足设计要求,如图 2-2-47 和图 2-2-48 所示。

图 2-2-47　道岔起道作业

图 2-2-48　道岔改道作业

3. 整治基本轨与尖轨间顶铁(图 2-2-49)

一般情况下,为保证尖轨处于较好的工作状态,顶铁与尖轨最好保持约 1mm 的缝隙。

(1)校正顶铁过短。

可以采用加设顶铁调整片的方式实现校正目的。但要避免为消灭顶铁不密贴盲目增加垫片,造成顶铁过硬而顶弯尖轨。若尖轨与顶铁离缝过大,则需检查钢轨的弯曲矢度是否到位。

(2)校正顶铁过长。

将顶铁从基本轨上拆下,使用打磨机对顶铁头部进行打磨。打磨过程中要注意防止打磨过量。

4. 调整尖轨与导曲轨间轨缝

(1)将尖轨上的拉杆连杆以及尖轨跟端夹板全部拆下,使尖轨处于自由状态,如图 2-2-50 所示。

(2)用撬棍移动尖轨,使其恢复到设计位置。

(3)尖轨到位后,仍需对其密贴性进行复查,确保设备状态良好。

此外,病害整改措施还包括剔除“肥边”和消除尖轨与基本轨的连续空吊等。

图2-2-49 基本轨与尖轨间顶铁整治

图2-2-50 拆下拉杆连杆以及尖轨跟端夹板

五、道岔尖轨暴缝整治作业流程

道岔尖轨暴缝整治作业流程如图2-2-51所示。

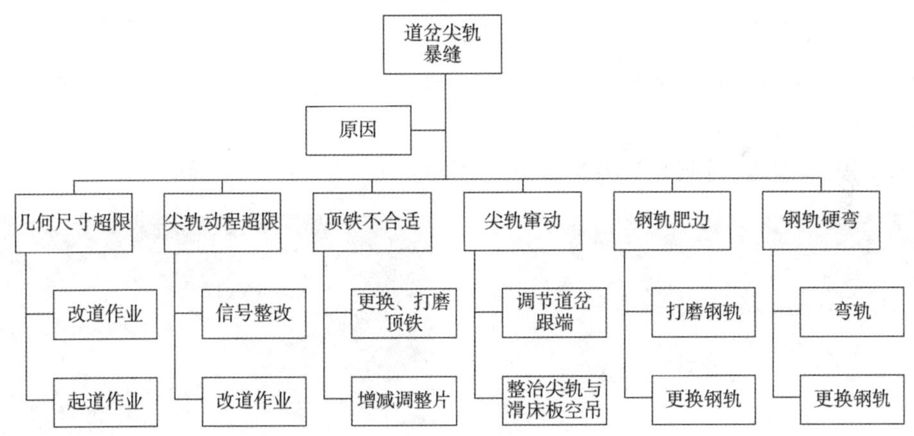

图2-2-51 道岔尖轨暴缝整治作业流程图

作业7 垫 板

一、作业目的

为改正超限及接近超限的水平、高低及顺坡率,并消除轨道上出现的三角坑,保证线路平顺,减少线路晃车,通常采用尼龙材质轨下调高垫板进行垫板作业。整体道床轨道的养护维修,轨面前后高低,左右股钢轨水平,均通过垫板作业完成。碎石道床地段,可采用枕上垫板和枕下垫砟相结合的方法。

二、安全管理

(1)穿好工装和绝缘鞋。

(2)上线前需进行验电、接地工作,如图2-2-52所示(详见《接触轨旁作业安全规则》)。

a)

b)

图2-2-52　验电断电

三、作业程序

1. 正线垫板作业

轨道交通正线均为无砟整体道床,当列车荷载反复作用造成轨道水平高低超限时,采用轨下调高垫板进行垫板作业。

(1)带班人员看道,目测并找出线路高低超限的点,如图2-2-53所示。

a)

b)

图2-2-53　目测线路高低

(2)使用轨距尺和弦线对目测找到的需进行垫板作业的点进行复核,计算每处轨枕计划调整量,并用滑石笔在该段钢轨上进行标记,如图2-2-54所示。

(3)根据标记点,松动扣件并延伸到两端标记点的下一块轨枕,注意一次连续松开轨枕螺栓不应超过7个,如图2-2-55所示。

(4)根据起道长度合理放置起道器,放置时两起道器应分别置于股道内侧和外侧,起道器要放置水平,如图2-2-56所示。

(5)使用压机棒配合起道器将钢轨抬起,两人操作压机棒时,应做到轻起慢落并保持同一

速率,切勿速率过快,如图2-2-57所示。

a)

b)

图2-2-54　复核标记

图2-2-55　松卸扣件

图2-2-56　放置起道器

图2-2-57　抬起钢轨

(6)根据每处轨枕计算垫高量并依次在轨下放置调高垫板,如图2-2-58所示。调高垫板应垫在钢轨和大胶垫之间,一般情况下每处调高垫板不得超过2块,总厚度不得超过10mm。在曲线地段垫调高垫板时,应先垫上股后垫下股,以防止反超高影响安全。

(7)松动起道器落下钢轨时,作业人员应远离钢轨,起道器手应做到两台起道器同时落下,如图2-2-59所示。

(8)测量轨距、整理扣件,拧紧钢轨连接扣件,如图2-2-60所示。当轨距小时,应先拧紧里口螺栓,反之则先拧紧外口螺栓。为不影响轨距顺坡,最好由中间轨枕开始向两侧拧紧轨枕螺栓。

(9)目测垫板处高低是否如作业前不良,若高低良好,则使用轨距尺和弦线对该处进行复检。

a)

b)

图 2-2-58　放置调高垫板

图 2-2-59　松起道器

图 2-2-60　复紧扣件

2. 场线垫板作业

(1)首先测量轨温,确认是否符合作业轨温条件,做到超温不作业。并严格执行作业前、作业中、作业后测量轨温制度,如图 2-2-61 所示。

图 2-2-61　执行测量轨温制度

(2)根据目测高低和水平测量计算每处轨枕计划垫高量,并将每处调整量用滑石笔在钢轨上进行标记,如图 2-2-62 所示。

a)

b)

图2-2-62　目测高低、标记

(3)根据标记点，松动扣件(图2-2-63)，螺母松起高度以能垫入或撤出调高垫板、橡胶垫板为宜。为保证无缝线路稳定，每次松开扣件长度不得超过5m。

(4)扒好起道器窝，放入起道器抬起钢轨，抬轨时注意放平起道器(图2-2-64)，位置合适，不得放在焊缝和绝缘接头处。抬轨高度以能放入垫板为宜。

图2-2-63　松卸扣件

图2-2-64　放置起道器

(5)用小铲铲松胶垫，将垫板放入轨底与轨下橡胶垫板之间，曲线地段应先垫上股后垫下股。

(6)放入垫板时，不得再抬动钢轨，并严禁将手伸入轨底与轨枕之间或垫板与轨枕之间；调高垫板应垫在轨底与橡胶垫板之间(图2-2-65)，每处调高垫板不得超过2块，总厚度不得超过10mm。使用调高扣件的混凝土枕，每处调高垫板不得超过3块，总厚度不得超过25mm(大调高量扣件除外)。

图2-2-65　放置调高垫板

(7)测量轨距、整理扣件，拧紧钢轨连接扣件；当轨距小时，应先拧紧里口螺栓，反之则先拧紧外口螺栓。为了不影响轨距顺坡，最好由中间轨枕开始向两侧拧紧轨枕螺栓，如图 2-2-66 所示。

a)

b)

图 2-2-66　复检、复紧扣件

图 2-2-67　回填道砟

(8)将扒开的道床回填平整并夯实(图 2-2-67)，轨枕盒内道砟应保持饱满、密实、均匀；道床顶面轨底处应低于轨枕承轨面以下 40 ~ 50mm，轨枕中部与轨枕顶面平齐。

3. 注意事项

(1)液压起道器装设正确，不得安装在绝缘接头、焊缝处，不起高道。

(2)使用调高垫板调整水平时，注意做到“三垫、三不垫”：已稳定的混凝土枕及混凝土宽枕可垫，木枕线路不垫；高低、水平误差小于 6mm(宽枕为 8mm)可垫，超过误差不垫；低接头可垫，长漫洼和下沉地段不垫。

(3)调高垫板应垫在轨底与轨下橡胶垫板之间，一般情况下，每处调高垫板不得超过 2 块，总厚度不得超过 10mm。使用调高扣件的混凝土枕、混凝土宽枕和整体道床，每处调高垫板不得超过 3 块，总厚度不得超过 25mm。

(4)作业时，严禁将手、脚伸入轨底及轨枕中间，防止被压伤。

四、正线垫板作业流程

正线垫板作业流程如图 2-2-68 所示。

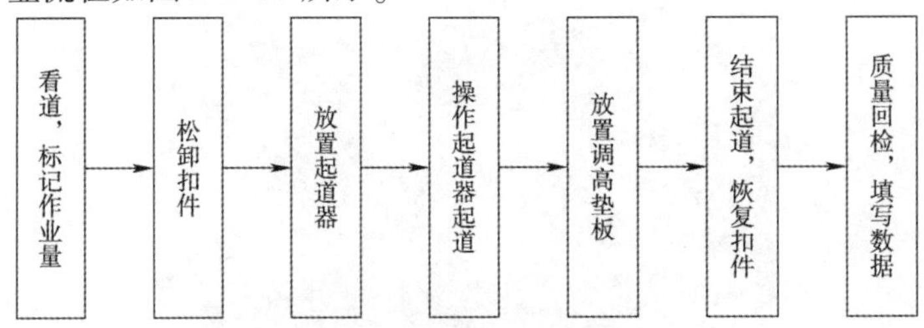

图 2-2-68　正线垫板作业流程

作业8　方正轨枕

一、作业目的

在维修作业中,轨枕位移或偏斜超过限度时应进行方正,使之达到规定的标准。

二、准备事项

1.作业所需工机具(图2-2-69)

方枕器、捣镐、撬棍、道砟叉、道砟耙、T型螺纹套筒(ϕ32mm/ϕ36mm)、T型螺纹道钉套筒、扭力扳手、轨距尺、轨温计、活动扳手、道钉锤、轨距拉杆等。

2.作业人员配置

带班人员1名,作业人员2名。

3.作业前准备工作

检查轨温和轨道几何尺寸,在需要方正的轨枕上按对应的要求划出标记和方正方向,并做好记录。

三、作业流程

(1)拆除防爬器、防爬支撑、轨距杆等,松动扣件或道钉,如图2-2-70所示。

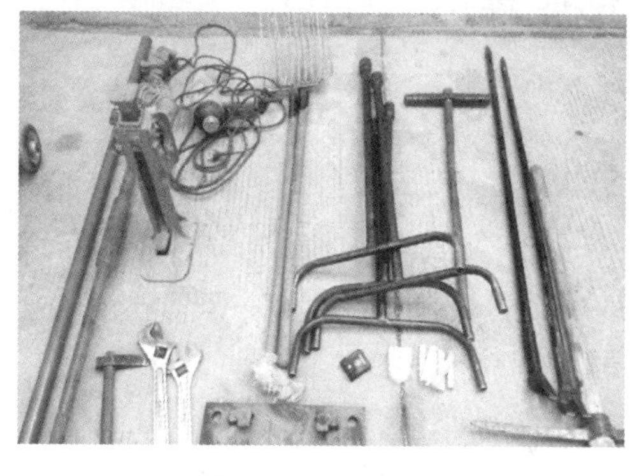

图2-2-69　工具准备

图2-2-70　拆除连接零件

(2)根据轨枕偏斜程度和方动的方向,扒开移动一侧枕边的道砟(轨枕两头的道砟尽可能不动),如图2-2-71所示。

(3)方正轨枕:安设方枕器,将轨枕方正至正确位置。

(4)方正后拧紧扣件至规定扭矩,打好道钉并消灭浮离钉。

(5)安装防爬设备:打紧防爬器,安装防爬支撑,上好轨距拉杆,必要时应整修或更换新支撑。

(6)对刨松的一侧道床,用镐尖串实道砟并平整道床,如图2-2-72所示。

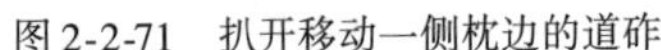

图2-2-71　扒开移动一侧枕边的道砟

图2-2-72　用镐尖串实道砟并平整道床

四、作业注意事项

(1)如需要连续方正轨枕,应结合进行抬道。
(2)轨枕方动量大于100mm时,应进行捣固。
(3)严禁用锤、镐敲打轨枕。
(4)用木槌方正枕木时,两脚要站在枕木以外,面向线路中心,并使锤头的顶面保持垂直。

五、技术要求

(1)轨枕间距误差或偏斜:正线不超过50mm,站场线不超过60mm。
(2)铝热焊缝距枕边不少于30mm。

作业9　防脱护轨维护

一、作业目的

保证防脱护轨在正常的技术标准状态。

二、安全管理

(1)穿好工装和绝缘鞋。
(2)上线前需进行验电、接地工作(详见《接触轨旁作业安全规则》)。

三、作业程序

1.仪器校准

检查钢轨尺是否顺直、外观良好。

2.涂油处理

(1)对螺栓涂油、复拧(图2-2-73)。

(2)对工作边进行涂油处理,要求涂抹均匀,如图2-2-74所示。

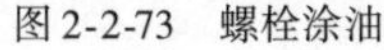

图2-2-73　螺栓涂油

图2-2-74　工作边涂油

3. 调整超限的轮缘槽宽度 K 值

(1)松卸护轨与护轨支架连接螺栓,如图2-2-75所示。

(2)用撬棍靠在护轨一侧,用钢板尺测量 K 值,轻微调整 K 值大小至标准值,如图2-2-76所示。

图2-2-75　松卸连接螺栓

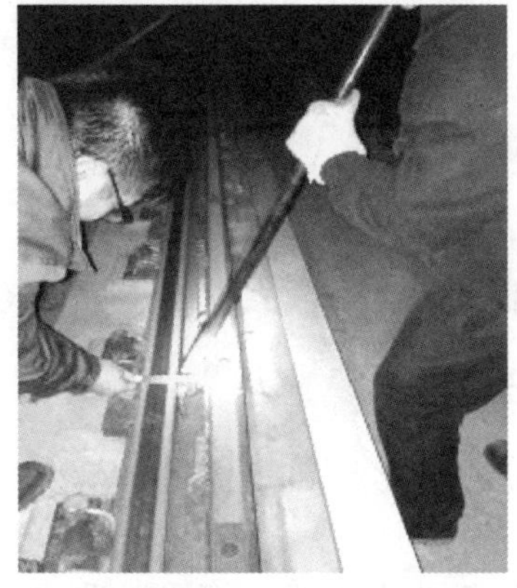

图2-2-76　调整 K 值

(3)用扳手恢复螺栓连接,如图2-2-77所示。

图2-2-77　恢复螺栓连接

四、防脱护轨维护作业流程

防脱护轨维护作业流程如图 2-2-78 所示。

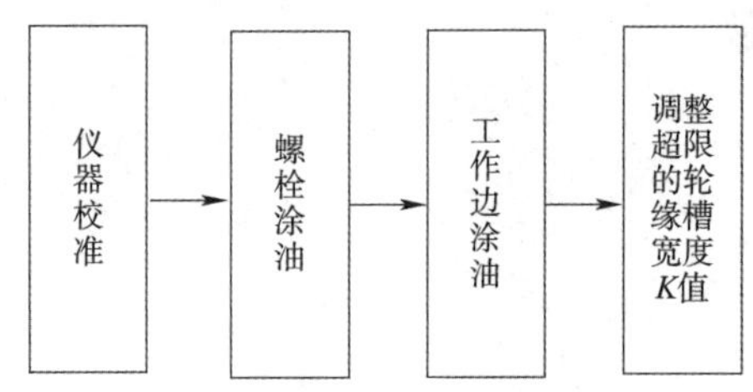

图 2-2-78　防脱护轨维护作业流程

作业 10　防爬器安装与更换

一、作业目的

锁定线路、制止爬行对巩固和提高线路质量具有重要的意义。

二、安全管理

(1)穿好工装和绝缘鞋。

(2)上线前需进行验电、接地工作(详见《接触轨旁作业安全规则》)。

三、作业程序

(1)安装防爬器及支撑时,应先扒开安装处的道砟(图 2-2-79);安装支撑的轨枕如有偏斜时要先进行方正。

(2)手托防爬器,将其顶入钢轨底部,如图 2-2-80 所示。

图 2-2-79　扒开道砟

图 2-2-80　将防爬器顶入钢轨底部

(3)防爬器插好防爬销子,在防爬器与轨枕间加上承力板,然后用道钉锤在轨底两侧轮流轻打,直到打紧为止,如图 2-2-81 所示。

a)

b)

图 2-2-81　道钉锤轻打

(4)清除杂物,回填整平道床,如图 2-2-82 所示。

a)

b)

图 2-2-82　清除杂物

四、防爬器安装与更换作业流程

防爬器安装与更换作业流程如图 2-2-83 所示。

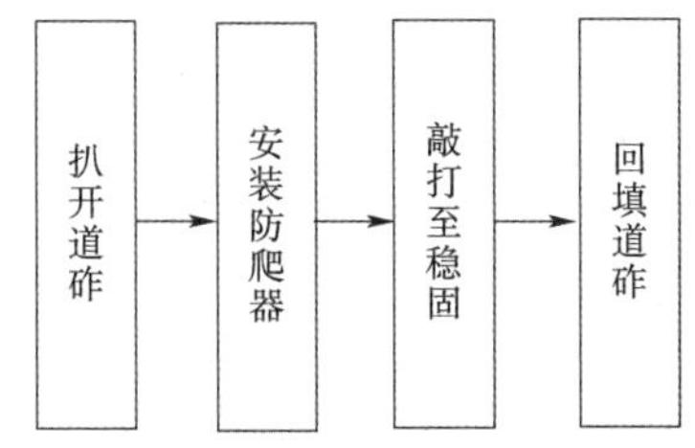

图 2-2-83　防爬器安装与更换作业流程图

作业11　线路改道

一、木枕改道作业

(一)作业目的

(1)改正超限及变化率不符合标准的轨距及线路不良轨向。

(2)整修道岔支距与辙叉心的查照间隔。

(二)准备事项

备齐工具、材料并确认其状态良好:道钉锤、道尺、撬棍、电钻、发电机、线圈、扳手、改道拉杆、套筒、支距尺、滑石笔、弦线、木楔、刷子等。

(三)作业程序

1. 基本操作流程

(1)确定标准股与改道范围(图2-2-84、图2-2-85):直线以方向较好的一股为标准股,改正对面股,曲线以外股为标准股;将需改动段用滑石笔做好标记。

图2-2-84　看道

图2-2-85　确定改道范围

(2)起钉(图2-2-86):使用起钉套筒将道钉起出,起出的道钉按钉孔位置情况放在木枕面上。

(3)修补钉孔(图2-2-87):钉孔要用木楔进行补修,深度约为100mm。

(4)改动轨距:利用拉杆对轨距进行调整,改为标准的轨距值,如图2-2-88、图2-2-89所示。

(5)钻孔:利用电钻在铁垫板螺栓孔处钻道钉孔,如图2-2-90所示。

(6)装道钉:利用套筒对道钉进行安装复紧,如图2-2-91所示。

(7)拆拉杆:道钉安装完毕后,拆卸拉杆。

(8)作业回检:复核轨道各项几何指标是否符合标准所规定的允许误差值,如图2-2-92

所示。

(9)回检无误后，作业完成，清点人员及工机具，离线销点。

图2-2-86　起道钉

图2-2-87　修补钉孔

图2-2-88　安装轨距拉杆

图2-2-89　利用轨距拉杆调整轨距

图2-2-90　钻道钉孔

图2-2-91　安装道钉

2. 注意事项

(1)在一股钢轨上一处连续起下道钉：50kg/m及以上钢轨不得超过7个轨枕头；50kg/m以下钢轨不得超过5个轨枕头。

图 2-2-92　质量回检

(2)螺纹道钉不能直接打入,用套筒或扳手旋入枕木。

(3)改正辙叉部分的轨距时,以直股为基准股,先改动辙叉方向,然后改动护轨及翼轨的轮缘槽宽度,最后改动轨距,确保查照间隔 $D_{心}$ ≥1391mm 和 $D_{翼}$ ≤1348mm。

(四)木枕改道作业流程

木枕改道作业流程如图 2-2-93 所示。

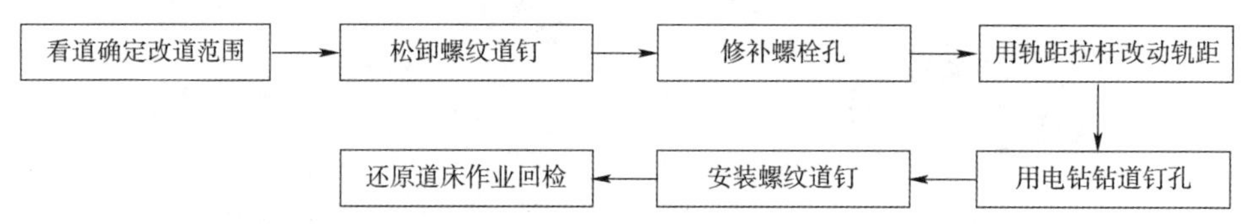
看道确定改道范围
松卸螺纹道钉
修补螺栓孔
用轨距拉杆改动轨距
用电钻钻道钉孔
安装螺纹道钉
还原道床作业回检

图 2-2-93　木枕改道作业流程

二、混凝土枕改道作业

(一)作业目的

(1)改正轨距超限及轨距变化率不符合标准的线路地段及线路不良轨向。

(2)整修道岔支距与辙叉心的查照间隔。

(二)准备工作

使用的工具、材料:道尺、弦线、套筒、撬棍、拉杆、锤子、扳手、支距尺、轨距调整块、滑石笔。

(三)作业程序

1. 基本操作流程

(1)看道并确定标准股与改道范围(图 2-2-94):直线以方向较好的一股为标准股,改正对面股,曲线以外股为标准股;将需改动段用滑石笔做好标记。

(2)松螺栓:用套筒对所需改动地段的扣件进行拆卸,如图 2-2-95 所示。

(3)改轨距:通过拉杆使钢轨到达所需要的位置处,然后通过调换轨距扣板和调换轨距块来改动轨距值,使轨距达到所要求误差范围之内,如图 2-2-96、图 2-2-97 所示。

图2-2-94　看道并确定改道范围

图2-2-95　松卸改道范围内的扣件

图2-2-96　安装轨距拉杆

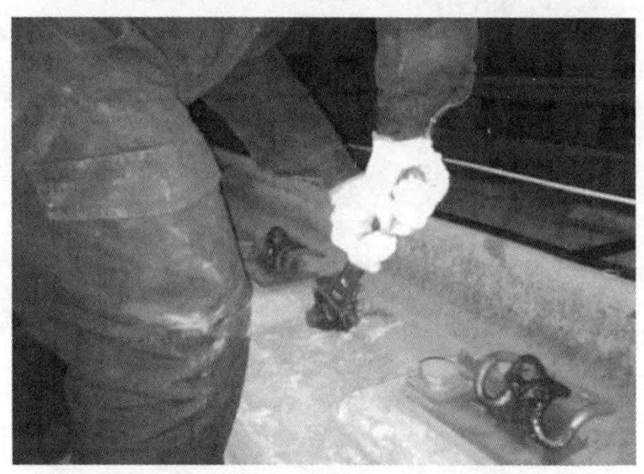

图2-2-97　利用轨距拉杆调整轨距

(4)装螺栓:轨距调好后,利用套筒拧紧扣件并复紧。

(5)作业回检(图2-2-98):对改好后的轨道进行几何尺寸复检,满足要求后改道完成。

(6)作业完成,清点人员及工机具,进行销点。

2. 质量验收标准

图2-2-98　质量回检

(1)轨距误差±1mm,变化率小于0.5‰,并保持连续10块轨枕范围内轨距一致。正线、到发线线路应达到轨距允许误差值为±1mm,顺坡率0.5‰,正线、到发线道岔应达到轨距允许误差值为±1mm,顺坡率0.5‰;其他站线应符合《修规》6.2.1条和6.2.2条的规定。

(2)轨道小方向顺直。

(3)扣件或轨距挡板与轨底、扣件与铁座、铁座与小胶垫互相靠贴,弹条扣件位置正确居中。

(4)大小胶垫位置正确。

3. 安全补充要求

绝缘接头处扣件严禁接触夹板。

（四）混凝土枕改道作业流程

混凝土枕改道作业流程如图2-2-99所示。

看道确定改道范围
松卸扣件及锚固螺栓
改轨距装螺栓
还原道床作业回检

图2-2-99　混凝土枕改道作业流程图

作业12　钢 轨 打 磨

一、作业目的

做好钢轨养护维修工作，预防和整治钢轨病害，可提高轨道平顺性，延长钢轨使用寿命。

二、安全管理

(1)穿好工装和绝缘鞋。

(2)上线前需进行验电、接地工作（详见《接触轨旁作业安全规则》）。

三、作业程序

1. 检查项目（用1m直尺与塞尺检查）

(1)焊缝平直度。

(2)肥边（包括钢轨接头端面及侧面、尖轨、基本轨、辙叉等）。

(3)焊缝轨底角（影响焊缝全断面探伤的处所）。

(4)钢轨磨耗、擦伤、掉块、鱼鳞纹等。

2. 打磨程序

(1)提前用滑石笔在钢轨上标记需打磨处理的位置。

(2)一人负责打磨机的推动，并掌握平衡，另一人负责控制打磨量。打磨时往复运动要均匀，转动螺杆控制打磨量也要均匀，如图2-2-100所示。

(3)经常检查打磨量，打磨量用型尺、塞尺测量，直至打磨合格为止，如图2-2-101所示。

图2-2-100　打磨

图2-2-101　检查打磨量

3. 注意事项

(1)打磨前要先进行起道作业,保证钢轨受力均匀。打磨时要控制好打磨深度,做好前后的顺坡。人工打磨过程中要反复测量轨面和内侧打磨深度(打磨车作业除外),保证其在规定数值之内。

(2)打磨后轨道几何尺寸要满足要求。

四、钢轨打磨作业流程

钢轨打磨作业流程如图2-2-102所示。

图2-2-102　钢轨打磨作业流程图

作业13　钢轨更换(无缝线路短轨插入)

一、作业目的

及时更换无缝线路的轻重伤和折断钢轨,确保行车安全。

二、准备事项

1. 物资筹备(表2-2-1、表2-2-2)

配合工机具物资清单　　表2-2-1

序号	物资名称	单位	数量	序号	物资名称	单位	数量
1	弦线	个	1	10	长呆扳手	把	4
2	万能道尺	把	1	11	T型套筒(单趾弹条专用扳手)	把	4
3	WJ-2扣件(单趾弹条扣件)	套	10	12	375活动扳手	把	2
4	型尺	把	2	13	450活动扳手	把	2
5	保护器	套	2	14	钢尺(30m)	把	1
6	鼓包夹板	套	2	15	钢板尺(5m)	把	2
7	撬棍	根	2	16	头灯	个	10
8	大锤	把	2	17	探照灯	台	4
9	锚固螺栓专用扳手	把	4	18	对讲机	台	5

焊轨工机具物资清单　　表 2-2-2

序号	物资名称	单位	数量	序号	物资名称	单位	数量
1	内燃锯轨机	台	2	6	仿型打磨机	台	1
2	锯轨机锯片	片	5	7	铝热焊成套耗材	套	2
3	轨缝调节器	台	1	8	温度计	台	2
4	对正架	台	1	9	焊缝探伤仪	台	1
5	窄体推瘤机	台	1	10	耦合剂	kg	5

2. 配合需求

施工作业需得到指挥中心、车辆部、机电部及通号部信号专业配合，需提前和相关专业负责人沟通联系，确保施工的顺利开展。

3. 施工准备

(1)正式施工前完成需更换钢轨焊头部位调查、测量等准备工作。

①焊轨施工单位人员对线上钢轨进行测量，要求锯轨、焊接位置必须在相邻轨枕中心(否则影响钢轨焊接)，并在现场对线上钢轨进行油漆标记；

②确定换轨时灯具架设地点；

③插入短轨股道的钢轨连接零件、防脱护轨接头夹板螺栓松卸后进行除锈涂油处理。

(2)正式施工前一天完成物资筹备等其他准备工作。

三、安全管理

为把控施工期间的危险源，杜绝人身和设备伤害，保障正常运营；同时为保证突发事件发生时，能够快速做出反应，控制事态，组织抢修，当事者(有关部门和人员)应按下列规定程序和方式迅速开展应急抢险工作。

1. 钢轨铝热焊接漏锅处理

无损加固装置，30mm、50mm、80mm 短轨头，平夹板，由焊轨施工单位负责储备 4 套。

(1)漏锅后，如时间足够，焊轨施工单位立即组织人员插入短轨，预留焊缝重新焊接。

(2)漏锅后，如焊接时间不足时，不预留焊缝，上平夹板并使用钢轨无损加固装置加固钢轨，次日焊接。

2. 轨枕及硬面防护

(1)焊轨施工单位进行钢轨焊接时，轨下垫干砂，防止焊渣高温损坏轨枕硬面。

(2)焊接时准备废渣桶放在平板车上，所有焊接废渣装桶，禁止丢弃在线路上损坏信号环线、电缆等设备。

3. 起火处理

(1)锯轨机或氧割机钢轨焊接操作前做好必要的遮挡防护。

(2)锯轨机或氧割机钢轨焊接操作有不可预见性的起火引起火灾的风险，需准备足够的灭火器随锯轨机或氧割机备用，发生起火时立即扑灭。

(3)非工务设备损坏处理。锯轨、钢轨氧割、更换钢轨因在夜间进行,有不可预见性的致使其他设备损坏的风险,需组织相关专业进行抢修。

4. 轨旁线缆防护

在钢轨两边准备用水浸泡麻袋,遮挡轨旁线缆设备设施,防止火星飞溅损坏设备。

四、应急物资及防护用品清单

应急物资及防护用品清单见表 2-2-3。

应急物资及防护用品清单 表 2-2-3

序号	物品名称	单位	数量	备注
1	无损保护装置	套	5	
2	消防沙	袋	2	
3	灭火器	个	4	手提式干粉灭火器 ABC5A 型
4	手持对讲机	台	8	运营公司 4 台
5	湿麻布袋	个	10	

五、施工作业程序

(1)施工作业前,所有作业人员在施工地点附近站区集合(图 2-2-103),对人员进行点名、分工、安全教育。

(2)清点作业物资,等待请点,如图 2-2-104 所示。

图 2-2-103 集合

图 2-2-104 清点作业物资

(3)确认停电后,进场进行验电、接地安全防护工作,后续将相关施工物资搬运到施工现场,并架设灯具。对线上钢轨连接零件、防脱护轨等轨道附属设备进行拆卸,如图 2-2-105 所示。

(4)根据预先确定的换轨长度分组按照标划线进行钢轨切割,如图 2-2-106 所示。

(5)切轨工序完成后,立即换轨并立即焊轨,如图 2-2-107 所示。

(6)完成对焊接好的焊头的打磨,如图 2-2-108 所示。

图 2-2-105　拆卸轨道附属设备

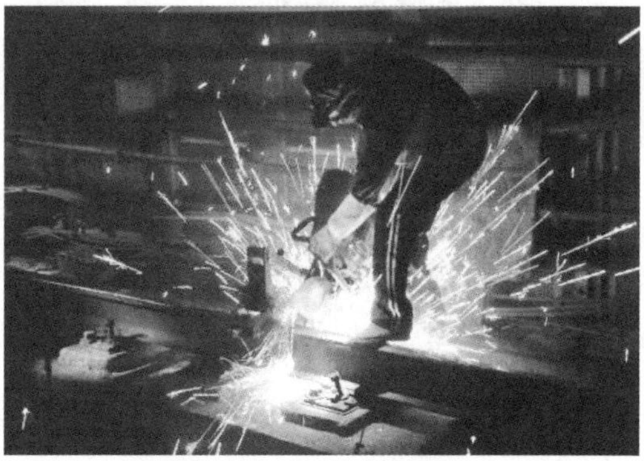

图 2-2-106　钢轨切割

图 2-2-107　换轨并立即焊轨

图 2-2-108　焊头打磨

(7)对打磨好的接头进行检查,加装保护器,并复核线路几何尺寸。

(8)清点人员、工机具,保证人员、工具全部下线后销点。

(9)施工主体全部完成 24 小时内,对 2 处焊缝接头进行探伤检测,如图 2-2-109 所示。

图 2-2-109　探伤检测

六、钢轨更换作业流程

钢轨更换作业流程如图 2-2-110 所示。

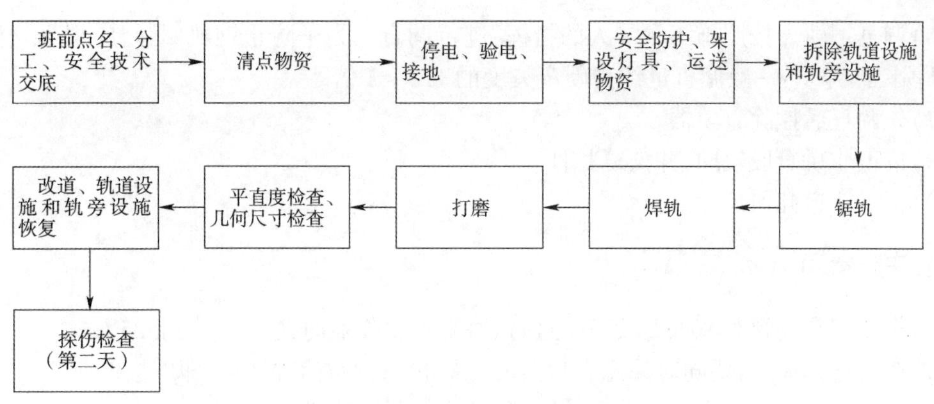

图2-2-110　钢轨更换作业流程图

作业14　钢轨矫正

一、作业目的

运用正确的方法进行钢轨矫正,确保行车安全。

二、安全管理

(1)穿好工装和绝缘鞋。
(2)上线前需进行验电、接地工作(详见《接触轨旁作业安全规则》)。

三、作业程序

(1)机具检查。作业前检查直轨器的液压设备是否工作正常。
(2)根据硬弯起止点,起掉道钉,或卸下扣件。
(3)用弦线找取钢轨硬弯的最大矢距点,如图2-2-111所示。
(4)用白油漆或滑石笔标明调查的位置,用箭头表示调直的方向,并将调查资料填入记录簿。
(5)安装直轨器(图2-2-112)。直轨器要垫平放稳,位置摆正,直轨器的各支点与轨底、轨头、轨面密贴。

图2-2-111　用弦线找取钢轨硬弯的最大矢距点

图2-2-112　安装直轨器

(6)调直钢轨。按照施工领导人的指挥,进行调直。为了防止钢轨回弹,应根据气温及钢轨情况预留回弹量:一般调直量约为硬弯矢度的1.5~2倍。

(7)先调直后撤除直轨器。

(8)拨正非矫直股轨向,并恢复扣件。

(9)检查轨道几何尺寸。

四、注意事项

(1)作业宜在夏秋季节气温较高时进行,矫直钢轨作业时,轨温不低于25℃。

(2)在调直作业中,要随时注意直轨器的完好状态,如有裂损应立即停止作业。

(3)夏季作业时要考虑轨温上升的因素,严格执行防胀措施。

(4)直轨前,要注意前后有无瞎缝,必要时,应调整轨缝。

五、钢轨矫正作业流程

钢轨矫正作业流程如图2-2-113所示。

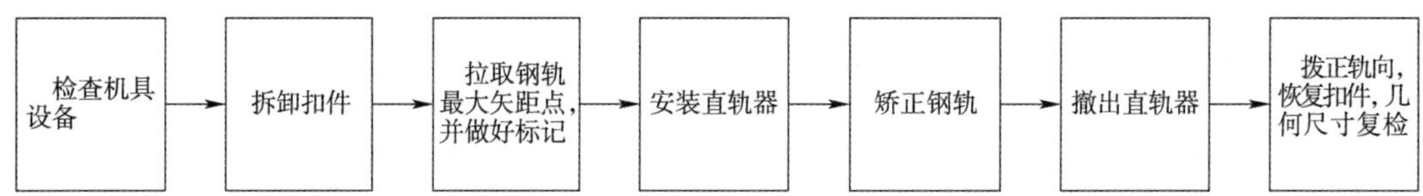
检查机具设备
拆卸扣件
拉取钢轨最大矢距点,并做好标记
安装直轨器
矫正钢轨
撤出直轨器
拨正轨向,恢复扣件,几何尺寸复检

图2-2-113　钢轨矫正作业流程

作业15　钢轨锯轨

一、作业目的

满足更换钢轨时配轨需要,确保行车安全。

二、安全管理

(1)穿好工装和绝缘鞋。

(2)上线前需进行验电、接地工作(详见《接触轨旁作业安全规则》)。

三、作业程序

(1)机具检查。作业前检查锯轨机等机具是否工作正常。

(2)选好钢轨,用白油漆写明应锯尺寸。

(3)将应锯的钢轨拨正、摆平。

(4)根据需更换的新旧轨的长度数据,考虑钢轨的连接形式(夹板连接、钢轨焊接)的预留轨缝,进行合理配轨。

(5)用钢卷尺量好钢轨应锯长度,并进行复量;用卡具划好锯轨线(从轨头划至轨底),如

图 2-15-114 所示。

(6)安装锯轨机(图 2-2-115)、切割片,戴防护眼镜及穿好安全套装,并做好轨旁设施的防护工作,试转 30s 再锯。

图 2-2-114　用卡具划好锯轨线

图 2-2-115　安装锯轨机

(7)从轨头侧面由上往下锯,慢慢接近轨底,如图 2-2-116 所示。

四、注意事项

(1)机械锯轨操作人员必须戴防护眼镜,穿工作服,戴手套。

(2)锯轨时,锯轨机前严禁站人。

(3)锯轨时,遇机械故障应立即停机检查。

(4)锯轨操作地段附近不得有容易起火的易燃易爆物品,防止火灾和爆炸事故。

图 2-2-116　从轨头侧面由上往下锯

五、钢轨锯轨作业流程

钢轨锯轨作业流程如图 2-2-117 所示。

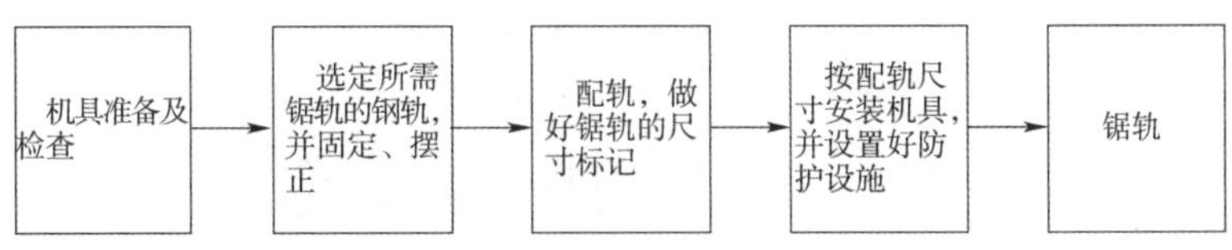
机具准备及检查
选定所需锯轨的钢轨,并固定、摆正
配轨,做好锯轨的尺寸标记
按配轨尺寸安装机具,并设置好防护设施
锯轨

图 2-2-117　钢轨锯轨作业流程

作业16　钢轨伸缩调节器

一、作业目的

保证钢轨伸缩调节器在正常的技术标准状态。

二、安全管理

(1)穿好工装和绝缘鞋。
(2)上线前需进行验电、接地工作(详见《接触轨旁作业安全规则》)。

三、作业程序

(1)仪器校准(图2-2-118)。

①紧拉卷尺,量测道尺活动端内侧与固定端内侧的间距。

②量测数值与道尺读数不一致时需对轨距尺进行校准。先拆除轨距数显标卡的固定螺钉盖帽。

③用螺丝刀轻轻松动标卡的固定螺钉。

④用螺丝刀轻轻微调轨距尺侧面的调节螺钉,后进行二次校准,直到达到标准要求。

⑤复紧固定螺钉。

(2)检查钢轨伸缩调节器轨距、水平(同线路轨距检查,按维修标准),当需调高时,可在钢垫板和橡胶垫板之间加调高垫板,如图2-2-119、图2-2-120所示。

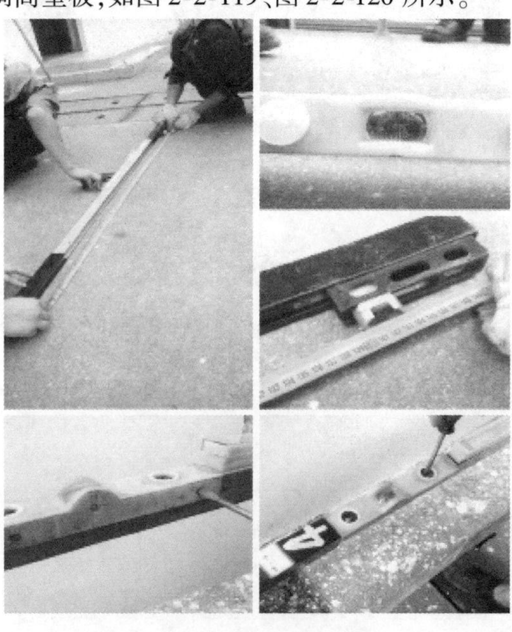

图2-2-118　道尺校准

图 2-2-119　几何尺寸检查

图 2-2-120　调高

(3)用塞尺检查钢轨伸缩调节器曲基本轨与直尖轨的密贴情况,如图 2-2-121 所示。要求尖轨尖端至 1100mm 内,尖轨与基本轨密贴,其余在尖轨轨头非工作边的刨切范围内不得有大于 0.5mm 的间隙。

(4)检查尖轨尖端附近基本轨的形态,要求无死弯,如图 2-2-122 所示。

图 2-2-121　检查密贴情况

图 2-2-122　检查基本轨形态

四、钢轨伸缩调节器作业流程

钢轨伸缩调节器作业流程如图 2-2-123 所示。

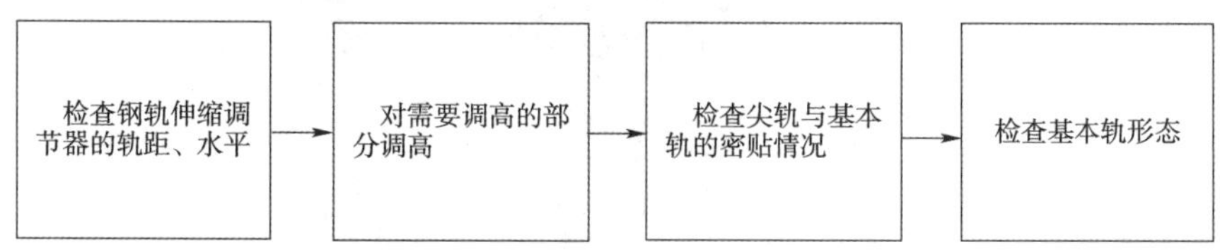

图 2-2-123　钢轨伸缩调节器作业流程

作业 17　钢轨钻眼

一、作业目的

满足更换钢轨时配轨需要，确保行车安全。

二、安全管理

(1)穿好工装和绝缘鞋。

(2)上线前需进行验电、接地工作(详见《接触轨旁作业安全规则》)。

三、作业程序

(1)钻眼机安装与钢轨同类型的固定装置，安装钻头，如图 2-2-124 所示。

(2)摆正、摆平钢轨，并将钢轨与枕木固定，以免钻眼时发生晃动，用滑石笔、量具划好孔径尺寸。复量眼孔距离。

(3)开机后，试转 3s 再进行钻眼作业，如图 2-2-125 所示。

图 2-2-124　钻眼机安装固定装置、钻头

图 2-2-125　钻眼机

(4)用水壶装好水，把小水管接到钻眼机进水孔内，如图 2-2-126 所示。

图 2-2-126　小水管接到钻眼机进水孔内

(5)钻眼完毕，用手提砂轨机对所锯轨头进行倒边，防止过早起肥边。

(6)钻眼后用圆锉对眼孔进行倒棱。

四、钢轨钻眼作业流程

钢轨钻眼作业流程如图 2-2-127 所示。

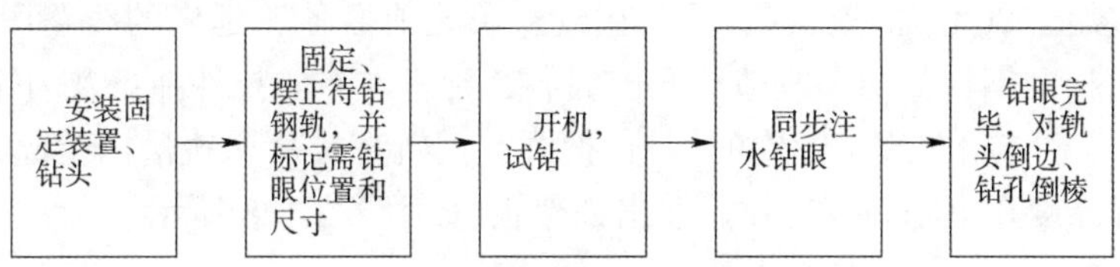

图 2-2-127　钢轨钻眼作业流程

作业 18　高架线支撑块离缝整治

一、作业目的

武汉轨道交通 1 号线因列车行驶振动、冲击和长期风蚀水蚀,导致支承块与承轨台出现了不同程度的裂缝破损,若任其发展则可能影响列车行驶安全。传统的结构性整治需要花费大量的时间,甚至影响地铁正常运营,因此,需要探索一种快速、可靠的修复方案,保障列车的正常运行及安全。结合以往出现的种种病害类型和其他地铁的相关整治经验,工务专业对五环大道—东吴大道站区间的离缝进行了试验性的整治。

二、安全管理

(1)所有进入正线区段的作业(抢险抢修任务除外),原则上要求运营结束后在天窗点(接触轨停电,线路无车)内进行;所有进入车场线路的作业,原则上要求作业区域内无调车作业且相关接触轨停电后方可进行。

(2)所有施工、计表维修作业,必须履行相应请销点、登记制度。

(3)在确认断电、进行清点后,下线验电、接地,验电必须遵守相关安全规范。

(4)在线路附近工作或作业时要注意不得使设备、工具(包括手持工具)侵入限界,防止发生事故。

(5)横越道岔时,不得足踏岔尖和道岔转动部分,禁止从集中联动的道岔处通过。

(6)在进行作业时,作业人员(包括所持的工机具、材料、零部件等)与接触轨应当至少保持 300mm 的安全距离;与周围带电设备的距离不得小于:110kV 为 1500mm;10kV 及以下为 700mm。

(7)严禁触摸、踩踏、翻越接触轨绝缘罩。一般情况下,维修时严禁从接触轨下部操作、传递工机具。

(8)作业完成后,清点人员、工具及物资,确认无遗落在作业现场,并拆除接地线,进行销点。

三、作业程序

1. 拔出弹性短轨枕

(1)在锁定轨温(20℃)的施工条件下,在改造单元前后各5延米的线路段,按照“隔五拔一”的施工方法,松开钢轨上两个改造单元前后各5延米左右的扣件弹条及力矩螺栓。

(2)用起轨器整体抬升施工段内的钢轨,把既有钢轨直接从承轨槽内抬起来,轨底垫上支撑木块。待抬升高度在100mm左右时,取出铁垫板,如图2-2-128所示。

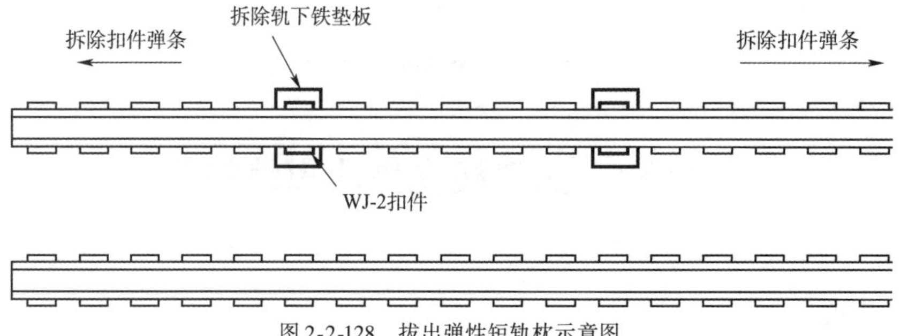

图2-2-128　拔出弹性短轨枕示意图

2. 钢轨落槽、清理刻槽

(1)取出轨底下的支撑木块,尽量保证钢轨居于承轨槽中间,其余未改造单元的扣件按照原来的安装顺序重新安装复位,必要时可借助撬杠使钢轨落槽。

(2)用混凝土链锯沿着支承块四周裂缝深度下切120mm左右,并将裂缝宽度扩大至10mm,下切完毕后,用打磨机将施工处支承块表面打磨平整,再使用鼓风机和空压机将表面及切口内的松动物质和表面污物清除干净,如图2-2-129所示。

(3)用热风枪将切口处风干,如图2-2-130所示。接着在灌浆部位均匀涂撒少量灌浆料(注意:坑内及刻槽不能有积水,以免影响灌浆料固化后的强度)。

图2-2-129　清除杂物

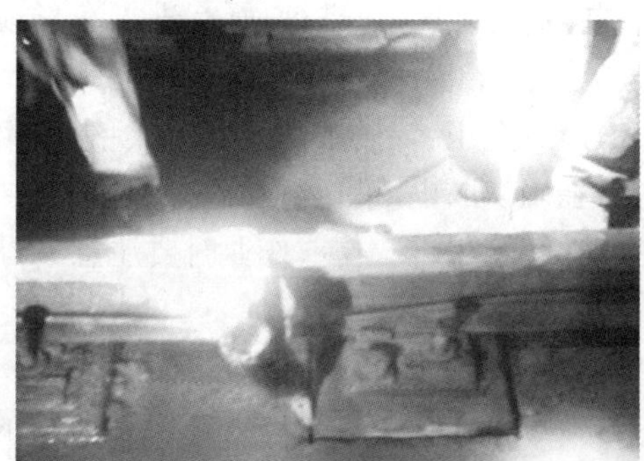
图2-2-130　风干

3. 调整轨道状态

根据另外一股正常状态的钢轨,调整改造单元所在钢轨的轨道状态,调节钢轨位置(轨距、轨高、轨底坡),以满足轨道几何尺寸要求,上紧轨道扣件及轨距拉杆等附属设备。

4. 灌浆(图2-2-131)

(1)按照灌浆料的施工配合比,将配置好的灌浆料倒入铁桶内,用搅拌器充分搅匀,搅拌时间3~5min。

(2)待现场清理完成后,用已调配好的灌浆料对切口处进行注浆,将搅拌好的灌浆料从一侧倒入轨枕坑内,使其从轨枕一侧流入另一侧,便于排除短轨枕基坑四周内的空气并与原道床面平齐。10min后人工抹面、收光。

图2-2-131　灌浆完毕

5. 浆料养护

为便于新浇注填充浆料养护,用热风枪将浆料吹至初凝状态后,待其自然风干。

6. 安装改造单元扣件

灌浆料养护一天后,此时前日填充的混凝土强度已达到设计要求,安装改造单元上的扣件。

四、高架线支承块离缝整治作业流程

高架线支承块离缝整治作业流程如图2-2-132所示。

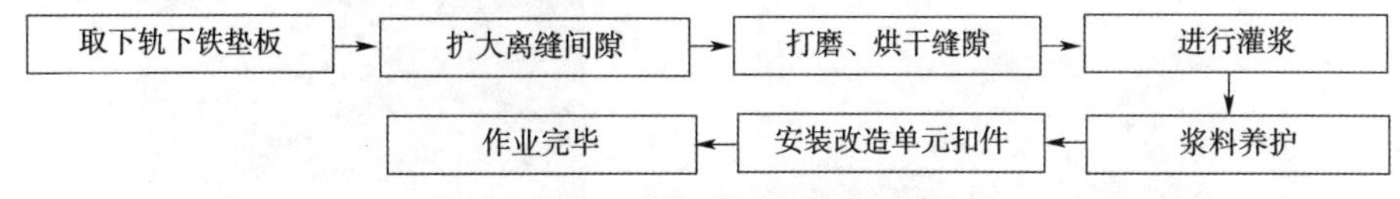
取下轨下铁垫板
扩大离缝间隙
打磨、烘干缝隙
进行灌浆
浆料养护
安装改造单元扣件
作业完毕

图2-2-132　高架线支承块离缝整治作业流程

作业19　更换道岔尖轨

一、作业目的

受地下空间的限制,正线道岔大多选用小号数道岔。此类道岔尖轨长度短,曲线尖轨曲率大,加之列车通过道岔时的轮轨作用,造成尖轨磨耗严重,前端甚至有掉块现象发生。为保证行车安全,需对尖轨进行更换作业。

二、作业程序

1. 准备工作

(1)调试机械,检查工机具;

(2)清点机械、工机具、耗材;

(3)联系信号专业派遣人员给予配合;

(4)工班长于上线前组织全部参与人员召开交班会,明确个人任务、责任划分。

图 2-2-133　松卸尖轨螺栓

2. 作业流程

(1)使用单趾弹条扳手、大锤松卸道岔尖轨跟端弹条,450mm 活口扳手、特质重型扳手卸下跟端螺栓,如图 2-2-133 所示。

(2)待信号专业派遣人员拆卸完毕表示杆、锁闭杆后,利用轻型门式起重机将尖轨吊起,如图 2-2-134 所示。具体步骤为:选择吊点,将门式起重机横向放置,摇动横梁两端把手,横梁上方提升千斤顶把手,将与千斤顶连接的夹具放至钢轨顶面,掰开夹具块卡在钢轨的轨腰偏上位置,转动提升千斤顶的把手,此时夹具轻微受钢轨的重力作用,此重力可使夹具自锁。

(3)尖轨前端吊点由于剖切,不能采用上述方法,现场使用 $\phi6$ 的钢索套住整个钢轨断面,连接拉钩,如图 2-2-135 所示。

图 2-2-134　利用门式起重机吊起尖轨

图 2-2-135　尖轨前端固定

(4)将旧轨吊至高于基本轨顶面 10cm 处,横放入 10 根拉杆搭于两轨之上,全部就位后,再摇动提升千斤顶把手将尖轨放于拉杆之上,如图 2-2-136 所示。

(5)用撬棍将尖轨拨至对侧,达到能够使用轻型门式起重机横向移动钢轨的范围,如图 2-2-137所示。

图 2-2-136　放置拉杆

图 2-2-137　拨轨

(6)再次使用门式起重机,将旧轨吊至钢轨顶面 10cm 高,转动横梁把手,将钢轨移至轨道

外侧放置，如图2-2-138所示。

(7)旧轨安放妥当后，拆除夹具和钢索，装于新轨上。再将新轨调至拉杆上，如图2-2-139所示。

(8)用撬棍将新轨拨至安装位置处；用门式起重机吊起尖轨，抽掉拉杆，使用撬棍靠住新轨，调整接头轨缝至2mm(冻结接头)，如图2-2-140所示。

图2-2-138　移动钢轨

图2-2-139　吊新轨

图2-2-140　调整接头轨缝

(9)对冻结接头螺栓完成涂油处理，上好接头夹板和限位器，复检轨道几何尺寸，同信号专业人员进行道岔联合调试。

三、更换道岔尖轨作业流程

更换道岔尖轨作业流程如图2-2-141所示。

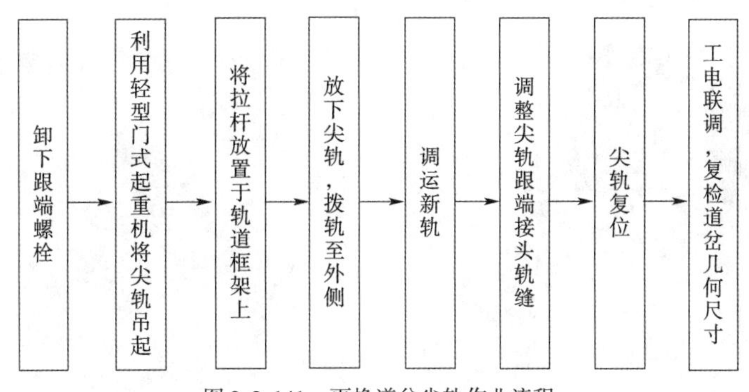

图2-2-141　更换道岔尖轨作业流程

作业20　更换夹板

一、作业目的

及时更换线路上达到伤损标准的夹板，保证列车安全行驶。

二、作业流程

(1)防护工作。更换前,应根据当时轨温情况(图 2-2-142,尽量避免在轨温过高或过低的情况下作业),检查两端轨缝,必要时复紧接头前后 5m 范围内的扣件,锁定线路,防止拆开接头后,轨缝拉大。

(2)接头夹板更换前的准备。卸掉 2、5 位螺栓,除锈并涂油,如图 2-2-143 所示;对其他 4 个螺栓,逐个除锈、涂油,加垫垫圈,再重新上紧。

图 2-2-142　检查轨温

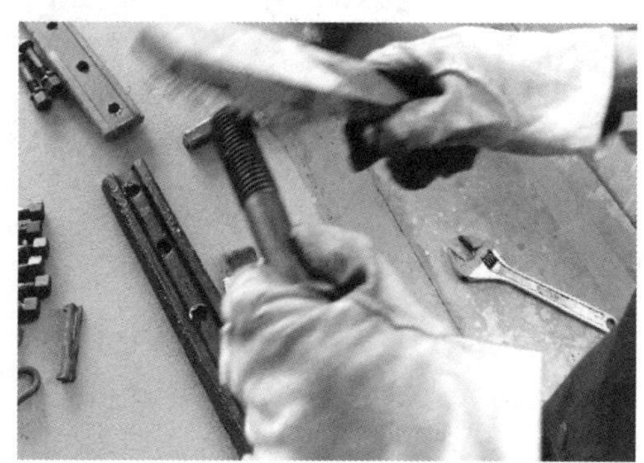

图 2-2-143　螺栓除锈

(3)起钉、卸螺栓。起掉剩余的道钉,并插入木片,或卸掉轨枕扣件。将接头螺栓卸掉,其顺序为先 1、3 位,后 4、6 位。

(4)卸夹板。用道钉锤振动夹板,使夹板顺利取下并放置好,如图 2-2-144 所示。

(5)除锈检查。注意检查轨腹、轨端有无损伤。然后,用扁铲和钢丝刷除去夹板、钢轨端部及螺栓上的铁锈和油污,如图 2-2-145 所示。

图 2-2-144　用道钉锤振动夹板

图 2-2-145　轨腰除锈

(6)涂油。在接头螺栓上,夹板和轨腰接触面上均匀涂油,并将新夹板扣入,如图 2-2-146 所示。

(7)上接头螺栓。对正夹板螺栓孔和钢轨螺孔,然后穿入全部螺栓,拧紧。

紧固螺栓时,在直线上,钢轨接头 6 孔螺栓的顺序为先上紧最外侧两个螺栓,再上紧中间两个螺栓,剩下两个最后上紧,如图 2-2-147 所示。在曲线上,则先上紧最外侧两个螺栓,再上紧次外侧两个螺栓,最后上紧中间两个螺栓,如图 2-2-148 所示。

a)

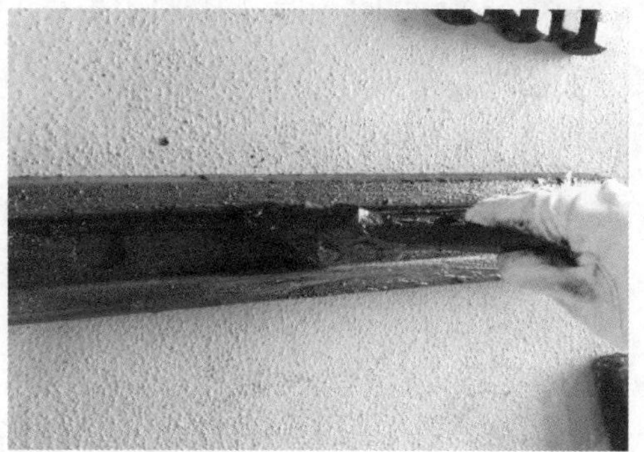

b)

c)

图 2-2-146　接头螺栓上，夹板和轨腰接触面上均匀涂油

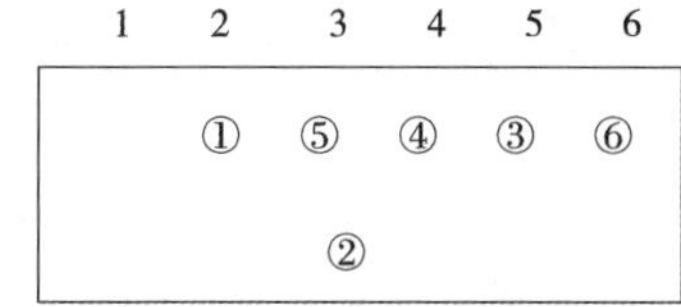

图 2-2-147　直线接头紧螺栓顺序

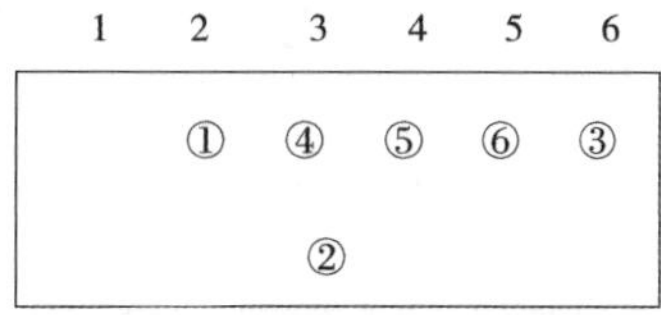

图 2-2-148　曲线接头紧螺栓顺序

(8)复拧。上完螺栓以后，应全部复紧一遍，使之达到规定力矩。

(9)钉道钉或上扣件。

(10)检查接头轨面及轨距线内侧有无错台、错牙，轨缝有无明显变化。

(11)工具清理。

三、注意事项

(1)更换夹板后4～5天应再拧紧螺栓，拧紧时应先紧中间两个。

(2)为了紧固接头，更换夹板时最好两块同时更换。如使用再用夹板，要选择两块高度相同的夹板。

(3)更换曲线上股内侧夹板时，如钢轨有肥边应先剁除。

(4)更换夹板时，对严重锈蚀、丝扣损坏或杆径磨耗超过3mm的螺栓，以及折断或失去弹性的垫圈，应同时更换。

(5)安装夹板和螺栓时,严禁将手指穿入螺栓孔内和轨缝内,以免夹伤手指。

四、技术要求

(1)换入夹板应与钢轨类型一致,连接要严密,作用良好。
(2)更换夹板后,接头轨面及轨距线内侧错牙,正线不得大于1mm、车场线不得大于2mm。
(3)各种连接零件,应做到数量齐全;不良接头螺栓、垫圈等应同时更换。
(4)夹板连接严密,接头螺栓力矩应达到规定值,并保持均匀。垫圈开口向下。

作业21　更换接头螺栓、垫圈

一、作业目的

及时更换失效的接头螺栓及垫圈,保证线路安全和行车安全。

二、作业准备

1. 工具准备

更换接头螺栓、垫圈作业所需工具见表2-2-4。

作业工具　　表2-2-4

分类	序号	名称	单位	数量
安全防护和照明(正线)	1	验电器	个	1
	2	接地线	个	1
	3	工作灯	个	若干
	4	手持探照灯	个	若干
	5	头灯	个	若干
耗材	6	钢丝刷	把	1
	7	毛刷	把	1
	8	油料	桶	1
	9	扁油刷	把	1
	10	接头螺栓	个	若干
	11	弹簧垫圈	个	若干
维修工具	12	活动扳手	把	1
	13	呆扳手	把	1

2. 人员准备

(1)人员需求:2人。
(2)穿好工装和绝缘鞋。
(3)上线前需进行验电、接地工作,如图2-2-149所示(详见《接触轨旁作业安全规则》)。

a)

b)

图 2-2-149　验电、接地工作

三、作业程序

(1)防护工作。更换前,应根据当时轨温情况,检查两端轨缝,必要时复紧前后一根轨枕的螺栓。

(2)卸螺栓,如图 2-2-150 所示。将失效的接头螺栓、弹簧垫圈卸掉。

a)

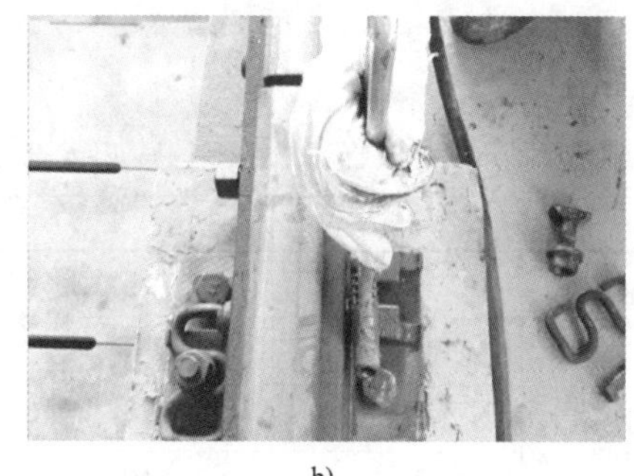

b)

图 2-2-150　卸螺栓

(3)更换失效的接头螺栓及垫圈,新的接头螺栓上均匀涂油后,穿入螺栓孔,拧紧,如图 2-2-151所示。

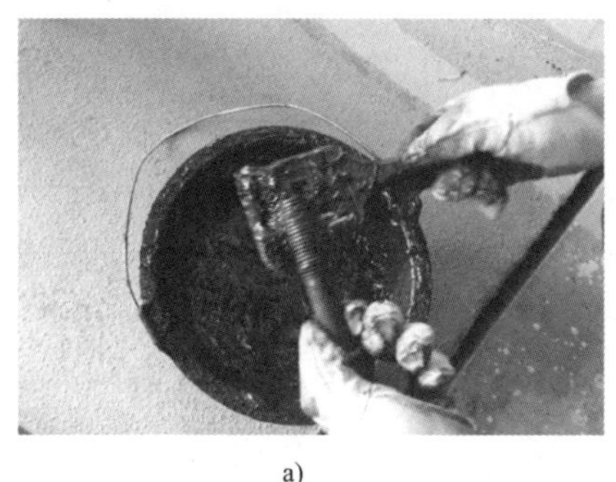

a)

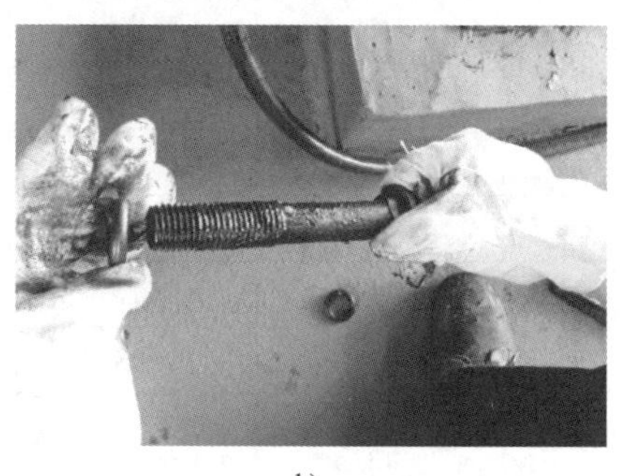

b)

图 2-2-151　新的接头螺栓均匀涂油并更换失效垫圈

(4)复拧。上完螺栓以后,应全部复紧一遍,使之达到规定力矩。

四、注意事项

更换接头螺栓及垫圈后 4 ~5 天应再拧紧螺栓,拧紧时应先紧中间两个。

五、技术要求

(1)更换螺栓及垫圈型号一致,且作用良好。
(2)力矩达到设计要求。

作业 22　更换铁垫板、滑床板

一、作业目的

更换失效的铁垫板、滑床板,确保设备状态良好。

二、作业准备

1. 工具准备

更换铁垫板、滑床板作业所需工具如表 2-2-5 所示。

作 业 工 具　　表 2-2-5

分类	序号	名称	单位	数量	备注
安全防护和照明(正线)	1	验电器	个	1	
	2	接地线	个	1	
	3	工作灯	个	若干	
	4	手持探照灯	个	若干	
	5	头灯	个	若干	
耗材	6	铁垫板	个	若干	调查好需更换铁垫板、滑床板等的数量,确认垫板的规格、型号无差错并做好标记
	7	滑床板	个	若干	
	8	轨下垫板	个	若干	
	9	调高垫片	个	若干	
	10	长效油脂	桶	1	
	11	扁油刷	把	1	
	12	钢丝刷	把	1	
	13	其他零配件	个	若干	螺纹道钉、锚固螺栓、穿销、弹片等
维修工具	14	扳手	把	2	
	15	套筒	个	2	

续上表

分　类	序　号	名　称	单　位	数　量	备　注
维修工具	16	锤子	把	2	
	17	撬棍	根	2	
	18	齿条起道机	台	2	
	19	轨距尺	把	1	
	20	弦线	盒	1	
	21	钢板尺	把	1	
	22	塞尺	把	1	
	23	捣镐	把	2	站场线用

2. 人员准备

(1)人员需求:2～4人。

(2)穿好工装和绝缘鞋。

(3)上线前需进行验电、接地工作(详见《接触轨旁作业安全规则》)。

三、作业程序

(1)松开连接零件(螺纹道钉、锚固螺栓、穿销、弹片等),除锈、涂油,并将零件放置在适当的位置,如图2-2-152所示。

(2)用齿条起道机将钢轨抬起,抽出伤损铁垫板,清理承轨槽杂物,如图2-2-153所示。更换滑床板时,首先需协同信号专业松开尖轨上的连接部件,将尖轨拨开后,用齿条起道机将基本股抬起,抽出伤损滑床板,清理承轨槽杂物。

图2-2-152　松开连接零件

图2-2-153　抽出伤损铁垫板

(3)换入新的铁垫板(滑床板),安装连接零件(螺纹道钉、锚固螺栓、穿销、弹片等),扣件应达到指定扭矩,如图2-2-154所示。

(4)配合信号专业安装连接杆,检查轨道几何尺寸、连接零件是否紧固、有无空吊。配合信号专业调试尖轨(更换滑床板作业)。

(5)作业完成后,对作业质量进行复检。最后,将旧垫板回收,清理工具、撤除防护。

图 2-2-154　换入新的铁垫板

四、注意事项

(1)更换铁垫板作业时,在一股钢轨上一处连续松除扣件的数量不得超过 7 个轨枕头。

(2)拿取、安放、整正铁垫板(滑床板)时,严禁将手伸入轨底。

(3)更换转辙部分垫板时,应有信号专业配合。

(4)更换的铁垫板要与既有钢轨类型一致,不同轨底坡的垫板不得混合使用。

(5)不能连续抽出两块滑床板。

(6)更换滑床板作业时,应在尖轨与基本轨间放一木块,防止夹伤手指;安装弹片时应注意不要装反。

(7)作业过程中,基本轨与尖轨间、锚固螺栓孔中应注意无杂物掉入。

五、技术要求

(1)铁垫板与钢轨密贴,无空吊,连接零件无松动,线路几何尺寸良好。

(2)滑床板与基本轨落槽,滑床板与基本轨及尖轨底部密贴、无空吊,连接零件无松动,线路几何尺寸良好。

六、更换铁垫板、滑床板作业流程

更换铁垫板、滑床板作业流程如图 2-2-155 所示。

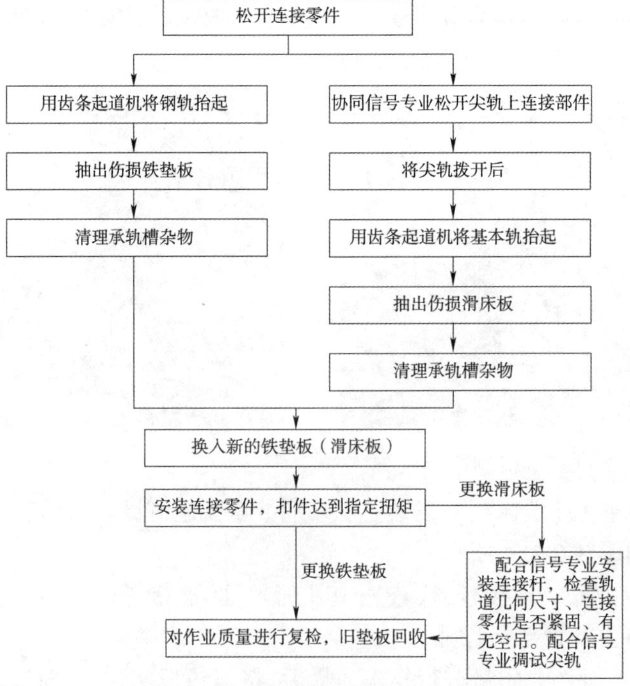

图 2-2-155　更换铁垫板、滑床板作业流程

作业23 更换轨枕

一、作业目的

合理使用轨枕,是工务部门保证线路质量、降低成本的一项重要工作,要求严格按失效标准更换,做到不错换一根轨枕。一般应首先更换接头、桥头、曲线头尾、大坡道等薄弱处所的失效轨枕,并应消灭连续的失效轨枕。接头应使用质量较好的木枕,并一同更换。

二、准备事项

1. 作业所需工机具

轨温计、轨距尺、弦线、齿条起道机、捣镐、道砟叉、道砟耙、道钉锤、撬棍、T型螺纹套筒(ϕ32mm/ϕ36mm)、T型螺纹道钉套筒、套筒活动扳手、发电机、木枕钻,如图2-2-156所示。

图2-2-156 作业所需工机具

2. 作业人员配置

带班人员1名,作业人员2~4名。

3. 作业前准备工作

调查需要更换的轨枕,并用规范的标识做好标记;将需更换的新轨枕运至作业现场,摆放在合理的位置,并量测好更换枕木前的轨道几何尺寸,做好数据记录。

三、作业程序

(1)扒道砟(图2-2-157)。扒砟前,应先确认线路爬行方向及扒砟位置,并将扒砟位置作为抽换轨枕的通道,扒开宽度不宜过窄,应以不影响抽换为原则。另一侧则不宜扒得过宽,应以穿入轨枕时不溜动为原则。

扒下深度:木枕应扒至枕底下30mm左右,混凝土枕为60mm左右。

a)

b)

c)

图2-2-157 扒道砟

扒砟位置确定方法:当两侧轨枕孔宽度基本相同时,挖开与爬行方向相反一侧的轨枕孔道砟;宽度不同时,应挖开宽的一侧轨枕孔道砟;在大坡道上抽换轨枕时,应挖开上坡侧轨枕孔道砟。

(2)拆除连接零件(图 2-2-158)。拆除防爬器、防爬支撑、轨距杆等。起出的道钉应放在两侧轨枕上,垫板可以随手撤出或在轨枕平移后再撤除。混凝土枕应按扣件作业要求拆卸各种扣件。

(3)抽出旧轨枕(图 2-2-159)。用撬棍将轨枕拨到轨枕盒里,然后用轨枕钳或抬枕钳将轨枕顺道砟槽抽出,抽出轨枕后,应整平枕底道床,其深度应较新轨枕厚度深 20mm 左右。枕下道床如严重不洁或板结,应先清筛再整平。

图 2-2-158　拆除连接零件

图 2-2-159　抽出旧轨枕

(4)换入新轨枕。用轨枕钳或抬枕钳穿入新轨枕,按标准要求拨正,放好垫板或扣件,串好道砟,一人撬起轨枕,一人钻道钉孔、紧扣件。新换入的轨枕要及时捣固,当天收工前再作第二遍捣固。

(5)安装防爬设备。将换轨枕前拆掉的防爬器、防爬支撑、轨距杆等按标准要求安装好。

(6)回填整理道床,并整平夯实,如图 2-2-160 所示,清扫枕面和钢轨上尘土。

(7)质量回检。全面检查轨道几何尺寸,并精调至合理范围,如图 2-2-161 所示。

图 2-2-160　整平夯实道床

图 2-2-161　质量回检

(8)旧枕回收处理。分类堆码,集中存放,合理使用。

四、作业注意事项

(1)散布轨枕时,应按计划地点卸下,并注意不要损坏线路标志及信号设备。

(2)抽出或穿入木枕时,不得用镐、耙子等损伤防腐层。

(3)坡道上换木枕时,如遇缺棱木枕,应使缺棱部分在坡道上方;在爬行地段,应使缺棱背向爬行方向。

五、技术要求

(1)轨枕位置正确,间距误差和偏斜:正线不超过50mm;站场线不超过60mm。

(2)捣固要坚实、均匀,更换后2~5天应再捣固一遍;轨距、水平、方向、高低应符合验收标准,并安装好防爬设备和轨距杆,做好道床回填整理工作。

(3)更换木枕时,应使宽面向下,并尽可能使树心一面向下;使用新木枕时要用直径为12.5mm的木钻钻道钉孔,有铁垫板时孔深为110mm,无铁垫板时孔深为130mm。

(4)新换入轨枕,直线地段以左股看齐,曲线地段以上股看齐。

(5)新换木枕如无年号钉时,应在木枕距左股轨底300mm的枕面上刻记铺设年号。

六、更换轨枕作业流程

更换轨枕作业流程如图2-2-162所示。

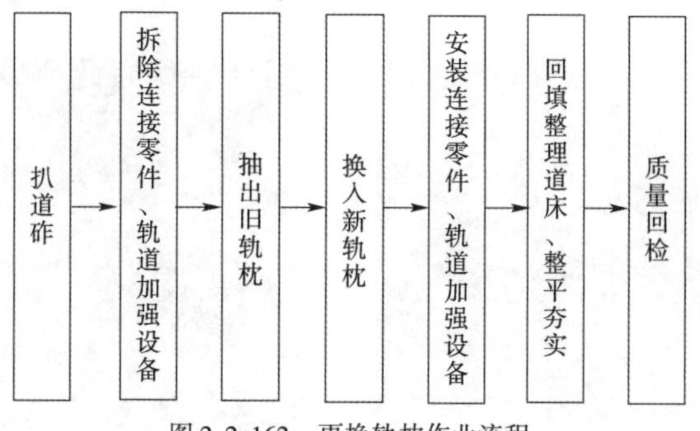

图2-2-162　更换轨枕作业流程

作业24　轨距杆螺栓涂油

一、作业目的

对轨距杆螺栓进行涂油,保持螺栓油润,无锈蚀,便于轨距杆安装和拆卸。

二、安全管理

(1)穿好工装和绝缘鞋。

(2)上线前需进行验电、接地工作(详见《接触轨旁作业安全规则》)。

三、作业程序

1.松卸螺栓并拆除拉杆

对轨距杆螺栓进行松卸,并卸下轨距杆铁卡,将铁卡等零件整齐地摆放在道床两侧,防止丢失,如图 2-2-163、图 2-2-164 所示。

图 2-2-163　松卸轨距杆

图 2-2-164　将拉杆零件整齐摆放

2. 除锈与检查

(1)拆开轨距杆铁卡,对铁卡及拉杆丝扣用钢丝刷进行除锈,如图 2-2-165、图 2-2-166 所示。

图 2-2-165　对拉杆除锈

图 2-2-166　对拉杆零件除锈

(2)用面纱将除锈后的铁卡及轨距杆丝扣擦拭干净,如图 2-2-167 所示。

图 2-2-167　擦拭拉杆

(3)对轨距杆铁卡及丝扣进行检查,如发现铁卡失效或丝扣损坏,应及时更换。

3.涂油

对清理好的轨距杆铁卡及丝扣进行涂油处理,如图2-2-168所示。

图2-2-168 对拉杆涂油

4.安装轨距杆并复检

(1)首先将两股钢轨的内外铁卡同时上好,安装垫圈,上好螺母,根据情况,先拧紧一股钢轨螺母,再根据轨距情况拧紧另一股钢轨螺母。

(2)对轨距杆进行复紧并检查好线路几何尺寸,如图2-2-169所示。

a)

b)

图2-2-169 复紧拉杆

(3)带班人员对完成涂油作业的轨距杆进行检查,确保涂油作业的质量。

四、轨距杆螺栓涂油作业流程

轨距杆螺栓涂油作业流程如图2-2-170所示。

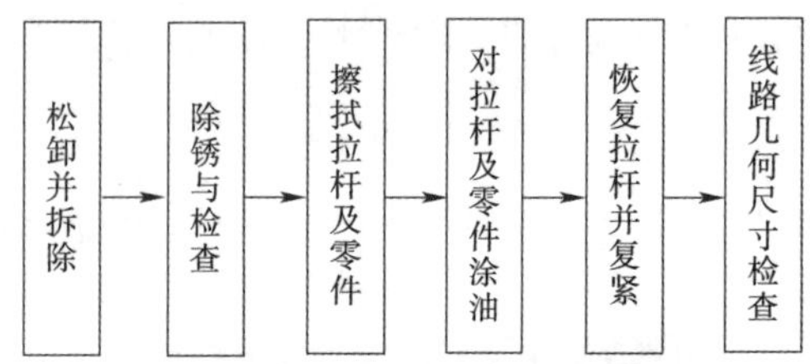

图 2-2-170　轨距杆螺栓涂油作业流程

作业 25　焊缝探伤

一、作业目的

焊缝探伤是指用超声探伤、射线探伤、磁粉探伤或渗透探伤等手段，在不损坏被检查焊缝性能和完整性的情况下，对焊缝质量是否符合规定要求和设计意图所进行的检验。在焊接结构生产中，受限于目前所使用的焊接技术，焊缝质量尚未达到足够的稳定性，因而为保证焊接构件的质量，必须对焊缝进行质量检验，确保焊缝符合所规定的技术要求和结构的安全使用性。

二、安全管理

(1)穿好工装和绝缘鞋。

(2)上线前需进行验电、接地工作(详见《接触轨旁作业安全规则》)。

三、作业程序

1. 仪器校准

(1)斜探头测定。

利用 CSK-IA 测量探头，入射点(试块 R100 圆弧面)、前沿(试块 R100 圆弧面)、K 值(K1、K2.5 分别利用试块 a、b 面探测 ϕ50mm 圆孔)、分辨力(纵向)(试块 ϕ50mm、ϕ44mm 圆孔)、相对灵敏度。

(2)直探头测定。

利用 CSK-IA 测量探头盲区(ϕ50mm 距离试块 10mm 边、5mm 边)、分辨力(距离试块 85mm 处、91mm 处)。

(3)仪器和探头组合性能测定(直探头)。

水平线性(CSK-IA 20mm 厚)、垂直线性(CSK-1-5 ϕ2mm 平底孔)、灵敏度余量(CSK-1-5 ϕ2mm 平底孔)、动态范围。

2. 测距校准

(1)按深度调节。

从 GHT-5 试块踏面上探测 B 区 5 号和 8 号横孔，前后移动探头，分别使两反射波最高并

达到满幅度的80%，利用仪器“扫描”和“延时”旋钮或按键，将两波前沿分别调节到与水平刻度线5和8对齐，此时仪器水平满刻度代表深度200mm。

(2)按声程调节。

从1号标准试块上探测 $R100$ 圆弧面，前后移动使 $R100$ 圆弧面反射波最高，调节仪器增益或衰减器，使 $R100$ 圆弧面一次和二次反射波波高分别达到与水平刻度线的4和8对齐，此时仪器水平满刻度代表横波声程250mm。

3. 探伤灵敏度校准

(1)K1：将GHT-5试块B区(或GHT-3试块)8号横孔反射波高调整到满幅度的80%，然后根据探测面情况进行适当耦合补偿。

(2)K2.5：将GHT-5试块C区2号竖孔上棱角的二次反射波高调整到满幅度的80%，然后根据探测面情况进行适当耦合补偿。

(3)双K1：将GHT-1A试块上5号平底孔反射波高调整到满幅度的80%，然后根据探测面情况进行适当耦合补偿。

(4)0°(新焊铝热焊)：将GHT-5试块A区(或GHT-2试块)7号横孔反射波高调整到满幅度的80%，然后根据探测面情况进行适当耦合补偿。

4. 打磨除锈(拆卸扣件)

对以焊缝为中心，轨头表面、轨底表面以及轨底脚前后200mm范围内(在该区域如有扣件需先拆卸扣件)用钢丝刷和油灰刀进行打磨除锈工作。

5. 涂抹耦合剂

对打磨除锈区域均匀涂抹适量耦合剂。

6. 扫查

在探伤灵敏度的基础上提高4～6dB作为扫查灵敏度，分别从焊缝两侧进行扫查，单探头扫查，平行于钢轨纵向扫查；双探头扫查，从焊缝两侧分段扫查。

(1)单K1扫查(图2-2-171)：以焊缝为分界线，探头置于轨头表面中心，来回往返150mm直线扫查。

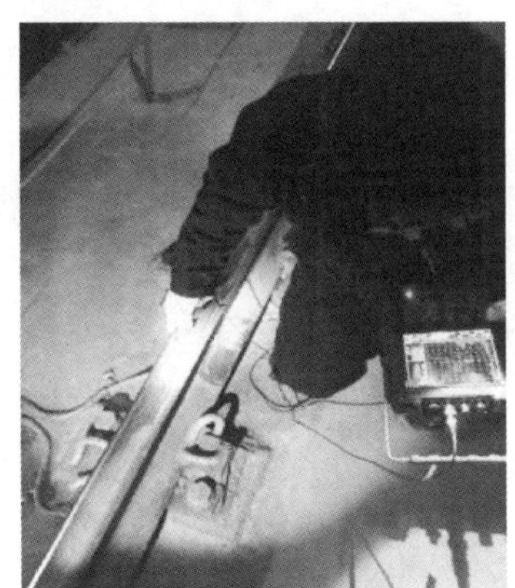

图2-2-171　单K1扫查

(2)双K1扫查(图2-2-172)：两只探头分别置于轨底边两侧，标尺150mm置于焊缝正中心，两只探头同时置于0和150mm，以同样的速度同时相向移动扫查。

(3)K2.5扫查(图2-2-173)：探头置于轨底，标尺150mm置于焊缝中心，探头以“Z”字形扫查。

(4)扫查完成后，清除轨头顶面耦合剂，并恢复扣件。

四、探伤记录

详细记录每个焊缝探伤的有关情况，包括探伤人员、探伤地点、仪器设备、测试数据、探伤结果、处理意见。

五、焊缝探伤作业流程

焊缝探伤作业流程如图 2-2-174 所示。

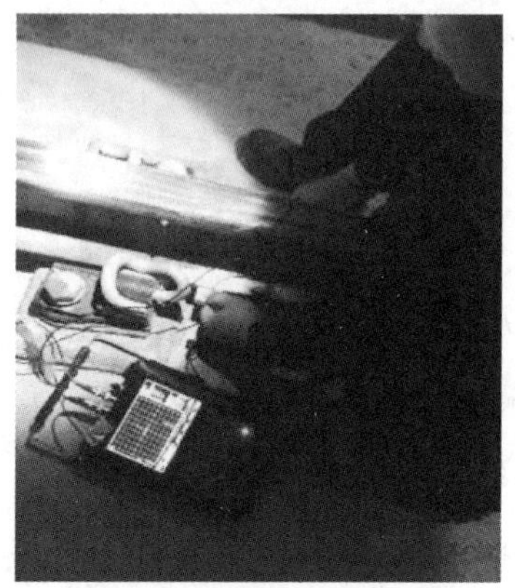
图 2-2-172　双 K1 扫查

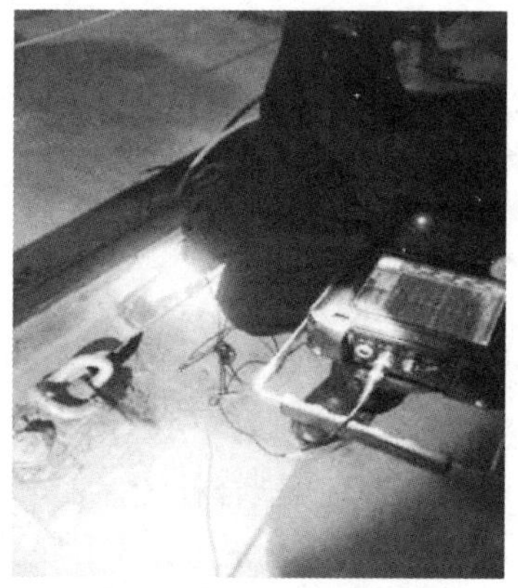
图 2-2-173　K2.5 扫查

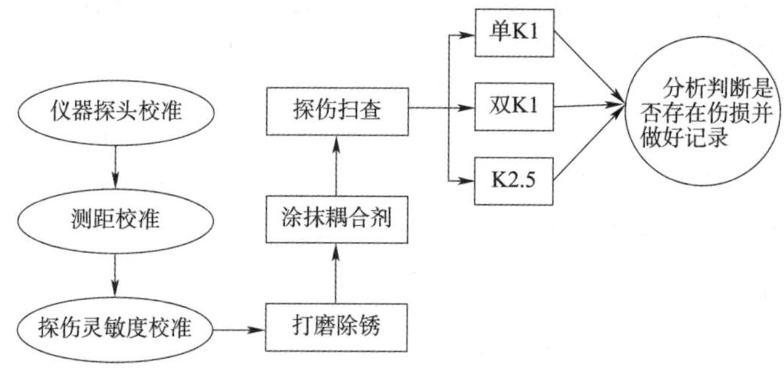

图 2-2-174　焊缝探伤作业流程

作业 26　夹板及螺栓涂油

一、作业目的

对夹板及螺栓进行涂油，保持夹板及螺栓油润，无锈蚀，便于安装和拆卸。

二、安全管理

(1)穿好工装和绝缘鞋。
(2)上线前需进行验电、接地工作(详见《接触轨旁作业安全规则》)。

三、作业程序

1. 松卸螺栓并拆除夹板

(1)对夹板两侧处扣件进行松卸，并将卸下的扣件整齐地摆放在道床两侧，防止丢失，如

图 2-2-175、图 2-2-176 所示。

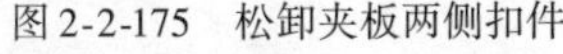

图 2-2-175　松卸夹板两侧扣件　　图 2-2-176　整齐摆放扣件

(2)对夹板螺栓进行松卸,并将夹板卸下,如图 2-2-177、图 2-2-178 所示。

图 2-2-177　松卸夹板

图 2-2-178　拆除夹板

2. 除锈与检查

(1)用钢丝刷除去夹板、钢轨孔周围及螺栓上的积锈、污垢,如图 2-2-179 ~ 图 2-2-181 所示。

图 2-2-179　夹板除锈

图 2-2-180　钢轨除锈

(2)用面纱将除锈后的夹板、钢轨孔及螺栓擦拭干净,如图 2-2-182 所示。

图 2-2-181　夹板螺栓除锈

图 2-2-182　擦拭钢轨及夹板

(3)检查钢轨和夹板有无伤损,如伤损应更换。

3. 涂油

对清理好的螺栓、夹板与钢轨接触面进行涂油处理,如图 2-2-183 ~ 图 2-2-185 所示。

图 2-2-183　夹板螺栓涂油

图 2-2-184　钢轨涂油

图 2-2-185　两侧夹板涂油

4. 安装夹板及扣件并复检

(1)将拆卸下来的夹板及螺栓进行安装并复紧,如图 2-2-186、图 2-2-187 所示。

图 2-2-186　安装夹板及螺栓

(2)将卸下的扣件分别安装回原位置并进行复紧,如图 2-2-188 所示。

图 2-2-187　复紧夹板及螺栓

图 2-2-188　恢复夹板两侧扣件

(3)带班人员对完成涂油作业的夹板进行检查,确保涂油作业的质量。

四、夹板及螺栓涂油作业流程

夹板及螺栓涂油作业流程如图 2-2-189 所示。

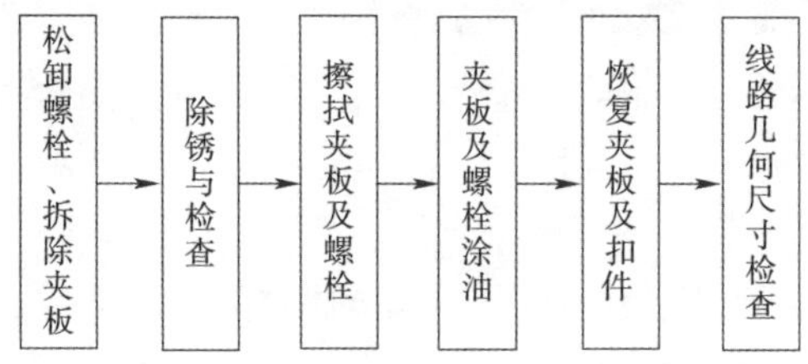

图 2-2-189　夹板及螺栓涂油作业流程

作业 27　均 匀 轨 缝

一、作业目的

轨缝是指有缝接头两轨端之间的间距。轨缝过大,列车通过时会对钢轨产生冲击,接头夹板螺栓受到的剪力会增大,降低了接头设备的使用寿命。轨缝过小,遇高温天气容易发生胀轨跑道。所以应有计划地进行均匀轨缝作业。

二、安全管理

(1)穿好工装和绝缘鞋。

(2)上线前需进行验电、接地工作(详见《接触轨旁作业安全规则》)。

三、作业程序

1. 松开配件

如图 2-2-190 所示,打松防爬器、松开轨距杆,松动扣件、拧松接头螺栓,松动夹板。

2. 串动钢轨

按计划串动钢轨,使前后轨缝均匀,误差不大于 2mm。使用液压轨缝调整器时,25m 钢轨每次串动 1 根,12.5m 钢轨每次串动不超过 2 根,如图 2-2-191 所示。

图 2-2-190　松动扣件

图 2-2-191　使用液压轨缝调整器调整轨缝

3. 紧固配件

拧紧接头螺栓和扣件螺栓,安装防爬器,上紧轨距杆。

4. 回检整修

(1)按作业标准进行检查,对不合格处进行整修。

(2)检查轨距、水平及接头错牙,若有相应问题则及时整改。

(3)通过列车后,复拧螺栓并找细整修。

四、均匀轨缝作业流程

均匀轨缝作业流程如图 2-2-192 所示。

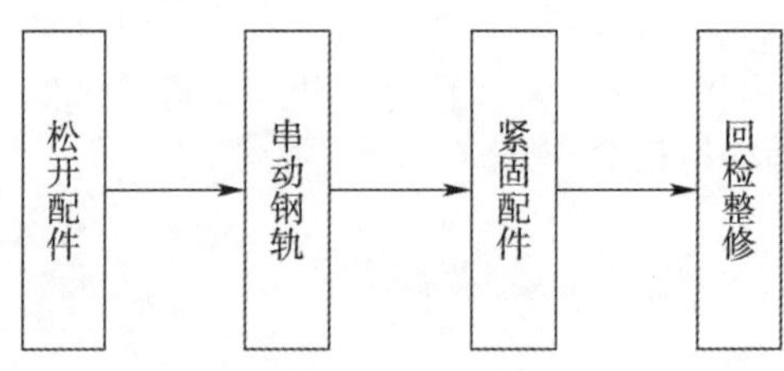

图 2-2-192　均匀轨缝作业流程

作业28　路轨探伤

一、作业目的

路轨探伤是指用超声探伤小车,在不损坏被检查钢轨性能和完整性的情况下,对钢轨质量是否符合规定要求所进行的检验,确保钢轨符合所规定的技术要求和结构的安全使用性。

二、安全管理

(1)穿好工装和绝缘鞋。

(2)上线前需进行验电、接地工作(详见《接触轨旁作业安全规则》)。

三、作业程序

1. 仪器组装、调节

(1)仪器组装。

按探伤工艺对探头组合的要求组装和连接探头(探头与保护膜涂抹耦合剂),将充好电的电池安装到机架并连接好电源电缆。

(2)仪器调节。

钢轨探伤仪置于轨面上,在仪器走行轮偏心良好的前提下调节各探头位置使其位于轨面中心,检查各探头和轨面的耦合情况,必要时调节探头压力螺栓,使探头和轨面压力适中,耦合良好。

打开仪器电源开关,检查仪器显示是否正常。调节“轨型选择”、“报警门位置”、“报警门宽度”、“抑制”开关置大、“增益”旋钮置大。

2. 探伤灵敏度标定

(1)70°探头以钢轨断面进行探伤灵敏度标定,标准为钢轨断面波前没有杂波,尽量提高探伤灵敏度。

(2)37°探头以钢轨标准螺孔进行探伤灵敏度标定,标准为螺孔最高点回波80%,50kg/m钢轨增益14dB、60kg/m钢轨增益16dB。

(3)0°探头以钢轨底面进行探伤灵敏度标定,标准为钢轨轨底波高80%增益8dB。

3. 走行探伤

(1)一般要求。

作业前水箱装水(图2-2-193),调节各探头水量,检查探头位置,保持规定探伤速度,做到“接头站,小腰慢,大腰匀速探”。

(2)普通钢轨接头探伤(图2-2-194)。

探测时必须做到站停看波,并执行“三看”探测要领:一看波形显示,遇到异常波形和螺孔显示不良则调整灵敏度进行复探确认;二看探头位置,看探头相对于轨端和螺孔的位置,以保证螺孔裂纹的探测,对探头偏移轨面中心的要及时调整;三看接头状态,遇到轨面不良及空吊、大轨缝等应用仪器结合手工检查,必要时用0°和小角度进行复检。

图 2-2-193　仪器加水

图 2-2-194　路轨探伤检测中

(3)钢轨焊接接头探伤。

探测时必须做到站停看波。钻眼加固螺孔为探测重点,探测中应加强对轨底热影响区裂纹和厂焊钳口部位的探测,发现轨底回波应进行定位或校对,以防漏检和误判。

(4)全断面探伤。

无缝线路对铝热焊、气压焊、接触焊应按规定周期进行探伤,更换的接头应跟踪探伤,对上次发现的波形进行校对并记录。

(5)道岔部位探伤。

道岔基本轨探伤要慢走细看听报警,区别各探头回波信号,辙叉必须仪器和手工结合检查。

(6)重点薄弱处探伤(曲线)。

进入曲线要调节探头的位置,对于严重侧磨发现可疑波形要认真分析,存在鱼鳞伤、剥落掉块不准降低灵敏度探伤,回波干扰严重时应看波探伤,及时校对。

4. 手工检查

手工检查钢轨,一般按照“一看,二敲,三照,四卸”的程序进行。一看(目视检查,图 2-2-195):全面观察钢轨表面状态,注意发现伤损钢轨所具有的特征,根据这些特征,综合判断钢轨有无伤损;二敲(小锤检查,图 2-2-196):用小锤敲击查看所发现的可疑处或不良接头、道岔部位;三照(镜子和电筒检查);四卸(拆卸螺栓或夹板):用看、敲、照等方法检查后,发现有疑问而不能确定时,应卸下螺栓或夹板进行检查。

图 2-2-195　目视检查

四、探伤记录

详细记录路轨探伤的有关情况,包括探伤人员、探伤地点、仪器设备、测试数据、探伤结果、处理意见。

图 2-2-196　小锤检查

五、路轨探伤作业流程

路轨探伤作业流程如图 2-2-197 所示。

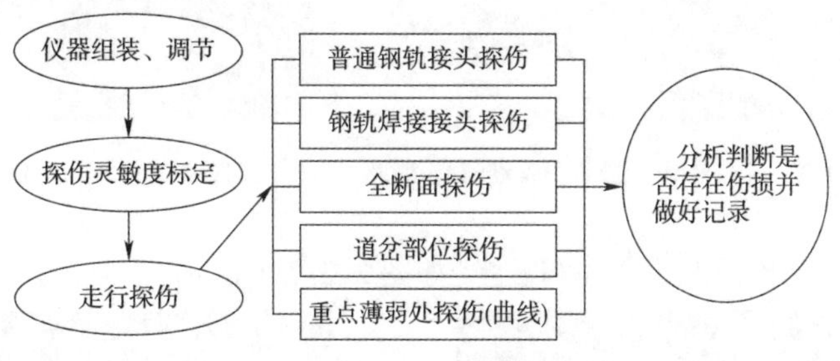

图 2-2-197　路轨探伤作业流程

作业 29　热熔拔锚法整治失效尼龙套管

一、作业目的

轨道线路在进行改道等作业时，会对锚固螺栓进行松卸，尼龙套管在松卸螺栓的过程中会受到损伤，当损伤达到一定程度会造成尼龙套管失效，从而导致锚固螺栓无法达到规定扭矩，会给线路安全造成隐患，因此需要及时对失效尼龙套管进行更换。

二、安全管理

(1)穿好工装和绝缘鞋。
(2)上线前需进行验电、接地工作(详见《接触轨旁作业安全规则》)。

三、作业工序

1. 热熔锚固器预热

(1)将线圈与发电机连接好并启动发电机。

(2)将热熔锚固器接通电源,开启热熔锚固器进行预热,预热过程中需将热熔锚固器放到指定位置,加热过程中注意与热能锚固机保持距离,以免烫伤,如图 2-2-198 所示。

2. 松卸锚固螺栓并清理套管

(1)将发现问题的锚固螺栓松卸下来。用起道机抬起钢轨并移出铁垫板(道岔部分移出滑床板),垫板移出后可松掉起道机,如图 2-2-199、图 2-2-200 所示。

图 2-2-198　开启热熔锚固器并放置到指定位置

图 2-2-199　松卸锚固螺栓

(2)用吸尘器吸出套管内的杂物和灰尘,如图 2-2-201 所示。

图 2-2-200　将铁垫板移出

图 2-2-201　清理套管内杂物和灰尘

3. 拆除失效尼龙套管

(1)待热能锚固器达到指定温度(550℃),将其插入尼龙套管并用撬棍压锚固器,使锚固器插到套管底部。其间为防止产生明火便于烟气扩散,用鼓风机吹走烟气。插好之后拔起锚固器,如图 2-2-202 所示。

(2)待套管稍冷却后将特制十字力矩螺栓打入,用锤子敲打到底并固定好,如图 2-2-203 所示。

(3)用特制力矩套筒拧动十字力矩螺栓,使尼龙套管随力矩螺栓一起拔出,如力矩不够可将撬棍插入力矩孔,如图 2-2-204 所示。

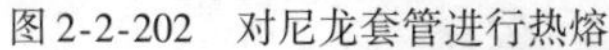
图 2-2-202　对尼龙套管进行热熔

图 2-2-203　打入特制十字力矩螺栓

图 2-2-204　将尼龙套管随力矩螺栓拔出

4. 安装新尼龙套管

(1)用吸尘器将套筒孔周围杂物吸干净,然后将新套筒放入并加入锚固胶,打胶完成后将溢出的胶擦干净,如图 2-2-205、图 2-2-206 所示。

图 2-2-205　在新尼龙套管上涂抹锚固胶

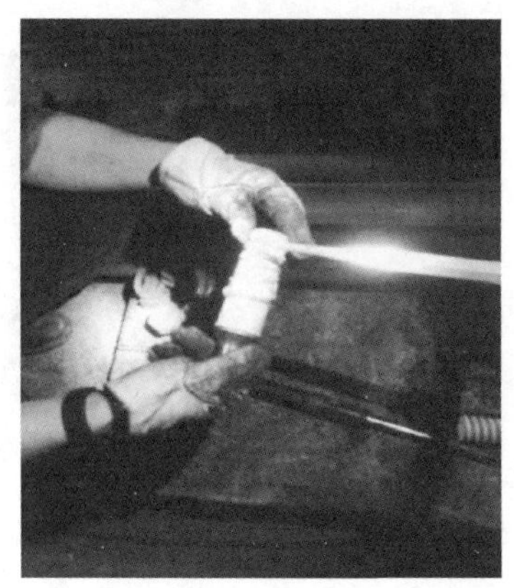

图 2-2-206　向套管孔内注入锚固胶

(2)用起道机将钢轨抬起并将铁垫板复位。待胶凝固好之后(凝固时间根据具体情况而定),将锚固螺栓拧紧固定好。

(3)清理现场并整理工具,清点好工具后销点下线。

四、注意事项

(1)热熔锚固器温度高,在预热和拔锚过程中锚固手需注意不要将锚固器搭载在黄线和三轨上。

(2)除锚固手外,其余作业人员不得私自触碰热熔锚固器,尤其是尖端。

(3)在使用撬棍、齿条压机、道钉锤时,前方不要站人,以免工机具飞出伤到作业人员。

(4)热熔锚固时,尼龙套管会产生大量有毒气体,热熔时锚固手需与鼓风机垂直站立,锚固手及配合的作业人员需佩戴口罩,鼓风机后方不要站人。

五、热熔拔锚法整治失效尼龙套管作业流程

热熔拔锚法整治失效尼龙套管作业流程如图 2-2-207 所示。

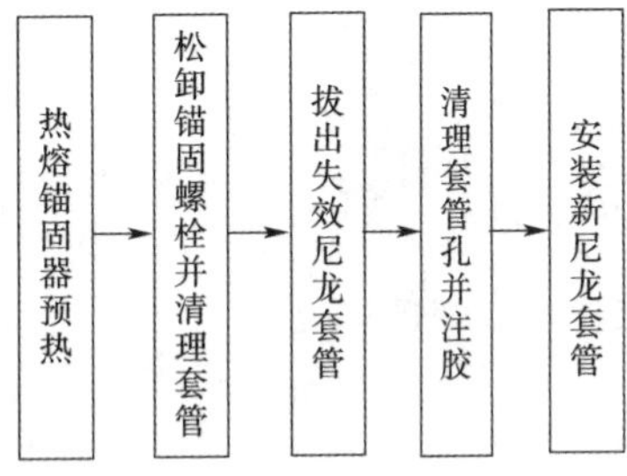

图 2-2-207　热熔拔锚法整治失效尼龙套管作业流程

作业 30　清理排水设备(沉沙井)

一、作业目的

通过对排水设备(沉沙井)中的沙、淤泥垃圾等进行清理,解决沉沙井排水不畅的问题。

二、安全管理

(1)穿好工装和绝缘鞋,如图 2-2-208 所示。

图 2-2-208　穿戴劳保用品

(2)上线前需进行验电、接地工作(详见《接触轨旁作业安全规则》),如图 2-2-209、

图 2-2-210 所示。

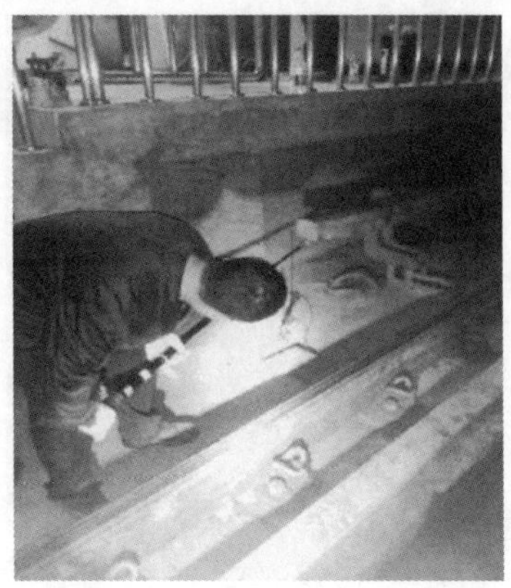

图 2-2-209　验电

图 2-2-210　接地

三、作业程序

1. 准备作业

检查轨道平板手推车状态是否良好，如有故障，应及时排除，如图 2-2-211 所示。

2. 基本作业

（1）上道：施工负责人确认停电、防护已设好，方可下令进行上道作业，如图 2-2-212 所示。

图 2-2-211　检查平板手推车状态是否良好

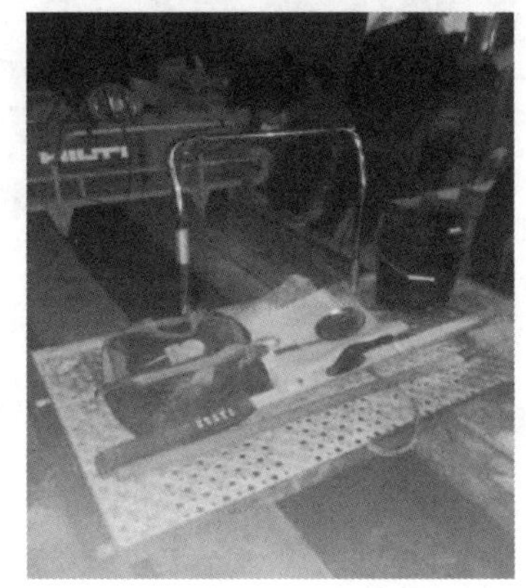

图 2-2-212　工机具清点上车

（2）清理沉沙井：打开沉沙井上部井盖（图 2-2-213），对沉沙井内沙、淤泥杂质等进行清理（图 2-2-214），收集清理的垃圾（图 2-2-215），并对沉沙井内壁进行清洗（图 2-2-216）。

3. 整理作业

安装好沉沙井井盖，并清理现场残存垃圾。

4. 下线

清理工机具，出清线路，并将清理的垃圾放置在指定位置，撤离防护，销点。

图 2-2-213　打开沉沙井上部防渣箅子

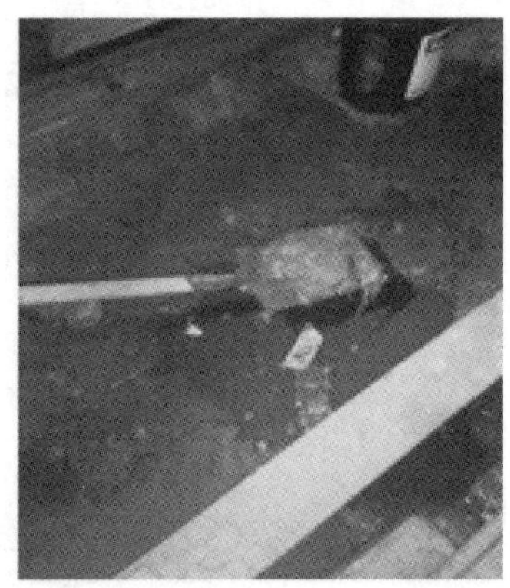

图 2-2-214　清理沉沙井内部垃圾

图 2-2-215　收集清理的垃圾

图 2-2-216　清洗沉沙井内壁

四、清理沉沙井作业流程

清理沉沙井作业流程如图 2-2-217 所示。

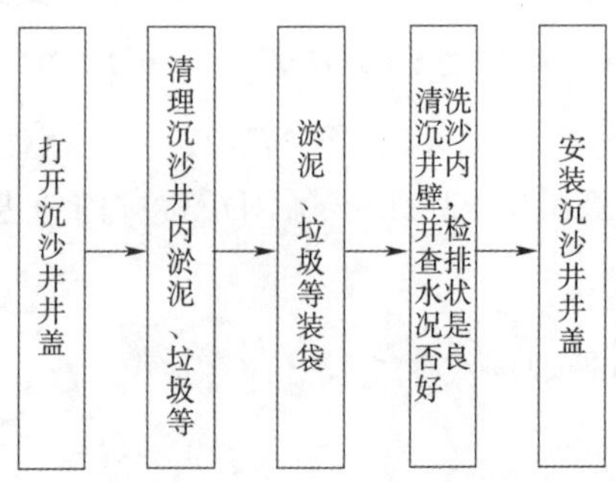
打开沉沙井井盖
清理沉沙井内淤泥、垃圾等
淤泥、垃圾等装袋
清洗沉沙井内壁，并检查排水状况是否良好
安装沉沙井井盖

图 2-2-217　清理沉沙井作业流程

作业31　清　筛

一、作业目的

清筛是为了达到道床整洁、排水良好,增加道床厚度、弹性及稳定性,提高线路平顺性。

二、安全管理

(1)穿好工装和绝缘鞋。
(2)上线前需进行验电、接地工作(详见《接触轨旁作业安全规则》)。

三、作业程序

1. 准备作业

(1)检查清点作业工具。
(2)按路基弃土要求选好土场,如图2-2-218所示。

2. 基本作业

(1)开口:将要筛的第一孔面砟、砟肩的净砟用道砟叉翻在清筛顺序的反向路肩及砟肩上,如图2-2-219所示。用捣镐挖至清筛深度,用铁锨将弃砟及泥土清至路肩堆放,如图2-2-220、图2-2-221所示。

图2-2-218　选好土场

图2-2-219　开口

(2)清筛:接着清筛第二孔,把清砟回填到第一个轨枕孔内;第三个轨枕孔的清砟回填到第二个轨枕孔内,依次前进,循序倒筛。用捣镐挖至清筛深度,用铁锨将弃砟及泥土清至路肩堆放。

3. 整理作业

(1)对清筛地段道床按标准整理,并夯拍,做到均匀饱满、边坡整齐,如图2-2-222所示。
(2)倒运弃土,清理、打扫路肩。

图 2-2-220　用捣镐挖至清筛深度

图 2-2-221　用铁锹将弃砟及泥土清至路肩堆放

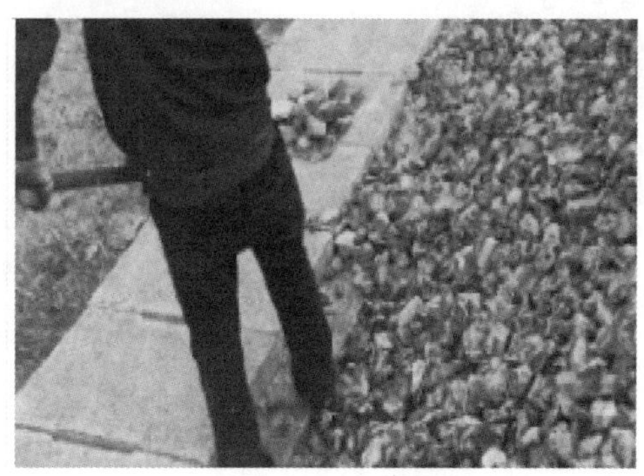

图 2-2-222　整理边坡

4. 下线

清理工机具，出清线路，撤离防护，销点。

四、清筛作业流程

清筛作业流程如图 2-2-223 所示。

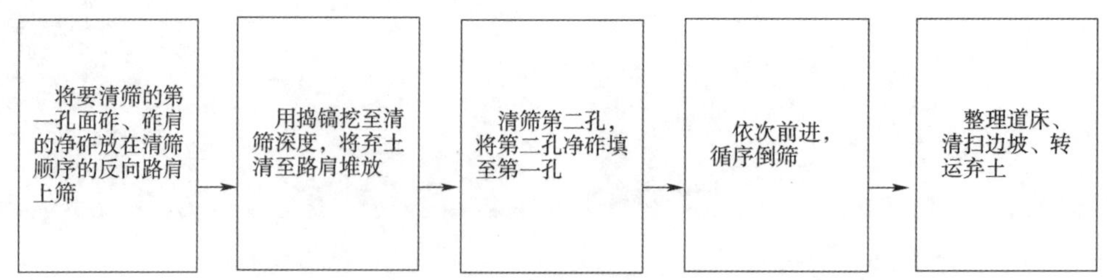
将要清筛的第一孔面砟、砟肩的净砟放在清筛顺序的反向路肩上筛
用捣镐挖至清筛深度，将弃土清至路肩堆放
清筛第二孔，将第二孔净砟填至第一孔
依次前进，循序倒筛
整理道床、清扫边坡、转运弃土

图 2-2-223　清筛作业流程图

作业 32　刷新线路标志

一、作业目的

线路标志标明线路的状况，既便于工务人员从事线路的养护维修，也便于机车驾驶员掌握

线路的变化,安全行车。这些标志是线路的组成部分,对线路的运营及日常维护起着重要的作用。

二、安全管理

(1)穿好工装和绝缘鞋。

(2)上线前需进行验电、接地工作(详见《接触轨旁作业安全规则》)。

三、作业程序

1. 准备作业

调好油漆在标志面上薄薄地均匀涂刷一遍,稍干后再涂刷一遍,不能一次涂刷过厚,以免油漆起皮,如图2-2-224所示。待底漆完全干燥后即可用特制模板印制标志牌上的文字数字和图形,如图2-2-225所示。

图2-2-224　涂刷油漆

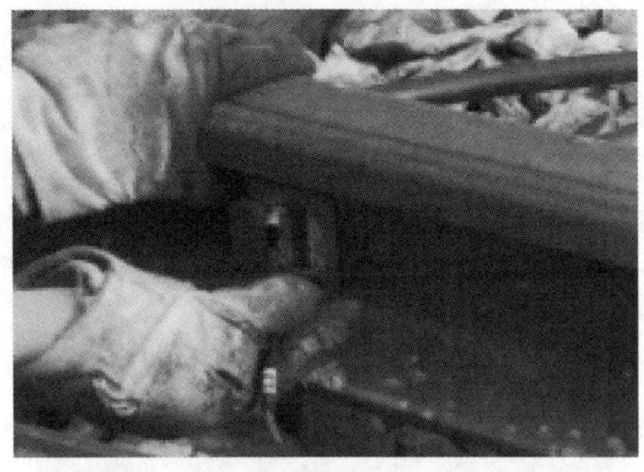

图2-2-225　字模印制

2. 基本作业

(1)曲线标记(车辆段都是附带曲线)。

①使用8号字模,标记为红底白字。

②曲线标记一般标记在钢轨曲线上股内侧轨腰上,正矢点一律用白▲标在曲线上股轨头非工作边,白▲为30mm的等边三角形,如图2-2-226所示。

③曲线正矢点按10m弦,5m测点每5m设置,如图2-2-227所示。曲线上设置直缓ZH、缓圆HY、圆缓YH、缓直HZ,附带曲线设置为直圆ZY、圆直YZ,分别在曲线对应位置标记。各曲线正矢点标记点号。在正矢点下方钢轨内侧轨腰刷写曲线正矢$F=XX$、曲线加宽$S=XX$,圆曲线内正矢,加宽相同可不重复标记。

④整条曲线内副点设置:只在曲线上股钢轨非作用边用白▲标记,白▲为30mm的等边三角形,不刷写点号,标记曲线编号、曲线长$L=XX$、曲线半径$R=XX$。

⑤道岔标记。

a. 使用10号字模,红底白字。

b. 各检测点轨距按技术要求尺寸标记在内直、内曲钢轨内侧相应轨腰上,不得省略“14”,如:1435,均为红底白字,如图2-2-228所示。

c. 支距在外直钢轨非作用面按图纸尺寸用白▲标记，白▲为 30mm 的等边三角形；在该点内侧轨腰标记支距值，红底白字，刷写规格同轨距标记。

图 2-2-226　白▲标注示例

图2-2-227　曲线正矢点按 10m 弦，5m 测点每 5m 设置

d. 在直股、曲股的查照间隔和护背距离的检测部位下方分别刷写“91/48”，刷写规格同轨距标记，如图 2-2-229 所示。

图 2-2-228　轨距标注示例

图 2-2-229　查照间隔和护背距离标注示例

(2)警冲标。

警冲标设在两会合线路间距离为 4m 的中间，线间距离不足 4m，设在两线路中心线最大间距的起点处，油漆白色的半边朝向道岔辙叉方向，露出道砟面 30cm，分为红、白、红三道，各 10cm。警冲标用来指示机车车辆的停留位置，防止机车车辆侧面冲撞。

刷写要求：

①各部数字、汉字必须按照要求字号刷写。

②标记红底采用长方形，四边要平直，四角必须垂直，不允许有毛边和圆角。

③数字间距，曲线每 5m 一处。

④线路标志刷新前要铲除外部干裂漆膜，保证刷新质量。

3. 下线

清理工机具，出清线路，撤离防护，销点。

作业33　验电及接地

一、作业目的

保证上道作业人员的人身安全。

二、准备事项(安全用品准备)

(1)接地线,如图2-2-230所示。
(2)验电器,如图2-2-231所示。

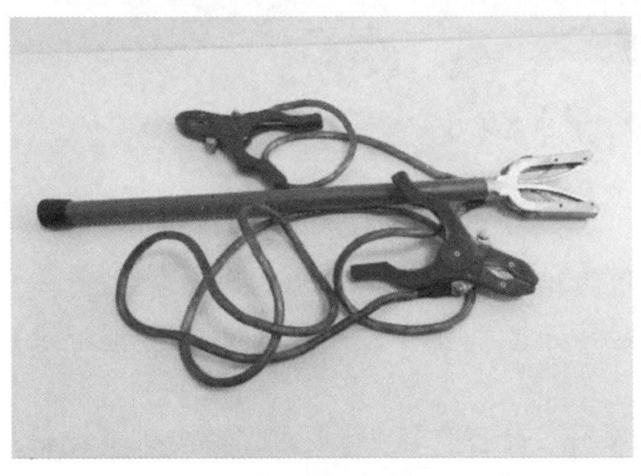

图2-2-230　接地线

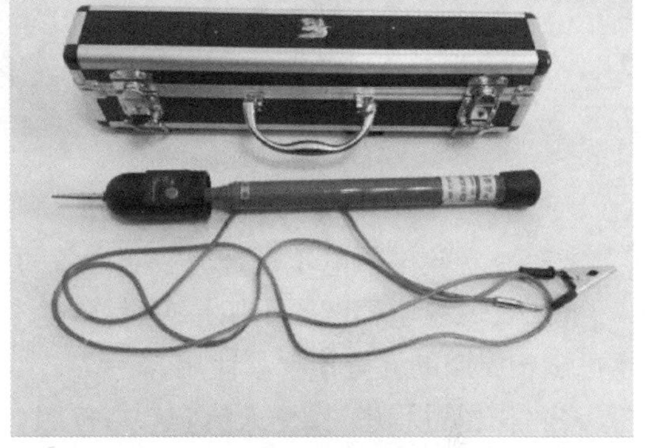

图2-2-231　验电器

(3)绝缘手套,如图2-2-232所示。
(4)安全鞋,如图2-2-233所示。

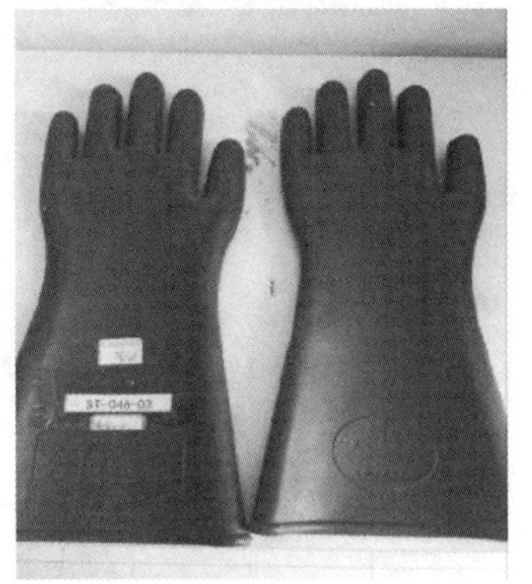

图2-2-232　绝缘手套

图2-2-233　安全鞋

三、安全管理

穿好工装和绝缘鞋,如图2-2-234所示。

四、作业程序

1. 验电程序

(1)试验前按下试验按钮观察验电器的声光指示是否正常,如图 2-2-235 所示。

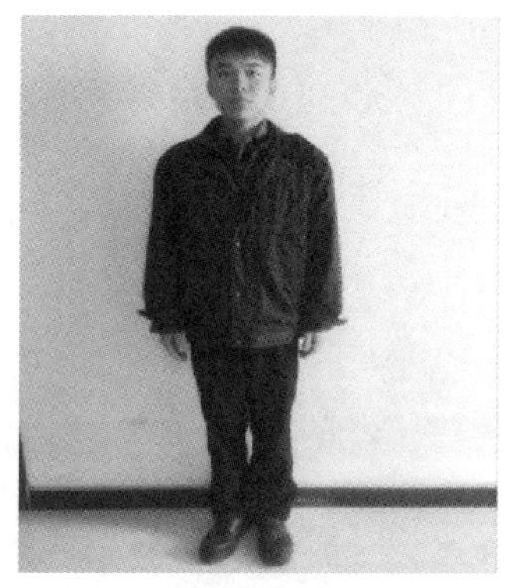

图 2-2-234　穿好工装和绝缘鞋

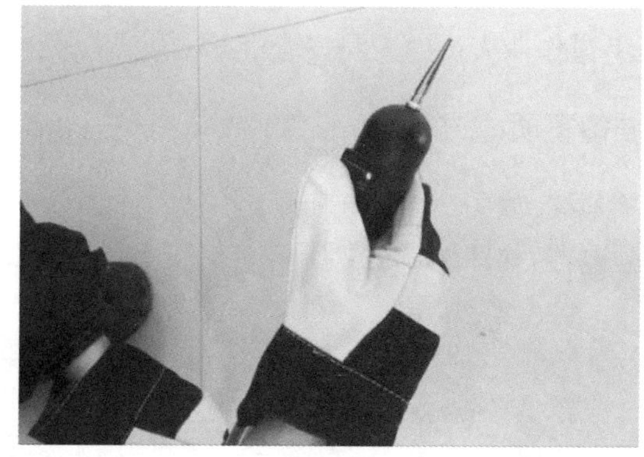

图 2-2-235　观察验电器的声光指示是否正常

(2)查看验电器电压是否与被测设备的电压等级相适应,如图 2-2-236 所示。

(3)查看验电器试验周期是否合格(为保证使用安全,每半年做一次试验,并登记记录),超过试验周期的验电器严禁使用。

(4)操作过程中,操作人员应严格按照《供电系统安全操作规程》要求保持与带电设备的安全距离,如图 2-2-237 所示。

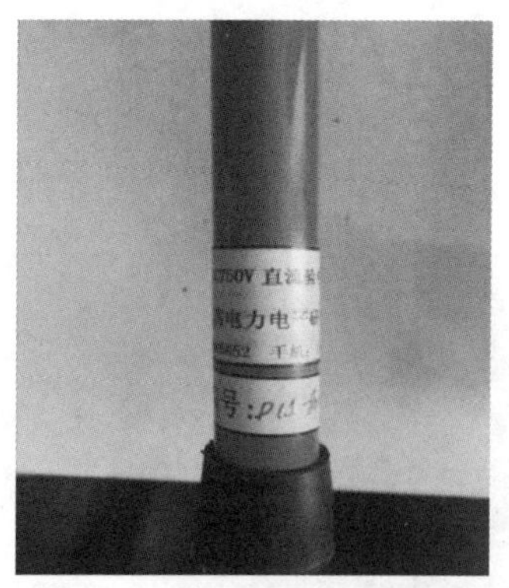

图 2-2-236　查看验电器电压是否与被测设备的电压等级相适应

图 2-2-237　保持与带电设备的安全距离

(5)验电完毕后,验电器应妥善保管,不得强烈振动或冲击,也不准擅自拆装和调整。

2. 接地程序

(1)验明无电后,应立即将接地线与停电设备连接或短接。操作时,先装接地线的接地

端,再装设备端,如图2-2-238所示。

图2-2-238　先装接地线的接地端,再装设备端

(2)操作人员在挂接地线时必须戴绝缘手套,穿绝缘鞋(靴),以免受感应电压伤害。

作业34　无缝线路应力放散锁定

应力放散锁定是无缝线路施工中的一道关键工序,应力放散是否均匀、准确、彻底,直接影响线路的稳定性。

一、作业内容

单元轨节换铺锁定焊后,进行应力放散锁定作业。当实测轨温在设计锁定轨温范围时,采用滚筒放散法进行应力放散;当实测轨温低于设计锁定轨温时,采用综合放散法进行线路应力放散。

二、技术标准

(1)××段采用温度应力式区间无缝线路。

(2)锁定轨温:××区间为(x±5)℃;

(3)线路锁定时,实际锁定轨温必须在设计锁定轨温允许范围内。左、右两股钢轨及相邻单元轨节的锁定温差均不得大于5℃;同段无缝线路内单元轨节的最高与最低锁定轨温之差不得大于10℃。

(4)为保证轨内应力匀布,避免出现过大的温度力差,应在单元轨节长度内同步进行锁定。

(5)无缝线路长轨与缓冲轨接头螺栓力矩不小于900N·m。

(6)无缝线路两端各100m范围内的缓冲区中间扣件力矩必须达到120N·m要求,以保证扣件阻力大于道床阻力。

三、作业细则

1. 滚筒放散法施工工艺(图 2-2-239)

(1)测量轨温,当钢轨的温度在设计锁定轨温范围内时,采用滚筒放散法进行施工。

(2)解除本次待放散单元轨节和上次已放散线路末端 25 ~ 75m 长度范围内的所有扣件。抬起钢轨每隔 10m 在轨底垫一个滚筒,并撞击钢轨,使钢轨达到自由伸缩状态。

(3)确定待放散线路钢轨的长度,并每隔 150m 左右设 1 处临时位移观测点。

(4)在线路放散全长范围内每 300 ~ 500m 左右设一处撞轨点,用撞轨器沿放散方向撞击钢轨,同时用手锤敲击钢轨轨腰,使钢轨能够自由伸缩,严禁敲击轨头及轨顶面,观测各点的位移量变化情况。当钢轨位移发生反弹且各点位移变化均匀时,则视为钢轨达到自由伸缩状态,此时停止撞轨;否则,应检查滚筒有无倾斜、脱落,钢轨有无落槽及撞击力不够等现象。

(5)钢轨应力放散均匀后撤掉滚筒,使长轨平稳地落入承轨槽内,同时检查橡胶垫,有错位者纠正。

(6)迅速上好距单元轨节末端 25 ~ 75m 范围内的全部扣件,并上紧无孔钢轨接头,此时视为长轨已锁定。测量并记录轨节末端 25 ~ 75m 范围内上扣件开始和结束时的轨温,取其平均值作为实际锁定轨温,填入记录表。同时将作业人员均匀分布在放散长轨范围内,由两端向中间"隔二上一"上紧扣件。

(7)当扣件"隔二上一"上完后,进行另一股钢轨的放散作业,待本单元轨节两根钢轨全部放散完后,补齐所有扣件。

(8)做好位移观测标记,读取并记录初始读数。

2. 综合放散法施工工艺(图 2-2-240)

(1)测量轨温,当钢轨的温度低于设计锁定轨温时,采用综合放散法进行施工。

(2)解除本次待放散单元轨节和上次已放散线路末端 25 ~ 75m 长度范围内的所有扣件。抬起钢轨,每隔 10m 在轨底垫一个滚筒,使钢轨达到自由伸缩状态。

(3)在线路放散全长范围内每 300 ~ 500m 左右设一处撞轨点,用撞轨器沿放散方向撞击钢轨数次,同时用手锤敲击钢轨轨腰,使钢轨能够自由伸缩,当钢轨位移发生反弹且各点位移变化均匀时,则视为钢轨达到自由伸缩状态,此时停止撞轨;否则,应检查滚筒有无倾斜、脱落,钢轨有无落槽及撞击力不够等现象。

(4)确定待放散线路钢轨的长度,并每隔 150m 左右设 1 处临时位移观测点,在各观测点上做出拉伸位移的零点标记。

(5)测量此时轨温,根据此时轨温与计划锁定轨温之差计算拉伸量、锯轨量。

①拉伸量。

$$\Delta L = \alpha \times L \times (T_{jh} - T_{sg})$$

式中:ΔL——拉伸量,mm;

α——钢轨的线膨胀系数,$\alpha = 11.8 \times 10^{-6}/℃$;

L——放散长度,为放散单元轨节与已锁无缝线路末端所拆扣件长度(25 ~ 75m)之

和,mm;

T_{jh}——计划锁定轨温,℃;

T_{sg}——施工时所测单元轨节的平均轨温,℃。

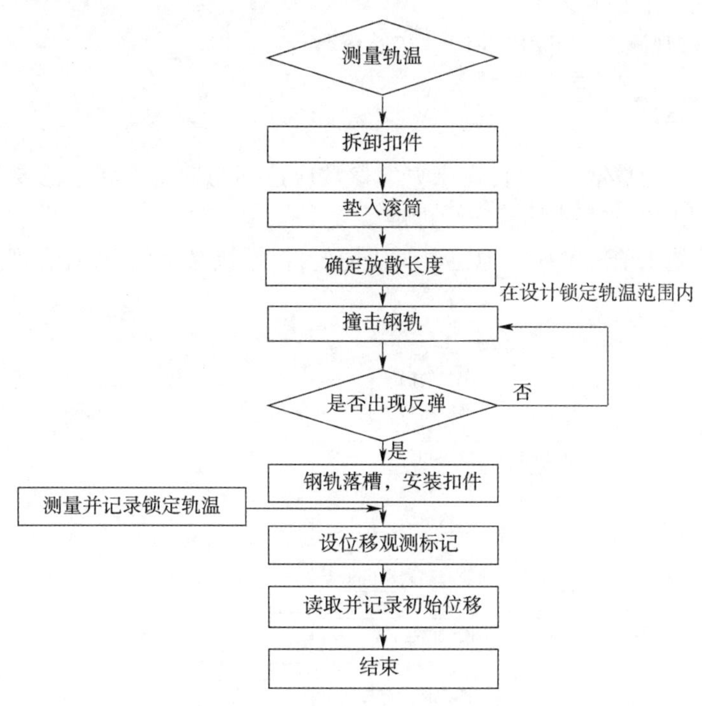

图2-2-239　滚筒放散法施工工艺流程图

②锯轨量。

$$\Delta L' = \Delta L + \Delta L_y - L_f$$

式中:$\Delta L'$——如计算结果为正值,则需锯轨;如计算结果为负值,则不需锯轨;

ΔL_y——预留轨缝,一般取8~10mm;

L_f——长轨处于自由状态时,长轨末端与下一个单元轨节始端的距离,mm。有轨缝时取正,无轨缝时取负。

(6)安装拉轨器,利用拉轨器、撞轨器和手锤共同作用,按计算量ΔL拉伸钢轨,拉伸量达到预定长度后,撞轨器仍然继续作业,当各观测点处出现反弹量(应力放散已均匀)时,停止撞轨,并收集各临时观测点位移量。如呈线性关系,则表明已放散均匀,可进行下道工序;如为非线性关系,应检查钢轨、滚筒有无异常,对异常处进行处理,并进行敲轨和撞轨使各观测点位移量呈线性关系。

(7)在拉轨器保压下撤除撞轨器及滚筒,使长轨平稳地落入承轨槽内,同时检查橡胶垫,有错位者纠正。

(8)迅速上好距单元轨节末端25~75m范围内的全部扣件,并上紧无孔钢轨接头,此时视为长轨已锁定。同时将作业人员均匀分布在放散长轨范围内,由两端向中间“隔二上一”上紧扣件。注意:在锁定作业完成之前不得因拉轨器的失压而使轨端出现位移。

(9)撤除拉伸器,根据拉伸的实际长度和拉伸时的轨温,换算出本根钢轨的实际锁定轨温值,填入记录表。

(10)当扣件"隔二上一"上完后,进行另一股钢轨的放散作业,待本单元轨节两根钢轨全部放散完后,补齐所有扣件。

(11)做好位移观测标记,读取并记录初始读数。

四、施工技术措施

(1)进行线路应力放散锁定前,道床力学参数应达到初期稳定状态的要求,轨道标高、轨向、高低、水平等几何参数基本达到设计标准。

(2)无缝线路施工前应掌握当地轨温变化情况,根据轨温变化规律,合理选定施工时间及计划锁定轨温。

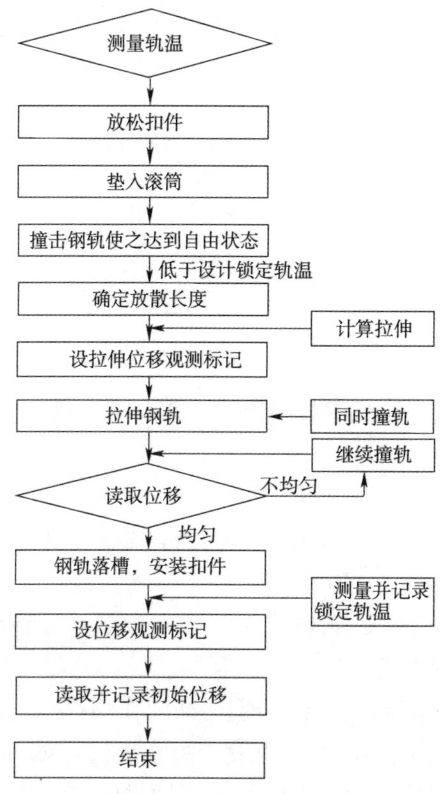

图2-2-240 综合放散法施工工艺流程

(3)测量轨温要有专人负责。测量轨温的方法为在单元轨节的两端分别用2块轨温表同时测量,取其平均值。轨温表要放在轨腰背光处。

(4)线路应力放散锁定前,应按设计要求埋设位移观测桩。

(5)无缝线路锁定轨温必须准确,并在设计锁定轨温范围内。同时应满足前后单元轨节及左右股钢轨锁定轨温的有关要求。

(6)放散单元轨节长度宜为1200~1500m,最短不得小于200m。

(7)上扣件人员必须步调一致、紧张有序,在短时间内迅速上完扣件。

(8)换铺施工时,应选择一个与无缝线路设计起点里程接近的普通接头开始换铺,设计里程根据现场实际情况调整。铺设无缝线路之前应按设计要求埋设位移观测桩。

(9)当长轨的终点与缓冲区的合龙龙口长度大于或等于6.25m时,直接插入适当的短轨,一端与长轨焊接,另一端打眼合龙;当合龙龙口长度小于6.25m时,适当锯除部分长轨,插入长度不小于6.25m的短轨,再进行焊轨合龙。

五、施工机具(表2-2-6)

施工机具　　表2-2-6

序　号	机具名称	单　位	数　量	备　注
1	对讲机	部	7	
2	撞轨器	套	4	
3	拉轨器	套	2	
4	压机	台	20	每组4台
5	滚筒	个	200	20个备用
6	撬棍	根	25	
7	套筒扳手	把	30	
8	死扳手	把	20	拆鱼尾螺栓
9	轨温表	块	4	前后各2块
10	小平板手推车	辆	5	
11	手锤	把	60	6磅
12	钢轨头	个	10	

六、施工安全注意事项

(1)现场作业人员必须服从放散负责人的统一指挥,严格按照规定程序操作,严禁违章蛮干。

(2)在施工过程中,严格按照有关规定作业,在撤滚筒时手脚不得放在钢轨下,防止钢轨、机具伤人。

(3)无缝线路放散锁定施工必须在确认线路封闭后方可进行。

七、无缝线路应力放散锁定作业流程

无缝线路应力放散锁定作业流程如图2-2-241所示。

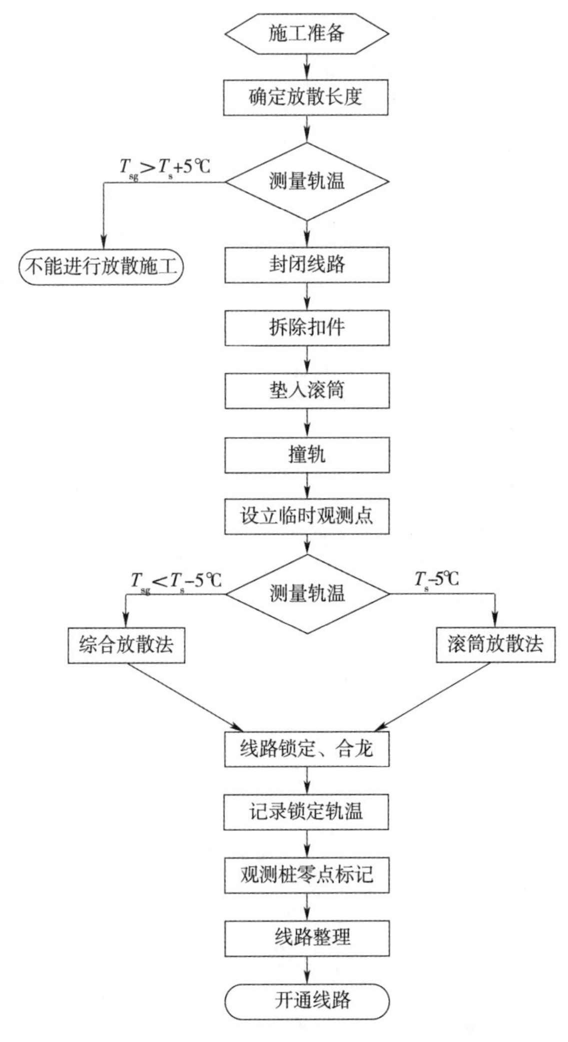

图 2-2-241　无缝线路应力放散锁定作业流程

注：T_{sg}-施工时测量的轨温；T_s-设计锁定轨温

作业 35　长轨条更换

一、作业目的

随着线路设备运营时间增长，钢轨磨耗不断增加，特别是线路中部分小半径曲线区段的钢轨头部磨耗日渐严重。头部磨耗主要呈现为垂直磨耗和侧面磨耗，列车荷载作用于钢轨，产生垂直磨耗；侧面磨耗产生的原因主要是曲线钢轨对列车轮对的导向作用，车轮与钢轨产生相互间的黏着、蠕滑和滑动，轮轨的磨耗和损伤十分严重。钢轨磨耗加剧，导致几何形状发生改变，有效截面减小，影响运营安全。为保证列车运营安全，钢轨磨损达到一定限度就应及时更换

钢轨。

二、安全管理

(1)所有进入正线区段的作业(抢险抢修任务除外),原则上要求运营结束后在天窗点(接触轨停电,线路无车)内进行;所有进入车场线路的作业,原则上要求作业区域内无调车作业且相关接触轨停电后方可进行。

(2)所有施工、计表维修作业,必须履行相应请销点、登记制度。

(3)在确认断电、进行清点后,下线验电、接地,验电必须遵守对应《工建部工务车间作业指导书》第1篇内容。

(4)在线路附近工作或作业时要注意不得使设备、工具(包括手持工具)侵入限界,防止发生事故。

(5)横越道岔时,不得足踏岔尖和道岔转动部分,禁止从集中联动的道岔处通过。

(6)在作业时,作业人员(包括所持的工机具、材料、零部件等)与接触轨应当至少保持300mm的安全距离;与周围带电设备的距离不得小于:110kV为1500mm;10kV及以下为700mm。

(7)严禁触摸、踩踏、翻越接触轨绝缘罩。一般情况下,维修时严禁从接触轨下部操作、传递工机具。

(8)作业完成后,清点人员、工具及物资,确认无遗落在作业现场,并拆除接地线,进行销点。

三、作业程序

1. 作业前准备

(1)调试机械,检查工机具。

(2)清点机械、工机具、耗材。

(3)联系信号专业派遣人员给予配合,将信号环线换边。

(4)上线前组织全部参与人员召开交班会,明确各小组任务、责任划分,尤其对现场焊接设备管理、连接零件拆卸与复紧、吊轨拨轨、安全防护等落实到小组负责人。

2. 作业流程

(1)锯轨。

①将施工当天预计所需更换钢轨区段内全部扣件、无损保护器等设备进行松卸(图2-2-242、图2-2-243),并将扣件摆放到指定位置,以免上扣件时找不到。切轨点两端的三块垫板扣件都要拆除。

②对切轨点周围设备用湿麻布袋及铁板进行安全防护,将麻布袋分别搭在信号线和接触轨上,将铁板竖放在挡墙边上以保护供电线路,如图2-2-244、图2-2-245所示。

③根据切轨点的位置将锯轨机架设在指定位置,锯轨机固定好后进行切轨作业,如图2-2-246所示。

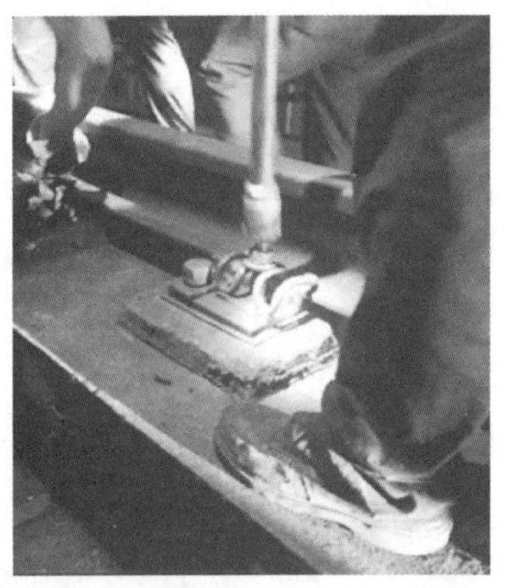

图 2-2-242　松扣件

图 2-2-243　松无损保护器

图 2-2-244　湿麻布袋防护

图 2-2-245　铁板防护

图 2-2-246　锯轨

(2)吊旧轨,落槽新轨。

①根据所需更换钢轨的位置,将工程车停到指定位置,工程车停稳后,将吊机臂伸到钢轨处,用抓轨器夹好旧钢轨,如图 2-2-247 所示,检查完毕后,将旧钢轨起吊到承轨台两侧预先摆放好的方枕木上。与此同时将旧钢轨下的旧橡胶垫板取出,将新橡胶垫板摆放在铁垫板上,如图 2-2-248所示。(注:在有隔音棚的区间作业时,吊机在使用过程中吊机手应注意棚子的位置,避免发生吊机臂与棚子碰撞的事故)

图 2-2-247　抓轨器

图 2-2-248　吊旧轨

②将吊机臂伸到新轨摆放的位置,用抓轨器夹好新轨,检查完毕后,将新轨起吊到轨枕上,在新轨落槽时,要用撬棍进行拨轨配合,如图 2-2-249 所示,保证新轨落在铁垫板槽内。两根钢轨接头的位置要用事先准备好的 25mm 厚的工字钢卡住,保证两根钢轨轨缝在(25 ±2)mm 范围内,以备进行焊接处理。钢轨落槽后再次用钢板尺对轨缝进行测量,确认轨缝在(25 ±2)mm 范围内,如果轨缝超限应立即调整,如图 2-2-250 所示。

图 2-2-249　撬棍拨轨

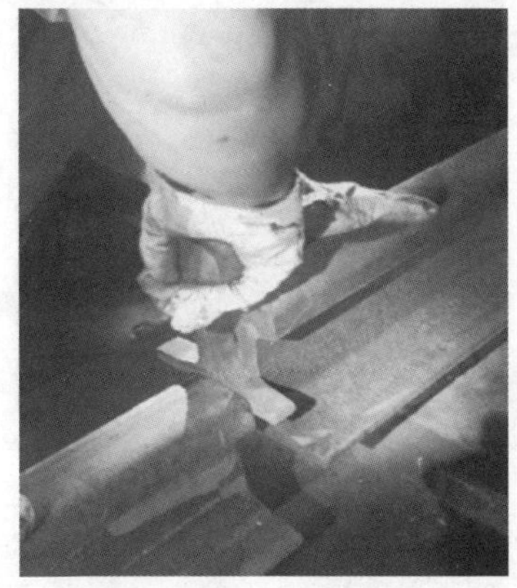

图 2-2-250　调整轨缝

③新轨落槽后,扣件小组成员立即对该处新轨扣件进行恢复,如图 2-2-251 所示。待焊接接头两侧各三块铁垫板上扣件不恢复,以备焊接。

(3)钢轨焊接。

①配合液压起道机,将待焊接接头两侧各三块铁垫板取出,同时将对轨架摆在待焊接接头两侧。架设对轨架过程中,要用 1m 钢尺分别放在轨头上方及轨头侧面进行比对,保证两根钢轨位置对正,如图 2-2-252 所示。

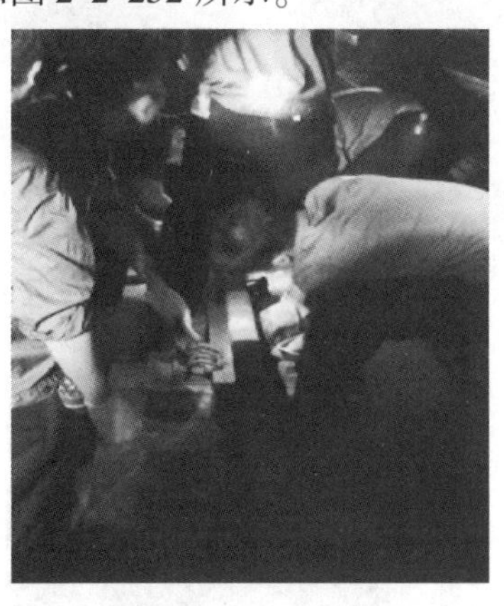

图 2-2-251　恢复扣件

图 2-2-252　对轨架

②对待焊接接头位置钢轨四周用抛光机和角磨机打磨,除去表面铁锈,如图 2-2-253、图 2-2-254所示。

③将两侧的砂模在钢轨上轻轻摩擦,如图 2-2-255 所示,使砂模与钢轨形状一样,中间没有空隙。

④组装模具。将模具底部砂模放在铁底板上,将密封膏按要求涂在底砂模的槽内。将装

好底砂模的底板按在钢轨底部,使其与轨缝保持居中。用1m钢尺重新检查钢轨接头是否对正,如图2-2-256、图2-2-257所示。

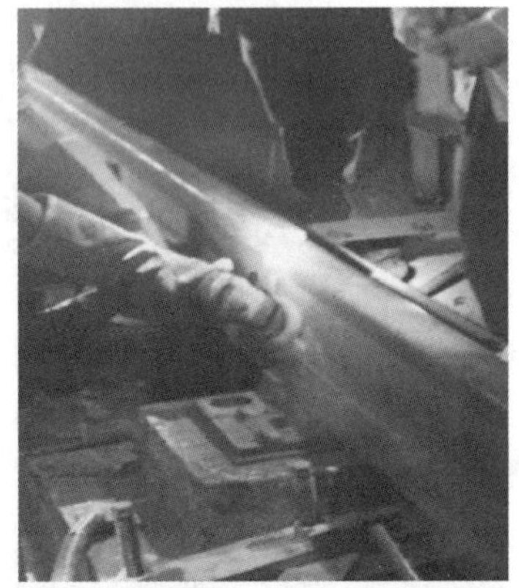

图2-2-253　打磨接头

图2-2-254　打磨后

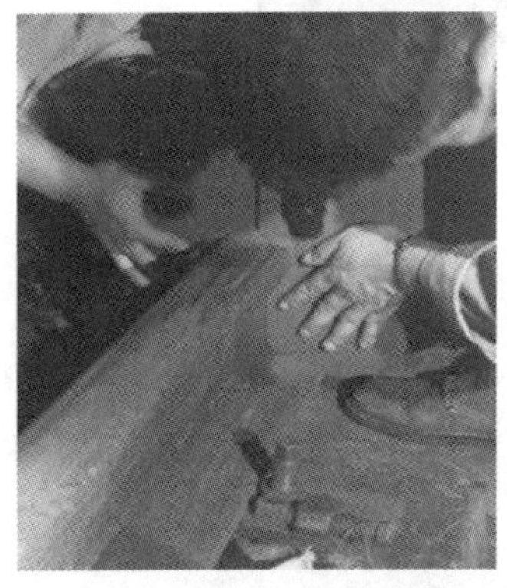

图2-2-255　摩擦砂模

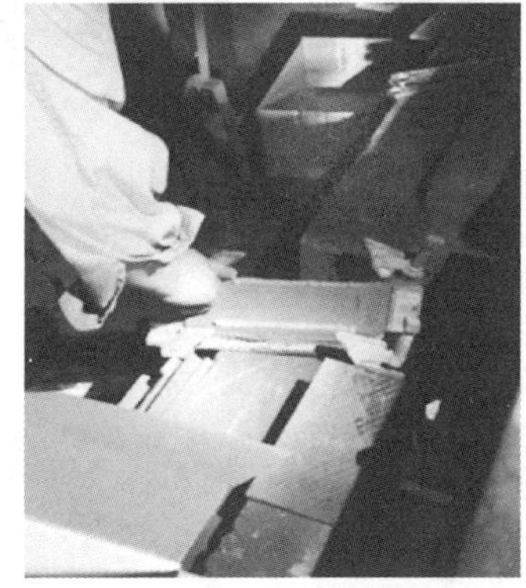

图2-2-256　组装模具

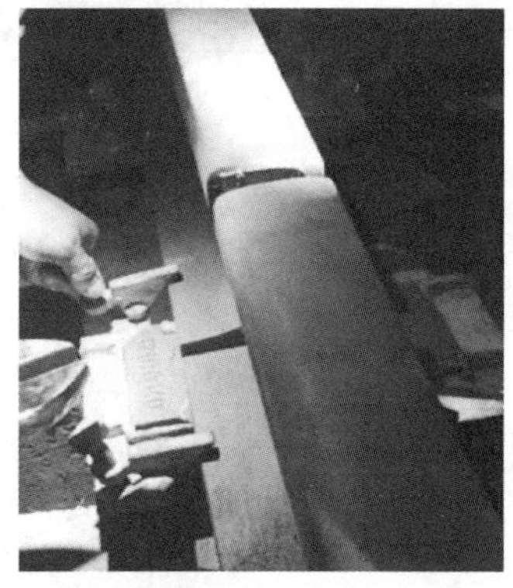

图2-2-257　检查接头

⑤将两侧砂模装入相应的侧模夹板中,带有废渣流出口的侧模应位于钢轨的底侧,并使两侧模与轨缝居中,用侧模夹具将砂模固定好,注意不要用力过度而将砂模夹碎。安装完成后,用一干净纸板将砂模口盖上,以防止杂质落入砂模内,如图2-2-258、图2-2-259所示。

图2-2-258　装砂模

图2-2-259　固定砂模

⑥用专用的封箱泥均匀地抹在砂模与钢轨的各缝隙处，保证缝隙全部封好。在砂模的废渣流出口及夹具螺纹处也要抹上少量封箱泥，以保护工具，如图2-2-260所示。

⑦对钢轨进行预热。将预热器及预热支架根据模具摆放位置调整并固定好，如图2-2-261所示。点燃火焰并将火焰调到适当大小，将预热器迅速放在预先定位好的预热支架上，在砂模中迅速居中定位，此时火焰应从砂模两侧冒出，并且均匀对称，如图2-2-262所示。根据规定60kg/m钢轨加热时间为5min。在规定的时间结束后，撤走预热器并熄灭火焰，钢轨中间及轨头应颜色发红。

图2-2-260　抹封箱泥

图2-2-261　安装预热器

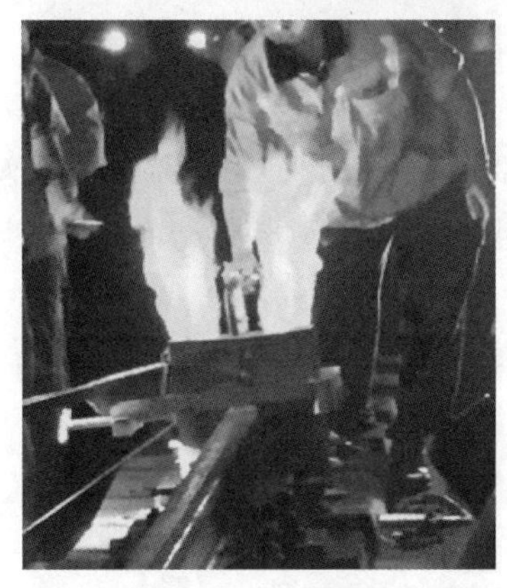

图2-2-262　预热钢轨

⑧在预热之前或预热过程中，在一个干燥的地方取出一次性坩埚（图2-2-263），打开焊药包并将其中的焊药（图2-2-264）慢慢旋转着倒入一次性坩埚内，使焊药重新混合。将高温火柴插入焊药内并盖上坩埚盖。

图2-2-263　一次性坩埚

图2-2-264　焊药

⑨预热完成后将装好焊药的一次性坩埚放到模具架上，点燃点火引信，将引信插入焊药中，重新盖上坩埚盖。预热结束后，焊药必须在30s内点燃并插入坩埚内，如图2-2-265、图2-2-266所示。

图2-2-265 点火

图2-2-266 预热

⑩在浇注结束5min后，移走灰渣盘及一次性坩埚，拆掉砂模夹具、夹板及金属底板。用推瘤机将焊头顶部多余的焊料推掉并用铁锹装走。将轨底处冒出的焊料打弯，以便于打磨的进行，如图2-2-267、图2-2-268所示。

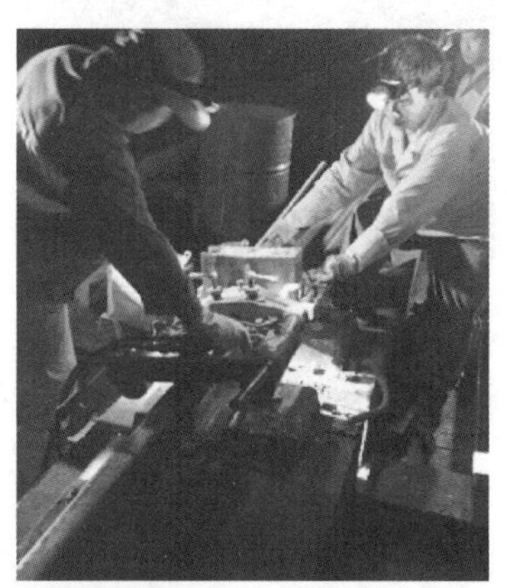
图2-2-267 拆砂模夹具

图2-2-268 打轨底焊料

图2-2-269 热打磨

(4)打磨处理。

①热打磨。在钢轨冷却到一定温度后，用仿形打磨机将焊料顶部表面打磨至距轨面1mm左右，将钢轨头部两侧与轨面过渡的圆弧处打磨至与既有钢轨平齐，将钢轨的内外侧打磨至与既有钢轨平齐，如图2-2-269所示。

②冷打磨。对钢轨表面进行冷打磨，使其整体平齐，千万不要打磨得过快、过猛，否则会造成钢轨淬火或发蓝，如图2-2-270所示。

③打磨完成后，上好焊头两边轨枕上的扣件以及其他需要紧固的扣件。

(5)线路尺寸检查及整改。

①对更换及完成焊接的钢轨处线路进行尺寸检查,如图 2-2-271 所示,如发现超限部位应立即对线路进行调整,调整过程中应注意接头位置,刚焊接完成的接头附近位置尽量不要改动,以免影响焊接接头质量。

②检查尺寸过程中将新轨上的扣件进行复检,确保扣件全部上紧,没有遗漏。

③当天施工完成后,对没来得及进行焊接的接头安装无损保护器并上紧,确保保护器在第二天行车过程中不会松动。

图 2-2-270　冷打磨

图 2-2-271　尺寸检查

四、注意事项

(1)焊接过程中涉及用火,动火过程必须由专人负责,其他人员切忌私自接触相关设备。

(2)焊接作业时,一定要计好时间,确保各步骤都在相应时间节点内完成,保证好焊接的质量。

(3)在切轨和焊接过程中,安全防护工作一定要做到位,确保作业点旁边有灭火器,防止意外发生。

(4)当天施工完成后必须对作业区段线路几何尺寸进行复检,确保线路尺寸没有超限情况。

(5)在当日作业结束后将无损保护器进行复紧,保证第二天行车安全。

(6)由于施工过程中现场各种工机具较多,在作业完成后一定要对线路进行彻底检查,确保没有遗漏的工机具留在现场。

五、长轨条更换作业流程

长轨条更换作业流程如图 2-2-272 所示。

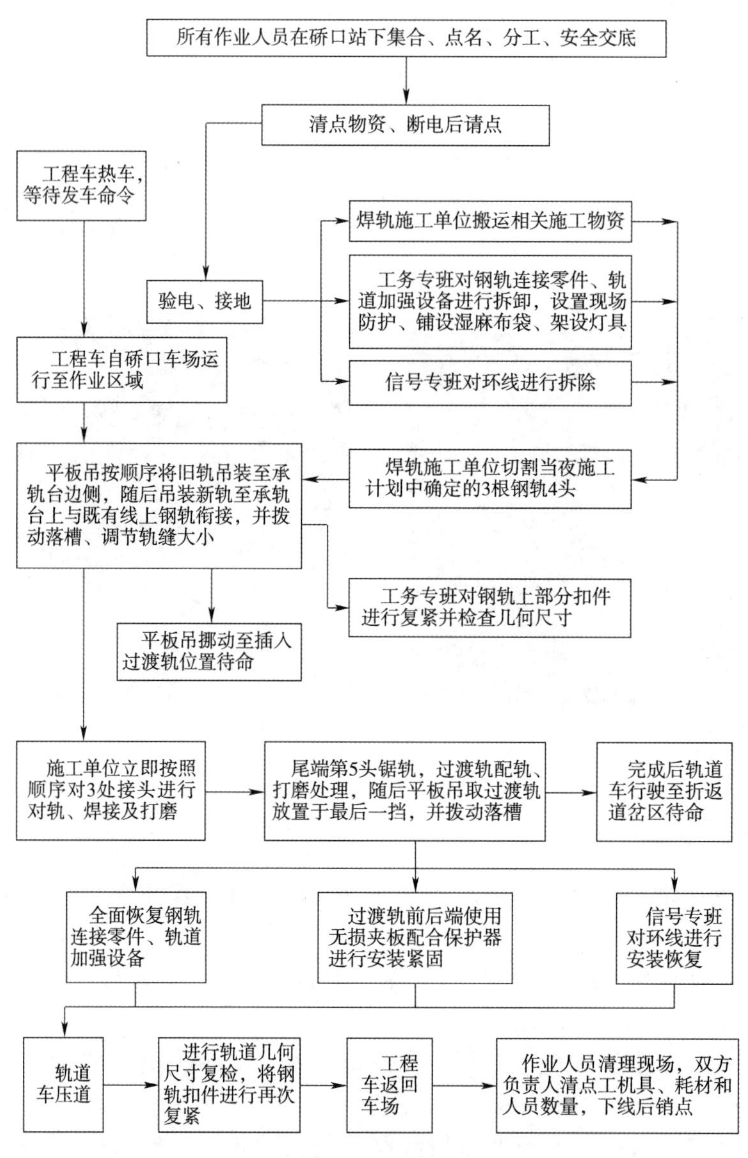

图 2-2-272　长轨条更换作业流程

作业 36　整治滑床板空吊

一、作业目的

整治滑床板空吊的目的是消灭尖轨与滑床板间的不密贴，使各滑床板受力均匀，尖轨扳动灵活，防止出现滑床板磨耗不均匀、尖轨以及基本轨轧伤等情况。

二、安全管理

(1)穿好工装和绝缘鞋。

(2)上线前需进行验电、接地工作(详见《接触轨旁作业安全规则》)。

三、作业程序

1. 准备作业

(1)调查道岔滑床板空吊情况。

前期调查滑床板空吊情况时,可直接观察滑床台是否有尖轨搬动痕迹,如没有说明滑床板有空吊。根据道岔滑床板空吊标准,道岔滑床板不得有三块大于 2mm 连续空吊。

(2)联系信号专业配合施工。

2. 基本作业

(1)先直面查看道岔两基本轨高低情况,用弦线检查尖轨部分各滑床板对应位置基本轨高低是否平顺。然后用弦线检查各滑床板里外口是否各处于同一水平位置。对于存在滑床板空吊情况的部位用塞尺测量空吊量(注意此时尖轨必须处于搬开状态)。用道尺检查直曲股轨距,此时需检查每一块滑床板轨距,以防影响尖轨密贴。

(2)检查出来的滑床板空吊区段用滑石笔于钢轨上做好标记后,即可松开区段内滑床板立柱螺栓,此时需向区段两端各至少延长两块板,以便起道。立柱螺栓应抽出,并除锈、涂黄油,立柱螺栓孔用棉纱塞好以防堵塞。

(3)起道。安装齿条起道机至适当位置起道,注意不能起太高,以免影响连接杆与动程杆损坏转辙机,以能垫入尼龙胶垫的高度为宜。抽出压棒。

(4)垫入尼龙胶垫,此时先应检查橡胶垫状态,不良者立即更换。垫入尼龙胶垫时应根据之前检查的空吊量垫入适量胶垫。由于里口有尖轨,此时里口不能安放齿条压机,从而导致滑床板里口位置未能起至需要高度,所以需撬棍配合使用,用撬棍起钉器一头爪尖撬起滑床板里口一角,如高度不够可在撬棍下垫入钢轨剁,然后垫入尼龙胶垫。待所有滑床板垫入尼龙胶垫后,检查轨距,如轨距变化则应用拉杆改道,完成后插入立柱螺栓拧紧。

(5)搬动尖轨,检查此时滑床板空吊情况是否已整治完成。

3. 下线

清点工具,填写工具清点单,下线销点。

四、整治滑床板空吊作业流程

整治滑床板空吊作业流程如图 2-2-273 所示。

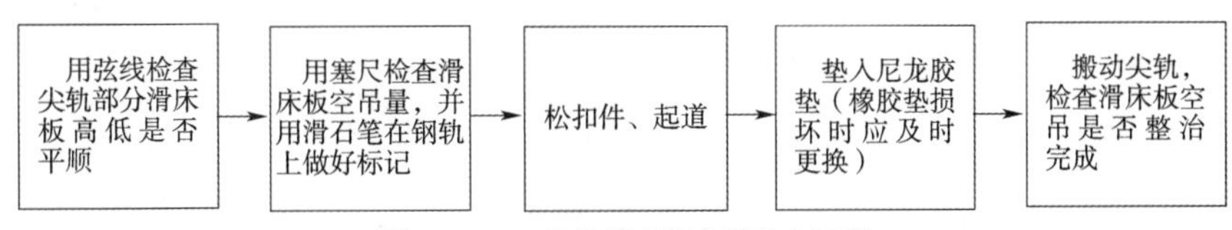

图 2-2-273 整治滑床板空吊作业流程

作业37　起道捣固

一、作业目的

为消除有砟线路水平、高低超限，或增加道床厚度，提高道床弹性，要进行起道捣固作业。

二、作业技术标准

(1)水平：正线水平误差不超过4mm。

(2)三角坑：在延长6.25m内的三角坑，正线误差不超过4mm，站场线路误差不超过6mm。

(3)高低：线路纵向水平，目视平顺，用10m弦线测量，正线前后高低误差不超过4mm，站场线路不超过6mm。

(4)坡度：起道时应保持既有坡度，不改变变坡点位置和竖曲线半径，不超过与相邻线规定的最大变坡差。

起道作业后的轨面顺坡，作业时不少于200倍，收工时不少于400倍。

(5)空吊板：起道捣固地段的空吊板应不超过8%。

三、作业条件

(1)隧道内或高架桥面上的整体道床线路都不进行起道作业项目。

(2)地铁地面正线碎石道床线路，在试运行阶段列车间隔较大时，经上级批准，可以利用列车运行间隔进行40mm以下的起道作业。在正式运营阶段，凡列车运营时间范围内，均不得进行拨道作业，必须安排在夜间停止运营后进行。

(3)起道量在20mm以内时，无论是碎石道床线路还是整体道床线路，均采取垫板作业(另见垫板作业标准)。

(4)在本线或邻线有工程车辆运行的地段进行起道作业时必须设置施工防护。

(5)站场碎石道床线路可以不限制在夜间作业，但必须是在批准后的封锁时间内进行，工地设专人防护，并应在施工地点两端设置作业标。

(6)起道量41~100mm，应提前与供电系统触网有关部门联系，并提供起道量的有关技术资料，以申请施工配合。

(7)地铁地面正线，起道量超过100mm时的起道必须获得上级公司的批准，在充分组织施工协调的基础上进行。

(8)特殊情况下，因路基、道床发生突变，线路水平、高低严重超限，影响列车安全时，经上级公司批准，采取紧急措施，按规定办理施工手续后进行临时抢修。

四、作业组织

(1)起道捣固作业人员一般分为起道人员与捣固人员两部分。

(2)起道人员由3~4人组成,一人看道,量水平;一人使用起道机抬道;一人使用手镐打塞;一人点撬、扒机窝、恢复道床。

(3)当工作量较大时,可以分两组进行流水作业,第一组负责基准股起道,第二组负责另一股水平。

(4)起道后由捣固人员用手镐进行捣固,有条件的可以利用小型捣固机械进行作业。

(5)捣固人员的数量根据工作量决定。

五、作业程序和方法

1.准备工作

(1)起道作业前,对于混凝土轨枕线路,要全面取下本地段在日常保养时垫入的垫板,然后拧紧螺栓。

(2)木枕线路必须打好浮起道钉,消灭空吊板。

(3)看道人员要事先核对水平道尺,如有误差,要进行调整。

(4)起道机手要检查起道机的性能是否完好,严禁使用带病起道机参加作业。

(5)起道前应先调查线路坑洼,以便准确划撬,确定起道量。

2.确定基准股

(1)直线地段用水平尺选择高股作为基准股,普通起道时一般以前进里程的左股作为基准股。

(2)曲线地段以下股为基准股。

(3)道岔起道,单开道岔以直外股为基准股,双开道岔以过车多的外股为基准股。

3.看道

(1)基准股确定后,由起道指挥人负责看道,用目测法指挥起道。

(2)看道距离一般为20~30m,以三点一线为依据。

(3)看道方法为俯身于基准股,目测钢轨外侧下颚水平线的高低情况,凡前后高低出现坑洼时,必须对坑洼处进行起道。

(4)点撬人在看道人的指挥下,于轨面点撬定位,确定放置起道机的位置,然后负责扒好机窝。

4.放置起道机

(1)全起全捣时,一般先在中间放一次,然后每隔6~8根轨枕放一次,顺次向前。

(2)重起重捣时,在坑底处放一次,漫坑要放置2~3次,根据情况决定。

(3)起道机必须放置平稳,接头放在接缝下,直接放在钢轨里,曲线上股放在外口,以防胀轨和影响线路方向。

(4)绝缘接头、焊缝接头及道岔跳线部位禁止放置起道机。

5.起道

(1)起道机手在看道人的指挥下,使用起道机抬高轨面。

(2)在一般情况下,起道应使用液压式起道机,起道量很大时,可使用齿条式起道机。

(3)起道人应与指挥人紧密配合,动作协调,随时注意指挥人的手势或口令,动作要迅速、敏捷。

(4)在坡道上起道,从上坡往下坡看道时,每点的起道都不能低;从下坡往上坡看道时,每点的起道都不能高。

6. 找平

(1)基准股起平后,用水平道尺找平另一股。

(2)道尺要放在起道机的起道始点一侧,尽可能靠近起道机。

(3)道岔起道时,道尺应放在尖轨前接头、尖轨尖端、尖轨跟端、辙叉前后接头处,导曲线中间酌情放置。

7. 打塞

(1)打塞(或称砸撬)是指起道或找平后,为维持轨面平顺,对关键部位所做的临时捣固。

(2)打塞要在钢轨部位,将道砟朝枕底方向打入。

(3)接头处起道时,两根轨枕要同时打塞,每根打两面镐。

(4)打塞时不得使用大石锤。

(5)起道地段如有工程车辆通过时,对于单股起道,必须于车辆通过前在一根轨枕上捣固好长度不少于 4 个镐窝的四面镐;对于双股起道,必须在两根轨枕上同时捣固好长度不少于 4 个镐窝的四面镐。

(6)起道过高时,应用镐尖透镐,禁止使用起道机撞击钢轨或轨枕。

(7)捣固作业有手工捣固、软轴捣固机捣固、小型液压捣固机捣固,以及大型起道机捣固 4 种类型。

8. 软轴捣固机捣固

捣固时对位要准,边捣固边回填镐窝。操作中应做到耳听、眼看、鼻闻、手摸。听机器有无异常声音;看捣固位置、符号和机械各部件状态;闻机械各摩擦、电线等有无异味;摸电机、振动轴温度变化及感觉振动情况是否正常,如图 2-2-274 所示。

图 2-2-274　软轴捣固机捣固

9. 整理作业

整理道床及边坡,复检几何尺寸并记录。

参 考 文 献

[1] 练松良.轨道工程[M].北京:人民交通出版社,2009.
[2] 高亮.轨道工程[M].北京:中国铁道出版社,2015.
[3] 刘学毅.铁路工务检测技术[M].北京:中国铁道出版社,2011.
[4] 彭昭云,石复元,楼大鹏.铁路工务动态检测数据分析及应用[M].北京:中国铁道出版社,2015.
[5] 黄守刚.铁路与城市轨道工务[M].北京:机械工业出版社,2010.
[6] 徐彬,王秀琴.铁路线路修理[M].北京:人民交通出版社,2010.
[7] 中华人民共和国铁道部.铁路线路修理规则[M].北京:中国铁道出版社,2006.
[8] 石嵘,司宝华,何越磊.城市轨道交通工务管理[M].北京:中国铁道出版社,2008.
[9] 何越磊,石嵘,刘志钢.城市轨道交通钢轨伤损检测技术[M].北京:中国铁道出版社,2010.
[10] 陈秀方,娄平.轨道工程[M].2版.北京:中国建筑工业出版社,2017.
[11] Q/SD-WBZ-FB-SS-GW1001—2013 轨道设备维护规程[S].上海:上海申通地铁集团有限公司,2014.
[12] Q/SD-WBZ-FB-SS-GW1110—2014 轨道检查车操作规程[S].上海:上海申通地铁集团有限公司,2014.
[13] 上海申通地铁集团有限公司轨道交通培训中心.城市轨道交通线路技术[M].北京:中国铁道出版社,2011.
[14] 王兴杰,王秀琴.铁路线路维修与大修[M].北京:中国铁道出版社,2014.
[15] 车广侠,颜月霞.轨道线路养护与维修技术[M].北京:人民交通出版社,2014.
[16] 李明华.铁道及城市轨道养护与维修[M].北京:中国铁道出版社,2014.
[17] 刘永孝.铁路线路养护维修[M].成都:西南交通大学出版社,2017.
[18] 张鹏飞,罗锟.铁路轨道工程[M].长沙:中南大学出版社,2017.
[19] 杨荣山.轨道工程[M].北京:人民交通出版社,2013.
[20] 雷晓燕.高速铁路轨道动力学:模型、算法与应用[M].北京:科学出版社,2015.
[21] 王平.铁路轨道施工[M].北京:中国铁道出版社,2010.
[22] 刘玮.高速铁路桥上有砟轨道力学特性及结构选型研究[D].北京:北京交通大学,2009.
[23] 铁道部运输局基础部.铁路线路修理规则条文说明[M].北京:中国铁道出版社,2008.
[24] 铁道部运输局基础部.既有线提速200~250km/h线桥设备维修规则条文说明[M].北京:中国铁道出版社,2007.
[25] 高亮,许有全,刘浪静.直线电机轮轨交通轨道[M].北京:中国科学技术出版社,2010.
[26] 中华人民共和国铁道部.高速铁路工程测量规范[S].北京:中国铁道出版社,2009.

[27] 岑敏仪. 论高速铁路工程测量体系[C]//岑敏仪. 高速铁路精密测量理论及测绘新技术应用国际学术研讨会论文集. 成都:西南交通大学出版社,2010.
[28] 铁道部工程管理中心. 客运专线铁路扣件系统安装技术手册[M]. 北京:中国铁道出版社,2009.
[29] 贾艳红. 工务管理[M]. 北京:中国铁道出版社,2009.
[30] 岑敏仪,张同刚,李劲,等. CPⅢ控制网测量数据处理方法的比较[J]. 铁道学报,2011,33(8):99-102.
[31] 高亮. 铁路工务管理[M]. 北京:中国铁道出版社,2012.
[32] 铁路职工岗位培训教材编审委员会. 铁路线路工[M]. 北京:中国铁道出版社,2010.
[33] 陈知辉. 铁路曲线轨道[M]. 北京:中国铁道出版社,2009.
[34] 易思蓉. 铁路选线设计[M]. 3 版. 成都:西南交通大学出版社,2009.
[35] 李芾. 高速动车组概论[M]. 成都:西南交通大学出版社,2008.
[36] 赵立冬. 铁路线路养护与维修[M]. 北京:中国铁道出版社,2016.
[37] 中铁第四勘察设计院集团有限公司. TB 10015—2012 铁路无缝线路设计规范[S]. 北京:中国铁道出版社,2013.
[38] 国际重载协会. 国际重载铁路最佳应用指南[M]. 北京:中国铁道出版社,2009.
[39] 杨绍清. 铁路车辆技术[M]. 北京:中国铁道出版社,2011.
[40] 埃斯书尔德. 现代铁路轨道[M]. 王平,陈嵘,井国庆,译. 北京:中国铁道出版社,2014.
[41] 张立. 城市轨道工程[M]. 成都:西南交通大学出版社,2006.
[42] 刘永孝,李斌. 铁路线路养护维修[M]. 成都:西南交通大学出版社,2011.
[43] 何宗华,汪松滋,何其光. 城市轨道交通土建设施运行与维修[M]. 北京:中国建筑工业出版社,2006.
[44] 郭成富,程周礼. 铁路工务作业指导书[M]. 北京:中国铁道出版社,2012.
[45] 何宏斌. 现代轨道原理与维修技术[M]. 成都:西南交通大学出版社,2007.
[46] 何学科. 铁道工务[M]. 北京:中国铁道出版社,2007.
[47] 北京市质量技术监督局. DB 11/T 718—2010 城市轨道交通设施养护维修技术规范[S]. 北京:中国铁道出版社,2010.